Klartext

Herausgegeben von der
Universität Gesamthochschule Essen

Ute Küppers-Braun

Macht in Frauenhand

1000 Jahre Herrschaft adliger Frauen in Essen

Titelbild unter Verwendung des Gemäldes von Pietro Graf Rotari:
Prinzessin Kunigunde von Sachsen
(Gemäldegalerie Alte Meister, Staatliche Kunstsammlungen Dresden),
Hintergrund: Essen im 17. Jahrhundert (Kupferstich, anonym).

Autorin und Verlag danken dem Bischöflichen Generalvikariat in Essen
für die Unterstützung bei der 2. Auflage.

Die Deutsche Bibliothek – CIP-Einheitsaufnahme

Küppers-Braun, Ute:
Macht in Frauenhand : 1000 Jahre Herrschaft adliger Frauen in Essen /
Ute Küppers-Braun. - 1. Aufl. - Essen : Klartext-Verl., 2002
  ISBN 3-89861-106-X

1. Auflage, Juni 2002
2. Auflage, Dezember 2002
Ausstattung und Satz: Klartext Verlag
Umschlaggestaltung: Esther Forst, Essen
Druck: Strauss Offsetdruck, Mörlenbach
© Klartext Verlag, Essen 2002
Alle Rechte vorbehalten
ISBN 3-89861-106-X

Inhalt

Vorwort

Im Jahr 2002 stellt sich die Stadt Essen ihren Bürgerinnen und Bürgern in einem bisher nur wenigen Interessierten bekannten historischen Kontext dar. Fast 1000 Jahre (852–1802) lang hatten hochadlige Frauen in Essen das Sagen und beherrschten die Region. Die vorliegenden Untersuchungen von Frau Dr. Küppers-Braun geben einen eindrucksvollen Einblick in Herrschaft, Politik, Wirtschaft und Religion der Äbtissinnen und ihrer Stiftsdamen. Für alle, die mehr über Leben und Wirken der adeligen Damen wissen wollen, bietet dieses Buch einen lohnenden Einstieg. Es ist beachtenswert, wie sich die Frauen in einer patriarchalischen Welt, in der von Emanzipation noch keine Rede war, durchsetzen konnten. Als eine von bisher drei Hochschulrektorinnen des Landes Nordrhein-Westfalen sind mir die Themen „Frauen und Bildung" sowie „Frauen und politische Macht" ein großes Anliegen. Mein Interesse schließt die Geschichte dieser gesellschaftlichen Entwicklung mit ein. Aus diesem Blickwinkel betrachtet vermittelt uns das vorliegende Buch einen Einblick in die Historie, der aktueller nicht sein kann.

Das Jahr 2002 ist aber nicht nur für Essen, sondern auch für die Universität der Stadt ein Jubiläumsjahr. Seit nunmehr 30 Jahren wird auf dem Campus geforscht und gelehrt. Unser universitäres Jubiläum, eingebunden in viele andere wichtige Daten (350 Jahre Mädchengymnasium BMV, 100 Jahre Museum Folkwang, 75 Jahre Folkwang Hochschule uvm.) bietet im Rahmen der 1150-Jahr-Feier „Stift und Stadt Essen" mit dem vorliegenden Buch einen Beitrag zu den Feierlichkeiten. Dadurch soll diese Zeit in den Blick der Öffentlichkeit geraten und angemessen gewürdigt werden.

Mein Dank gilt Frau Dr. Küppers-Braun, die für die Erstellung dieses Buches akribische Geschichtsforschung betrieben hat, und Herrn Dr. Ludger Claßen vom Klartext Verlag, ohne dessen partnerschaftliche Unterstützung das vorliegende Buchprojekt nicht hätte realisiert werden können. Nicht zuletzt möchte ich der Sparkasse Essen für die finanzielle Unterstützung danken.

Prof. Dr. Ursula Boos-Nünning

Einleitung

Essen soll nahezu 1000 Jahre von Frauen regiert worden sein? – Essen ist bekannt als „Die Einkaufsstadt", als „Waffenschmiede des Reiches", als Ruhrmetropole, als Zentrum von Kohle, Eisen und Stahl. Doch in Zeiten des schmerzlichen Strukturwandels muß ein neues Image gesucht werden. Bei längerem Nachdenken wird dem einen oder anderen noch einfallen, daß Essen im 16./17. Jahrhundert ein bedeutendes Zentrum der Büchsen- und Gewehrfabrikation war. Ja, in Werden da gab es die berühmte Abtei. Aber das war ein Benediktinerkloster für Männer. Von alledem, was einem spontan zu Essens Geschichte einfällt, soll in diesem Buch nicht die Rede sein. Es geht vielmehr um den Teil der Geschichte, der aus den unterschiedlichsten Gründen lange Zeit verdrängt, beiseite gelassen und ignoriert wurde.

Wenn Essen in diesem Jahr sein 1150jähriges Bestehen feiert, bezieht sich dieses Jubiläum auf das Frauenstift, nicht auf die Stadt, die erst 400 Jahre später als Bürgergemeinde – erstmals im Jahre 1244 – in Erscheinung tritt. Dieses Stift *(coenobium Astnide)* ist um die Mitte des 9. Jahrhunderts für Mädchen und Frauen des sächsischen Adels gegründet worden, nachdem die Sachsen nach den bekannten harten Kämpfen gegen Karl den Großen und seine Heere das Christentum angenommen hatten. Hier, behütet in einer Gemeinschaft von Frauen und geschützt vor sexueller Begehrlichkeit der Männerwelt, sollten junge Mädchen erzogen werden und für die verstorbenen Angehörigen beten. Währenddessen ließen Männer und Söhne auf dem Schlachtfeld der Ehre ihr Leben in der Gewißheit, daß durch die weiblichen Verwandten für ihr Seelenheil im Jenseits gesorgt werde.

Diese Einrichtung, die von Kaisern und Königen mit Grundbesitz und Privilegien reich beschenkt wurde, entwickelte sich trotz vielfachen Wandels bald „zu einer der herausragenden religiös fundierten Frauenkommunitäten des Mittelalters und der frühen Neuzeit im deutschen Sprachraum".[1]

Brandkatastrophen und Kriege gingen über Essen hinweg und zerstörten mehrmals Kirche, Wohnhäuser und alle Nahrungsgrundlagen. Der Reichtum der Frauenabtei und die günstige Lage am Hellweg erregten im Laufe der Jahrhunderte immer wieder Neid und Mißgunst der benachbarten Territorialherren. Doch die Frauen konnten sich behaupten gegen die Erzbischöfe von Köln, die Grafen von Kleve und Mark, gegen den Kurfürsten von Brandenburg und lange auch gegen den König in Preußen.

Im 13. Jahrhundert stieg die Äbtissin zur Reichsfürstin auf und übte als Frau kraft ihres Amtes in ihrem Fürstentum Essen die Landeshoheit aus. Der ehemalige Essener Stadtarchivar Konrad Ribbeck hat ihre Rechte und Pflichten anschaulich, vielleicht ein wenig überzeichnet, beschrieben: „Die Äbtissinnen von [...] Essen usw. waren Fürstinnen des Deutschen Reiches; sie waren auf den Reichstagen vertreten, sie stellten ein kriegerisches Aufgebot zum Reichsheere, sie ließen Gerichte abhalten, prägten Münzen, erhoben Zölle, gewährten Juden ihren Schutz, kurz, sie übten alle Hoheitsrechte des Reiches in ihrem kleinen Lande aus. Keines dieser Frauenstifter aber hat sich so lange und so vollständig in seiner fürstlichen Stellung behauptet wie Essen, dessen Selbständigkeit erst mit dem Beginn des 19. Jahrhunderts ihr Ende gefunden hat."[2]

Beispiele, daß Frauen solche Herrschaftsrechte innehatten, waren selten. Unter den mehr als 300 Territorien, aus denen das Heilige Römische Reich deutscher Nation bis zu seinem Ende 1806 bestand, lassen sich die von Regentinnen regierten Fürstentümer beinahe an einer Hand abzählen: Quedlinburg, Herford, Gandersheim, Thorn (bei Maastricht), mit Einschränkungen auch Buchau und einige Zisterzienserinnenklöster in Schwaben.[3] Es geschah zwar häufiger, daß eine Frau z. B. als verwitwete Mutter in Vertretung des noch unmündigen Sohnes die Regentschaft vorübergehend ausübte. Doch mit Erreichen der Volljährigkeit übernahm dieser selbständig die Regierung, und die Mutter hatte wieder ‚ins Glied' zurückzutreten. Das Besondere in Essen und den anderen großen Reichsabteien war, daß hier Frauen kraft eigenen Amtes über Land und Leute herrschten.

Dies galt in Essen nicht nur für die Äbtissinnen, denen als Fürstin des Reiches die Landeshoheit bzw. Landesobrigkeit zukam, sondern auch für die Stiftsdamen. In Zeiten der Vakanz, also nach dem Tode einer Fürstin und bis zur Wahl einer Nachfolgerin, lag die Regierungsgewalt u. a. in den Händen dieser Frauen. Seit dem 16. Jahrhundert hatten sie bei allen Entscheidungen der Fürstin als erster Landstand ein Mitspracherecht, insbesondere in Fragen der Besteuerung der Untertanen.

Daß Frauen solche Funktionen in Mittelalter und Früher Neuzeit ausüben konnten, war einzigartig und erregte schon im 18. Jahrhundert bei Juristen und Staatsrechtlern Staunen. Der wohl berühmteste unter ihnen, Johann Jacob Moser, konstatierte in seinem 20bändigen ‚Neuen teutschen Staatsrecht‘: *Etwas ganz sonderbares aber ist, daß in dem Fürstl. Stifft Essen die erste Claß derer Land-Stände aus lauter Frauenzimmer bestehet.*[4]

Das Hochstift bzw. Fürstentum Essen, das diese hochadeligen Frauen gemeinsam mit dem zweiten und dritten Landstand regierten, erstreckte sich über 1 1/2 bis 2 Quadratmeilen und entsprach damit etwa der Größe des heutigen Fürstentums Liechtenstein.

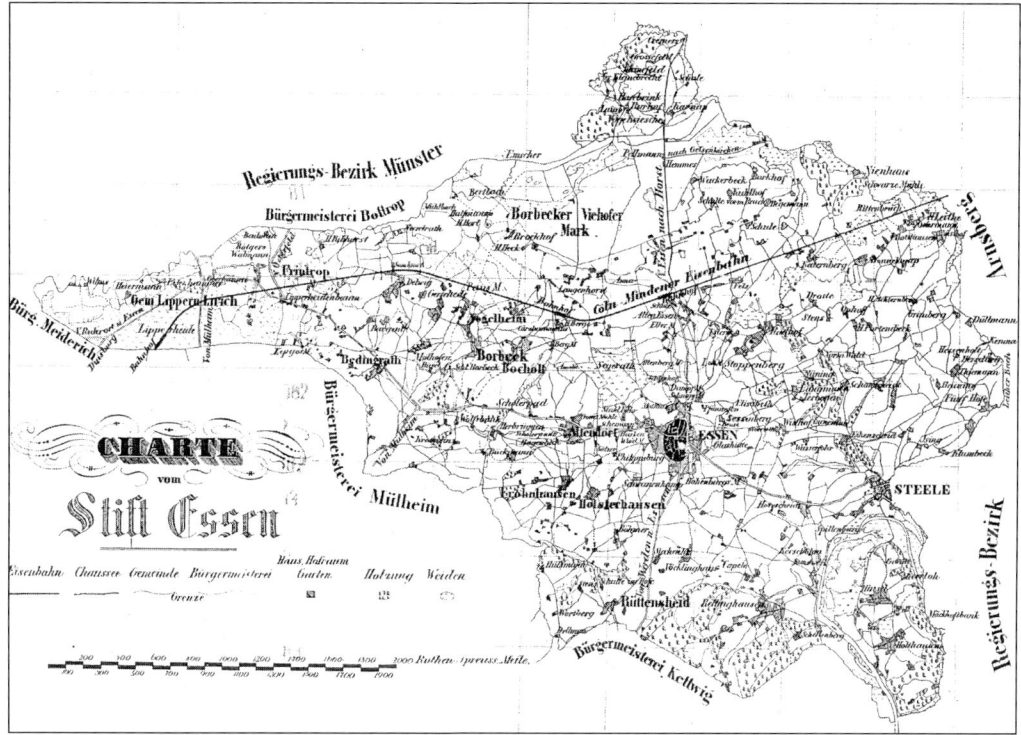

▲ Abb. 1: Karte vom Stift Essen

Es war eines der zahlreichen Klein- und Kleinstterritorien, aus denen das ‚Heilige Römische Reich deutscher Nation‘ bis zu Beginn des 19. Jahrhunderts u. a. bestand. Samuel Pufendorf hat dieses ‚Deutschland‘ der Frühen Neuzeit mit Blick auf die kaum zu durchschauende Vielfalt und Zerrissenheit schon 1667 mit einem *irregulären und einem Monstrum ähnlichen Körper* verglichen.[5] Die Winzigkeit dieser absolutistischen Mini-Staaten hat Georg Büchner in dem Lustspiel ‚Leonce und Lena‘ durch seine ironische Überspitzung trefflich charakterisiert:

> *„König Peter vom Reich Poppo fragt: Werden die Grenzen beobachtet?*
> *Der Zeremonienmeister: Ja, Majestät. Die Aussicht von diesem Saal gestattet uns die strengste Aufsicht.*
> *Er wendet sich an den ersten Bedienten: Was hast du gesehen?*
> *Antwort: Ein Hund, der seinen Herrn sucht, ist durch das Reich gelaufen.“*

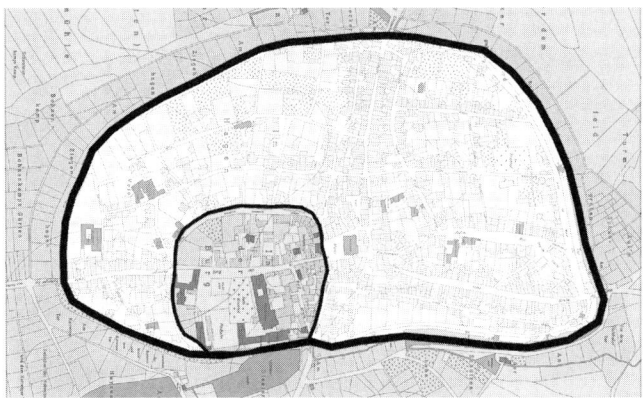

▲ Abb. 2: Stift (dunkel) und Stadt (hell) Essen: Burgfreiheit (Zentrum des Stifts) – nierenförmige Stadt – stiftisches Territorium

Viele der deutschen Kleinstaaten waren nicht viel größer als Poppos Reich. Doch die räumliche Ausdehnung sagt wenig aus über Realitäten und Probleme dieser kleinen Territorien. Das Fürstentum Essen war nicht leicht zu regieren, denn es war spätestens seit dem 16. Jahrhundert nicht nur topographisch und politisch, sondern auch noch konfessionell gespalten in katholisches Stift und protestantische Stadt.

Den Mittelpunkt des Stifts bzw. Fürstentums Essen bildete die sog. ‚Burgfreiheit‘ oder Immunität im Umkreis der heutigen Münsterkirche. Im Mittelalter war dieser Bereich durch einen Palisadenzaun, später durch eine Mauer von der ihn im Halbkreis umgebenden Stadt abgetrennt. An der der Stadt abgewandten Seite wurde die Immunität durch den Teich der Fürstäbtissin begrenzt. Innerhalb dieser Burgfreiheit, die sich nach heutigen Verhältnissen ungefähr von der Lichtburg bis zur Marktkirche und vom Porscheplatz bis zum Kennedyplatz erstreckte, befanden sich die Münsterkirche mit der vorgebauten Kirche St. Johann, die Quintinskapelle, die Abtei der Fürstin mit den Verwaltungsräumen, die Kurien (Wohnhäuser) der Stiftsdamen und der Kanoniker, sowie Wohnungen der Ministerialen und anderer Stiftsbediensteter; zuweilen wohnten auch jüdische Händler in der Immunität. Darüber hinaus gab es in diesem stiftischen Bereich noch den „Graßhof“, eine Viehweide, die später mit Stallungen zugebaut wurde, und den „alten Kirchhof“, also einen Friedhof, mit der Beinhauskapelle, wo man die noch erhaltenen alten Gebeine aus neu belegten Grabstätten sammelte.

Dieses Zentrum des Stifts, das an der Straßenführung heute noch erkennbar ist, war nierenförmig von der Stadt umgeben. Eine Mauer trennte die Stadt wiederum von dem sie umgebenden stiftischen Territorium, in dem die Untertanen der Fürstin lebten. Vier Stadttore – Limbecker, Kettwiger, Viehofer und Steeler Tor – ermöglichten Ein- und Ausgang vom Stift in die Stadt und von der Stadt in stiftisches Gebiet.

Daß eine solche Struktur insbesondere unter Rivalen, die sich gegenseitig belauerten und ängstlich auf ihre jeweiligen Rechte pochten, zu ständigen Streitigkeiten und Reibereien Anlaß geben mußte, versteht sich beinahe von selbst. Die Konflikte setzten bereits im 14. Jahrhundert ein und erreichten um die Mitte des 16. Jahrhunderts, als die Stadt sich im Zuge der Reformation von der Herrschaft der Fürstin lossagte, einen Höhepunkt. Ein 100 Jahre dauernder Prozeß vor dem Reichskammergericht wurde zwar 1670 mit einem Urteil zugunsten der Fürstin beendet, das aber sprach gleichzeitig der Stadt so viele Einzelrechte zu, daß nichts ge-

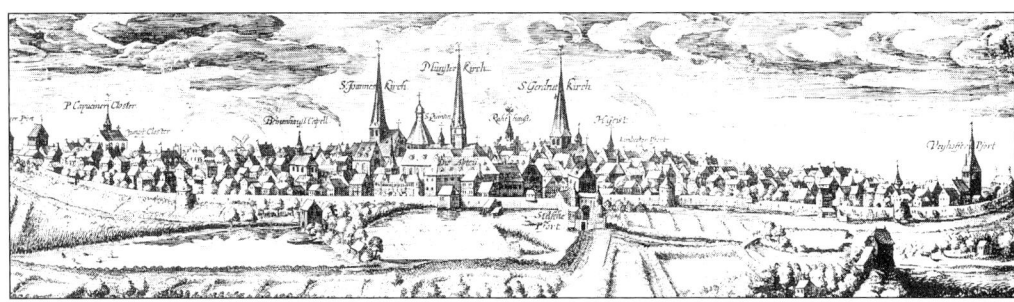

▲ Abb. 3: Essen im 17. Jahrhundert (Kupferstich)

klärt war. In der Folge wurden die Differenzen auf dem Rücken der Untertanen ausgetragen, die bis zur Säkularisierung unter diesem gespannten Verhältnis zu leiden hatten (s. u., S. 98 ff.).

Es kann und soll im folgenden nicht darum gehen, 1.000 Jahre Essener Geschichte nachzuzeichnen. Ich möchte vielmehr die „andere Seite" der Vergangenheit ins Blickfeld rücken: die Herrschaft adliger Frauen im Fürstentum Essen in Spätmittelalter und Früher Neuzeit. Dieser Aspekt ist in den bisher vorliegenden Arbeiten zur Essener Geschichte wenig beachtet worden. In den wichtigen Arbeiten von Ribbeck (1915), Jahn (1957) und Gerchow (1995) stand meist die Stadt, allenfalls das Verhältnis zwischen Stift und Stadt im Vordergrund. Während die ‚Mauer der Stadt' bereits Thema einer großen Ausstellung war, rücken die ‚Frauen des Stifts' nur langsam ins Blickfeld der Forschung. Daß an ihnen durchaus Interesse besteht (v. a., wenn sie Auftraggeberinnen für künstlerisch wertvolle Gegenstände und Bauwerke waren), belegen der kürzlich erschienene Sammelband ‚Herrschaft, Bildung und Gebet' über Gründung und Anfänge des Frauenstifts Essen oder die Arbeit von Klaus Lange über den ‚Westbau des Essener Doms'.

Doch die Frauen- und Geschlechtergeschichte sucht Antwort auf Fragen, die eher im sozial-, alltags- und mentalitätsgeschichtlichen Bereich angesiedelt sind: Wie lebten die adligen Herrscherinnen? Was führte Gräfinnen und Prinzessinnen über Jahrhunderte ins Essener Stift? Wie gestaltete sich ihr religiöses Leben? Wie übten sie Herrschaft aus? Wie lebten die Untertanen? Wie erklärt sich ihre einzigartige politische Funktion? Welche Konflikte gab es, und wie wurden sie bewältigt? Erste Ergebnisse habe ich für das 17. und 18. Jahrhundert bereits in den vergangenen Jahren veröffentlicht.

Die sozial- und alltagsgeschichtliche Fragestellung deutet schon an, daß der Schwerpunkt der vorliegenden Darstellung überwiegend die zweite Hälfte des Bestehens des Stifts berücksichtigen wird. Für die Anfangszeit (9.–13. Jahrhundert) ist die Quellenlage viel zu dürftig, um derartige Fragen beantworten zu können. Einige hundert Urkunden des Stifts (auch aus der Frühzeit), die heute im Hauptstaatsarchiv Düsseldorf aufbewahrt werden, geben meist wirtschaftlich-rechtliche Regelungen und Bestimmungen wieder. Erst für das Spätmittelalter liegen aussagekräftige Quellen für unsere Fragestellung aus dem späten 14. und 15. Jahrhundert vor, die in den Essener Beiträgen Bd. 28 (1906) und Bd. 34 (1912) ediert sind. Es handelt sich um den *Liber ordinarius* und den *Liber catenatus*, das sog. ‚Kettenbuch'. Beide Handschriften sind in der Essener Domschatzkammer ausgestellt. Der *Liber ordinarius* (liber = Buch) beschreibt die Gottesdienstordnung, wie sie an den verschiedenen Heiligen-, Sonn- und Festtagen in der Stiftskirche und bei Prozessionen für alle Beteiligten vorgesehen war. Das Kettenbuch, das mit einer starken, jetzt noch anhängenden Kette befestigt war (daher der Name), enthält im ersten Teil eine Liste sämtlicher abgabenpflichtiger Höfe und im zweiten Teil eine ausführliche Beschreibung der *Consuetudines* (Gewohnheiten) der Essener Kanoniker und der fürstlichen Hofämter. Beide Bücher sind Quellen von außerordentlichem Wert für die Sozialgeschichte dieser Epoche. Für das 16. bis 18. Jahrhundert besitzen wir für die Essener Stiftsgeschichte einige hundert Aktenfaszikel im Hauptstaatsarchiv Düsseldorf, im Staatsarchiv Münster, im Stadtarchiv Essen und in vielen kleinen Privatarchiven in ganz Deutschland. Besonders interessant sind die (privaten) Korrespondenzen und Nachlässe der Stiftsdamen und Fürstäbtissinnen.

Ich möchte stiftisches und städtisches Leben, wie es in Mittelalter und Früher Neuzeit in Essen anzutreffen war, für interessierte Laien darstellen und deren Neugierde wecken. Um Hintergründe, Konflikte und zeitgebundene Wertvorstellungen zu verstehen, ist es allerdings notwendig, Grundlagen und Voraussetzungen der Institution „Stift" zu kennen. Diese sollen in den ersten drei Kapiteln kurz erläutert werden, bevor sich das vierte Kapitel den politischen Dimensionen, das fünfte dem privaten Bereich und das sechste der Säkularisierung zuwendet.

Eine Darstellung, die – wenn auch mit unterschiedlichen Schwerpunkten – einen Zeitraum von nahezu 1.000 Jahren in den Blick nimmt, hat mit einer Reihe von Schwierigkeiten zu kämpfen, die kaum zufriedenstellend gelöst werden können. Da ist zunächst einmal die Terminologie, die sich im Laufe der Jahrhunderte erheblich wandelt und wahrscheinlich auch Unterschiedliches zum Ausdruck bringt. Das, was gemeinhin unter dem Damenstift Essen verstanden wird, hieß im 9./10. Jahrhundert *coenobium* oder *monasterium*, auch *ecclesia Asnidensis;*

später ist von einer weltlichen Kirche *(saecularis ecclesia)* die Rede, von der Abtei, vom kaiserlich-freiweltlichen Stift oder gar vom Hochstift. Die Übergänge sind oft fließend, klare Defini-
tionen manchmal kaum möglich.

Solche Probleme interessieren allerdings nur die Fachleute; deswegen sind hier didakti-
sche Reduktionen nötig. Wer tiefer in diese Epoche der Essener Geschichte eindringen möchte,
sollte die zu Anfang jeden Kapitels in Kurzform zitierte Literatur zu Rate ziehen. In den Anmerkungen werden in der Regel nur wörtliche Zitate nachgewiesen. Sofern sie den Quellen
entnommen sind, sind sie kursiv gedruckt, Zitate aus der Literatur wurden durch Anführungs-
zeichen kenntlich gemacht.

Zum Schluß bleibt noch auf ein definitiv korrektes Ereignis hinzuweisen, das in dem
hektischen Trubel der 1150-Jahr-Feierlichkeiten unterzugehen scheint: 2002 jährt sich zum
200. Mal die Säkularisierung, die Aufhebung des Stifts, in deren Gefolge auch die Stadt den
von ihr beanspruchten Status als freie Reichsstadt verlor. Stift Essen, Stadt Essen und das bis
dahin ebenfalls eigenständige Werden (Abtei und Stadt) fielen an Preußen. Durch Patente, ausgestellt in Königsberg am 6. Juni 1802, nahm der preußische König Essen und Werden in Besitz. Am 3. August rückten preußische Truppen ein und beendeten damit die 1.000jährige Geschichte dieser kleinen geistlichen Fürstentümer. Wenngleich die Zeit für solche Neuerungen,
das heißt für die Auflösung der geistlichen Staaten, sicher reif war, blieb die Kritik der Aufklä-
rer an ihnen gedämpft. Selbst der aus Osnabrück stammende Advokat und Reiseschriftsteller
Justus Gruner urteilte, so viele Mängel die stiftische Regierung auch haben möge, so habe sie
doch unendliche Vorzüge vor der städtischen.[6]

Auch die Essener – städtische Bürger und stiftische Untertanen – waren keineswegs begeistert von der Beseitigung der alten Zustände. Damals wie heute lebten die Menschen in Zeiten tiefgreifender Veränderungen. Damals wie heute kamen Ängste und Sorgen auf, und viele
sehnten sich wohl nach Bekanntem, Gewohntem, Vertrautem – eben der guten alten Zeit. Mo-
dernisierungstendenzen wurden mehr als skeptisch aufgenommen. Ein kurioses Beispiel dafür
ist folgendes Spottlied auf die erste Essener Straßenbeleuchtung, das kurz nach Aufhebung des
Stifts aufkam:

> *Wo unsere Stadt im Glücke saß,*
> *da war es dunkel auf der Straß.*
> *Nun, wo das Unglück angefangen,*
> *hat man Laternen aufgehangen,*
> *damit der Essener Bürgersmann*
> *auch nachts sein Elend sehen kann.*[7]

Essen brauchte nach der Säkularisierung ein gutes halbes Jahrhundert, um den Umbruch von
der stiftischen Epoche ins Industriezeitalter zu schaffen. Den Grundstein dafür hatte die letzte
Fürstäbtissin, Maria Kunigunde von Sachsen, schon mit gelegt (s. u., S. 107 ff.).

Umstrittene Hypothesen und ungelöste Fragen zur Gründung der Abtei Essen[8]

„Die frühe Zeit der spirituell fundierten Frauengemeinschaft Essen ist im dichten Nebel der Geschichte verhüllt. Gründung und Anfänge Essens lassen sich wegen fehlender Quellen nicht exakt rekonstruieren, so daß sich die Forschung weitgehend mit der Formulierung von Hypothesen begnügen muß [...]."[9] Zu diesem Befund kommen inzwischen alle Wissenschaftler (Historiker, Kunsthistoriker, Archäologen), die sich mit der frühen Essener Geschichte befassen. Hauptursache für dieses Dilemma war ein Stiftsbrand um 946, der bis auf eine einzige Urkunde, ausgestellt von König Zwentibold im Jahre 898, das gesamte Urkundenarchiv vernichtete. Die angebliche Gründungsurkunde ist eine Fälschung um 1090. So liegen für die ersten 300 Jahre der Frauengemeinschaft lediglich 20 Urkunden vor, die obendrein z. T. gefälscht oder nur als späte Abschrift erhalten sind; sie werden allerdings ergänzt durch die eigene Memorialüberlieferung und die anderer Klöster und Stifte, z. B. St. Gallens, Gandersheims, Quedlinburgs, Borghorsts und Merseburgs.

Trotz des desolaten Quellenbestandes herrschte in der historischen Forschung bis vor wenigen Jahren die übereinstimmende Ansicht vor, Altfrid, seit 851 Bischof von Hildesheim, habe um die Mitte des 9. Jahrhunderts (angeblich 852) auf seinem Eigengut *Astnide* zu Ehren der Heiligen Cosmas und Damian ein Frauenstift oder -kloster gegründet und seine Schwester Gerswid als erste Äbtissin eingesetzt. Doch inzwischen ist diese These in einzelnen Punkten als revisionsbedürftig erkannt worden. Paul Derks hat als erster darauf hingewiesen, daß die Behauptung, Gerswid sei Altfrids Schwester gewesen, erst im 17. Jahrhundert aufkam (eine bisher völlig unbekannte Schwester namens Wenelda, die neben ihrem Bruder Altfrid auf den Stufen des Essener Hauptaltars beigesetzt worden sein soll, hat Hedwig Röckelein kürzlich in der spätmittelalterlichen Essener Kurzvita des hl. Marsus entdeckt. Erstaunlicherweise wird sie in der Memorialüberlieferung nie erwähnt). Auch Ovo und Richeit, die in dem Essener Memorienbuch um 1300 als *pater noster* (unser Vater) und *mater nostra* (unsere Mutter) genannt werden, waren nicht – wie die ältere Forschung vermutete – Eltern Bischof Altfrids und seiner Schwester Gerswid, sondern lediglich familiär nicht näher identifizierbare Wohltäter der Abtei. Ovos und Richeits Rolle in der Frühphase des Stifts, vielleicht auch schon bei der Gründung, ist völlig ungeklärt. Man wird ihnen aber wohl beachtlichen Einfluß zuschreiben müssen, denn die Ehrenbezeichnungen *(pater, mater)* werden im älteren Essener Nekrolog sonst nur noch in Verbindung mit Äbtissin Mathilde, der Schwester Ottos I., wegen ihrer großzügigen Schenkungen, verwendet. Bemerkenswert ist auch, daß die Essener Sanktimonialen, die im 10. Jahrhundert in Borghorst ein neues Stift gründeten, Ovo und Richeit in den dort geführten Nekrolog aufnahmen und ihrer gedachten.

Gründungsjahr(e)

Wenn im Jahre 2002 das 1150jährige Jubiläum der Gründung von Stift und Stadt Essen gefeiert wird, müßte die Gründung des Stifts im Jahre 852 stattgefunden haben. Folgerichtig hat man auch 1952 das 1100jährige Jubiläum gefeiert. Doch gesichert ist daran nichts. Der einzige Hinweis auf 852 stammt aus einer Handschrift, die 500 Jahre später angefertigt wurde. Auf dem vorderen, halb abgerissenen Schutzblatt des Kodex, des bereits erwähnen *Liber ordinarius*, steht in lateinischer Sprache eine Notiz über die Erbauung des Essener und Hildesheimer Münsters: *Fundatio autem fuit DCCCLII [...].* Es ist allerdings unklar, ob es sich hier um Essener oder Hildesheimer Überlieferung handelt. Diese einzige bekannte Jahreszahl hat man lange Zeit offensichtlich mangels anderer gern als Gründungsjahr akzeptiert. Moderne Forscher sehen sich jedoch außerstande, sich auf ein bestimmtes Jahr festzulegen. Erich Wisplinghoff hält eine Gründung des Damenstifts Essen in der Zeit des Papstes Sergius II. (844–847) für wahrscheinlich, den Bischof Altfrid wegen des Reliquienerwerbs zusammen mit den Gründern

Gandersheims, Liudolf und Oda, aufgesucht haben könnte. Bettecken kennt aber dafür keine gesicherten Belege. Zuletzt hat Schilp sich festgelegt, daß die Frauenkommunität in Essen „vor oder um 850 gegründet worden ist", wobei es sich jedoch um keinen einmaligen Gründungsvorgang als konkreten fixierbaren Akt handle, sondern um einen „Prozeß über einen längeren Zeitraum".[10] Dem schließt sich Katrinette Bodarwé in ihrer demnächst erscheinenden Dissertation an, weist aber ebenfalls darauf hin, daß wohl ähnlich wie in Gandersheim „von einem längeren Gründungsprozeß auszugehen [sei], der gegen Mitte des 9. Jahrhunderts stattgefunden" habe.[11] Ob man darunter Jahre oder Jahrzehnte verstehen muß, bleibt unklar.

Kloster – Stift – Kommunität

So wenig wie ein definitives Gründungsjahr anzugeben ist, ist klar, was denn eigentlich gegründet wurde. Wenn in den lateinischen Quellen die Rede von einem *coenobium* oder *monasterium* oder einer *ecclesia* ist, fällt es schwer, die richtige Übersetzung zu finden. Wir wissen nicht, ob es sich bei der Essener Frauengemeinschaft, die um die Mitte des 9. Jahrhunderts gegründet wurde, um ein Kloster oder eher um ein Stift handelte. Der Unterschied besteht darin, daß in einem Kloster Gelübde abgelegt werden, sein Leben in Keuschheit, Armut und Gehorsam zu verbringen. In einem Stift dagegen durften die Mitglieder eigenen Besitz und eigenes Personal haben; sie konnten die Gemeinschaft auch wieder verlassen, z. B. um zu heiraten. Für die frühe Zeit kann man weder für Essen noch für die meisten anderen geistlichen Einrichtungen entscheiden, ob es sich um eine klösterliche oder stiftische Form des Zusammenlebens handelte. Die moderne Forschung geht davon aus, daß im 9. Jahrhundert die Übergänge fließend waren und eine ordnende Systematisierung, die heutigem Denken entspricht, auf mittelalterliche Verhältnisse nicht anzuwenden ist. Man behilft sich neuerdings mit der Formulierung, es sei eine Frauengemeinschaft oder Frauenkommunität gegründet worden.

Gründerfigur(en)

Die Frage, wer die Frauenkommunität Essen im 9. Jahrhundert gegründet habe, ist 1995 von Paul Derks neu aufgeworfen und – wie es angesichts der Reaktionen scheint – beinahe ketzerisch beantwortet worden. Wir haben die verworrene Situation, daß die zweifelsfrei im 9. Jahrhundert verfaßte Grabschrift der ersten Äbtissin sie als Gründerin angibt, während die erhaltenen (echten und gefälschten) Urkunden Bischof Altfrid von Hildesheim in dieser Funktion nennen. Ausgehend von dieser lange ignorierten Grabschrift kam Derks durch Vergleiche mit etwa zwanzig anderen westfälischen Frauenkommunitäten zu dem Schluß, daß im 9. Jahrhundert auch Frauen zu solchen Stiftungen durchaus in der Lage waren und nicht Bischof Altfrid, sondern „eine nach ihrem Namen *Gersuith* für eine Sächsin zu halten adelige Frau unbekannter Familie und Herkunft nach eigenem Recht ein Damenstift in Essen" gegründet und dort als erste Äbtissin amtiert habe.[12] Erst in einem zweiten Schritt sei das noch junge Stift „in die Hand der Kirche in der Person des Bischofs Altfrid" geraten und Eigentum des Bistums Hildesheim geworden.[13] Nachdem der Hildesheimer Einfluß aber im 10. Jahrhundert wieder erloschen war, habe sich Kölner Einfluß in Essen bemerkbar gemacht (gefälschte Gründungsurkunde) und schließlich zur Gründung des Kanonikerkapitels, dessen Mitglieder als Kleriker vom Erzbischof abhängig waren, geführt.

　　Gegen Derks' Darstellung hat Thomas Schilp in drei Aufsätzen wiederholt Stellung bezogen. Während Derks die um 1090 entstandene Urkunde für eine komplette Fälschung hält, geht Schilp davon aus, daß sie in wesentlichen Teilen auf eine verloren gegangene „Gründungsurkunde von 870" zurückgreife. Schilp meint, diese neu formulierte Urkunde sei in Essen entstanden, Derks vermutet dahinter Kölner Interessen. Schilps Thesen werden allerdings durch Fakten anderer Art untermauert, denn Altfrid ließ sich nicht in seiner Bischofskirche in Hildesheim, sondern im Essener Münster bestatten. Er soll „im Selbstverständnis der Essener Frauengemeinschaft schon in der frühen Zeit gleichsam als heiliger Gründer verehrt" worden sein.[14] Gleichwohl wendet auch Schilp sich gegen eine „überspitzte Personalisierung auf Altfrid als vereinzelten Gründer" und vermutet eine „Adelsgruppe um Altfrid und die Äbtissinnen Gerswid I und Gerswid II", die gemeinsam die Frauengemeinschaft Essen für das Gebetsgedenken ihrer sozialen Gruppe gegründet haben.[15] Zu diesem Zweck könnte Altfrid auf seiner Reise nach Rom 844/45 Reliquien von Cosmas und Damian für Essen besorgt haben.

Heilige und Patrone: Maria – Cosmas und Damian – Quintin[16]

Man möchte sich mit dieser Hypothese, eine Adelsgruppe um Altfrid und die beiden Äbtissinnen Gerswid I. und II. habe um die Mitte des 9. Jahrhunderts die Abtei Essen gegründet und Altfrid habe auf seiner Romreise die Reliquien von Cosmas und Damian zu diesem Zweck erworben, zufriedengeben. Doch im Lichte moderner Forschungsansätze tun sich neue Fragen auf. Katrinette Bodarwé hat jüngst darauf hingewiesen, daß Cosmas und Damian von den Essener Sanktimonialen anders wahrgenommen wurden als von Personen außerhalb ihrer Gemeinschaft. Für die Darstellung und Wirkung des Stifts nach außen werden zwar in nahezu allen Urkunden die beiden arabischen Ärzte, die der Legende nach unter Diokletian hingerichtet und als Märtyrer in Syrien, Palästina, Ägypten und schließlich seit dem 5. Jahrhundert auch in Rom verehrt wurden, als Stiftspatrone genannt, doch innerhalb der Frauengemeinschaft spielte die Jungfrau Maria bis zur Säkularisierung eine weit wichtigere Rolle.

▲ Abb. 5: Siegel des Damenkapitels (Maria mit Kind)

◀ Abb. 4: Cosmas und Damian (Mosaiken in ROM)

Cosmas und Damian wurden die zentralen Bezugspatrone für die Kanonikergemeinschaft und seit dem 13. Jahrhundert für die Stadt Essen. Die Stiftsdamen orientierten sich dagegen an Maria, der auch der Altar auf dem gräflichen Damenchor geweiht war; in spätmittelalterlichen Urkunden wird der heutige Essener Dom oft als *Onser Leyver Frouwen Monster* bezeichnet.[17] Maria mit dem Kinde führte das Damenkapitel in seinem Kapitelsiegel. Schließlich nahmen die Stiftsdamen im 18. Jahrhundert nicht Cosmas und Damian, sondern die Jungfrau Maria in ihren neu eingeführten Stiftsorden auf, der nur von Bildern und Beschreibungen her bekannt ist.

Noch undurchsichtiger und mysteriöser wird die Heiligen- und Reliquienverehrung, wenn man einen weiteren, vor allem für die Stiftsdamen wichtigen Heiligen mit einbezieht, den hl. Quintin. Quintinus entstammte vermutlich einer römischen Senatorenfamilie, missionierte in Gallien und soll nach grausamen Martern gegen Ende des 3. Jahrhunderts in der Nähe der nach

▲ Abb. 6: Eusebia fischt den enthaupteten Leichnam des Hl. Quintin aus der Somme

ihm benannten Stadt St. Quentin enthauptet worden sein. Etwa ein halbes Jahrhundert später (um 340) ließ die fromme Eusebia, veranlaßt durch eine Engelsvision, seinen Leichnam aus der Somme bergen und in einer eigens errichteten kleinen Kapelle beisetzen. Es folgten Umbettungen, bei denen sicher auch Reliquien zu erwerben waren, im 5., 7. und im späten 9. Jahrhundert. Der Quintinskult ist seit dem 6. Jahrhundert bezeugt und gewann in der Karolingerzeit zwischen Seine und Rhein besondere Ausstrahlung. Die Pfarrkirche St. Quintin in Mainz, eine bischöfliche Gründung, wird auf Abt Bothadus zurückgeführt und erstmals 744 erwähnt. In St. Quentin begann man unter Abt Fulrad 823 den Bau einer größeren Kirche, die 835 geweiht wurde. In einem Sakramentar des 10. Jahrhunderts wird der hl. Quintin in Corvey in der Tauflitanei in der Osternacht erwähnt.[18]

Bisher ging man in Essen davon aus, daß die Quintinskapelle das älteste sakrale Bauwerk in der Stiftsimmunität war, was eventuell die besondere Rolle Quintins und der ihm geweihten Kapelle erklären könnte. Diese im Leben des Damenkapitels so bedeutende kleine Kapelle wurde zu Beginn des 19. Jahrhunderts abgerissen. Archäologische Untersuchungen (z. B. zum Alter) wurden nie vorgenommen und sind auch nicht mehr möglich. Lediglich eine Grundrißzeichnung und eine Beschreibung des baulichen Zustandes aus dem Jahre 1812 geben uns etwas genauere Kenntnis.

Doch das hohe Alter dieser Kapelle ist nicht mehr aufrechtzuerhalten, seitdem Derks den Weg für neue Fragestellungen frei gemacht hat, indem er ungeprüft mitgeschleppte ältere Thesen, die bisher für die Gründungsphase herhalten mußten, zurückweisen konnte. Derks hat gezeigt, daß die Argumente, die für ein besonders hohes Alter der Quintinskapelle herangezogen wurden, völlig unbegründet sind. Man hielt diese kleine Kirche für den Vorgängerbau des Münsters, weil angeblich die erste Äbtissin, Gerswid, dort bestattet worden war. Aus dieser Angabe folgerte man, sie müsse vor 874, dem Todesjahr Altfrids, der bereits im Münster beigesetzt wurde, gestorben sein. Doch die Information über Gerswids Grab stammt erst von einem anonymen Verfasser des 19. Jahrhunderts und ist ebenso unbrauchbar wie alle daraus abgeleiteten Schlußfolgerungen. Kunsthistoriker sind sich inzwischen einig, daß die Quintinskapelle, nicht aus dem 9. Jahrhundert stammen kann. Auch die frühesten Schriftquellen, die Bodarwé untersucht

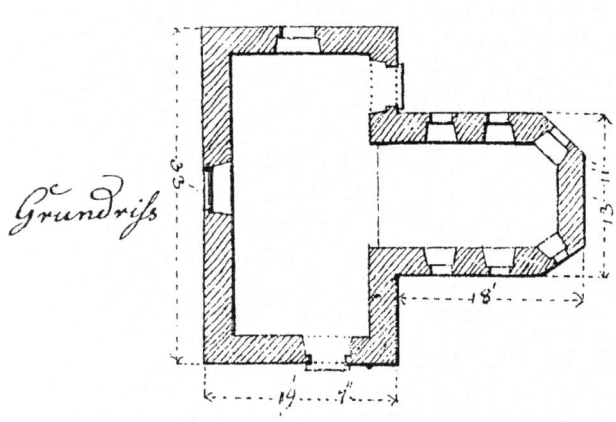

Grundriß

▲ Abb. 7: Grundriß der Quintinskapelle zum Abschätzungsprotokoll von 1812 hat, liefern keinen Hinweis für eine frühe Quintinsverehrung in Essen. Zum gleichen Ergebnis kommt Hedwig Röckelein anhand ihrer Befunde über die Reliquientranslationen nach Sachsen. Überdies eigne sich die Biographie des hl. Quintin „eher für die Essener Stiftskleriker als für die Kanonissen". Röckelein resümiert, „daß vor der Mitte des 11. Jahrhunderts in Essen weder Reliquien noch eine Kapelle des hl. Quintin sicher nachgewiesen werden können".[19]

Dieser Befund ist allerdings äußerst unbefriedigend angesichts der Bedeutung, die der Quintinskapelle seit dem späten Mittelalter und bis zur Säkularisierung im Leben der Frauenkommunität zukam. Zunächst ist zu konstatieren, daß ausnahmslos alle vorliegenden Quellen bezeugen, daß die Quintinskapelle einzig und allein den Stiftsdamen vorbehalten war. Die Verantwortung für diese Kapelle trug die *officiaria* oder *capellana*, das ist die Amtsfrau von St. Quintin. Sie mußte hier täglich die kanonischen Horen, ihre Stundengebete, beten und verrichtete an diesem Ort die gleichen Aufgaben wie die anderen Kanonissen auf dem gräflichen Chor in der Münsterkirche. Die priesterlichen Aufgaben übertrug die Amtsfrau von St. Quintin einem Kanoniker, der als *capellanus S. Quintini* wöchentlich dreimal eine Messe und die üblichen Anniversarien für die verstorbenen Stiftsdamen zu lesen hatte. Neben diesen beiden Ämtern gab es im 14./15. Jahrhundert noch eine Glöcknerin, eine Pförtnerin, die ein kleines Häuschen neben der Kapelle bewohnte, und einen Küster an der Kapelle. Alle Ämter waren außerordentlich gut dotiert.

Insbesondere bei Übergangsritualen, dem Eintritt ins Stift und beim Tod einer Stiftsdame, spielte die Quintinskapelle eine herausragende Rolle, die spätestens vom 14. Jahrhundert bis zur Auflösung des Stifts, also über nahezu 500 Jahre, bezeugt ist. Eine neue Stiftsdame wurde beim Eintritt ins Stift von dem gesamten gräflichen Damenkapitel in die Quintinskapelle geführt, wo sie mit dem dortigen Kaplan die Psalmen *Miserere* und *De Profundis* betete. Vereinzelt erwähnen Quellen des 17. Jahrhunderts, ihr seien die Reliquien des hl. Quintin gezeigt worden.

Beim Tod einer Stiftsdame hatte diese kleine Kapelle wiederum über Jahrhunderte eine ganz besondere Funktion, die im *Liber ordinarius* ausführlich beschrieben wird. In der ersten Nacht nach dem Tod wurde die Leiche einer Kapitularin in der Quintinskapelle aufgebahrt. Anwärterinnen, das heißt solche Frauen, die dem Damenkapitel noch nicht vollberechtigt angehörten, hatten darauf kein Recht. Am nächsten Tag brachte man dann die Leiche einer Stiftsdame ebenso wie die einer Äbtissin in die Münsterkirche. Dafür war ein besonderer Weg vorgeschrieben: Es gab in der nördlichen Mauer des ‚Paradieses', das ist der Raum zwischen Münster- und Johanniskirche, eine Tür, die stets verschlossen war und nur dann geöffnet wurde, wenn die Leiche einer Kanonisse aus der Quintinskapelle in die Münsterkirche überführt werden mußte.[20] Es ist schwer vorstellbar, daß so stabile Rituale, die nur von den Kanonissen bzw. Stiftsdamen getragen wurden, erst Jahrhunderte nach der Gründung des Stifts entstanden sind.

Auf besonders hohe Wertschätzung der Quintinskapelle deuten auch die Rituale am Weihetag der Münsterkirche am Tag des hl. Kilian, dem 8. Juli. Soweit ich sehe, ist dies bisher kaum beachtet worden. Während die Plebane der beiden Pfarrkirchen von St. Johann und St. Gertrud zum Zeichen ihrer Abhängigkeit von der Münsterkirche in dieser zelebrieren mußten, wurde die Quintinskapelle während der Prozession um das Münster herum aufgesucht, um dort einige Orationen zu verrichten. Zu diesem Zweck betrat ein Vexillenträger (vexillum = Fahne) mit den Stiftsdamen und dem Hebdomadar, das ist der Priester, der in der Woche Dienst hatte, die Quintinskapelle, während alle anderen Kanoniker, Geistlichen und Scholaren draußen warten mußten. Sie verrichteten einige Gebete, an deren Schluß der Hebdomadar das *Fidelium Deus* sang. Anschließend zogen alle aus einer zweiten Tür wieder hinaus und setzten die Prozession durch den Umgang, den Garten der Äbtissin und über den Begräbnisplatz der Stiftsdamen fort, um in die Münsterkirche zurückzukehren.

Diese besondere Rolle der Quintinskapelle am Weihetag der Stiftskirche sowie ihre außergewöhnliche Funktion im rituellen Leben der Stiftsdamen lassen sich in der Gründungsphase des Stifts nicht nachweisen. Andererseits gibt es aber ebenso wenige Anhaltspunkte, warum, wie und wann sich in späterer Zeit entsprechende Rituale ausgebildet haben könnten.

Alfred Pothmann hält die Quintinskapelle für eine „Eigenkirche der Grundherrschaft Asnithi", die schon vor der Gründung des Stifts und vor Errichtung der Stiftskirche bestanden habe, ohne daß man wisse, wann und von wem die Reliquien nach Essen gebracht worden seien.[21] Sie könnte damit vielleicht identisch sein mit einer von Zimmermann 1956 und zuletzt 2000 von Detlef Hopp beschriebenen Kapelle, deren Fundamente bei Ausgrabungen unter der von Altfrid errichteten Stiftskirche gefunden wurden, so daß ein höheres Alter vorauszusetzen ist. Es könnte sich vielleicht um eine ältere Quintinskapelle handeln, die dann – entsprechend dem späteren zeitlichen Ansatz der Kapelle, die aus der Grundrißzeichnung aus dem 19. Jahrhundert bekannt ist – als Vorgängerbau anzusehen wäre. Wenn es zutrifft, daß Abt Badurad von Paderborn im Jahre 835 bei der Einweihung der neuen Kirche in St. Quentin anwesend war und Reliquien für das westfälische Kanonissenstift Neuenheerse mitgebracht hat, muß man wohl – auch Röckelein hat dies bereits betont – an dieser Stelle ansetzen und die Quintinstranslationen nach Essen und Neuenheerse (vielleicht auch nach Mainz) genauer untersuchen. Dem hl. Quintin, einem im deutschsprachigen Raum sonst eher selten anzutreffenden Heiligen, war auch in Köln im Weingarten des Dechanten von St. Gereon eine Kapelle geweiht.

Aufgrund der dürftigen Quellenlage sind eindeutige Antworten vielleicht nie möglich. Immerhin bleibt festzuhalten, daß die kleine Quintinskapelle in gewisser Hinsicht ein Refugium der Sanktimonialen, Kanonissen und Stiftsdamen bildete, wo – beinahe intim – deren Memoria gefeiert wurde. Vielleicht war sie einstmals sakraler Ersatzort für den gräflichen Chor gewesen, nachdem das Münster den großen Bränden im 10. und 13. Jahrhundert zum Opfer gefallen war.

Zwei Gründungsgeschichten?

Thomas Schilp gab in einer seiner letzten Arbeiten zur Gründung Essens zu bedenken, daß die historische Forschung oft darauf verwiesen sei, „sich mit der Formulierung von Hypothesen zu begnügen und allenfalls Indizienbeweise zu versuchen".[22] Dies scheint immer noch notwendig angesichts der unklaren und zum Teil widersprüchlichen Ergebnisse. Sollten wir in Essen ähnlich wie in Buchau und Herford mit verschiedenen Gründungsversuchen zu rechnen haben?

Die Gründungsgeschichte des freiweltlichen Stifts Buchau am Federsee verleitet zu dieser dritten möglichen Hypothese. Für dieses schwäbische Stift hat die Forschung ein Stifterehepaar namens Adelinde und Warin ermitteln können, das später durch eine jüngere Adelinde und ihren Gatten Atto verdrängt wurde. Die zweite Adelinde, die nach dem Tode ihres Gatten das Stift mit „großen Wohltaten [...] überhäufte", konnte „die vorangegangene eigentliche Stifterin schon früh in den Schatten" stellen.[23] Die moderne Forschung hat jedoch überzeugend nachgewiesen, daß sich die Buchauer Adelindis-Legende auf beide Frauen bezieht.

In Herford sind ebenfalls mehrere Gründungen versucht worden, bis schließlich „die Auftragung der Neugründung an Ludwig den Frommen [...] 823 zur Umgründung" führte.[24]

Es gibt verschiedenen Indizien, die dafür sprechen, auch für Essen verschiedene Gründungsschritte anzunehmen. Manfred Petry vermutete, daß die im *Liber ordinarius* angegebene Jahreszahl 852 „gar nicht die Stiftsgründung, sondern die Grundsteinlegung des Münsters" meint.[25] Auch Tiefenbach ging davon aus, daß die „Wurzeln des Stifts" wohl „noch weiter zurück" reichen.[26] Daraus wäre zu schließen, daß die Gründung des Stifts in verschiedenen Schritten erfolgt wäre, und man könnte die Aussagen der Grabschrift für Gerswid, die erste Äbtissin, problemlos in die Gründungsvorgänge einbauen. Sie wird in dieser Grabschrift als ‚erste Gründerin' *(prima monasterium fundans erexerat istud)* bezeichnet. Sollten wir in Essen – ähnlich wie in Buchau – zwei Gründungsvorgänge haben? Gerswid könnte ähnlich wie die erste Buchauer Adelinde eine Anzahl gleichgesinnter Frauen um sich geschart haben, um gemeinsam ein gottesfürchtiges Leben zu führen. Es mag sein, daß diese *congregatio* mehr oder weniger ‚vor sich hin dümpelte', bis Bischof Altfrid – wiederum ähnlich wie in Buchau die zweite Adelinde – durch sein Ansehen, seinen Einfluß und seine Macht- und Geldmittel das Ganze als ordentliche Stiftsgründung auf die Bahn brachte. Vielleicht können weitere Forschungen, z. B. auch in bezug auf den hl. Quintin und seine Verehrung im deutschsprachigen Raum, neue Erkenntnisse bringen. Wahrscheinlich müssen wir uns aber mit unserem Nichtwissen zufriedengeben.

Grundherrschaft und ökonomische Basis des stiftischen Lebens[27]

Aufgrund seines immensen Grundbesitzes gehörte das Damenstift Essen zu den reichsten Stiften des hohen Mittelalters im deutschsprachigen Raum. Im Vergleich zur Abtei Werden, zum Stift Xanten und zur Abtei Deutz war Essen der größte geistliche Grundbesitzer in der Region.

Erst mit der Säkularisierung und der Auflösung der Grundherrschaft durch die Bauernbefreiung ging in bezug auf die wirtschaftlichen, aber auch auf die sozialen und politischen Verhältnisse in Essen ‚das Mittelalter' zu Ende. In der fast tausendjährigen Geschichte war es immer wieder gelungen, die Lebensfähigkeit des Systems unter Beweis zu stellen. Voraussetzung dazu war sicherlich die von Anfang an notwendige Flexibilität, die Grundherrschaft, d. h. die wirtschaftliche und existentielle Basis des stiftischen Lebens den unterschiedlichsten kulturräumlichen und landschaftlichen Gegebenheiten anzupassen.

Die gesamte Grundherrschaft erstreckte sich als Streubesitz zwischen Zwolle und Deventer in der heutigen holländischen Provinz Overijssel über das gesamte heutige Ruhrgebiet bis ins östliche Münsterland zwischen Hamm und Beckum. Rheinaufwärts lagen Güter bei Breisig, Godesberg und Königswinter, auch bei Marburg an der Lahn und an der Erft. Zur Zeit Heinrichs IV. (1054/6–1106) gehörten zur Essener Grundherrschaft mehr als 100 Herrenhöfe mit mehr als 3.000 bäuerlichen Hufen oder Mansen (s. u., 25 ff.). Im 12./13. Jahrhundert kam es allerdings wiederholt zu Entfremdungen, so daß dem Stift insbesondere in entfernteren Gegenden Besitz verlorenging. In der Nähe des ‚Essener Territoriums', wo der Fürstäbtissin im 13. Jahrhundert der Aufstieg zur Landeshoheit gelang, kam an den Grenzen des späteren Stifts beträchtlicher Lehnbesitz hinzu, zeitweise bestehend aus 144 Rittergütern.

Kaiserliche und adlige Schenkungen

Die Herkunft dieses Besitzes läßt sich nur noch zum Teil klären. Mit hoher Wahrscheinlichkeit wurde die Abtei nach dem Vorbild anderer Stifte auf Grund und Boden der Stifterfamilie gegründet. Da die ältesten Quellen über Schenkungen Auskunft geben, gehörte derjenige Besitz, der nicht als solche nachzuweisen ist, wohl größtenteils zur Gründungsausstattung. Güter in der Nähe der Abtei, wie zum Beispiel der Viehof, vielleicht auch der Oberhof Eickenscheidt, stammen vermutlich aus Stifterbesitz.

Bis in die Mitte des 11. Jahrhunderts sind reiche königliche Schenkungen zu verzeichnen (wenn im folgenden von Höfen die Rede ist, handelt es sich nicht um Einzelhöfe, sondern immer

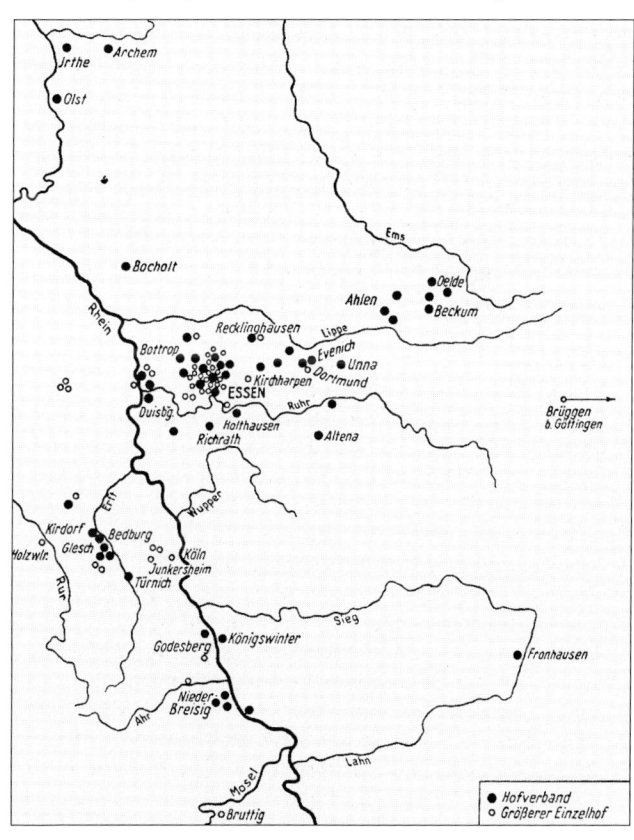

▲ Abb. 8: Der Grundbesitz des Frauenstifts Essen

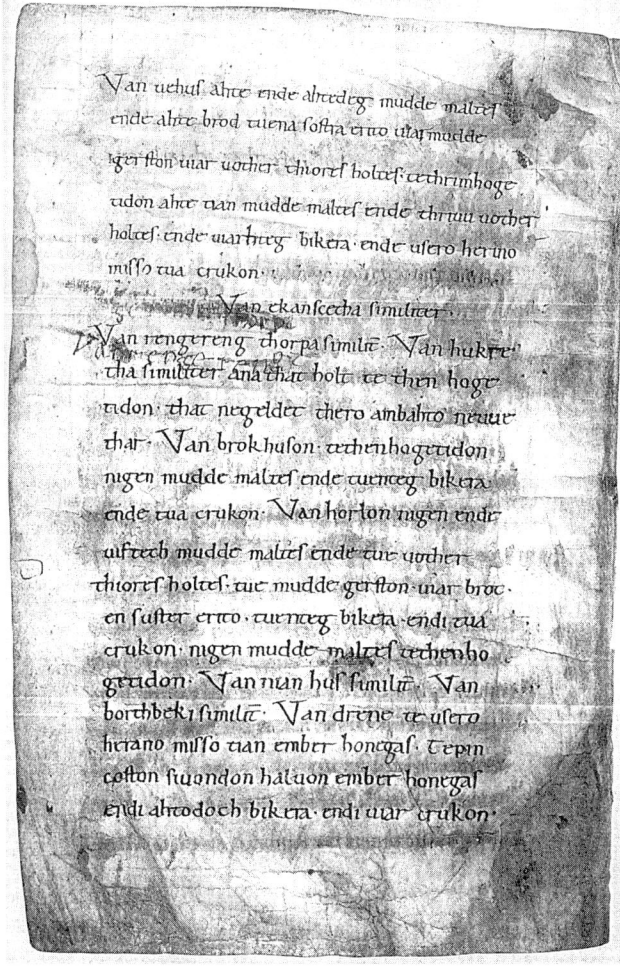

▲ Abb. 9: Essener Heberegister (9. Jahrhundert).

um Hofverbände mit mehreren Dutzend Unterhöfen): König Lothar II. (855–869) schenkte die Höfe Homberg und Kassel bei Duisburg, die um 1275 durch Rheinverlagerung wieder verlorengingen. König Ludwig der Deutsche (843–876) überließ dem Stift u. a. den Hof Huckarde bei Dortmund (vielleicht auch Brockhausen bei Unna) und die drei Höfe Olst, Archem und Jerthe in Overijssel. Von Herzog Otto von Sachsen (880–912) kam der Hof Beeck bei Duisburg. Kaiser Karl III. (der Dicke, 882–887) schenkte der Abtei ein bedeutendes Weingut, den Hof Godesberg. Nachdem sich König Zwentibold im Jahre 898 zu Pfingsten in Essen aufgehalten hatte, bedankte er sich auf Bitten seiner Gemahlin Oda und seines Schwiegervaters Herzog Otto des Erlauchten bei Äbtissin Wicburg für die genossene Gastfreundschaft mit der Schenkung verschiedener Weingüter an der Erft im Köln-, Ahr-, Küzze-, Mayen-, Mühl- und Jülichgau; sie wurden im 11. Jahrhundert teilweise gegen Besitzungen des Kölner Erzbischofs getauscht.

Im Jahre 966 erfolgte eine ganz neue Art der Schenkung: Kaiser Otto I. übertrug den Hof Ehrenzell (heute Essen-Frohnhausen, -Altendorf) den Stiftsdamen und der Pröpstin des Stifts. Er war der Gewalt der Äbtissin und ihres Vogtes entzogen und hatte einen eigenen Vogt. Bis dahin waren alle Schenkungen an Sanktimonialen und Äbtissin gemeinsam erfolgt. Der Hof Ehrenzell hatte zuvor Ottos Enkelin Mathilde (geb. 949) gehört, die schon in früher Jugend nach Essen ins Stift gekommen war. Kein anderer Hofverband war so straff organisiert und so eng um den Haupthof angesiedelt. Wisplinghoff vermutet, es könnte sich bei dieser Schenkung um ein Wahlgeschenk an die Stiftsdamen gehandelt haben, damit diese nach dem Tod der amtierenden Äbtissin Kaiserenkelin Mathilde wählten, was dann auch 973 geschehen ist.

Auf ähnliche Weise ist der Fronhof Fronhausen bei Marburg in Hessen durch Äbtissin Mathilde aus dem Erbe ihrer Mutter ans Stift gekommen. Trotz der weiten Entfernung konnte dieser Besitz bis zur Säkularisierung gegenüber den Schenken von Schweinsberg erfolgreich verteidigt werden. Andere Güter, z. B. der Hof Brüggen bei Göttingen, den Otto III. 997 geschenkt hatte, oder auch der Streubesitz bei Wachtendonck, Xanten und Hückeswagen, den Äbtissin Svanhild im 11. Jahrhundert dem Stift vermacht hatte, ging schnell wieder verloren. Der Hof Brüggen, der 500 Hufen umfaßt haben soll, ist vermutlich durch Äbtissin Sophia (gest. 1039), die gleichzeitig Äbtissin in Gandersheim war, dem Essener Stift entfremdet und als bedeutendster Besitzzuwachs an Gandersheim überführt worden. Die letzte größere Schenkung stammt von Heinrich III. aus dem Jahre 1054, als er dem Stift den Hofverband Richrath im Bergischen übertrug.

Zu diesem ausgedehnten Grundbesitz traten noch eine Reihe anderer wertvoller Gerechtsame, z. B. als eines der wichtigsten die Markengerechtigkeit. Die meisten Oberhöfe in der Nähe der Stiftsimmunität lagen mit ihren Unterhöfen in einem großen, zum Teil sumpfigen Waldgebiet zwischen Ruhr und Emscher. Durch die königlichen Schenkungen verloren diese unkultivierten Landstriche den Charakter als herrenloses Land und gingen in das Eigentum der Abtei über. Aus diesem ‚Wildland' entwickelten sich später die großen Marken (Viehofer Mark, Essener, Borbecker, Ehrenzeller und Fronhauser Mark), ausgedehnte Wald- und Heidegebiete, in denen der Fürstäbtissin als ‚oberster Märkerin' neben dem Markenregal die Jagd- und Fischereigerechtsame zustanden. Der nördliche Teil dieser Marken, der sogenannte Emscherbruch, zeichnete sich durch großen Reichtum an wilden Pferden aus, über die der Marschall im Namen der Fürstäbtissin den ‚Wildbann' ausübte. Noch 1821 gehörten zum Oberhof Eickenscheidt 110 Morgen und zum Oberhof Nienhausen 250 Morgen Hochwald.

Schließlich ist noch eine ganz besonders wichtige Schenkung zu nennen, die später wesentlich zur Bildung des Essener Territoriums beigetragen hat. Vermutlich im Juni des Jahres 863 schenkte Erzbischof Gunthar von Köln mit Zustimmung des Papstes Nikolaus I., der Mitbischöfe und des gesamten Klerus dem Stift Essen den Zehnt zwischen Emscher und Ruhr vom Leither Bach bis nach Lirich und Lippern (heute Grenze Essen/Oberhausen) mit Ausnahme eines Stücks in Rellinghausen, das dem Ehepaar Eggihart und Rikilt gehörte. Der Zehnt, ursprünglich eine Abgabe von 10% aller Erträge, war in der Karolingerzeit zu einer rechtlich festgelegten Leistung an die Kirche geworden, die durch die sogenannte Guntharsche Schenkung dem Essener Stift zufiel. Sie wurde nach längeren Streitigkeiten im Jahre 1027 von Erzbischof Pilgrim in einem Vergleich bestätigt.

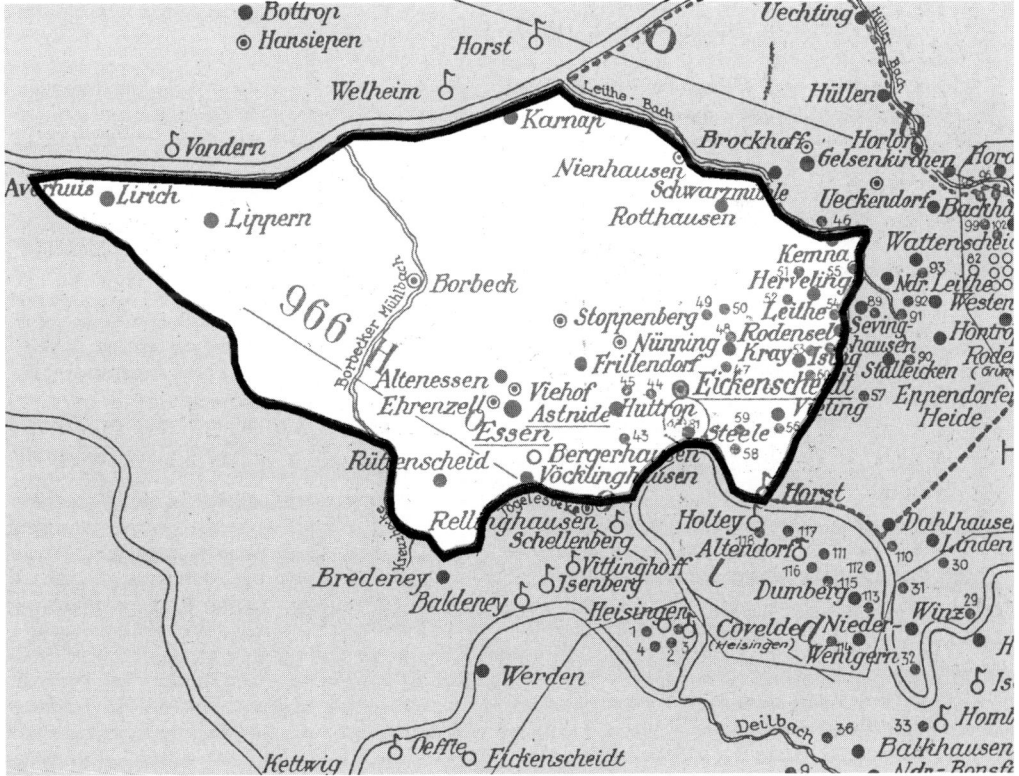

▲ Abb. 10: Essener Zehntgebiet

Ob und inwieweit der beachtliche Lehnbesitz mit dieser Schenkung in Verbindung steht bzw. aus dieser zu erklären ist, muß dahingestellt bleiben. Im 14. Jahrhundert besaßen Äbtissin und Damenkapitel weit über 100 verschiedene Lehngüter, von denen allerdings bis zum 16. Jahrhundert bereits 83 durch Entfremdung verloren gingen. Bei der Auflösung des Stifts existierten immerhin noch 72 Lehngüter. Bemerkenswert ist in diesem Zusammenhang, daß sie nicht von der Fürstin allein, sondern von ihr und ihrem Stift bzw. ihrem Kapitel ausgetan wurden. Die Lehnempfänger gelobten *yr und erme stichte* treu und hold zu sein.[28]

Übersicht über die Grundherrschaft

Die Karte auf S. 21 (Abb. 8) und die folgende Tabelle vermitteln einen ersten Eindruck von der Größe des gesamten Grundbesitzes. Er kann hier nicht in allen Facetten nachgezeichnet werden; vielmehr beschränken wir uns darauf, an den ältesten Hofverbänden, die in der Nähe des Stiftes lagen, das Funktionieren der mittelalterlichen Grundherrschaft exemplarisch aufzuzeigen. Es handelt sich um neun Hofverbände, die dem Stift bereits im 9. Jahrhundert unterstanden und deren Größe nach den beiden sogenannten Vogteirollen, die um 1200 angelegt wurden, sehr genau zu beschreiben ist.

Hofverband	Lage	Anzahl der Unterhöfe (Hufen)
Viehof	Essen(-Stadtmitte)	112
Eickenscheidt	Essen-Kray/Steele	68
Ringeldorf-Lünen	Gladbeck	111
Huckarde-Hirschfeld	Dortmund	112
Brockhausen-Berge	Unna	60
Hordel-Ückendorf	Gelsenkirchen	50
Nienhausen-Schwelm	Gelsenkirchen	36
Borbeck	Essen-Borbeck	33
Auf dem Drein	Beckum	92

Tab. 1: Die ältesten Hofverbände des Stifts (seit dem 9. Jahrhundert)

Diese Hofverbände hatten abwechselnd ihr *servitium* zu leisten, das heißt, sie mußten regelmäßig zu festgelegten Terminen an das stiftische Back-, Brau- und Schlachtamt Abgaben liefern oder auch Dienstleistungen erbringen. Im Laufe der Jahrhunderte wurden zwar einzelne Leistungen durch Geldzahlungen ersetzt, dennoch ist es erstaunlich, wie langlebig viele Bestimmungen waren. An das stiftische Brauamt mußten im 14./15. Jahrhundert im wesentlichen die gleichen Abgaben geleistet werden wie im 9. Jahrhundert (die Tabelle auf Seite 25 gibt darüber Aufschluß).

Ausführliche Nachrichten über die Wirtschaftsführung des stiftischen Haushalts finden sich in dem schon erwähnten *Liber catenatus* aus dem späten 14. Jahrhundert. Danach wurden im Backhaus wöchentlich elf Malter Roggen verbacken, im Brauhaus wöchentlich elf Malter Malz verarbeitet und im Schlachthaus im Winter zwölf Schweine, im Sommer 24 Hammel geschlachtet. In der Fastenzeit verbrauchte man anstelle des Fleisches 1.800 Heringe pro Woche. Abwechselnd hatten die einzelnen Höfe wöchentlich ihr Servitium zu leisten. Die „ganzen Höfe" *(curtes integrae),* also Viehof, Eickenscheidt, Ringeldorf und Huckarde dienten jeweils acht Wochen im Jahr, Borbeck, Nienhausen, Ückendorf und Brockhausen je vier Wochen und die beiden Höfe auf dem Drein je zweimal. Damit war der Bedarf von 52 Wochen gedeckt.

Durch dieses Servitium waren die Schultheißen *(sculteti)* der Oberhöfe an eine feste Ordnung gebunden. Im Gegensatz zum Lehnbesitz ließen sich Veruntreuung und Entfremdungsversuche schnell erkennen und verhindern. Bei den Getreidelieferungen ging man im 14. Jahrhundert allerdings von dem wöchentlichen Dienst ab und verlangte, daß das Korn spätestens bis Mariä Lichtmeß in die stiftischen Speicher geliefert werden müsse. Für die Viehliefe-

Höfe nach dem Brauregister 9. Jahrhundert	Jährlich					An den drei hohen Festen			Cosm. und Dam.	Kettenbach 14./15. Jahrhundert	
	Malz	Brot	Erbsen	Gerste	Holz	Malz	Holz	Becher	Krüge	Qualität der Höfe	Malz
Viehof	88	8	2	4	4	18	3	40	2	curtes	88
Eickenscheidt	88	8	2	4	4	18	3	40	2	integrae	88
Ringeldorf	88	8	2	4	4	18	–	40	2	non tantum	88
Huckarde	88	8	2	4	4	18	–	40	2	sicut curtis	88
Brockhausen	88	8	2	4	4	9	–	20	2	integra	88
Hordel	59	4	1	2	2	9	–	20	2	mediae curtes	44
Nienhausen	59	4	1	2	2	9	–	20	2		44
Borbeck	59	4	1	2	2	9	–	20	2		44
Auf dem Drein	59	4	1	2	2	Honig		80	2		60

Tab. 2: Abgaben der Oberhöfe an das Brauamt im 9. und 14./15. Jahrhundert, nach: Weigel: Aufbau, 267

rungen beließ man es schon aus logistischen Gründen bei den wöchentlichen Lieferungen. Doch wegen der weiten Entfernung wandelte man die Viehabgaben der Höfe im Münsterland in eine Geldzahlung um; sie zahlten statt dessen ein *Specgelt*. Die Höfe in Holland nahmen am Servitium nicht teil, versorgten aber den stiftischen Haushalt vor allem mit Käse, Fisch und Butter (s. u., S. 147 ff.).

Wesen der Grundherrschaft

Grundherrschaft bedeutete für die Untertanen nicht nur Abgabepflicht, sondern bestand in einem gegenseitigen Treueverhältnis. Die Bauern schuldeten ihrem Grundherrn ‚Rat und Hilfe‘ und dieser gewährte ihnen im Gegenzug ‚Schutz und Schirm‘. Die Grundherrschaft war nicht nur ein Wirtschafts-, sondern zugleich ein Sozial- und Rechtssystem.

Die einzelnen Hofverbände waren in Form der fränkischen Hufenverfassung organisiert. Den Mittelpunkt jedes Hofverbandes bildete der Herren- oder Oberhof mit oft umfangreichem Salland, zu dem eine Reihe von Unterhöfen (Hufen oder Mansen) gehörte. Diese Hufen konnten in dichter Besitzlage um den Herrenhof angesiedelt, aber auch sehr weit entfernt sein. An der Spitze aller Hofverbände rangierten als bedeutendste Hofverbände die beiden Haupthöfe Viehof und Eickenscheidt.

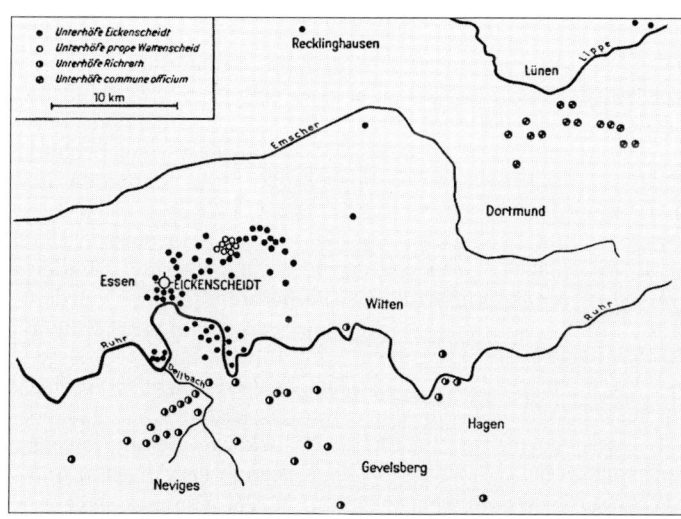

▲ Abb. 11: Der Oberhof Eickenscheidt und die darin aufgegangenen Fronhofsverbände

Grundherrschaft als Sozial- und Rechtssystem

Jeder Hofverband hatte ein eigenes Hofgericht, das regelmäßig dreimal im Jahr zum ‚ungebotenen Ding' zusammentrat. An der Spitze stand der Schultheiß oder Hofrichter, der bei den ‚ganzen Höfen' von zwölf, bei den ‚mittleren Höfen' von sechs Hofgeschworenen unterstützt wurde. Alle Inhaber der Unterhöfe bildeten den ‚Umstand'. Vor diesem Hofgericht, das, wenn nötig, auch zusätzlich „geboten" werden konnte, regelte man Rechtsstreitigkeiten bezüglich der Güter oder ihrer Aufsitzer entsprechend dem jeweiligen Weistum bzw. dem ‚Essener Hofrecht'.

Konnte kein Urteil gefunden werden, mußte beim obersten Hof des Stiftes, beim Viehof, Rechtsbelehrung eingeholt werden. Seit dem 15. Jahrhundert waren Äbtissin, Kapitel und die vier Hofämter letzte Berufungsinstanzen.

Damit die Grundherrschaft, diese bis ins letzte durchorganisierte Form der Selbstversorgung aus den Hofverbänden mit ihren mehreren hundert Unterhöfen, möglichst reibungslos funktionierte, war ein ausgeklügeltes Wirtschafts- und Verwaltungssystem notwendig, das bereits im 9. Jahrhundert nachzuweisen ist. Wie dieses System aufgebaut war, zeigt die nebenstehende Skizze.

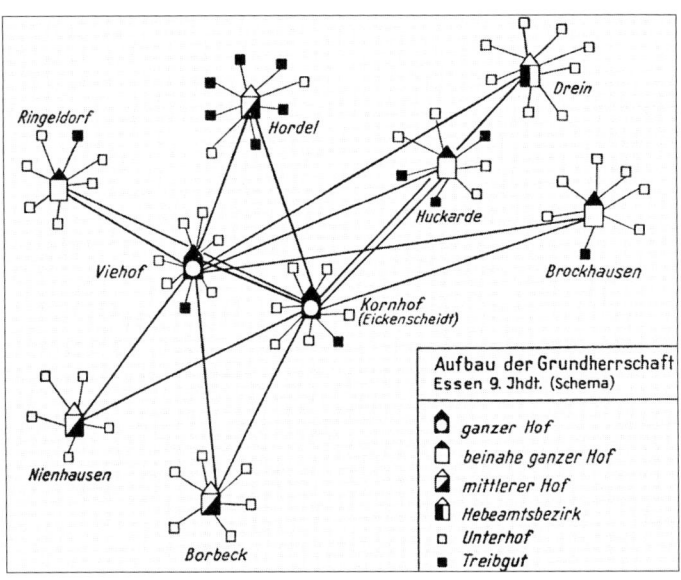

▲ Abb. 12: Aufbau der Grundherrschaft Essen

Wirtschafts- und Verwaltungssystem

Die Hofverbände arbeiteten weitgehend selbständig, waren aber immer ausgerichtet auf den Viehof und den Hof Eickenscheidt. Diese beiden Haupthöfe bildeten die tragenden Pfeiler des ganzen Systems und waren als Vieh-Hof und Korn-Hof Sammel- bzw. Abgabestellen für die anderen Hofverbände (parallel dazu hatte Kloster Werden ebenfalls die Höfe ‚Viehausen' und ‚Barkhofen', zum Bergen des Korns).

Die einzelnen Hofverbände waren unterschiedlich organisiert. Von West nach Ost läßt sich zunehmend eine Lockerung beobachten. Die rheinischen Besitzungen wie auch die in Holland und in Essen zeigen überwiegend eine straffe Villikationsverfassung. Typische Beispiele dafür waren der Viehof, Eickenscheidt und Ehrenzell, das als karolingische Gründung am straffsten organisiert war. Hier wurde weitgehend eigenverantwortlich gewirtschaftet. Es gab jeweils einen Schulten, dem die gerichtliche Verwaltung des Hofverbandes unterstand, und daneben den *magister culturae* oder „Baumeister", dem die Wirtschaftsführung oblag. Er teilte die Hand- und Spanndienste der in der Nähe liegenden Unterhöfe ein, zog auch halbfreie Hörige und Handwerker, die auf dem ausgedehnten Herrenland des Viehofs angesiedelt worden waren, zu den notwendigen Arbeiten heran. In Eickenscheidt wurden solche Dienste (Gebäudeausbesserung, Zäune setzen, Mäh- oder Garbebindedienste) teilweise noch im 18. Jahrhundert verlangt. Unterhöfe, die weit entfernt vom Haupthof lagen, konnten ihre Dienste durch Natural- und Geldzahlungen ablösen. Boten, Hoffronen oder zu diesem Zweck speziell eingerichtete *Dryfhoven* (Treibhöfe) sammelten die Abgaben ein, die zunächst auf dem jeweiligen Herrenhof zusammengetragen und dann nach Essen weitertransportiert wurden.

Beispiel: Der Oberhof Borbeck

Was das für die Inhaber der einzelnen Unterhöfe konkret bedeutete, läßt sich am besten am Beispiel des kleinsten Oberhofes, Borbeck, erfassen. Borbeck ist der einzige alte Oberhof, über den noch keine Einzelstudie vorliegt. Das Kettenbuch (14. Jahrhundert) verlangte folgende Abgaben und Dienste.

Zunächst lieferten diese Hufen (Unterhöfe) ihre Abgaben an den Inhaber des Oberhofs Borbeck. Dort wurde alles gesammelt und dann zusammen mit den Leistungen, die der *villicus* selbst aus dem Oberhof zu entrichten hatte, nach Essen geliefert. Es handelte sich dabei um ‚die dritte Garbe‘ des Oberhofes, also 1/3 seiner Getreideernte; außerdem von Ober- und Unterhöfen gemeinsam 44 Malter Roggen, 44 Malter Malz, sieben Scheffel Weizen, drei Sester Butter, 600 Heringe, 20 den. (Geld) für Salm, 25 Hühner, 100 Hühnereier, ein Gänseei, eine *marca* als *Kesepennynghe* und 14 Fuder Holz für das Roggenbackhaus. Außerdem mußten die üblichen Fleischmengen geliefert werden, und das stiftische Küchenamt erwartete zehn Fuder Buchenreisig, das bestimmte Hufeninhaber zuvor zerkleinern mußten. Darüber hinaus wurden regelmäßig kleinere Geldzahlungen für Tiegel und Töpfe, die in der Konventsküche gebraucht wurden, fällig.

Die Übersicht (Tab. 3, S. 28/29), angefertigt nach der Zusammenstellung des Kettenbuches, zeigt, daß im Vergleich zu dem Einnahmeverzeichnis des Brauamts aus dem 9. Jahrhundert bereits entscheidende Veränderungen eingetreten waren. Vergleicht man die Höfeliste mit den um 1200 entstandenen Vogteirollen, so ist festzustellen, daß mehrere Höfe, die an der Nordgrenze des Stifts lagen, nicht mehr genannt werden. Sie müssen aber nicht verlorengegangen, sondern können in Lehen umgewandelt worden sein. Seitdem die Äbtissinnen Borbeck zur zweiten Residenz ausbauen ließen, konzentrierten sich hier bald die meisten Lehngüter, die aus verschiedenen Rechtsverhältnissen zusammengefaßt wurden, um den Schutz der Herrscherin sicherzustellen.

Auch die Geldzahlungen lassen Veränderungen vermuten. Während die *obolus*-Zahlung wohl von Anfang an verlangt wurde, könnten die Zahlungen in Denaren und Solidi, die vor allem von entfernter liegenden Höfen zu leisten waren, umgewandelte Naturalabgabe sein. In solchen Umschichtungen zeigt sich eine allgemeine Entwicklung des gesamten Wirtschaftsgefüges, die bereits im 12./13. Jahrhundert begann, als die Naturalwirtschaft durch geld- und verkehrswirtschaftliche Elemente weitgehend ersetzt wurde. Zu Beginn des 16. Jahrhunderts wurde der Hof Borbeck zum Teil aus den Verpflichtungen des Servitiums herausgenommen und in neuer Form nur von der Äbtissin bewirtschaftet. Borbeck gehörte seitdem zum „Tafelgut" der Fürstäbtissin (s. u.).

Gütertrennung: Konvents-, Propstei- und Abteigut

Solche Veränderungen innerhalb der Grundherrschaft waren keine Neuerung der frühen Neuzeit, sondern setzten bereits ein, als Otto III. im Jahre 966 den Hof Ehrenzell nicht der Abtei oder der Äbtissin, sondern nur den Sanktimonialen und der Pröpstin schenkte. Wir finden hier zum ersten Mal eine Trennung von Konventsgut und dem Besitz der Äbtissin.

Zusätzlichen Sonderbesitz schufen sich die Stiftsdamen im Laufe der Jahrhunderte vor allem aus Memorienstiftungen. Die daraus entstandenen Verpflichtungen sind sorgfältig im Nekrologium des 13. und 14. Jahrhunderts und im jüngeren Memorienbuch des Damenkapitels aufgeführt. Aus diesem Präsenzgut, das im sogenannten ‚Kämmerchen‘ verwaltet wurde, wurden die Stiftsdamen für ihre Teilnahme bei den Seelenmessen bzw. zur Abhaltung der Memorien bezahlt. Bis zur Aufhebung des Stifts wurde in den Kämmerchen- bzw. später in den Präsenzrechnungen darüber genauestens Buch geführt.

Die hier schon im späten 10. Jahrhundert zu beobachtende Scheidung des gemeinschaftlichen Vermögens ist auch in anderen Domstiften zu beobachten. Gleichzeitig mit dieser Teilung in Abtei- und Konventsgut entstand auch der Sonderbesitz der Pröpstin, die auf diese Weise für die ihr neu zufallenden Aufgaben ‚entlohnt‘ wurde. Denn während der vita communis hatte die Verwaltung des gesamten Vermögens in Händen der Äbtissin gelegen, durch die

Name des Unterhofes im 14. Jahrhundert	17./18 Jahrhundert, z. T. noch heute bekannt als	Lage	Roggen
tho Decgynkhusen	? Beckmanns- oder Overbeckshove	MH-Dümpten (Denkhauser Höfe)	12 vasa
Bruno tho Domete		MH-Dümpten	
Theodorcus Kelremans gen. Heyze	? Hansberghove	MH-Heißen	
Berchem in Kettwig		E-Kettwig	
Odekin to Vulramen	Beutefuhrs Gut	MH-Fulerum	
ten Melckelstocke bei Bredeney	Meckenstock, Gericht Kettwig in Bredeney	E-Bredeney	
to Zarne	?	MH-Saarn	
in den Vene in parochia Ostervelde	Kleiner Vennekotten	OB-Osterfeld	16 vasa
in der Aa	? Tönnisbrockshove	E-Vogelheim	11 vasa
Gruters to Bellenbroke	Grutershove	Bottrop	2 vasa
Hoyken to Betyncrode	Heuckengut	E-Bedingrade	11 vasa
Yeger to Susthem		E-Frintrop	
Koken	Kaucke	E-Dellwig	11 vasa
in der Sandgathe	Sandgathenhove	E-Dellwig	2 vasa
to Vyzenbole		E-Dellwig	2 vasa
Benecampes / Bohnencamps Hove	Bohnenkamphove	E-Dellwig	2 vasa
Rodemans	Rahmannshove	E-Dellwig	
Johann to Berchem	?	E-Dellwig (Bergheimer Steig)	
Ruzels	Rüselshove,	E-Borbeck	
Pape / Pauwes hove	Paus o. Bockholtzmann	E-Bocholt	
Johannis Kreyenbroke	Kreienbroichgut	E-Frintrop	
in der Palderbecke	Pallenbergshove	E-Borbeck	
Gerwinus te Bocholte		E-Bocholt	
Conradus by me Hove	Bihoffshove	E-Borbeck	
Rutger bey me Hove	? Jägerskotten,	E-Borbeck	
in der Wort	Wortmanshove	E-Borbeck	
mansus in Galen			

Tab. 3: Abgaben der Hufen des Oberhofs Borbeck nach dem Kettenbuch

Vermögenstrennung mußte eine andere Regelung gefunden werden. Die Pröpstin als prima inter pares des gräflichen Konvents war von nun an für dessen Vermögen verantwortlich. Diese Aufgabe wurde durch Einkünfte aus ihrem Sonderbesitz vergütet, der fünf Oberhöfe mit mehr als 200 Hufen umfaßte. Haupthof war der Hof Nünning, das heißt Hof der Nonnen, in Frillendorf mit 88 Unterhöfen. Er ist vermutlich auf Rodungsland entstanden. Später sind andere Hofverbände darin aufgegangen, zum Beispiel der Bottroper Hof Hansiepen mit 28 Unterhöfen. Weitere Hofverbände, die der jeweiligen Pröpstin ein beachtliches Einkommen sicherten, waren der Hof Evenich bei Dortmund mit 61 Hufen, der Hof Suderwich im Kreis Recklinghausen mit 52 Hufen und der schon im 13. Jahrhundert wieder verlorengegangene Hof Maggeren.

Malz	Holz	Geflügel	Schweine	Geld	Geld	Geld
12 vasa	2 Fuder	1 Huhn			1 obolus	
		1 Huhn		12 den.	1 obolus	
3 1/2 Malter		1 Huhn			1 obulus	
		1 Huhn		12 den.	1 obolus	
		1 Huhn		30 den.	1 obolus	
		1 Huhn		12 den.	1 obolus	
		1 Huhn		6 den.	1 obolus	
	4 Fuder					
	2 Fuder	1 Huhn		12 den.	1 obolus	
5 vasa	2 Fuder	2 Hühner		1 den.		
24 vasa		3 Hühner			3 oboli	
	2 Fuder	1 Huhn			1 obolus	2 1/2 sol.
3 1/2 Malter	1 Fuder	2 Hühner		1 den.		
	2 1/2 Fuder	1 Huhn	2 Schweine		1 obolus	
11 vasa	1/2 Fuder	1 Huhn			1 obolus	
11 vasa	1/2 Fuder	1 Huhn	1 Schwein		1 obolus	
8 vasa	1/2 Fuder	1 Huhn			1 obolus	
		1 Gans		12 den.		
6 vasa		1 Huhn			1 obolus	
18 vasa	1 Fuder	1 Huhn			1 obolus	
11 vasa	1/3 Fuder	1 Huhn	2 Schweine		1 obolus	
	1/3 Fuder					2 sol.
24 vasa		2 Hühner	2 Schweine			2 sol.
11 vasa		1 Huhn	2 Schweine		1 obolus	
11 vasa		1 Huhn	2 Schweine		1 obolus	
		1 Huhn			1 obolus	2 sol.

Tafelgut der Äbtissin

Es ist notwendig, noch kurz auf die der Äbtissin allein vorbehaltenen Besitzungen einzugehen, die unter den Bezeichnungen ‚Abteigut' oder ‚Tafelgut', auch als ‚abteiliche Küchengüter' firmieren.

Der Bedarf des fürstlichen Haushaltes, der die gesamte Hofhaltung abdecken mußte, war recht groß. Auch noch nach der Gütertrennung erhielt die Äbtissin aus den Konventshöfen für ihren Marstall (fürstlicher Pferdestall) 171 Malter Hafer, für die Geflügelzucht 147 Malter Gerste und 65 Malter Weizen für das Gebäck der fürstlichen Tafel. Schwarz- und Rotwild lieferten die ausgedehnten Wälder der Landesherrin. Frische Fische, für die der oberste Fischer zu sorgen hatte, holte man aus Ruhr und Emscher. Doch das alles reichte bei weitem nicht.

Seit dem Ende des 13. Jahrhunderts waren die Fürstäbtissinnen bemüht, den Ausbau ihrer landesherrlichen Grundherrschaft voranzutreiben, indem sie vor allem in den Bauerschaften Schönebeck und Vogelheim neben den alten Hofverbänden auf Rodungsland neue Pachthöfe errichten ließen, die nur dem Haushalt der Landesherrin dienten. Entstehungszeit und Rechtsnatur dieser Güter sind in den Anfängen schwer auszumachen, sie lassen sich quellenmäßig erst seit der Mitte des 16. Jahrhunderts fassen, als auch die „Gewalt Carnap" dem abteilichen Haushalt zugeordnet wurde.

Die meisten abteilichen Küchengüter lagen im Borbecker Bereich. Der dortige Oberhof bildete die tragende Säule dieses Besitzes. Besondere Verpflichtungen der Hufner traten jeweils dann ein, wenn die Fürstäbtissin mit ihrer Hofhaltung in der Borbecker Residenz weilte. Ihre Leistungen bestanden nicht nur in Abgaben, sondern auch in Diensten. Alljährlich stand „die große Reise" in den Fernewald nach Bottrop/Kirchhellen an, eine Walddienstfahrt, um (Brenn-)Holz für die Hofhaltung zu besorgen. Unter der „kleinen Reise" verstand man alle Fahrten, die über das Stiftsgebiet nicht hinausgingen. Als dies im 18. Jahrhundert kaum noch der Fall war, weil die Fürstäbtissinnen selten in Borbeck weilten und auf die Dienste ihrer Bauern verzichten konnten, wurden die meisten Ländereien meistbietend verpachtet und erbrachten dadurch höhere Einnahmen.

Sonderbesitz der Kanoniker und Präsenzgut des Damenkapitels

Im 13. Jahrhundert erfolgte eine weitere Güterscheidung innerhalb des stiftischen Besitzes, indem ein Teil der Güter (unter anderem in Holzweiler, Paffendorf, Beeck) dem neu entstandenen Kanonikerkapitel übertragen wurde. Der Sonderbesitz dieser Korporation war im Vergleich zu dem des Damenkapitels unbedeutend und ist erst später vor allem durch großzügige Memorienstiftungen ehemaliger Mitglieder und Güterankäufe in großem Umfang erweitert worden. Aus den oben beschriebenen Konventshöfen, die den stiftischen Haushalt belieferten, wurden die Kanoniker später mit versorgt.

Lehen

Übersicht

Eine weitere wichtige ökonomische Basis waren die Lehngüter, die als Dienstmanngüter und Rittersitze vor allem an den Grenzen des Essener Territoriums lagen und im Mittelalter dem Schutz des Stiftes und seiner Bewohner dienten. Sie wurden häufig gemeinsam von Fürstäbtissin und Damenkapitel vergeben. Nicht zufällig mögen auch im Hinblick auf die oft feindselige Haltung der Stadt Essen die späteren Residenzen der Fürstäbtissinnen in Borbeck und Steele inmitten einer Häufung von Lehngütern angelegt worden sein.

Es ist nicht möglich, die Einnahmen zu berechnen, die die Lehen erbrachten. Im Gegensatz zu den Behandigungsgütern (Konvents- bzw. Oberhöfe), die durch ihre jährliche Abgabepflicht einer gewissen Kontrolle unterlagen, waren bei Lehen nur bei Übertragung bzw. Erlöschen der Lehnspflicht, also bei *Mannfall, Herrenfall* oder *Heimfall* (recht hohe) Gebühren und Abgaben zu entrichten. Die Erhaltung des Eigentums an den Lehngütern beruhte im wesentlichen auf der Bindung der Dienstmannen durch das Dienstmannrecht, das ursprünglich durch das Treueverhältnis zwischen Lehnsherrn und Gefolgsmann gegeben war. Mit zunehmender Verdinglichung dieses Verhältnisses, das heißt in dem Maße, wie die Lehen zu bloßen Wirtschaftsobjekten wurden, setzten für das Stift katastrophale Folgen ein: Von 153 Lehngütern im Kern- und Streubezirk des Stifts wurden im 14. und 15. Jahrhundert neun aus dem Lehnverband entlassen und 83 in einem Zeitraum von 250 Jahren entfremdet. Zu den restlichen 61 Lehen traten durch Absplisse elf neue hinzu, so daß die Zahl der stiftischen Lehen in der Neuzeit 72 betrug.[29]

Nur mit Mühe gelang es dem Stift, in dieser Situation seine Ansprüche zu behaupten. Vermutlich um dem wirtschaftlichen Ruin entgegenzuwirken, kam es während der Regierungs-

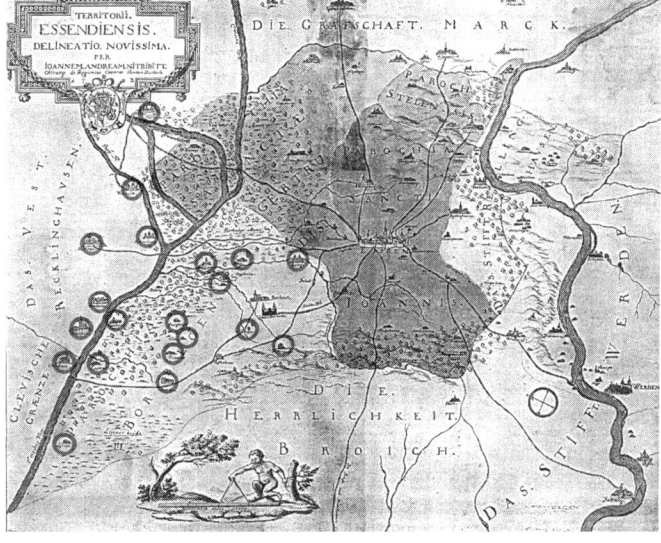

▲ Abb. 13: Lehnsurkunde, ausgestellt von Äbtissin und Damenkapitel, 20. April 1381

zeit Kunigundes von Berg (1327–1337) zur Abfassung der bereits mehrfach erwähnten Heberegister: Sowohl das Kettenbuch, das die Abgaben aller Oberhöfe mit ihren Hufen genau verzeichnet, als auch das älteste Lehnbuch, das später in Form von Lehnprotokollen weitergeführt wurde, sind in dieser Zeit angelegt worden.

Begründung eines Lehnverhältnisses

Grundlage des Lehnverhältnisses zwischen Fürstin und Dienstmann bzw. Lehnträger war der Treueid, in dem letztere sich verpflichteten, „sich mit ihrer ganzen Person in Rat und Tat für die Lehnsherrin und ihre Interessen einzusetzen".[30] Keine Urkunde entbehrte die-

▲ Abb. 14: Nitribitt-Karte, eingezeichnet sind die Rittersitze im Bereich der Residenz in Borbeck

ses Treuegelöbnisses oder wenigstens des Verweises darauf. Ein solcher Lehnseid lautete in der Fassung des 16. Jahrhunderts folgendermaßen:

Lehnseid

Ich N.N. schwere und gelobe zu Gott und auff sein heiliges Wortt, dass ihro fürstlichen gnaden dieses kayserlich weltlichen stiffts Essen abdissinnen, meiner gnädigster fürstinnen und frawen und einem hochwürdig gräflich capitul wegen des *(deren) von hochgemelter ihro fürstlichen gnaden undt dem stifft Essen tragenden (tragender) lehns (lehen) N.N. ich trew und hold sein, ihro fürstlichen gnaden und dieses stiffts bestes werben, arges warnen und nach meinem vermögen kehrn, dass ich dies lehn (diese lehen) so offt es nötig der gbühr empfangen, bedienen, vermannen und sonsten thuen soll und will, was getrewe lehenleuthe ihrem lehenherrn schüldig sein zuthun, und was ich also gesichert und gelobt habe, will ich steht vest und unverbrochen halten, wie einem frommen mann von ehren gebühret, alss woll mir Gott helffe und sein heylig Evangelium, In principio erat verbum, et verbum erat apud Deum et Deus erat verbum.*

zit. n. Krägeloh, Lehnkammer, 249 Anm. 120

Lehen konnten auf verschiedene Weise verliehen werden, entweder zu „Dienstmannrecht" oder zu „Manngutrecht". Der Unterschied wirkte sich vor allem im Erbrecht aus. Bei Lehen, die zu Manngutrecht ausgetan wurden, waren nur männliche Nachkommen erbberechtigt; Lehen, die zu Dienstmannrecht vergeben wurden, konnten alle erbberechtigten Verwandten, also auch Frauen (Witwen, Töchter, Nichten) erhalten. Sie hatten dann allerdings eine „Vermannungspflicht", das heißt sie mußten einen waffenfähigen Dienstmann stellen, der in ihrem Namen als Vasall, als Gefolgsmann der Landesherrin, auftrat. Bei der herrschenden Quellenarmut lassen sich diese *Kunkel-* oder *Weiberlehen* erst mit den ältesten Registern in der ersten Hälfte des 14. Jahrhunderts einwandfrei feststellen.

Mit der Zulassung dieser weiblichen Erbfolge war der Lehnsherrin eine bedeutende Macht genommen. Denn dadurch trat nur selten der „Heimfall" ein, in dem alle Rechte in ihre Hand zurückfielen und neue Leihebedingungen festgesetzt werden konnten. Das Alter der Lehnträger war belanglos, Unmündige wurden durch einen Vormund vertreten.

Wenn ein Gut bei *Mannfall, Herrenfall* oder *Heimfall* neu verliehen wurde, war eine Abgabe (Behandigung) zu entrichten. Sie differierte von Lehngut zu Lehngut und war auch zu unterschiedlichen Zeiten verschieden hoch, wie die von Krägeloh akribisch zusammengestellten Lehngütertabellen belegen. Der Mannfall trat ein, wenn der Lehninhaber gestorben war. Wie in den meisten anderen Territorien war dann von den anspruchsberechtigten Erben binnen Jahr und Tag nach dem Todesfall die Neubelehnung einzuholen. Vergeblich versuchte die Kanzlei im 18. Jahrhundert, diese Frist auf sechs Wochen zu verkürzen. Zugleich mit der Neubelehnung war beim Mannfall von dem Rechtsnachfolger des verstorbenen Lehnträgers eine uralte Abgabe, das *Heergewäte* oder *Herwardium (Pferd und Harnisch),* zu entrichten. Später verlangte man anstelle dessen eine Geldzahlung. Im Gegensatz zur allgemeinen Entwicklung schraubten die juristisch geschulten Räte gerade hier die Ansprüche sehr hoch und verlangten Richtsätze, die zu den höchsten in den nordwestdeutschen Territorien gehörten.[31] Diese wurden aber häufig durch die Fürstäbtissinnen geändert, „die je nach Gunst oder Ungnade in zahllosen Fällen die von den Räten vorgeschlagenen Heergewäte ganz oder zum Teil erließen oder sie auch erhöhten".[32]

Der Herrenfall lag vor, wenn der Lehnsherr, hier die Fürstäbtissin, gestorben war. Die Lehnträger waren ursprünglich lediglich zu einem Geschenk an ihre neue Lehnsherrin verpflichtet. Mit der Zeit wurde diese freiwillige Gabe zu einem Anspruch der Äbtissin auf die *Recognitio* des Vasallen, der üblicherweise eine Gold- oder Silbermünze zahlen mußte. Zusätzlich waren allerdings beim Herrenfall noch Kanzleigebühren zu entrichten, da neue Lehnsbriefe ausgestellt werden mußten.

Wandel und Kontinuität des Lehnswesens

Im Laufe der Jahrhunderte wurde das Lehnswesen als Finanzquelle immer wichtiger, aber auch seinem ursprünglichen Dienstcharakter immer stärker entfremdet. Die 72 Lehngüter, die bei der Säkularisierung noch in Stiftsbesitz waren, verteilten sich auf folgende Lehnträger: 23 Lehen waren im Besitz von Bauern, 17 hatten Korporationen inne, 16 Lehen gehörten noch dem niederen Adel, 13 einzelnen Essener Bürgern und drei stiftischen Beamten. Im Streubesitz außerhalb des Essener Territoriums hatte das Stift die Gerichtshoheit über die Lehnträger meist verloren, weil diese sich in Zweifelsfällen nicht an die Essener Kanzlei wandten, sondern an ihren – meist mächtigeren – Landesherrn (z. B. Hessen, Brandenburg-Preußen).[33]

Solche Verluste mußten kompensiert werden. Bald wurden nicht mehr nur Grund und Boden verliehen, sondern man konnte diese Art der Leihe auf fast alle Bereiche ausdehnen und Kapital daraus schlagen. Lehen konnten z. B. sein: Ämter, Gerichtshoheiten, Gefälle, Zehnten, Geldeinkünfte, Höfe, Bachläufe, Fischereien, Mühlen; davon konnten wiederum Einzelteile als Sonderlehen abgegeben werden. Im späten 17. Jahrhundert werden in den Lehnbüchern sogar etwa 50 zu Lehen ausgetane Bergwerke genannt, an denen die Fürstäbtissinnen sich aber eine prozentuale Gewinnbeteiligung sicherten.[34]

Auch in anderer Hinsicht waren die Beamten findig und entdeckten bald, daß aus dem Lehnbesitz der Landesherrin noch mehr Kapital zu schlagen war. In ihrem Bemühen, der Fürstin neue Einnahmequellen zu erschließen, kamen sie auf die Idee, „das uralte Privileg der Steuerfreiheit der Lehnträger zu beseitigen", mit dem Argument, es würden ja von ihnen keine Kriegsdienste mehr geleistet.[35] Niederer Adel und geistliche Korporationen konnten sich dem entziehen, Bürger und Bauern, die in der frühen Neuzeit im Besitz von Lehen waren, mußten sich seit dem 17. Jahrhundert fügen.

Die Traditionssymbole für die Besitzergreifung, die man für die verschiedenen Lehen aus dem Mittelalter kannte, behielt man bis ins späte 18. Jahrhundert bei: Bei Besitzergreifung eines Hauses, Hofes oder Stalles wurde ein Stückchen Holz aus dem Türpfosten übergeben, bei einem Waldstück, das als Lehen ausgetan wurde, überreichte man einen Zweig, bei einer Wiese Torf, bei einem Garten Erde und bei einem Feld einen Halm. Der neue Aufsitzer hatte bei diesem Übergabeakt als Zeichen der Inbesitznahme die Haustür auf- und zuzumachen, das Feuer zu löschen und wieder anzuzünden, und/oder *die Auff- und Niederschürtzung des Haalhakens* [des Kesselhakens] vorzunehmen. Die Besitzergreifung einer Mühle erfolgte durch *dreymahlige Aufhebung und Stellung der Rähder* und die einer Fischerei durch *Auffziehung und Niederlassung des Schotts auff der Krippe* [hölzerne Sperre im Wasser].[36]

Von der Abtei zum Hochstift bzw. Fürstentum Essen: Verfassung und Verwaltung im Wandel

Eine über Jahrhunderte existierende Einrichtung unterliegt ohne Zweifel einem tiefgreifenden Wandel. Um 1000 meinte man nicht die Stadt oder das spätere Hochstift, sondern die A b t e i der Sanktimonialen und der Äbtissin. *Astnide*, so die älteste Bezeichnung Essens, war ein Ort, wo eine Gemeinschaft von Frauen geistliche und weltliche Funktionen innehatte. Sie beteten für das Seelenheil der Lebenden und der Verstorbenen, übernahmen die Erziehung der Töchter (wohl auch der kleinen Söhne) ihrer Brüder und Schwestern, kümmerten sich aber auch um die Verwaltung und Organisation des immensen Grundbesitzes, der zur Versorgung dieser Gemeinschaft nötig war. Ihr Aufgabenfeld war es, die Interessen des Adels in jeder denkbaren Hinsicht (Seelenheil, Erziehung, Erbrecht, auch Bewahrung ständischer Vorrechte) abzusichern und zu schützen.

Der militärische Schutz dieser Frauengemeinschaft und ihrer *familia*, also auch aller hier dienenden und arbeitenden Personen, sowie die Rechtsprechung bis hin zur Blutgerichtsbarkeit (Todesstrafe) oblagen dem Vogt. Dieser wurde von Äbtissin und Sanktimonialen gewählt, denn als Personen geistlichen Standes konnten sie solche Funktionen nicht selbst ausüben.

Gravierende Veränderungen vollzogen sich im 13. Jahrhundert. Erst seit dieser Zeit, als sich das Kanonikerkapitel als eigenständige Korporation neben dem Konvent der Sanktimonialen formiert hatte und als die Äbtissin als Fürstin des Reiches die Landesherrschaft ausübte, kann man vom S t i f t (*Gestichte*) sprechen. Ein ähnlich bedeutender Wandel vollzog sich nochmals im 16. Jahrhundert, als sich die Essener Ministerialität bzw. der niedere Adel des Stifts als dritter Landstand in politischen Fragen ein Mitspracherecht erwirkte. Spätestens seitdem stellt sich das Stift als eigenständiges Territorium bzw. L a n d dar und wird als *Hochstift* oder F ü r s t e n t u m Essen bezeichnet.

Diese Veränderungen lassen sich ablesen an dem *Landesgrundvergleich* des Hochstifts Essen, der 1794 als eine Art Grundgesetz von allen Beteiligten einmütig verabschiedet wurde.[37]

Vorausgegangen waren unlösbare Kompetenzstreitigkeiten zwischen Fürstäbtissin und den beiden Kapiteln bzw. Landständen. Um eine tragfähige Lösung zu finden, zog man alle im Laufe der Geschichte entstandenen Urkunden und Verträge zu Rate, damit niemand benachteiligt oder übervorteilt wurde. Aus diesem Kompromiß läßt sich die historische Entwicklung der abteilichen bzw. stiftischen Verfassung folgendermaßen ablesen:

Abtei, Stift und Land sind unterschiedliche Bereiche. Äbtissin und Sanktimonialen (Stiftsdamen) bildeten die Abtei, also den Bereich, der nur den Frauen vorbehalten war.

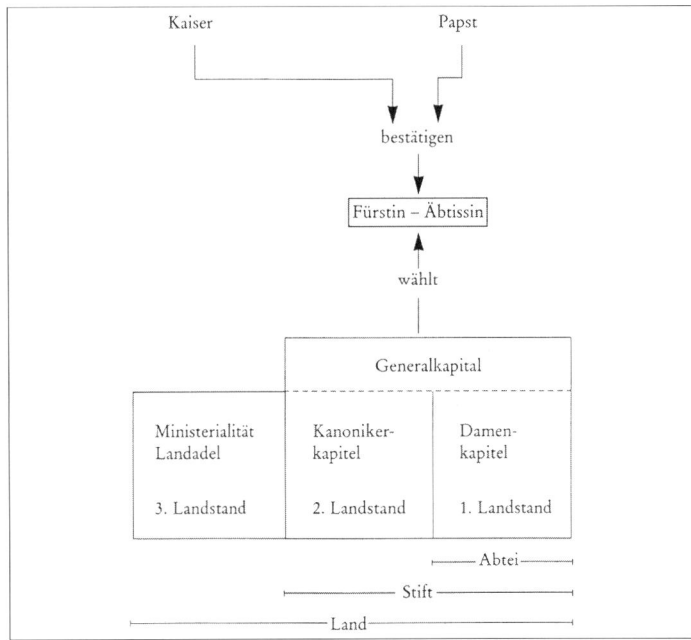

▲ Abb. 15: Die Verfassung des Hochstifts nach dem LGV (1794)

Seit Beginn des 13. Jahrhunderts gab es neben dem Konvent der Sanktimonialen ein Kapitel von Kanonikern (20 Geistliche), die von da an gemeinsam mit den Frauen in einem Generalkapitel die Äbtissin wählten. Um ihr Amt ausüben zu dürfen, mußte die Äbtissin sich vom Papst bestätigen lassen und erhielt – seit dem 13. Jahrhundert – vom Kaiser die Bestätigung als Fürstin des Reiches. Aufgrund dieser Regalien- und Privilegienverleihung war sie Landesherrin des Stifts Essen.

Seit dem 16. Jahrhundert tritt dieses Stift auch als *Land* in den Quellen auf. Stift und Land (Hochstift, Fürstentum) sind weitgehend identisch und nur schwer gegeneinander abzugrenzen. Seit dem frühen 16. Jahrhundert bilden sich im Stift Essen wie zeitgleich in anderen Territorien auch sog. Landstände, die die Interessen des Landes gegenüber seiner Landesherrin vertreten. Auslöser für die Entstehung dieser Stände waren die Steuerforderungen des Reiches. In Essen bildete das Damenkapitel den ersten Landstand (Frauen in politischer Funktion!), das Kanonikerkapitel den zweiten, die Ministerialität den dritten.

Wie sich diese einzelnen Verfassungsgremien, Damenkapitel, Kanonikerkapitel, das Amt der Fürstäbtissin und schließlich die Ministerialität und die Landstände entwickelten und veränderten, welche Rechte, Pflichten und Funktionen ihnen zukamen, soll im folgenden Kapitel dargestellt werden.

Konvent und gräfliches Damenkapitel
Von der „ancilla Christi" (9. Jahrhundert) zur hochadligen „chanoinesse" (18. Jahrhundert)

Hauptträger der Abtei bzw. des Stifts Essen war der Konvent bzw. das gräfliche Damenkapitel. Wohl keine andere Institution des Stifts unterlag im Laufe der Jahrhunderte so extremen Veränderungen wie diese *congregatio sanctimonialium*. Bereits die Benennungen waren zu verschiedenen Zeiten unterschiedlich, und gerade für die Anfangszeit ist nicht zu entscheiden, ob unterschiedliche Namen Verschiedenes, Ähnliches oder Gleiches meinen. Die Trägerinnen der Einrichtung hießen *sanctimoniales, ancillae Christi, ancillae Dei* (ancilla = Magd), aber auch *feminae* und *dominae* oder *edele Juncfrouwen*, im 18. Jahrhundert häufig französisch *chanoinesses;* selten findet sich die Bezeichnung *canonissa* (Kanonisse*)*.

Im Unterschied zu Nonnen legten die Stiftsdamen zu keiner Zeit Gelübde ab, durften persönliches Eigentum besitzen und konnten die Gemeinschaft jederzeit wieder verlassen, um zu heiraten.

Größe des Konvents[38]

Anscheinend hatte die Frauenkommunität in der Anfangszeit die meisten Mitglieder. Volker Huth konnte eine Namensliste des Essener Konvents in die 80er Jahre des 9. Jahrhunderts datieren. Diese ‚Lebendenliste', die wenige Jahrzehnte nach der Gründung entstand (es gibt auch eine gleichzeitig angefertigte Totenliste, die aber wohl über Essen hinausweist), nennt 71 Frauen- und Mädchennamen. Ich werde sie hier wiedergeben, weil sie alte westfälische Namen zeigt, die heute völlig vergessen sind und ersetzt wurden durch eine Namengebung, die sich überwiegend an christlichen Heiligen orientiert. Von einer solchen Ausrichtung ist hier noch nichts zu erkennen, lediglich ein Name, *Anna*, deutet in diese Richtung.

Die Mitglieder der Essener Frauenkongregation in den 80er Jahren des 9. Jahrhunderts

Äbtissin Gerswith,
Wendilgard, Irminburg, Una, Adhalwi, Amulberg, Doda, Reganwi, Una, Frenkin, Imma, Odburg, Wigburg, Waltswith, Waltswith, Athallind, Gerlind, Odwi, Hrotswith, Thiadwi, Ricburg, Gewa, Awa, Herimo, Folcswith, Herika, Gerthruth, Siburg, Ekgusta, Exswith, Amulberg, Thiadbrun, Hoburg, Otswith, Cunigard, Wendilswith, Gerbrun, Athalwar, Wen-

dilswith, Anna, Thingburg, Waltswith, Felhin, Wigburg, Agana, Landrad, Behrthet, Gerswith, Wendilburg, Frithuwif, Filbirin, Gerswith, Hunburg, Hunburg, Oda, Athalwi, Una, Thiadrad, Doda, Irminburg, Gewa, Frenkin, Bawa, Saumburg, Meriswith, Reinbirin, Motswith, Agana, Waldburg, Swanaburg, Ricgard

Die Schreibweise wurde hier modernisiert, zit. n. Huth, Sakramentarhandschrift, 243.

Nicht nur wegen der Namen ist diese Liste bemerkenswert. Die hier genannten 71 Namen belegen, daß die Kommunität ursprünglich nicht – wie immer wieder behauptet – für 50 Frauen angelegt war. Wir wissen überhaupt nicht, ob eine Mitgliederzahl vorgegeben war. Es ist allerdings zu bedenken, daß die *Institutio sanctimonialium* bereits 816 festgelegt hatte, daß eine Kommunität ihren Sanktimonialen ausreichend Nahrung und Kleidung geben müsse. Insofern ist wohl eine gewisse zahlenmäßige Beschränkung der Konvente vorauszusetzen.

Im 10. Jahrhundert war der Essener Konvent so stark, daß man andernorts eine neue Frauengemeinschaft gründete. Ein Teil der Essener Sanktimonialen siedelte 968 nach Borghorst (Westfalen) über und setzte dort die Essener Gedächtnistradition fort. Sowohl im Essener als auch im Borghorster Nekrolog sind die Sterbetage der Sanktimonialen Amulburga (gest. 5. April), Cristina (7. April), Hoburga (29. April), der *praeposita* Fretherun (28. Mai) und der *magistra* Alburga (11. Mai) verzeichnet, so daß alles darauf hindeutet, daß sie von Essen nach Borghorst gegangen und dort wohl auch gestorben sind. Diese intensiven Kontakte brachen allerdings spätestens in der Mitte des 11. Jahrhunderts ab. Hinweise auf die Gründung eines weiteren (unbekannten) Frauenkonvents enthält das ‚Stuttgarter Evangeliar‘, das gegen Ende des 10. Jahrhunderts im Essener Skriptorium entstand.

Auch in späteren Jahrhunderten ist die zahlenmäßige Stärke der Kommunität kaum zu ermitteln. In der Literatur wird zwar immer wieder dargelegt, daß der Konvent bei der Wahl der Äbtissin Beatrix von Holte 1292 mit 28 Frauen seine stärkste Besetzung gehabt habe. Doch dies ist falsch, denn das Wahlprotokoll nennt selbstverständlich nur die anwesenden Wählerinnen und Wähler. Mindestens zwei Stiftsdamen hielten sich wegen anhaltender Streitigkeiten innerhalb des Kapitels wohl in Köln auf und haben an der Wahl gar nicht teilgenommen. Sie werden also auch nicht im Protokoll genannt, so daß diese Quelle nicht – wie immer wieder behauptet – die Stärke des Konvents wiedergibt. Ähnliches gilt für jüngere Quellen, in denen Stiftsdamen aufgezählt werden. Da es keine Verpflichtung gab, ständig im Stift zu residieren, ist davon auszugehen, daß immer einige abwesend waren. Erst die bereits eingangs erwähnten *Consuetudines*, eine Niederschrift der Kanoniker über Gewohnheiten und Gepflogenheiten des Stifts aus dem 14. Jahrhundert, gehen in bezug auf die große Stiftung der Äbtissin Svanhild (gestorben ca. 1085) von 50 Präbenden für Stiftsdamen aus. Im Hinblick auf die Verteilung der Fleischportionen ist im 15. Jahrhundert die Rede von 38 besetzten und zwölf freien Pfründen. In den folgenden Jahrzehnten scheint es allerdings zu einem rapiden Rückgang gekommen zu sein. Nach der Reformation, als das Kapitel zeitweise gemischt-konfessionell besetzt war, erreichte man 1564 einen absoluten Tiefpunkt. Es gab nur zwei Stiftsdamen, nämlich die Schwestern Elisabeth und Elsabeth von Manderscheid-Blankenheim.

Zögerlich begann zu Beginn des 17. Jahrhunderts ein neuer Aufschwung des stiftischen Lebens, nachdem im Zuge der Gegenreformation wieder eine eindeutig katholische Ausrichtung erreicht worden war. Verstärkten Zulauf beweist allein schon die Tatsache, daß man kurz nach dem Dreißigjährigen Krieg die Zahl der Stiftsdamen auf zehn beschränkte. Diese Mitgliederzahl hat man bis zur Säkularisierung beibehalten.

Einzugsbereich[39]

Über die Herkunftsorte und -gegenden der Sanktimonialen bzw. Stiftsdamen lassen sich nur sehr grobe Aussagen machen. Es fehlen zum einen aussagekräftige Quellen, zum anderen handelt es sich um ein Forschungsdefizit, denn eine exakte Aufstellung über die Zusammensetzung des Damenkapitels liegt nur für das 17. und 18. Jahrhundert vor.

Für die frühe Zeit geben lediglich die Vornamen Hinweise darauf, daß die Sanktimonialen aus dem sächsischen Stammesbereich kamen. Familiennamen treten erst seit dem 13. Jahrhundert auf und verweisen auf Herkunft aus dem Bergischen (von Saffenberg, Westerburg, Hardenberg, Rennenberg, Sayn, Wittgenstein, Isenburg, Arnsberg), aus Westfalen und aus dem näheren norddeutschen Raum (Mark, Büren, Holte, Bentheim, Tecklenburg, Spiegelberg), aber auch aus dem Rheinland (Linnep, Aldenhoven, Moers). Seit dem 15. Jahrhundert ist ein deutlich erweiterter Einzugsbereich zu beobachten, was vermutlich mit der Heiratspolitik der in Essen bepfründeten Familien in Zusammenhang steht. In der Regel wurden keine Mädchen aus völlig fremden Familien aufgenommen, sondern Nichten der Stiftsdamen. Das Aussterben der vielen kleinen Adelsgeschlechter führte zu einer Konzentration des Besitzes in den Händen einer immer kleiner, aber auch immer mächtiger werdenden Zahl gräflicher und fürstlicher Familien. Man mußte daher geographisch die Heiratskreise erweitern, wenn das ständisch-adlige Element bewahrt bleiben sollte und man nicht in bürgerliche Familien einheiraten wollte. So finden sich seit dem 14. und 15. Jahrhundert Stiftsdamen aus Norddeutschland (von Diepholz, Hoya, Rietberg), aus Thüringen (von Gleichen, von Beichlingen), aus dem Moselraum (Kriechingen), aus Franken (Castell) und Schwaben (von Öttingen, von Montfort). Die Reformation markiert einen deutlichen Bruch in der Rekrutierungspraxis. Nord- und ostdeutsche Adelsfamilien bekannten sich großenteils zum Protestantismus und bevorzugten deswegen die lutherischen Stifte in Gandersheim und Quedlinburg oder das reformierte Stift in Herford.

Zu Beginn des 17. Jahrhunderts holte man eine Reihe von Stiftsdamen aus Österrcich und Süddeutschland, sogar aus der Schweiz nach Essen, um die Institution innerhalb der katholischen Kirche wieder fest zu verankern. Treibende Kraft waren dabei nicht die Stiftsdamen selbst, sondern Jesuiten und gegenreformatorisch gesinnte Kräfte im Erzbistum Köln, die bei der Wahl einer neuen Äbtissin im Jahre 1605 auf die Kanoniker massiven Einfluß ausübten, um eine völlig unerfahrene, leicht zu lenkende Frau (Elisabeth von Bergh-s'Heerenberg) durchzusetzen. Seitdem hielt der Zustrom aus dem süddeutschen Raum bis zur Säkularisierung an.

Obwohl dem Stift die Fürstäbtissinnen der letzten zweihundert Jahre mehr oder weniger von außen aufgedrungen wurden, dominierten innerhalb des Damenkapitels die Häuser Manderscheid (Eifel) und Salm-Reifferscheidt (aus der Nähe von Neuss). Sie stellten im 17. und 18. Jahrhundert mehr als 30 Prozent der Essener Stiftsdamen und wehrten sich vehement gegen den wachsenden Einfluß des süddeutschen und österreichischen Adels.

Das Aufnahmeverfahren[40]

Voraussetzungen

Wer konnte in Essen *ancilla Christi* oder später Stiftsdame werden? Welche Kriterien mußten erfüllt sein? Welche Voraussetzungen mußten die Mädchen und Frauen mitbringen?

Bis vor wenigen Jahren ging man noch selbstverständlich davon aus, daß auch in der Anfangszeit der Kommunität nur Frauen des sächsischen Adels aufgenommen wurden. Franz J. Felten hat dieses vermeintlich sichere Wissen durch einen beachtenswerten Aufsatz „Wie adelig waren Kanonissenstifte im Mittelalter?" in Zweifel gezogen und die fragwürdigen Untersuchungsmethoden älterer Arbeiten nachgewiesen. So konnte Otto Schmithals, der 1907 die Zusammensetzung der Frauenkonvente in Essen, Elten und Gerresheim untersucht hat, für Essen in dem Zeitraum von 1275 bis 1500 insgesamt nur 124 Frauen ermitteln. Für die mehr als 400 Jahre vorher waren ihm nur neun Frauen bekannt, bis 1250 ausschließlich Äbtissinnen. Man muß Felten uneingeschränkt zustimmen, daß „vom Stand des Abtes/der Äbtissin nicht auf den ihrer Herde zurückzuschließen ist".[41] Auch die bereits erwähnte ‚Lebendenliste' des Essener Konvents, die Schmithals noch nicht kannte, erlaubt keinerlei Rückschlüsse auf die

Standeszugehörigkeit der Essener Sanktimonialen. Doch es ist wohl schwer vorstellbar, daß Kaiser Otto I. der Kommunität Grundbesitz, verbunden mit bedeutenden Herrschaftsrechten, geschenkt hätte, wären sie nicht (hoch-)adeliger Abkunft gewesen.

Sicherer Boden ist in dieser Frage erst im 14. Jahrhundert zu betreten. Seitdem mußte vor Aufnahme einer jungen Stiftsdame mittels einer Aufschwörung oder Probation, die von mehreren Grafen und/oder Fürsten ausgestellt war, nachgewiesen werden, daß das junge Mädchen freiedel *(vryedel)* geboren sei und von Rechts wegen in allen Stiften präbendiert werden könne, wo adlige Personen Präbenden zu haben pflegten (*in allen Gestichten, dar edele Lüde Provende plegen tzo hebben*). Diese Aufschwörungen waren in Briefform verfaßt und richteten sich an Äbtissin, Pröpstin, Dechantin, Scholasterin, Küsterin und *an al de ghemeyne Juncfrowen des wertlichen Gestichtes van Essende*.[42] Die älteste Essener Aufschwörung – eine der ältesten bekannten im deutschsprachigen Raum überhaupt – stammt aus dem Jahre 1373. Darin bescheinigen fünf Grafen, daß die Kinder der Maria van Looz, Ehefrau des Grafen Eberhard von der Mark, freiedel und niemandem mit irgendwelchen Diensten verpflichtet seien. Drei ihrer Töchter waren anschließend Stiftsdamen in Essen: Maria, die das Stift wieder verließ, um zu heiraten, Margarete, in Essen Äbtissin von 1413–1426, und Anna, die 1427 in Freckenhorst zur Äbtissin gewählt wurde.

Aufschwörungen über die Abstammung der jeweiligen Bewerber und Bewerberinnen wurden in allen Stiften verlangt und waren auf den ersten Blick – auch in Essen – nichts Besonderes. Bei genauerem Hinsehen werden allerdings gravierende Unterschiede deutlich, die das Damenkapitel in Essen als etwas ganz Besonderes ausweisen. In den meisten Stiften, zum Beispiel Mainz, Trier, Speyer, Würzburg, Trier, Worms, Münster, Osnabrück (für Männer) und Freckenhorst, Nottuln, Metelen, Rellinghausen, Stoppenberg etc. (für Frauen), mußte vor der Aufnahme nachgewiesen werden, daß er/sie von ritterlichen Vorfahren *vom schilde* geboren sei. In diesen Stiften, die dem niederen Adel vorbehalten waren, wurde eine berufsständische „ritterbürtige" Abstammung verlangt: Dagegen forderten Stifte wie Essen, auch Thorn, Elten, Vreden und St. Ursula in Köln, also Stifte, die der hohe Adel sich reservierte, die edelfreie, geburtsmäßige Abstammung, die auf der Freiheit von jeglichen Diensten gegenüber anderen beruhte.

Dem entsprechend kam der Stellung der Mütter beim hohen Adel besondere Aufmerksamkeit zu. Im 18. Jahrhundert erklärte der Jurist Rudolf Friedrich Telgmann in seinem Buch ,Von der Ahnenzahl' (1733), der deutsche Adel habe immer besonders auf *das mütterliche Geschlecht* geachtet, denn: *Die Mutter weiß auch am sichersten, wie es um die Kinder beschaffen, und von wem sie dieselben erzeuget; im Gegenteil, der Vater muß glauben, daß die Mutter ehrlich gewesen und ihren Leib keinem Mietling anvertrauet habe.*[43]

Im niederen und im hohen Adel hatten Frauen und Mütter ganz unterschiedliche Rechte: Die Frau eines Ritters, also eines Angehörigen des niederen Adels, erhielt die Rechte ihres Ehegatten, auch wenn sie aus einem niedrigeren Stand kam. Bekannt ist das deutsche Rechtssprichwort *Rittersweib hat Rittersrecht*.[44] Kinder einer solchen Mutter waren automatisch ritterbürtig, wenn der Vater ritterbürtig und die Kinder ehelich geboren waren.

Ganz anders sah es beim hohen Adel, bei Grafen und Fürsten, aus: Nur wenn Mutter u n d Vater frei und edel geboren waren, waren auch ihre Kinder freiedel und galten als Personen gräflichen bzw. fürstlichen Standes. Anders als beim niederen Adel (bei Rittern) erhielt im Selbstverständnis des hohen Adels eine Frau niedrigeren Standes durch eine Heirat n i c h t automatisch die Rechte ihres höher geborenen Gatten. Da die Kinder immer dem Stand der Mutter folgten (nur über sie war der Geburtsstand eindeutig und unzweifelhaft nachzuweisen), kam ihr als Gebärerin gräflicher bzw. fürstlicher Nachkommen für den Stand die entscheidende Beachtung zu.

Eine Kontrolle dieser ständischen Gebote erfolgte vor der Aufnahme ins Stift. Bis ins späte 18. Jahrhundert mußte jeder Bewerberin bescheinigt werden, daß die Vorfahren *alle Edel freye Graven und Gravinnen von freyen Edelen Hern und Frawen geborn sein, die alleweg Zu rechtter Ehe gesessen haben, auch die Stemme seithero Menschen gedechtnus undt lenger freye Edle genant, geachtet, gehalten, gewesen undt noch sein, darwidder wir nichtzt anders wissen noch gehört*.[45] (Siehe hierzu auch die Abb. 16 auf Seite 115.)

An der freiedlen Abstammung als Voraussetzung für die Aufnahme ins Stift hat man bis zur Säkularisierung festgehalten. Gleiches gilt für die beiden einzigen Hochadelsstifte für Männer, die Domstifte in Köln und Straßburg, denen Essen als das exklusivste Frauenstift des katholischen Adels in der Frühen Neuzeit zur Seite zu stellen ist. Aber auch die erheblich kleineren Damenstifte Elten, Vreden, St. Ursula (Köln) und Thorn bei Maastricht verlangten diese geburtsständische Qualifikation.

Die Form des Nachweises hat sich allerdings im Laufe der Zeit ebenso geändert wie die Handhabung der Kontrolle. Seit dem 17. Jahrhundert liegen diese Aufschwörungen oder Probationen als prächtige Wappentafeln, manchmal von 1 qm Größe vor, die den Stammbaum der jeweiligen Bewerberin über vier Generationen darstellen; sie mußten von zwei Fürsten und zwei Reichsgrafen unterzeichnet sein, die sich ebenfalls zuvor in den Reichsstiften qualifiziert haben mußten. Nach Einreichung des Stammbaums hatte das gräfliche Damenkapitel sechs Wochen Zeit, dessen Richtigkeit zu überprüfen. In Zweifelsfällen beriefen sich die Stiftsdamen auf die Domstifte in Köln und Straßburg, insbesondere nachdem es gegenreformatorischen Kräften zu Beginn des 17. Jahrhunderts zeitweise gelungen war, nicht standesgemäß qualifizierte, aber gut katholische Töchter österreichischer Herkunft einzuschleusen, während in Essen z.B. die Töchter der reformierten Grafen von Lippe oder der Grafen von Nassau *zu Schimpf und Schande des ganzen Hauses* abgewiesen worden waren.[46] Bis ins frühe 18. Jahrhundert wurde immer die individuelle Abstammung überprüft, später begnügte man sich mit dem Nachweis der Stiftsmäßigkeit des ‚Hauses'.

Von der Residentin zur Kapitularin[47]

Wie der Werdegang einer Stiftsdame aussah, wissen wir erst für die letzten Jahrhunderte des Stifts. Erst aus dieser Zeit liegen Kapitelsprotokolle vor, die genau über das Ritual der Aufnahme berichten. Aus der Anfangszeit der Kommunität ist zu diesen Fragen nichts bekannt.

Seit dem 16. Jahrhundert galt folgender Modus: Wenn das Damenkapitel den Stammbaum akzeptiert hatte, konnte die Anwärterin (*priorissa*) nach Essen kommen und *Possession* nehmen, d. h. von ihrer Pfründe (= Präbende) Besitz ergreifen. Doch wer aufgenommen worden war, war noch nicht gleichberechtigte Stiftsdame bzw. Kapitularin. Nach der Besitzergreifung war zunächst die *strikte Residenz* von einem Jahr weniger sechs Wochen zu leisten. Diese Erprobungsphase wurde schließlich durch *Absolution* und *Emanzipation* zur gleichberechtigten Kapitularin abgeschlossen. Vorschriften, Gepflogenheiten und Rituale, die während dieses Aufnahmeverfahrens beachtet wurden, geben Aufschluß über Traditionen und Neuerungen, zeigen Prioritäten im geistlichen oder weltlichen Bereich und lassen Kontinuität und Wandel im Laufe der Jahrhunderte erkennen.

Alter

Um als *priorissa* (Anwärterin) in Essen angenommen zu werden, war kein bestimmtes Alter vorgeschrieben. Bereits Kleinkinder konnten eine Präbende erhalten. Die spätere Äbtissin Bernardine Sophia von Ostfriesland und Rietberg wurde 1659 bereits im Alter von fünf Jahren aufgenommen. Um aber tatsächlich in Essen residieren zu können, mußten die Mädchen das vierzehnte Lebensjahr vollendet haben (siehe hierzu auch die Abb. 17 a,b und 18 auf Seite 118 sowie Abb. 17 c,d auf Seite 119).

Ritual der Possessionsverleihung

Die Aufnahme ins Stift, d. h. die Possessionsverleihung bzw. Besitzergreifung von der Präbende, war ein feierlicher Akt und erfolgte nach einem festgelegten Ritual in fünf Schritten (siehe auch die Abb. 19 auf S. 40):

1. Station: Kapitelhaus – Zunächst wurde die Anwärterin entweder von einem Verwandten oder durch einen Vertreter des Essener Landadels, z. B. den Hofmeister oder den Marschall

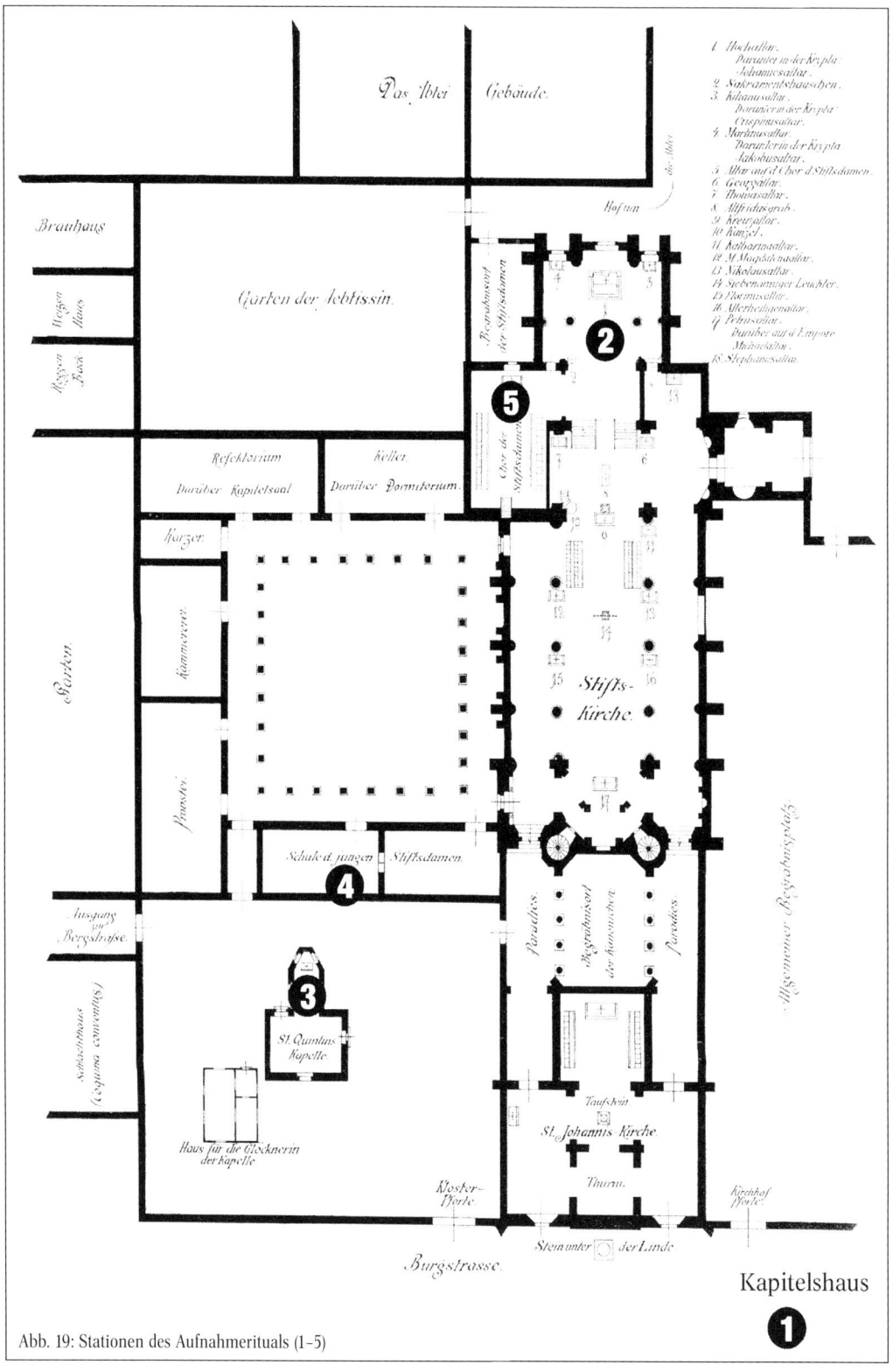

Abb. 19: Stationen des Aufnahmerituals (1-5)

der Fürstäbtissin, in das Kapitelhaus geführt. Der Begleiter bat dann die hier versammelten Stiftsdamen um Possession für das meist junge Mädchen. Mit der Maßgabe, daß zunächst das katholische Glaubensbekenntnis abgelegt werden müsse, begab man sich gemeinsam ins Münster.

2. Station: Münsterkirche – Vor dem hohen Altar hatte die angehende Stiftsdame zu Händen des *capellanus honoris* der Fürstäbtissin das Glaubensbekenntnis abzulegen. Man darf vermuten, daß dies im Rahmen der täglichen Messe vollzogen wurde.

3. Station: St. Quintin – Gemeinsam begaben sich dann alle Stiftsdamen mit der Anwärterin in die Kapelle St. Quintin. Mit dem Chorrektor betete oder sang man zunächst *Miserere* und *De Profundis*, dann wurden dem Mädchen die Reliquien St. Quintins gezeigt.

4. Station: Die Schule – Von St. Quintin führte der Weg in die Schule. Jede angehende Stiftsdame, ob sie jung oder alt war, ob sie schon in anderen Stiften präbendiert und unterrichtet worden war oder nicht, wurde hierhin geführt. Der Scholaster zeigte ihr hier *daß Buch und die Ruhte*. Bei dem Buch handelte es sich um das *Leß- und Sangbuch* der Stiftsdamen. 1780 berichtet der Kanoniker Biesten, die Scholasterin oder sonst die älteste anwesende Kapitularin habe der neu aufgenommenen Stiftsdame hier – altem Herkommen nach – einige Rutenstreiche gegeben.

5. Station: Der Gräfinnenchor – Gemeinsam zog man dann zurück ins Münster zum Gräfinnenchor. In einem feierlichen Akt verlieh die Pröpstin im Namen des Kapitels die Pfründe mit folgenden Worten: *Ich gebe Euch die Präbende Brot, Bier und Fleisch so lang ihr beim Stift verpleipt und wann ihr solche Praebend nicht länger haben wollet, so sollt ihr sie dem Capitul resigniren.*

Mit der Verleihung eines Ringes war das Ritual der Besitzergreifung beendet. Es scheint alte Bräuche bewahrt zu haben. Darauf deutet nicht nur das gemeinsame Gebet in der Quintinskapelle hin, sondern auch das Versprechen der Pröpstin, die angehende Stiftsdame mit dem Lebensnotwendigen zu versorgen. Es erinnert stark an die in der *Institutio sanctimonialium* des 9. Jahrhunderts festgelegten Vorschriften.[48]

Gebühren und Statutengelder

Im Rahmen der Besitzergreifung waren auch Gebühren zu entrichten. Die Gebühren *(iura praevia)* bestanden aus sieben, später acht *Portionen in Gold und Silber* und beruhten wohl auf altem Herkommen. Sie wurden an die Bediensteten des gräflichen Kapitels (Kapitelssekretär, Syndikus, Ehrenkaplan, Rektor der Quintinskapelle, Scholaster u. a.), die bei der Besitzergreifung zugegen waren, verteilt. Die Küster erhielten zusätzlich zwei Reichstaler.

Im 17. Jahrhundert wurden außerdem Statutengelder eingeführt. Bei der Possession der Sidonia Elisabeth Truchseß von Waldburg-Zeil-Wurzach im Jahre 1696 verzeichnet das Protokoll erstmals *die gewohnliche 100 Rthlr*, im Vergleich zu 2.000 Talern in Gandersheim eine recht bescheidene Summe. Das Geld wurde im wesentlichen für die Renovierung der gräflichen Kurienhäuser verwendet, manchmal aber auch als Kredit an die Untertanen verliehen. 1779 erhöhte man die zu zahlende Summe auf 100 Golddukaten, weil die Häuser baufällig und reparaturbedürftig seien. Zusätzlich mußten zehn Golddukaten für die Münsterkirche bezahlt werden. Solange man das Geld nicht brauchte, wurde es im Kapitelhaus in der Tischschublade aufbewahrt.

Die strikte Residenz[49]

Nach der Aufnahme setzte zunächst eine Phase der Sozialisation und Disziplinierung ein, denn wer aufgenommen worden war, war noch nicht Stiftsdame. Bildung, auf die man im Mittelalter Wert legte, spielte in der Frühen Neuzeit eine untergeordnete Rolle.

Um gleichberechtigte Kapitularin zu werden, mußte zunächst die *strikte Residenz* geleistet werden, für die ein Mindestalter von 14 Jahren vorgeschrieben war. Eine so strenge Handhabung wie in Essen ist in keinem anderen Stift zu finden. Die Residentin mußte ein Jahr weniger sechs Wochen tagein, tagaus am gräflichen Chordienst teilnehmen. Darüber hinaus wurde sie von einem *scholaster comitissarum* in lateinischem Chorgesang unterrichtet. Allenfalls die Dechantin, der die Aufsicht im gräflichen Chor oblag, konnte hin und wieder einen freien Tag *(Spieltag)* gewähren. Wurde die Residenz ohne Erlaubnis unterbrochen, verfielen die schon geleisteten Tage, und die Residenz mußte neu begonnen werden.

Die strikte Residenz war in zweifacher Hinsicht ein ‚Probejahr': Einerseits erscheint diese Phase als Ausbildungszeit für den Chordienst, andererseits auch als Probezeit im Sinne ständischen Verhaltens. Besonders deutlich lassen sich beide Funktionen im Stift Münsterbilsen unterscheiden: Hier mußte die angehende Stiftsdame erst den gregorianischen Chorgesang erlernen, bevor sie in die strikte Residenz eintreten durfte. In Essen war in der Frühen Neuzeit keine Überprüfung von Kenntnissen, Fähigkeiten oder Fertigkeiten (mehr?) vorgesehen. Doch es ist zu vermuten, daß dies ursprünglich durchaus der Fall war, denn der Gesang nach den Essener Neumen (Notenhilfszeichen vor Erfindung der Notenschrift) setzte mit Sicherheit ein hohes Maß an Wissen und Übung voraus. Bernhard Bischof sieht darin sogar einen „Kristallisationspunkt, um den herum eine lokale Schultradition sichtbar wird."[50]

Ob bereits im Mittelalter ein solches Residenzjahr vorgeschrieben war, wissen wir nicht. Doch manchmal erlauben Zufallsfunde Einblicke in das Alltagsleben früherer Jahrhunderte, von denen man nicht einmal zu träumen wagte. Ein kleiner Brief, dessen Schriftzüge in das 9./10. Jahrhundert verweisen, wirft helles Licht auf das tägliche Leben der *ancillae Christi*, die noch lernen mußten.

Eine Schülerin schrieb ihn in lateinischer Sprache an ihre Lehrerin: *Frau Lehrerin Felhin, gebt mir die Erlaubnis, in dieser Nacht zusammen mit der Lehrerin Adalu zu wachen, und ich bestätige und schwöre euch mit beiden Händen, daß ich die ganze Nacht deklinieren oder lesen oder für unseren Herrn singen will. Lebt wohl und gestattet, worum ich bitte!*[51] Um ihr Ziel zu erreichen, wandte sie geschickt einige Überredungskünste an, die zeigen, worauf man bei der stiftischen Erziehung im 9. Jahrhundert Wert legte: Die Mädchen mußten Latein lernen, lesen (und schreiben) können und den Chorgesang einüben. Von anderer Hand steht unter diesem kleinen Brief: *Valete In domino* (Gehe mit Gott). Sie hatte also ihr Ziel erreicht und die Erlaubnis bekommen.

Aus anderen Quellen erfahren wir punktuell weitere Einzelheiten. Im 14. und 15. Jahrhundert mußten die angehenden Stiftsdamen in der Karwoche, wenn keine Glocken geläutet wurden, die Horen ankündigen, indem sie mit hölzernen Hämmern auf hölzerne Tafeln klopften, um die anderen zum Gebet zu rufen.[52] Es ist auch die Rede davon, daß sie regelmäßig den Umgang vor dem Dormitorium zu kehren hatten.

In späteren Jahrhunderten hat man ganz offensichtlich auf derlei Tätigkeiten und Fähigkeiten weniger bzw. gar keinen Wert mehr gelegt. Die Residentinnen lernten nur soviel Latein, daß sie die Choräle und Psalmen singen und die Gebete sprechen konnten. Daß sie immer verstanden, was sie sprachen oder sangen, darf man bezweifeln. Ein Versuch der Geistlichkeit zu Beginn des 17. Jahrhunderts, die Residenzzeit auf zwei Jahre zu verlängern, um die Ausbildung zu verbessern, scheiterte. Im Gegensatz zu der oben erwähnten Briefschreiberin beherrschten die Stiftsdamen zu dieser Zeit sicherlich nicht mehr – weder aktiv noch passiv – die lateinische Sprache. Bildung stand seit dem Spätmittelalter nicht mehr im Vordergrund stiftischer Erziehung. Fertigkeiten wie Lesen, Schreiben und französische Konversation wurden den Mädchen bereits vor der Residenz im Stift durch die Mutter, weibliche Verwandte und/oder durch Erziehung in Klöstern vermittelt.

Wichtig war aber – wohl zu allen Zeiten – die Einübung und Zurschaustellung tugendsamen, disziplinierten Verhaltens. In dieser Hinsicht wurden die Residentinnen von allen im Stift lebenden Kapitularinnen ein ganzes Jahr lang genauestens beobachtet.[53] Schlendrian, Bummelei und – im Sinne adliger Normen – unkorrektes Verhalten konnten die Aussicht auf eine Stiftskarriere oder auch auf eine spätere Heirat bereits im Vorfeld zunichte machen. Bestes

Beispiel dafür ist Claudia Seraphica von Wolkenstein-Rodenegg, deren Grabmal in der Stiftskirche von Vreden erhalten ist.

Claudia Seraphica (geb. 1627) war durch Fürstäbtissin Maria Clara von Spaur 1641 in Essen präbendiert worden, obwohl ihre Abstammung die strengen Normen des Stifts nicht erfüllte. Essener Stiftsdamen waren bei der Besitzergreifung, die wegen der Wirren des Dreißigjährigen Krieges in Köln im Stift St. Ursula stattfand, nicht zugegen. Vielleicht war schon dieses merkwürdige Aufnahmeverfahren für die Stiftsdamen Anlaß genug, besonderes Augenmerk auf das junge Mädchen zu richten. 1644 kam es zu einem Eklat, als Claudia Seraphica in der Fastnachtszeit in Männerkleidung auf dem Marktplatz getanzt hatte. Sie hatte sich durch dieses Verhalten in die Sphäre der Bürgerlichkeit hinab begeben, ein Fauxpas, den selbst die ihr wohlgesonnene Fürstäbtissin nicht entschuldigen konnte oder wollte. Auch die Verwandten des Mädchens, denen der Vorfall sogleich berichtet wurde, waren empört, denn *ein solcher modus incedendi et circumvagandi* stehe dem Mädchen übel an, zumal es sich in der Residenz befinde. Offensichtlich handelte es sich um ein sehr schwerwiegendes Vergehen, das auf keinen Fall entschuldigt werden konnte, denn Claudia Seraphica hatte gegen den Verhaltenscodex des Standes verstoßen, indem sie sich auf die Vergnügungen der niedrigeren Stände öffentlich eingelassen hatte. Im Stift Vreden wurden sogar Junggesellen zum Fastnachtstanz auf die Abtei geladen, und in Essen mußte der Verwalter des Viehofs zu bestimmten Anlässen mit der Scholasterin den Tanz eröffnen. Nicht das Tanzen schlechthin, das keineswegs verpönt oder den Stiftsdamen verboten war, sondern Ort und Gesellschaft waren Grund des Ärgernisses.

Der Vorfall belegt, daß während der Residenzzeit neben der Erlernung des Chorgesangs auch der Nachweis des standesgemäßen Verhaltens erwartet wurde. Die Pflicht, täglich zum Chordienst zu erscheinen, setzte Disziplin und Zuverlässigkeit, auch Konzentration, sicher aber auch eine gute gesundheitliche Konstitution voraus, Eigenschaften, die während eines ganzen Jahres unter Beweis zu stellen waren. Eine Quelle des beginnenden 16. Jahrhunderts, die durch Zeugenaussagen aus der Mitte des 18. Jahrhunderts bestätigt wird, verlangte, daß die Residentin immer die Erste und die Letzte im Chor zu sein habe und in *Zucht und Andacht* singen und beten solle.

Verschiedentlich klingt an, daß die strikte Residenz mit dem *schwehren Chor[ge]sanck* von den Stiftsdamen durchaus als Anstrengung empfunden wurde. Prinzessin Anna Johanna von Hessen-Rheinfels-Rotenburg, die bei Antritt ihrer Residenz am 9. November 1726 immerhin schon 46 Jahre alt war, hatte sämtliche Kapitularinnen inständigst gebeten, sie von der Residenz vorzeitig zu entbinden mit der Begründung, daß es ihr wegen ihrer *bekannten Indisposition und Leibesschwachheit* unmöglich sei, die Residenz auszuhalten.

Beispiele aus der Mitte des 17. Jahrhunderts belegen, daß auf die kontinuierliche Anwesenheit während der strikten Residenz besonders großer Wert gelegt wurde. Als Anna Maria von Fürstenberg von einer genehmigten Wallfahrt nach Kevelaer, die sie mit den anderen Stiftsdamen unternommen hatte, nicht rechtzeitig zurückgekehrt, sondern mit der Äbtissin nach Thorn weitergereist war, mußte sie die Residenz neu beginnen. Lediglich wegen der Kriegswirren war man 1672 ausnahmsweise einmal bereit, für einzelne Residentinnen die Probezeit zu verkürzen. Trotz solcher Ausnahmen und Vergünstigungen hat man bis zur Auflösung des Stifts an der strikten Residenz festgehalten, die jede Stiftsdame absolvieren mußte, bevor sie als gleichberechtigte Kapitularin emanzipiert wurde.

Absolution und Emanzipation

Erst nach Absolvierung dieses Residenz- oder Probejahres wurde die angehende Stiftsdame als gleichberechtigte Kapitularin emanzipiert, nachdem sie die *Absolution* von der Residenz erhalten hatte. Sie hatte ihren Eid als Kapitularin zu leisten und erhielt als äußeres Zeichen ihrer neuen Würde einen schwarzen Samtmantel. Aus einer Familie durften maximal zwei Schwestern gleichzeitig Kapitularinnen sein. So sollte verhindert werden, daß einzelne Familien zu großen Einfluß auf das Stift nehmen konnten.

Absolution und Emanzipation waren einzig und allein in die Verantwortung des gräflichen Damenkapitels gestellt; weder die Fürstäbtissin noch irgendein Geistlicher war daran beteiligt. Das Ritual begann in der Form, daß ein Verwandter der Residentin oder ein weltlicher Hofbeamter der Fürstin sich nach der hohen Messe in das Kapitelhaus begab und die versammelten Kapitularinnen um Zulassung zum Kapitel bat. Man erwiderte, dies könne geschehen, wenn zuvor der gewöhnliche Eid geschworen und das Reversal darüber unterschrieben werde. Daraufhin führte der Kavalier die Residentin ins Kapitelhaus, und gemeinsam begab man sich auf den gräflichen Chor in der Münsterkirche. Hier – vor dem Altar kniend – leistete die Residentin Eid und Unterschrift. Sie verpflichtete sich, der Äbtissin und dem Kapitel gehorsam zu sein, und beschwor, Freiheiten und Gewohnheiten von Kirche und Stift zu beachten und vor allem mitzuhelfen, den Grundbesitz zu schützen. Geistliche Verpflichtungen, die eventuell an ein Ordensgelübde jedweder Art erinnern könnten, waren damit nicht verbunden. Als Zeichen der Absolution wurde der neuen Stiftsdame von der Dechantin im Namen des Kapitels der Kapitularmantel umgelegt. Dann kehrte man zurück ins Kapitelhaus, wo ihr ein Platz zugewiesen wurde. Von nun an war sie vollberechtigtes Mitglied des Damenkapitels.

Aufgaben der Sanktimonialen bzw. Stiftsdamen

Die Aufgaben der Sanktimonialen und Stiftsdamen wurden seit Gründung der Kommunität vom Zweck und Sinn dieser Institution bestimmt. Schilp hat zu Recht darauf hingewiesen, daß die religiösen Gemeinschaften des Mittelalters viel stärker in die soziale und politische Welt integriert waren, „als es unsere modernen Vorstellungen, die auf der Trennung von Staat und Kirche, von Welt und Religion basieren, vermuten lassen."[54] Dies gilt auch und besonders für den sächsischen Adel des 9. und 10. Jahrhunderts, der durch die auffallend große Zahl solcher Gründungen von religiösen Frauengemeinschaften christliche Ideen aufnahm und auf diese Weise am Siegeszug der neuen Religion teilhatte. Daraus ergab sich fast zwangsläufig, daß die Aufgaben der Sanktimonialen bereits in der Frühzeit des Stifts nicht nur im geistlichen, sondern auch im weltlichen, im sozialen und politischen Bereich angesiedelt waren.

Geistliche Aufgaben[55]

Vornehmste Aufgabe der Sanktimonialen und Stiftsdamen war wohl zu allen Zeiten die *memoria*, das Gebet für die Seelen der Verstorbenen. Die Stiftsdamen haben diese Verpflichtung immer sehr ernst genommen, auch wenn es auf den ersten Blick so aussieht, als habe man sich im Laufe der Jahrhunderte davon entfernt. Wenn diese Aufgabe auch vielfach delegiert wurde, so hat das Kapitel als Ganzes doch immer daran festgehalten und diese Funktion bis zur Säkularisierung erfüllt.

Die Bedeutung der Memoria läßt sich an zahlreichen Nekrologen aus den unterschiedlichsten Stiften belegen, die durch Gebetsbruderschaften (zum Beispiel St. Gallen, Werden, Borghorst, Gerresheim, Merseburg) miteinander verbunden waren. Diese Memorialtradition wurde über Jahrhunderte fortgeführt, wie sich den Aufzeichnungen des Kanonikers Mittweg entnehmen läßt. In seinen Kalendern (*Ordo horas recitandi et missas celebrandi juxta ritum romanum ad usum cleri principalis territorii Essendensis*) aus den Jahren 1784, 1785, 1791 und 1802 notierte er eine große Zahl verstorbener Stiftspersonen, für die an ihrem Sterbetag die Memoria zu feiern war. Es sollen hier nur einige daraus exemplarisch genannt werden:

Jahrgedächtnis für	gestorben	Tag
Altfrid, fundator	874	Aug. 14
Äbtissin Theophanu	(1058)	März 4
Äbtissin Svanhildis	nach 1085	Juli 30
König Rudolf I.	1291	Juni 26
Äbtissin Elisabeth Stecke v. Beeck	1445	Dez. 4

Dechantin Katharina von Gleichen [Äbtissin in Vreden]	1553	Okt. 26/27
Äbtissin Elisabeth v. Manderscheid-Blankenheim	1598	April 30
Pröpstin Anna v. Daun,	1603	Aug. 7
Äbtissin Elisabeth v. Bergh-s'Heerenberg.	1614	Jan. 12/29
Wirich Hiltrop, Dekan	1617	Okt. 6
Maria Sax von Hohensax [Scholasterin]	1624	Jan. 20
Pröpstin Erika Christine v. Manderscheid-Blankenheim-Gerolstein, [Äbt. v. S. Ursula, Köln]	1666	Feb. 11
Maria Walburga Eusebia Truchseß v. Waldburg-Trauchburg	1668	Juni 18
Scholasterin Agatha Barbara v. Manderscheid-Kail-Falkenstein	1683	März 29
Äbtissin Anna Salome v. Salm-Reifferscheidt	1688	Juni 9
Äbtissin Anna Salome v. Manderscheid-Blankenheim	1691	März 15
Anna Katharina von Salm-Reifferscheidt [Mutter der Äbtissin Bernadine Sophia von Ostfriesland u. Rietberg]	1691	Nov. 16
Pröpstin Maria Franziska Truchseß v. Waldburg-Zeil-Trauchburg [Äbtissin in Buchau]	1693	Nov. 5
Äbtissin Franziska Christine v. Pfalz-Sulzbach	1776	Juli 16/17
Pröpstin Augusta v. Manderscheid-Blankenheimn	1777	Okt. 8/30

Tab. 4: Anniversarien, die noch nach 1784 gefeiert wurden (Auswahl)

Mittwegs Notizen belegen, daß noch Jahrhunderte nach ihrem Tod der Äbtissinnen Theophanu und Svanhild, aber auch König Rudolfs I. gedacht wurde. Selbst die umstrittene Äbtissin Elisabeth Stecke van Beeck war in der stiftischen Erinnerung noch gegenwärtig, und auch die Todestage der Verstorbenen jüngerer Zeiten wurden wie in der Anfangszeit des Stifts memoriert.

Muschiol betont, daß man im frühen Mittelalter das Gebet der Frauen – vor allem der Jungfrauen – für wirksamer hielt als das der Mönche. In der Stundenliturgie, die in ihren Anfängen eine Laienliturgie war, beteten sie vor allem die Psalmen. In Essen hat man dies bis zur Aufhebung des Stifts, vielleicht auf eine etwas befremdliche Art, beibehalten. Z. B. übertrug die Dechantin in ihrer Funktion als Amtsfrau von St. Quintin 1774 einem jungen Mädchen das *Bet- und Leseamt* in dieser Kapelle. Dieses Bet- und Leseamt bestand darin, wöchentlich die 150 Psalmen Davids abzulesen, und zwar sonntags Psalm 1–22, montags 22–43, dienstags 43–64, mittwochs 64–85, donnerstags 85–106, freitags 106–127, samstags 127–150.

Parallel zu dieser Lesung in der Quintinskapelle versammelte sich der Frauenkonvent mehrmals täglich auf dem gräflichen Chor in der Münsterkirche zur Tagzeitenliturgie, dem eigentlichen Chordienst. Idealtypisch bestand diese Stundenliturgie aus den Laudes (lat. Lobgesänge) am Morgen und der Vesper am Abend. Vier „kleine Gebetszeiten" (Horen) um ca. 6 Uhr (Prim), 9 Uhr (Terz), 12 Uhr (Sext) und 15 Uhr (Non) ergänzten den Tagesrhythmus gemäß römischer Tageseinteilung. Begonnen wurde der Tag mit den Vigilien (Nachtwachen), einem längeren, nächtlichen Gebets- und Lesungsgottesdienst. Er endete mit der Komplet, der letzten Gebetszeit vor der Nachtruhe. Doch streng eingehalten wurde diese Einteilung nicht. Bereits im Mittelalter hat man aus praktischen Gründen Gebetszeiten kombiniert und den Zeitpunkt der abendlichen Gebete auf den Nachmittag vorverlegt. Nach Bärsch verrichteten einzelne Stiftsdamen dabei besondere Aufgaben: Die Kantorin mit einer kleinen Schola hatte vorzusingen, die Lektorin las Texte aus Bibel und/oder Kirchenvätern, und an bestimmten Tagen leitete die Äbtissin selbst den Gebetsgottesdienst.

Das Zentrum des liturgischen Lebens bildete aber die Messe, die täglich an mehreren Altären gefeiert wurde. An Werktagen nahmen die Stiftsdamen am Marien-Altar auf dem gräflichen Chor daran teil, an Sonn- und Feiertagen feierte man gemeinsam mit den Kanonikern das Hochamt am Hochaltar der Münsterkirche. Die hohen christlichen Feste wurden auf besonders eindrucksvolle Weise gefeiert und sind bereits von Jürgen Bärsch anschaulich beschrieben worden. Hinzu kamen jährlich noch etwa 100 Prozessionen, von denen 40 von Äbtissin und Stiftsdamen begleitet wurden (s. u., S. 162 ff.).

Soweit die Quellen klare Aussagen ermöglichen, war den Stiftsdamen die Teilnahme an diesen gottesdienstlichen Verrichtungen freigestellt. Es war – zumindest in der Spätphase des Stifts – jeweils nur eine von ihnen verpflichtet, den wöchentlichen Dienst zu versehen. Diese ‚diensthabende‘ Stiftsdame, die *hebdomadaria* (hebdomada = die Woche), versah gemeinsam mit dem Chorrektor und drei oder vier Chorsängern, das waren meist Jungen vor der Pubertät, im Wechselgesang den täglichen Chordienst. Sofern aber die Stiftsdamen in Essen waren, nahmen sie in der Regel freiwillig an diesem Chordienst teil, zumal dadurch zusätzliche Einkünfte, die Präsenzgelder, zu erzielen waren. Ein Präsenzmeister führte täglich Buch über ihre Anwesenheit, und am Ende des Jahres wurden die Gelder, die meist aus testamentarisch festgelegten Memorienstiftungen verstorbener Personen herrührten, anteilmäßig umgelegt. Je weniger Stiftsdamen im Laufe des Jahres am Chordienst teilgenommen hatten, desto höher waren die zusätzlichen Einkünfte der Anwesenden.

Weltliche Aufgaben[56]

Im Gegensatz zum Chordienst war den Stiftsdamen die Teilnahme an den Kapitelversammlungen, in denen die weltlichen Angelegenheiten des Stifts geregelt wurden, nicht freigestellt. Sofern sie in Essen weilten, wurde ihre Teilnahme an den Beratungen erwartet. Im Gegensatz zum Chordienst wurde diese Tätigkeit nicht zusätzlich honoriert.

Die Kapitelsitzungen fanden sehr unregelmäßig meist morgens nach der Hohen Messe statt. Versammlungsort war im Spätmittelalter der gräfliche Chor, später hatte man ein eigenes Kapitelhaus (gegenüber der heutigen Lichtburg). Normalerweise hatte die Pröpstin den Vorsitz. Wenn sie verhindert war, ließ sie sich durch die Dechantin vertreten. Der Sekretär protokollierte die Beratungen. Diese Protokolle sind sehr unterschiedlich geführt, und aus den älteren Akten ist kein klares Bild dieser Sitzungen zu gewinnen. Oft sind nur Anweisungen einzelner Stiftsdamen, Bittgesuche von Untertanen sowie Beschlüsse und deren Ausführung dokumentiert. Erst seit dem späten 17. Jahrhundert vermerken die Protokolle den Sitzungstermin, Beratungspunkte und die Namen der Teilnehmerinnen.

Für die frühe Zeit und das Spätmittelalter liegen für diesen weltlichen Aufgabenbereich der Stiftsdamen noch weniger Quellen vor, doch immerhin läßt sich er sich v. a. aus Urkunden (z. B. Belehnungen), in denen die Stiftsdamen als Handelnde oder Zeuginnen auftraten, belegen. Krägeloh, der das Essener Lehnswesen gründlich untersucht hat, weist darauf hin, daß die „Machtbefugnisse der Äbtissinnen in dem Einspruchsrecht des gräflichen Kapitels ihre Grenze" fanden.[57] In Fragen des Lehnrechts bildeten Äbtissin, gräfliches Kapitel und die fürstlichen Erbämter gemeinsam die letzte Instanz. Wie weit die Frauen solche Dinge delegierten oder selbst behandelten, ist nicht zu entscheiden und wird individuell sehr unterschiedlich gehandhabt worden sein.

Seitdem etwa von der Mitte des 17. Jahrhunderts an korrekte Protokolle geführt wurden, gewinnen wir klarere Einblicke in die weltlichen Aufgaben der Kapitularinnen. Die jeweiligen Tagesordnungspunkte waren sehr verschieden. Bei der Aufnahme neuer Stiftsdamen mußte die Wappentafel genau überprüft und mit älteren verglichen werden, bei Besitzergreifungen und Emanzipationen hatte das Kapitel zugegen zu sein. Aufwendig gestalteten sich die Wahlen zu den Kapitularämtern, wenn Einladungen an die abwesenden Kapitularinnen genehmigt und Wahltermine festgelegt werden mußten. Die Abhörung der Rechnungen, die die Beamten des Kapitels normalerweise jährlich vorzulegen hatten, nahm meist mehrere Tage in Anspruch. Weitere Beratungen bezogen sich auf die Vermietung und Instandsetzung der Kapitelhäuser sowie auf die Verpachtung der Güter. Auch die Anstellung und Überwachung der Kapitelsbeamten (Syndikus, Sekretär und Präsenzmeister) war immer wieder neu zu regeln. Bittgesuche der Untertanen um Nachlaß der Pacht oder des Zehnten wurden jeweils einzeln geprüft.

Seit der Mitte des 18. Jahrhunderts berief man vor oder nach diesen Kapitelssitzungen jeweils gesondert die landständische Versammlung ein, um Landesangelegenheiten zu beraten (s. u., S. 105 ff.). Zu diesem Teil der Sitzung wurden meist zwei Deputierte des Kanonikerkapitels und ein Vertreter der *Ritterbürtigen* hinzugezogen. Gleichzeitig ist ein deutlicher Anstieg der Kapitelssitzungen zu beobachten. Lag die Zahl der Versammlungen in der Zeit von 1691–1734 bei etwa neun Sitzungen pro Jahr, so stieg sie in der Zeit von 1751–1791 auf 27,7; es ist also eine Verdreifachung zu verzeichnen. Der Beschluß aus dem Jahre 1689, daß künftig alle 14 Tage Kapitel gehalten werden solle, scheint nie realisiert worden zu sein. Vielmehr richtete man sich offensichtlich nach den anstehenden Problemen.

Die Zahl der Teilnehmerinnen pro Sitzung lag relativ konstant bei vier Frauen. Mindestens drei mußten teilnehmen, um einen gültigen Beschluß fassen zu können. Dies geht aus einem bemerkenswerten Konflikt hervor, der sich 1792 abspielte: Die Küsterin Gräfin von Auersperg war nicht mehr zu den Kapitelversammlungen erschienen, seitdem sie bei der Pröpstinwahl gescheitert war. Bei dieser Wahl hatte man das ungeschriebene Gesetz der Anciennität mißachtet. Sie soll schon vor der Wahl geäußert haben, wenn sie nicht gewählt werde, komme sie niemals mehr zum Kapitel. Am 14. Juli 1792 schickte das Kapitel Notar Schiffer zu ihr und ließ ausrichten, ihre Entschuldigungen (angebliche Krankheiten) seien unerheblich. Man bestehe auf ihrer Anwesenheit wenigstens dann, wenn nur drei Kapitularinnen in Essen seien. Die Gräfin von Auersperg antwortete unbeeindruckt, es sei ihr unmöglich, sich mit Kapitelssachen abzugeben.

Vierzehn Tage später wandte sich das Kapitel an die Fürstin und erklärte: Solange vier Kapitularinnen in Essen weilten, habe man auf die Küsterin verzichten können; da aber die Prinzessin von Liechtenstein zu verreisen gedenke, seien nur zwei Damen da und es könne kein Kapitel gehalten werden. Man bat die Äbtissin, *von Obrigkeits wegen* von der Gräfin von Auersperg zu verlangen, wenigstens dann zu den Sitzungen zu kommen, wenn nur drei Kapitularinnen anwesend seien, *da vorliegende Sache [...] zur Disciplin gehört, und jede anwesende Kapitularinn dem Kapitul beizuwohnen sich nicht ohne erhebliche Ursache entziehen kann.* Schließlich ließ die Gräfin von Auersperg erklären, die Pflicht, am Kapitel teilzunehmen, *deren strenge Erfüllung jeder Kapitular-Stiftsdame im Gewissen obliegt,* sei ihr bekannt und sie habe sie seit 26 Jahren erfüllt. Falls tatsächlich nur zwei Damen da seien, wolle sie mit Erlaubnis ihrer Ärzte an den Versammlungen teilnehmen. Nach weiteren Querelen gab man sich schließlich mit dieser Erklärung zufrieden; die Gräfin von Auersperg erschien wieder mehr oder weniger regelmäßig.

Gerade in der Spätphase des Stifts fällt auf, daß einzelne Frauen nie an Kapitelversammlungen teilnahmen, sondern nach ihrer Emanzipation Essen sofort verließen. Dagegen haben andere Frauen über Jahre hinweg sehr regelmäßig teilgenommen. Nicht verifizieren läßt sich die Vermutung, die Dignitärinnen hätten ein größeres Interesse gehabt als die einfachen Stiftsdamen. Eher scheint das Gegenteil der Fall gewesen zu sein: Da die Pröpstinnen oft auch wichtige Positionen in anderen Stiften innehatten, waren sie in Essen seltener anwesend. Doch ließ sich die seit 1766 amtierende Pröpstin Augusta von Manderscheid-Blankenheim bei ihrer Rückkehr nach Essen regelmäßig alle Protokolle über die Sitzungen, die während ihrer Abwesenheit stattgefunden hatten, vorlesen.

Während der Kriegszeiten war es den Stiftsdamen freigestellt, Essen zu verlassen. In der Endphase des Dreißigjährigen Krieges waren anscheinend alle Kapitularinnen geflohen. Auch als die Franzosen während der Revolutionskriege auf Essen vorrückten, beschloß man am 17. Oktober 1794, die Kapitelversammlungen *bis auf ruhigere Zeiten* einzustellen, jede und jeder sollte *auf seine eigene Rettung [...] denken.*

Dignitäten und Ämter[58]

Innerhalb jeder Gemeinschaft müssen die Dinge des täglichen Lebens und Fragen der Organisation geregelt werden, um ein geordnetes Miteinander zu gewährleisten. Für diese Belange gab es eine Reihe von Ämtern, die den Kapitularinnen übertragen wurden. Ihre Amtstätigkeit beschränkte sich aber meist auf die Ernennung von ausführenden Personen und deren Überwachung.

Erste Hinweise auf solche Ämter finden sich in den Consuetudines mit Bezug auf das Jahrgedächtnis der Äbtissin Svanhild (gest. ca. 1085): Neben den vier Dignitärinnen (Küsterin, Scholasterin, Dechantin, Pröpstin) werden eine *cameraria*, eine *celeraria*, eine *circularia*, eine *portaria*, eine *officiaria officii sancte Marie Magdalene* und eine *officiaria officii sancti Quintini* erwähnt. Diese kleineren Ämter wurden noch 1621 reihum vergeben, während die Dignitäten durch Wahl besetzt wurden. Später werden diese Ämter nur noch hin und wieder erwähnt, meist als Anhängsel der Dignitäten. Dennoch zeigt sich über die Jahrhunderte hinweg eine erstaunlich große Konstanz im Hinblick auf ihre Existenz, aber auch auf die damit verbundenen Aufgaben.

Bereits die *Institutio sanctimonialium* sah für die Bewältigung der alltäglichen Aufgaben in den Gemeinschaften verschiedene Ämter vor. Danach folgte innerhalb der Hierarchie auf die Äbtissin an zweiter Stelle eine *praeposita*. Schilp interpretiert diesen Begriff so, daß alle Vorgesetzten innerhalb der Gemeinschaft darunter zu verstehen seien. Im einzelnen werden folgende Ämter genannt: eine Kellnerin (*celleraria*), die die Lebensmittel verwalten soll und eine Pförtnerin *(portaria)*, die möglichst fortgeschrittenen Alters sein und die Pforte, die die Kommunität von der Außenwelt trennt, beaufsichtigen soll. Ferner soll eine Kustodin *(custos)* zu den kanonischen Horen die Glocken läuten, den Kirchenschatz verwalten und für die Kerzenillumination der Kirche sorgen. Eine Scholasterin *(magistra)*, die sich nicht durch besondere Kenntnisse, sondern durch vorbildliche Lebensführung qualifiziert, ist für die Erziehung und Ausbildung der jungen Mädchen zuständig.

Innerhalb des Essener Kapitels hat sich eine andere Hierarchie herausgebildet, die sicher mit der Gütertrennung in Abtei- und Konventsgut im späten 10. Jahrhundert in Zusammenhang stand. Bald danach lassen sich neben den kleineren Kapitelämtern als Dignitärinnen innerhalb des Kapitels die Pröpstin, die Dechantin, die Küsterin und die Scholasterin nachweisen. Es galt als Ehre, eine solche Position zu bekleiden.

Die Pröpstin – prima inter pares

Das Amt der Pröpstin wird 966 in einer Urkunde Ottos I. erstmals erwähnt. Zu dieser Zeit bildete sich auch der damit verbundene immense Sonderbesitz heraus (s. o., S. 29), der bis zum Ende des Stifts erhalten blieb. Die Einkünfte standen einzig und allein der Pröpstin zu und belegen ihre wichtige Position.

Die Pröpstin hatte die Verantwortung für den gesamten Konventsbesitz und ist mit Sicherheit seit dem Spätmittelalter als Leiterin des gräflichen Damenkapitels nachzuweisen. Im 16. Jahrhundert waren kleinere, ehemals wohl selbständige Ämter der Propstei zugeordnet, so das *Weiße Backamt* und das Brauamt; gleichzeitig war die Pröpstin Amtsfrau des Beginenkonvents im Zwölfling und verwaltete das Präsenzamt, aus dem die Stiftsdamen für ihre Teilnahme am Chordienst honoriert wurden.

Ausgestattet mit einer derartigen Machtfülle konnte die Pröpstin in kritischen Situationen des Stifts leicht zu einer ernst zu nehmenden Gegnerin der Äbtissin werden. Beispiele dafür sind aus dem 13. und 14. Jahrhundert bekannt, als der Kölner Erzbischof im beginnenden ersten großen Äbtissinnenstreit 1289 auf Antrag der Pröpstin die Äbtissin Berta von Arnsberg mit dem großen Kirchenbann belegte (s. u., S. 86 ff.). Auch 50 Jahre später muß es zu bisher ungeklärten Differenzen zwischen Äbtissin und Pröpstin (und Kapitel?) gekommen sein, denn 1342 beauftragte Papst Clemens VI. den Kölner Offizial, zu prüfen, ob die Behauptung der Katharina von der Mark richtig sei, daß sie als Äbtissin bei der Wahl einer Pröpstin nicht nur ein Bestätigungs-, sondern auch ein Stimmrecht habe, sofern sie früher Essener Stiftsdame gewesen sei. Die Formulierung läßt vermuten, daß die Äbtissin mit der gewählten Pröpstin nicht einverstanden war.

Die Kompetenzen einer Pröpstin haben sich im Laufe der Jahrhunderte wohl mehrfach gewandelt. Wahrscheinlich lag das Recht, Sanktimonialen aufzunehmen, ursprünglich bei der Äbtissin. Seit dem Spätmittelalter bis ins 17. Jahrhundert stand es dann allein der Pröpstin zu, im Namen des gräflichen Kapitels die Präbenden zu vergeben. Danach wurde dieses Recht der Pröpstin zugunsten der Fürstäbtissin immer weiter eingeschränkt, indem man von ihr einen Eid verlangte und die Konfirmation durch die Äbtissin und die propsteiliche Wahlkapitulation sukzessive neu einführte. In diesen Wahlkapitulationen wird die Pröpstin zwar weiterhin als Leiterin des Kapitels bezeichnet, deren wesentliche Aufgabe in der Verwaltung des Besitzes des Damenkapitels, der Einberufung der Kapitelsitzungen und der Emanzipation der Kapitularinnen bestand, doch ihre Unterordnung unter die Fürstäbtissin ist unübersehbar.

Die Dechantin – Leiterin des gräflichen Chordienstes

Die zweithöchste Dignität innerhalb des Damenkapitels war die der Dechantin. Für Essen wird dieses Amt erstmals im sog. Testament der Äbtissin Theophanu (1039–1058) erwähnt. Urkunden der folgenden Jahrhunderte nennen eine Dechantin mehrfach als Mitausstellerin oder Zeugin. Erst Quellen des 18. Jahrhunderts machen konkrete Aussagen über ihre Kompetenzen. In einem Prozeß, der 1741 vor der päpstlichen Nuntiatur in Köln zwischen der Fürstäbtissin Franziska Christine von Pfalz-Sulzbach und dem gräflichen Kapitel wegen der geistlichen Jurisdiktion geführt wurde, stritt man auch um die Rechte und Pflichten der Dechantin. Dazu erklärte einer der Zeugen, Vikar Hensing, der seit 17 Jahren Chorrektor war, die Dechantin habe die Leitung des gräflichen Chordienstes sowie ein Korrektionsrecht über die Stiftsdamen, wenn sie sich dort falsch benähmen. Wenn die Dechantin abwesend sei, übernehme die älteste Stiftsdame diese Funktion.

Neben dieser Aufsichtspflicht hatte die Dechantin verschiedene Kollationsrechte. So stand ihr unter anderm die Vergabe des im Jahre 1348 gestifteten Allerheiligenaltars zu, und sie übernahm auch die Aufgaben der Amtsfrau von St. Quintin. In dieser Funktion verlieh sie diese Kapelle an einen Kanoniker und das bereits erwähnte Bet- oder Leseamt an ein Mädchen bürgerlichen Standes.

Die Einkünfte der Dechanei waren nicht besonders groß. 1621 nahm Anna Eleonora von Staufen dieses Amt nur unter der Bedingung an, daß die Einkünfte erhöht würden. Ihr wurden daraufhin 50 Rtlr zusätzlich unter der Bedingung bewilligt, daß sie pro Jahr mindestens vier Monate in Essen residiere, damit der Chor- und Gottesdienst besser versehen werde. 1763 hatten die Bewohner von acht Häusern in der Burgfreiheit Miete bzw. Pacht an die Dechantin zu zahlen. Insgesamt waren sowohl Einkünfte als auch Kompetenzen der Essener Dechantin im Vergleich zu denen der Pröpstin recht gering.

Die Scholasterin

Das Amt der Scholasterin zeigt erhebliche Ungereimtheiten, vielleicht auch Brüche in der Geschichte des Damenkapitels. Katrinette Bodarwé hat zwar in ihren jüngsten Arbeiten eindrucksvoll die „Schriftlichkeit und Bildung im ottonischen Essen" belegt, doch ihre Ergebnisse fügen sich in Bezug auf das Amt der Scholasterin nur schwer in das Bild späterer Quellen.

Wir müssen hier nochmals auf den faszinierenden Brief der unbekannten Schülerin an ihre Lehrerin Felhin zurückgreifen (s. o., S. 40 f.). In diesem Brief ist von mindestens zwei Lehrerinnen die Rede, so daß zweifellos auf Unterricht der Schülerinnen und auch auf die Bildungsfunktion der älteren Sanktimonialen zu schließen ist. Die Aufgaben, die hier mehrere Frauen ausüben, sind aber nicht zwangsläufig mit der Dignität der Scholasterin gleichzusetzen. Funktion und Amt/Position sind zu trennen. Auch in der Mitte des 12. Jahrhunderts wird noch keine Scholasterin als Würdenträgerin genannt, sondern in der Zeugenliste einer Urkunde aus dem Jahre 1154 wird eine Adelheid als *scholarum magistra* genannt.

Als Würdenträgerin finden wir erst gegen Ende des 13. Jahrhunderts eine Scholasterin namens Sophia von Grafschaft, die von 1278 bis 1302 um den geringen, zur Scholasterei gehörigen Besitz kämpft, den ihr verschiedene Ministerialen streitig machen wollten.

Anscheinend ist zwischen den *magistrae*, die realiter für die (Aus-)Bildung der jungen Mädchen im Stift zuständig waren, und der Scholasterin, die möglicherweise die Aufsicht über sie hatte, zu unterscheiden.

Essen war zwar das einzige Stift, in dem es noch im 17. und 18. Jahrhundert das Amt der Scholasterin gab; jedoch war dieses Amt mit keiner nennenswerten Funktion mehr verbunden. Sonderbesitz der Scholasterei gab es zu dieser Zeit nicht mehr, und auch der im Mittelalter genannte scheint – im Vergleich zur Propstei und zur Dechanei – minimal gewesen zu sein.

Über die tatsächlichen Aufgaben der Scholasterin finden sich kaum Informationen. Allenfalls eine enge Beziehung zu den Residentinnen ist aus einer Quelle des späten 14. Jahrhunderts zu erschließen: Zu gewissen Zeiten soll der Verwalter des Viehofs Brot, Fleisch, Butter und Wein für die *jungen Jufferen* zur Wohnung der Scholasterin bringen. Als Gegenleistung soll er von ihr ein Paar Handschuhe bekommen und den ersten Tanz mit ihr tanzen *(sal den ersten Danz myt der Scholasterschen danssen)*. Ein Fragenkatalog aus dem späten 18. Jahrhundert beschreibt ihre ehemalige Funktion etwas genauer: *Unter der Anführung der Frau Scholasterin haben vor Zeiten, wie die Anzahl der Stiftsdamen weit größer war, die ersten Residentinnen gestanden; dermalen aber, da solches in Abgang gerahten ist, hat dieselbe blos allein, wenn Possession genommen wird, noch eine besondere Verrichtung auszuüben, welche so viel andeutet, daß sie über die neue Chanoinessen Schul- und Lehrmeisterin seye.* Diese *besondere Verrichtung* bestand dem Bericht des Kanonikus Biesten aus dem Jahre 1780 zufolge in dem symbolischen Akt, daß die Scholasterin oder die älteste anwesende Kapitularin der neu aufzunehmenden Stiftsdame altem Herkommen nach *einige Ruthen-Streiche gibt.* In diesem Zusammenhang ist die Beobachtung Kindlingers, die Scholasterin habe ein eigenes Siegel mit Rute und Buch geführt, recht interessant. Die Kapitelsprotokolle notieren zum Jahre 1621, die Pröpstin habe im Namen der damaligen Scholasterin Maria von Sax zu Hohensax das *Unter-Scholasterey-Ambt* dem Chorsänger Justinian Bollin verliehen. Seine Tätigkeit wurde vertraglich festgelegt: Er sollte die angehenden Stiftdamen und die Choralen (Jungen vor der Pubertät), die den Kapitularinnen beim Chordienst assistierten, im Chor- und Kirchengesang fleißig unterrichten, täglich zu allen Horen von Anfang bis Ende auf dem Gräfinnenchor sein. Ob die Scholasterinnen diese Aufgaben irgendwann selbst einmal wahrgenommen haben, ist nicht zu klären. Möglicherweise ist diese Dignität erst um die Wende des 12./13. Jahrhunderts entstanden, als die Sanktimonialen nicht mehr persönlich als Lehrerinnen *(magistrae)* tätig waren, sondern ihre Aufgaben delegierten. Dies würde auch die geringe wirtschaftliche Fundierung erklären.

Die Küsterin – Hüterin des Kirchenschatzes

Die Dignität der Küsterin war die rangniedrigste innerhalb des Damenkapitels, deshalb wird sie in allen Urkunden an letzter Stelle genannt. Nach dem *Liber ordinarius* war es bereits im 14. Jahrhundert Aufgabe der Küsterin, anläßlich der Festtage oder Prozessionen Wein oder *Opfergeld* an die Kanoniker auszuteilen. Sie hütete die Reliquien und wachte insbesondere darüber, wenn solche der *cista reliquiarum* entnommen wurden. Auch der gesamte Kirchenschatz unterstand ihrer Aufsicht. Im Jahre 1303 beschlossen Äbtissin und Kapitel anläßlich der Übertragung eines Villikationsamtes, daß das Gold der verstorbenen Ehefrauen der Hofesleute der Küsterin für den Kirchenschatz gegeben werden solle.

Wichtigste Aufgabe war wohl von alters her die Sorge für den Kerzenschmuck, denn die Zahl der Urkunden, die eine Zuordnung von Wachszinsigen zur Küsterin belegen, ist relativ groß. Bereits 1164 wird ein Wachszinsigenmeister erwähnt, der die Küsterin bei der Einsammlung und Verteilung von Wachs und Kerzen unterstützte. Bei feierlichen Vespern übernahm sie selbst die Inzensierung des gräflichen Chors; seit dem 14. Jahrhundert hatte die Äbtissin ihr am Palmsonntag 84 Pfund Wachs für die Osterkerzen zu liefern. Ein Verzeichnis aus dem Jahre 1645, das wohl in der Mitte des 18. Jahrhunderts überarbeitet wurde, zeigt, daß die Kerzenverteilung bis zum Ende des Stifts Aufgabe der Küsterin blieb; die Ordnung entspricht im wesentlichen der des 15. Jahrhunderts. Zusätzlich war die Küsterin verantwortlich für die Reinhaltung und Ausschmückung des gräflichen Chors. Spätestens im 18. Jahrhundert wurden allerdings die meisten dieser Aufgaben durch Geldzahlungen an den Kirchmeister abgelöst, der dafür sieben Rechstaler erhielt.

Neben diesen Pflichten hatte die Küsterin noch 1766 besondere Rechte. Ihr gebührte die Kollation der Vikarien St. Elisabeth und St. Florin in der Münsterkirche. Die drei Küster in der Münsterkirche wurden von ihr angestellt und in Gegenwart des *capellanus honoris* und des Kirchmeisters vereidigt. Die Küsterei in der St. Quintinskapelle verlieh sie ebenfalls, in der Regel an ein junges Mädchen. Außerdem hatte sie den Totengräber anzustellen.

Die Einkünfte, die diesen Pflichten gegenüberstanden, waren minimal. Von einigen Gütern wurden wenige Malter Roggen, Gerste und Hafer geliefert, andere zahlten eine geringe Pacht, die bis ins 18. Jahrhundert immer geringer wurde. Ein größerer Posten war lediglich die Pacht für das Haus der Küsterei im Umgang der Münsterkirche. 1794 zahlte der Kirchmeister Brockhoff dafür zwölf Reichstaler.

Die kleineren Ämter[59]

Bis auf das Amt der Pförtnerin *(portaria)*, die im Spätmittelalter die Gräber der Äbtissinnen Mathilde (907–ca. 910) und Theophanu (1039–1058) zu illuminieren hatte, sind alle anderen kleinen Ämter auch in der Frühen Neuzeit noch vorhanden. Über die Aufgaben der Kellnerin oder Kellnerschen *(celleraria)* und der *circularia* (Zirkellnerin) sind allerdings kaum Aussagen möglich. 1564 wird in einem Streit zwischen der Äbtissin und beiden Kapiteln verlangt, daß die Äbtissin die Kellnerei und die Cirkellnerei zurückzugeben habe, da beide Ämter immer durch *Capitulair Junffern vertretten und verwaltet* würden. Mischell meint, daß die „celleraria oder Kellmeisterin" die Aufsicht über die Weinlieferungen hatte. Das Amt wurde 1621 wohl zum letzten Mal vergeben.

Über die *circularia* lassen sich nur Vermutungen anstellen; vielleicht sind ihre Aufgaben identisch mit denen der „Speichermeisterschen" oder denen der *praesentiaria*. Arens hält sie für eine aufsichtführende Stiftsdame; über besondere Einkünfte verlautet nichts. Der *circularia* stand die Kollation des 1396 fundierten Elisabethaltars zu, ein Recht, das später an die Küsterin überging.

Das Amt der Kämmerin *(cameraria)* ist identisch mit dem späteren Küchenamt. Die Verwalterin hatte die Aufsicht über die täglich auszuteilenden Brot- und Fleischportionen aus dem Schlacht- und Backhaus. Den *Consuetudines* zufolge verlieh sie das Küchenamt an einen Kanoniker, die Küchenknechte hatten ihr den Eid zu leisten. Sie führte ein eigenes Siegel mit Schlüssel und Buch.

Im 16. Jahrhundert kam es wiederholt zu Streitigkeiten, die die Bedeutung dieses Amtes erkennen lassen. 1561 hatte die Pröpstin Irmgard von Diepholz dieses Amt inne und behielt es auch in ihrer Funktion als Äbtissin (1561–1575). Als sie sich anschickte, dieses Amt disziplinarrechtlich zu nutzen und die täglichen Nahrungsmittelrationen nicht mehr austeilen ließ, setzten sich Damen- und Kanonikerkapitel erfolgreich zur Wehr.

Jüngere Urkunden vermitteln einen Eindruck von den vielfältigen Aufgaben dieses Amtes. Da wird noch 1600 ein *Oberkoch- und Unterkämmerlingsamt* vergeben, das *Ambt, gnant dat Vifftigste Deilh* (Amt des 50. Teils), und das wichtige Amt des Küchenmeisters. 1617 übertrug die Küchenmeisterin diese Aufgabe dem Kanoniker Johann Tutmann mit der Maßgabe, es persönlich zu verwalten. Er sollte besonders darauf achten, daß kein krankes, unreines oder untaugliches Vieh geliefert werde und daß die Fleischportionen gebührend aufgeteilt, geschnitten und ausgegeben würden. Ohne ihre Zustimmung durfte er keinen Unterverwalter einstellen.

Nach den *Consuetudines* setzte die Amtsfrau von St. Quintin einen Kanoniker als Rektor der Quintinskapelle ein; eine weitere Aufgabe bestand in der täglichen Lesung der kanonischen Horen. Das Amt ging später an die Dechantin über und war mit relativ hohen Einkünften verbunden.

Das letzte, schon in den *Consuetudines* genannte Amt ist das Maria-Magdalenen-Amt *(officia-ria officii Mariae Magdalenae)* bzw. das Almosen-Amt. Die Inhaberin war im Spätmittelalter für die Illumination des Grabes der Äbtissin Beatrix von Holte zuständig. Mischell nennt verschiedene Einkünfte und hält es für ein einträgliches Amt. Es scheint in engem Zusammenhang mit dem Beginenkonvent Zwölfling zu stehen, denn 1538 sollte die Dechantin Katharina von Gleichen wegen des Magdalenenamts die erste erledigte Pfünde in diesem Konvent vergeben dürfen. 1569 einigte man sich, das Maria-Magdalenen-Amt solle zunächst bei der Küsterin bleiben, später evtl. an die Dechantin übertragen werden. 1621 bekam die Pröpstin Johanna Helena von Staufen als Kapitularin dieses Amt.

Ein neues Amt, das anscheinend erst im 16. Jahrhundert entstand, ist die Praesenzmeisterei. Sie wird erstmals 1538 erwähnt und sollte in diesem Jahre von der Äbtissin vergeben werden. 1569 übernahm es die Dechantin, seit 1618 war es dann in der Hand der Pröpstin, die zur Ausübung dieser Funktion einen Präsenzmeister anstellte. Dieser hatte darüber Buch zu führen, welche Stiftsdame an welchen Tagen zum Chordienst erschien; entsprechend wurden die Präsenzgelder ausgezahlt. Möglicherweise ist dieses Amt identisch mit dem der *circularia*.

Funktionen von Konvent und gräflichem Damenkapitel im Netzwerk des Adels[60]

Nach dem bereits Dargestellten bleibt die Frage, warum eine derartige Institution nahezu 1000 Jahre bestehen konnte. Wenn man nicht nur in der unbestreitbar wichtigen Sorge um das Seelenheil und der *memoria* das Fundament dieser Gemeinschaft sieht, muß nach anderen Gründen gefragt werden. Sehr schnell rücken soziale, wirtschaftliche und politische Belange des Adels ins Blickfeld, die über Jahrhunderte hinweg die stiftische Geschichte und insbesondere die des Konvents bzw. des gräflichen Damenkapitels prägten.

Die Sichtweise Wilhelm Kohls, Frauengemeinschaften wie die in Essen seien im 9./10. Jahrhundert ein Weg der „Identitätsfindung des sächsischen Adels in christlich geprägtem Lebensbereich" gewesen,[61] hat seit langem allgemein Zustimmung gefunden. Dieser Aspekt, der sozialgeschichtliche Motive in den Vordergrund rückt, ist deswegen besonders interessant, weil Frauen in der sächsischen Adelsgesellschaft weitaus besser gestellt waren als zum Beispiel in der fränkischen. Er lenkt den Blick auf die Vorteile, die sich dem Adel boten: Nach sächsischem Recht waren Frauen kraft eigener Person erbberechtigt. Durch die Gründung neuer Frauenkommunitäten konnten weibliche Erbteile in diese Familiengründungen eingebracht werden, ohne für die Stifterfamilie verloren zu gehen. Heiratete die Sanktimoniale, so konnte sie ihr Erbteil aus der Gemeinschaft herausnehmen und ohne Verluste für die eigene Familie in die neue Ehe einbringen. Blieb sie zeitlebens Stiftsdame, fiel ihr Vermögen ebenfalls nicht in fremde Hände, sondern kam durch das genossenschaftlich organisierte Stift nachfolgenden Nichten zugute, die dort wenigstens zeitweise Aufnahme fanden. Auf diese Weise waren die Frauengemeinschaften bereits im Mittelalter funktional in die Adelsherrschaft eingebunden. Aufgaben und Funktionen der Sanktimonialen und der Stiftsdamen veränderten sich zwar, doch sie dienten immer einem einzigen Ziel: der exklusiven Absicherung der Adelsherrschaft auf der Grundlage des christlichen Glaubens. Diese Exklusivität hat Essen in Bezug auf das Damenkapitel bis zur Säkularisierung beibehalten. Seine Einzigartigkeit wird erst im Vergleich mit anderen Dom- und Damenstiften im Heiligen Römischen Reich deutscher Nation deutlich. Betrachten wir die verschiedenen Funktionen des Essener Damenkapitels im einzelnen. Sie lassen sich – insbesondere für die Spätzeit des Stifts – in fünf Punkten zusammenfassen:
- Versorgungseinrichtung,
- Erziehungs- und Sozialisationsort für adlige Töchter,
- genossenschaftliche Kontrollinstanz für standesgemäße Heiraten (Ebenbürtigkeit),
- Bestätigungsinstanz für sozial aufgestiegene Familien,
- Stiftszugehörigkeit als Ausdruck ständischer Ehre.

Versorgungseinrichtung

Bereits im 9. und 10. Jahrhundert boten diese familiären bzw. genossenschaftlichen Frauengemeinschaften den sächsischen Adeligen die Möglichkeit, in den neu gegründeten Stiften vorübergehend oder dauernd ein standesgemäßes Leben zu führen. Der renommierte Historiker
Heinrich Fichtenau beschrieb dies 1984 in der diskriminierenden Formulierung: „Hier pflegte
man überzählige Töchter adeliger Familien zu deponieren".[62] Sicher ist es richtig, daß eine Reihe von Mädchen und Frauen zeitlebens im Stift blieb und dort gut versorgt war. Allerdings
stand den meisten von seiten der Familie eine jährliche Apanage zu, die – über Jahrzehnte gezahlt – durchaus höher ausfallen konnte als die einmalige Zahlung des „Heiratspfennigs", also
der Aussteuer. Nicht nur Söhne wurden aus Stiften, manchmal auch aus Klöstern zurück ge-
holt, um weltliche Aufgaben zu erfüllen, wenn dies im Familieninteresse notwendig war. Dies
konnte zum Beispiel der Fall sein, wenn der einzige verheiratete Sohn, der die Erbfolge des
Hauses antreten sollte, kinderlos gestorben war oder wenn politische Konstellationen es erforderten, adlige Netzwerke durch Heiraten abzusichern. Die Stifte, insbesondere auch Essen, waren in dieser Hinsicht nicht nur Versorgungseinrichtungen, sondern häufig auch „Wartesaal"
der jungen Generation für anfallende Aufgaben im Interesse ihres ‚Hauses'. Genauere Auf-
schlüsse dazu bieten Quellen aus der Spätphase des Stifts.

Erziehungs- und Sozialisationsort für adlige Töchter[63]

Etwa bis zur Mitte des 11. Jahrhunderts war die Abtei Essen in gewisser Weise ein Bildungszen-
trum für Frauen des Adels, wo diese lesen und schreiben lernten und sich sogar mit der (theologischen) Literatur der Zeit auseinandersetzen konnten. Inwieweit der verheerende Stiftsbrand von 946, der alle (liturgischen) Bücher vernichtet hatte, aus der Not eine Tugend machte, ist schwer zu beurteilen. Katrinette Bodarwé konnte immerhin nachweisen, daß in den darauf folgenden 100 Jahren in Essen ein Skriptorium bestand, wo die Essener Sanktimonialen
ihre benötigten Handschriften selbst anfertigten und die jungen Mädchen im Lesen und Schreiben unterrichteten.

Doch im Laufe der darauf folgenden Jahrhunderte war der Adel an Schriftlichkeit, geschweige denn an Bildung, wenig interessiert. Es galt vielmehr, die ständischen Werte zu kulti-
vieren, um sich gegenüber Emporkömmlingen abzugrenzen, was zum großen Teil über die
Reichsstifte geschah. Für das Mittelalter liegen zu dieser Frage in bezug auf Essen keine Untersuchungen vor, so daß wir uns hier auf die statistisch ermittelten Ergebnisse für die Spätphase
des Stifts beschränken müssen.

Anhand der Kapitelsprotokolle läßt sich aufzeigen, daß in der Zeit von 1603–1803 etwa
100 Mädchen und Frauen aus 30 fürstlichen und gräflichen Häusern des katholischen Reichs-
adels in Essen vertreten waren; doch weitaus mehr hatten sich um Aufnahme bemüht. Zufallsfunde belegen, daß mindestens 30 Frauen aus den verschiedensten Gründen abgewiesen wurden. Zwei Drittel der in Essen vertretenen Häuser brachten ihre Söhne in die beiden einzigen
Stifte des Hochadels für Männer in Köln und Straßburg.

Gemäß der bisher üblichen Sichtweise, daß nur solche Töchter in ein Stift geschickt
wurden, die man nicht verheiraten konnte oder wollte, wäre zu erwarten, daß sich meist erst
gereiftere Damen um Aufnahme in ein Stift bemühten, nachdem man festgestellt hatte, daß sie
nicht unter die Haube zu bringen waren. Tatsächlich scheint dies bei Anna Johanna von Hessen-Rheinfels-Rotenburg der Fall zu sein, die erst mit 45 Jahren nach Essen kam. Geht man jedoch davon aus, daß die Stifte eine Kontrollinstanz für die Heiratsfähigkeit junger Frauen darstellten, dann ist zu erwarten, daß die Mädchen bereits in jungen Jahren, also v o r dem durch-
schnittlichen Heiratsalter ins Stift gegeben wurden. Und in der Tat, die mit 45 Jahren in Essen
aufgenommene Anna Johanna von Hessen-Rheinfels-Rotenburg war schon im Alter von
16 Jahren Stiftsdame in Thorn. D. h., wenn man neben Essen alle Stifte, in denen die Essener
Stiftsdamen präbendiert waren, berücksichtigt, eröffnen sich völlig neue Perspektiven: Das
durchschnittliche Heiratsalter der Frauen aus katholischen Hochadelsfamilien lag bei 23 Jah-

ren. Bei der Aufnahme in die Stifte (Essen, Elten, Vreden, Thorn und St. Ursula in Köln) aber waren 20 Prozent jünger als zehn Jahre und 55 Prozent 14–19 Jahre alt; das heißt 75 Prozent waren jünger als 20 Jahre, für 13 Prozent ließ sich keine Altersangabe ermitteln. Etwa die Hälfte der Stiftsdamen verließ das Stift wieder nach wenigen Jahren, um zu heiraten.

Noch aufschlußreicher ist eine andere Erhebung: 80 Prozent aller Töchter aus katholischen Grafen- und Fürstenhäusern waren im 17. und 18. Jahrhundert zeitweise Stiftsdamen, so daß dieser Lebensabschnitt zum normalen Lebensweg einer katholischen hochadligen Frau gehörte, vergleichbar der Kavalierstour der Brüder.

Diese Beobachtung läßt die Reichsstifte für Frauen in einem neuen Licht erscheinen. Sie waren nicht nur Versorgungseinrichtungen, wo unverheiratete Töchter standesgemäß leben konnten, sondern auch Orte weiblicher Sozialisation für Töchter, die später heirateten.

Genossenschaftliche Kontrollinstanz für standesgemäße Heiraten (Ebenbürtigkeit)

Bisher ging man in der Literatur davon aus, daß die Bedingungen für die Aufnahme in die Stifte vornehmlich aus ökonomischen Überlegungen der Pfründeninhaber bzw. von deren Familien erschwert wurden. Es ist bereits oben dargestellt worden, daß für die Aufnahme in ein Reichsstift wie Essen mehrfache Kontrollen der Abstammung durch ebenbürtige Standesgenossen vorgenommen wurden. Doch daß man seit dem 16. Jahrhundert den Nachweis einer immer größeren Zahl adliger bzw. gräflicher und fürstlicher Vorfahren verlangte, hatte noch andere Gründe. Die katholischen Stifte des hohen Adels waren in der Frühen Neuzeit Kontrollinstanzen für standesgemäße Heiraten geworden. Das Netzwerk des Adels drohte durcheinander zu geraten, nachdem der Kaiser immer häufiger ihm getreue Personen und Familien per Adelsdiplom und meist gegen gute Bezahlung in den gräflichen und fürstlichen Stand erhob.

Exemplarisch läßt sich dies an einem auf den ersten Blick grotesken Konflikt im Stift Essen aus der Mitte des 17. Jahrhunderts belegen. 1663 bewarben sich Hartmann Fürst von Liechtenstein und seine Gattin, Sidonia Elisabeth von Salm-Reifferscheidt, eine Schwester der Essener Äbtissin, um Aufnahme ihrer beiden 19- und 20jährigen Töchter. Die Liechtensteiner, ministerialischer, also niederadliger Herkunft, waren 1608 wegen ihrer Verdienste um die katholische Partei in Mähren in den Reichsfürstenstand erhoben worden. Als Fürstäbtissin Anna Salome von Salm-Reifferscheidt, Tante der beiden Anwärterinnen, dem Kapitel die Probationen zur Prüfung vorlegen ließ, antwortete das Kapitel zunächst, man möchte wegen der schlechten wirtschaftlichen Lage mit Neuaufnahmen verschont werden. Daraufhin erklärte der Vater sich bereit, die fehlenden Lebensmittel zu ersetzen, wenn seine Töchter aufgenommen würden. Falls noch Bedenken seien, solle man ihm doch mitteilen, was die Stiftsdamen als Gegenleistung erwarteten, zumindest aber doch über die *Agnaten*, also die im Stammbaum genannten Vorfahren, entscheiden. Auch der Bischof von Münster, Christoph Bernhard von Galen, setzte sich dafür ein. Nach weiteren penetranten Bemühungen der Liechtensteiner ließen die Stiftsdamen schließlich im November 1665 – fast drei Jahre später – die Resolution überbringen, daß sie *„das Liechtensteinsche Wapffen nit kennen, wißen nit, hätten auch nit gehöret, daß solches uff grafflichen Stifften als Cölln oder Straßburg vor[ge]kommen [sei], [es] müßte dahero drüber klarer Bericht vorgebracht werden."* (siehe auch Abb. 20 auf Seite 114)

Inzwischen hätte das Problem längst erledigt sein müssen, denn die eine Tochter war schon gestorben und zwei andere hatten inzwischen geheiratet. Dennoch wandte sich die Mutter im Februar 1668 noch einmal an das Kapitel: Sie und ihr Gemahl seien nicht mehr willens, überhaupt noch irgendeine ihrer Töchter nach Essen zu schicken; sie hofften aber, gegen diese Erklärung vom Kapitel zu vernehmen, daß die vorgelegten Stammbäume ausreichten, um in Essen als Stiftsdame aufgenommen zu werden. Man darf annehmen, daß es eine falsche Hoffnung war. Warum der Mutter bzw. den Eltern der Prinzessinnen von Liechtenstein die Aufnahme in ein Reichsstift wie Essen oder Thorn so wichtig war, läßt sich aus der besonderen Rechtsstellung hochadeliger Frauen erklären. Denn nur eine ebenbürtige, frei und edel geborene Frau konnte den hochadeligen Stand der Eltern an die Kinder weitergeben und ihre vermögens- und standesrechtlichen Privilegien sicherstellen. Unebenbürtigkeit, sprich Mißheirat, hat-

▲ Abb. 21: Fürstäbtissin Anna Salome von Salm-Reifferscheidt (1646–1688)

▲ Abb. 22: Sidonia Elisabeth von Liechtenstein, geb. Gräfin v. Salm-Reifferscheidt, Schwester von Anna Salome, in hochschwangerem Zustand; im Hintergrund ihr Kammermohr

te beim hohen Adel gravierende Folgen. Eine unebenbürtige Frau, also eine Frau aus dem niederen Adel oder gar aus dem Bürgertum, trat nicht in den privilegierten Stand des Mannes ein, und auch ihre Kinder erwarben nicht den Stand des höher geborenen Vaters. Kinder aus solchen unebenbürtigen Ehen waren nicht erbfolgeberechtigt, hätten also die Herrschaft nach dem Tod des Vaters nicht übernehmen können.

Daß die Kontrolle der Abstammung für hochadelige Familien ein wichtiges Motiv war, ihre Töchter in ein Stift zu schicken, läßt sich auch anhand von Testamenten und Hausgesetzen nachweisen. So verlangte Fürstäbtissin Anna Salome von Salm-Reifferscheidt 1688 in ihrem Testament, daß nur derjenige Neffe ihr Univeralerbe sein solle, der eine die für die gräflichen Reichsstifte qualifizierte Frau heiratete. 1703 findet sich eine ähnliche Passage in einem Fideikommiß des fürstlichen Hauses Schwarzenberg. Der Erblasser bestimmte, daß die Nachkommen nur solche Frauen heiraten durften, die *mit denen Proben* [Probationen = Stammbäumen] *bei denen vornehmsten freien Reichsstiftern, als Essen, Thorn und St. Ursula in Köln passieren können.* Die hier angeführten Beispiele ließen sich mühelos durch weitere ergänzen.

Bestätigungsinstanz für sozial aufgestiegene Familien

Je deutlicher die altgräflichen und altfürstlichen Häuser sich gegenüber den standeserhöhten Dynasten, z. B. den Fürsten von Thurn und Taxis, den Grafen von Schönborn oder den bereits erwähnten Fürsten von Liechtenstein, in den Reichsstiften des katholischen Adels abschotteten, desto interessanter wurde es für diese neu gefürsteten Familien, ihre Töchter dort unterzubringen, um auf diese Weise durch den alten hohen Adel akzeptiert und bestätigt zu werden.

Erst wenn es diesen standeserhöhten Familien gelungen war, die genossenschaftlichen Barrieren des alten Adels zu überwinden, gehörten sie wirklich dazu. Man versteht, warum gerade im 18. Jahrhundert so viele österreichische Familien, die am kaiserlichen Hof äußerst erfolgreich waren, ins Essener Stift drängten. Zu nennen wären hier zum Beispiel die von Fugger, von Auersperg (Kärnten), von Trautmannsdorff, von Harrach-Rohrau (Niederösterreich), die bereits erwähnten Thurn und Taxis aus Schwaben, von Schönborn, von Schwarzenberg und die von Ligne. Die Aufnahme ihrer Töchter ins Reichsstift Essen bestätigte den sozialen Aufstieg und machte sie dem alten, dem Geblütsrecht verhafteten Reichsadel ebenbürtig.

Stiftszugehörigkeit als Ausdruck ständischer Ehre

Zum Schluß ist noch auf ein Phänomen hinzuweisen, das sich in den Quellen nur andeutet und in anderen, größeren Zusammenhängen untersucht werden müßte.

Wohl zu allen Zeiten galt es als besondere Ehre, in eines der Reichsstifte wie Essen, Elten Thorn, Vreden oder St. Ursula in Köln aufgenommen zu werden. Die Bedeutung der Ehre, die in der Forschung bisher im Hinblick auf Stifte viel zu wenig beachtet wurde, ergibt sich aus der Beobachtung, daß Heiratsverträge oder Testamente von Verwandten die Stiftsmäßigkeit der Frauen ausdrücklich betonen. Es erklärt auch, warum gerade im 18. Jahrhundert einzelne Frauen zwar ihre einjährige Residenz in Essen absolvierten, dann allerdings das Stift sofort wieder verließen und doch noch über Jahrzehnte Kapitularinnen blieben; so zum Beispiel Maria Josefa von Hatzfeld und Gleichen, die während 46-jähriger Stiftszugehörigkeit nur vier Jahre kurzfristig in Essen war. Interessant ist in dieser Hinsicht auch der Bericht des Obristwachtmeisters von Dalwig über die Prinzessin von Ligne. Er schreibt, sie habe aus eigenen Gütern jährliche Einnahmen von 40.000 Gulden und sei nur Stiftsdame, *um einen Caractheur zu haben.*[64]

Dieser Hinweis ist besonders beachtenswert in bezug auf unverheiratete Frauen. Nach dem Tod der Eltern waren sie oft nur locker mit der bzw. den Familien der verheirateten Brüder verbunden, die gegenüber ihren Schwestern allenfalls moralisch verpflichtet waren. Die stiftische Korporation bot diesen unverheirateten Frauen abseits der Familie eine wichtige ständische Basis innerhalb der adligen Gesellschaft.

Wie dürfen dabei jedoch nicht die bürgerlichen Normen oder die Vorstellungen des aufstrebenden Briefadels, der sich an Besitz und Reichtum orientierte, zugrunde legen, sondern müssen für die damalige Zeit in weit höherem Maße das Element der Ehre berücksichtigen. Die Ehre, in eines der exklusivsten Stifte aufgenommen zu werden, war das entscheidende Kriterium. Man hatte „standesgemäß", das heißt entsprechend seinem hochadeligen Stand zu leben. Nicht Arbeit, sondern Müßiggang war vorgeschrieben. Wie wichtig es war, die Stiftszugehörigkeit auch nach außen zu demonstrieren, zeigt sich daran, daß im 18. Jahrhundert allenthalben Stiftsorden geschaffen wurden.

Abschließend läßt sich in bezug auf den Konvent bzw. das Damenkapitel feststellen, daß die Stiftsdamen zu keiner Zeit abgeschoben waren, wenngleich die ökonomischen Verhältnisse dies manchmal nahezulegen scheinen. Sicher ist, daß sie gemeinsam mit den Domherren in Köln und Straßburg die Fäden in der Hand hielten, um vorteilhafte Verbindungen für das ‚ganze Haus' herzustellen; gleichzeitig waren sie in den Stiften Platzhalterinnen für nachfolgende Töchter. Ebenso wie die Domstifte der Männer bildeten die kaiserlich-freiweltlichen Damenstifte – in erster Linie Essen – eine optimale genossenschaftliche Organisationsform, um die sich widersprechenden Ziele der gräflichen und fürstlichen Häuser miteinander zu vereinbaren: So lange man auf Reichsstifte wie Essen zurückgreifen konnte, ließen sich reicher Kindersegen auf der einen und Konzentration der ökonomischen Substanz auf der anderen Seite problemlos miteinander vereinbaren. Hier wurden nicht unverheiratete Töchter „deponiert", sondern sie vertraten – zu allen Zeiten – auf genossenschaftlicher Basis die Interessen ihres Standes. Wer primär ein frommes, gottesfürchtiges Leben führen wollte, ging ins Kloster. Das waren von den Essener Stiftsdamen im 17. und 18. Jahrhundert aber nur vier Frauen.

Seelsorge und politische Einflußnahme: Entstehung und Entwicklung des Kanonikerkapitels

Anfänge[65]

Fast 400 Jahre lang verrichteten verschiedene Geistliche ihre Aufgaben lediglich in Seelsorge und Liturgie. Erst im 13. Jahrhundert schlossen sie sich neben dem Konvent der Sanktimonialen zu einer eigenen Korporation zusammen, die innerhalb der stiftischen Verfassung bedeutende Rechte erlangen konnte. Wie und warum sich in Essen neben dem Damenkapitel ein Kanonikerkapitel, dem so weitreichende Kompetenzen wie zum Beispiel die (Mit-)Wahl der Äbtissin zustanden, entwickeln konnte, ist eine offene Frage. In der Kommission, die 1794 eine allseits zufriedenstellende Verfassung auf der Grundlage aller alten Privilegien, Urkunden und Gewohnheiten ausarbeiten sollte, erklärte der Archivar Nikolaus Kindlinger, den Kanonikern sei niemals ein Miteigentum, geschweige denn ein Wahlrecht der Äbtissin verliehen worden. Sie hätten dieses Recht entweder durch stillschweigende Zugeständnisse des gräflichen Kapitels oder durch schleichende Einmischung in die Wahlen nach und nach erhalten. Die Kanoniker widersprachen dem nicht.

▲ Abb. 23: Nikolaus Kindlinger (1749–1819)

Diese Argumentation war keineswegs neu, denn ähnlich hatte bereits 1426 die Pröpstin Elisabeth von Saffenberg reagiert, als die Kanoniker bei der Wahl einer neuen Äbtissin die Stiftsdamen überstimmt hatten. Selbst die päpstliche Bestätigungsurkunde für die – nur von den Stiftsdamen – gewählte Äbtissin Elisabeth von Beeck griff dieses Dilemma auf und stellte fest, daß die Kanoniker ihr Recht zur Wahl einer Äbtissin nur prätendierten *(canonici prefati jus coeligendi habere pretendentes)*.[66] Wie ist es zu dieser unklaren Situation gekommen?

Daß die neugegründete Frauengemeinschaft von Anfang an einige Kleriker für die Erfüllung seelsorgerischer Aufgaben und für die Verrichtung gottesdienstlich-liturgischer Funktionen brauchte, ist selbstverständlich. Bereits die *Institutio sanctimonialium* aus dem Jahre 816 legte wohl als Minimalbesetzung für derartige Gemeinschaften die Anwesenheit eines Presbyters, eines Diakons und eines Subdiakons fest. Diese sollten aber auf alle Fälle außerhalb des *claustrum* wohnen und durften sogar die Kirche der Sanktimonialen nur zur Meßfeier betreten. Selbst die Beichte sollte ein Priester der Sanktimonialen nur in der Weise abnehmen, daß beide in der Kirche von anderen beobachtet und gesehen werden konnten.

Keineswegs selbstverständlich ging die Entwicklung dahin, daß sich aus den wenigen Geistlichen, die in der Anfangszeit des Stifts in Essen tätig waren, eine nahezu gleichberechtigte Korporation, bestehend aus 20 Geistlichen, entwickelte. Im deutschsprachigen Raum gab es kein anderes Frauenstift mit einer so großen Zahl von Kanonikern. Zum Vergleich: In Gandersheim kannte man elf Kanonikate für Männer, in St. Ursula in Köln fünf, in Freckenhorst acht.

Die neuere Forschung geht davon aus, daß in der Frühzeit enge Beziehungen zwischen der Frauenkommunität in Essen und dem Benediktinerkloster in Werden bestanden und Werdener Mönche die Essener Sanktimonialen seelsorgerisch und liturgisch betreuten. Für das 9. und 10. Jahrhundert ist eine Gebetsverbrüderung bezeugt, die durch die Memorialüberlieferung des Stiftes Borghorst bestätigt wird, wie Gerd Althoff Ende der 1970er Jahre nachweisen konnte. Äbtissin Theophanu bedachte in ihrem sog. Testament großzügig die Werdener Mönche, so daß an den engen Kontakten zwischen beiden Gemeinschaften bis ins späte 11. Jahrhundert nicht zu zweifeln ist. Namentlich werden hier erstmals Kleriker genannt, die man wohl als nach Essen gehörig bezeichnen darf: Heinrik, Brun und Heriman als Presbyter und Eilbraht als Diakon. Es folgen weitere Presbyter (Everwin, Popo, Guntram) und außerdem Namen von Männern und Frauen, die nicht näher zu identifizieren sind. Erst hundert Jahre später (1142) begegnen wieder Essener Kleriker als Zeugen in einer Urkunde, es handelt sich um die *capellani* Gerhard, Hermann und Friedrich. Während der Regierungszeit Hadwigs von Wied (1148/50–1176) scheint einem *confrater* Hermann der Aufstieg zum Dekan gelungen zu sein. Ein Dekan war später der Leiter des Kanonikerkapitels, so daß man vielleicht bereits in dieser Zeit mit einer Essener Klerikergemeinschaft zu rechnen hat. Bis zu Beginn des 13. Jahrhunderts wechseln die Bezeichnungen für die Essener Geistlichen, sie heißen *clerici, capellani, fratres* oder *confratres*. Die Benennung als Kanoniker findet sich erstmals 1224 in einer Urkunde für die von Essen abhängigen Kirchen in Paffendorf und Holzweiler bei Bergheim/Erft. Damit tritt ihre Korporation erstmals als „selbständiges Rechtssubjekt" in Erscheinung, der nun – abgesondert vom Damenkonvent – ein Sondervermögen zur Verfügung steht. Schilp meint deswegen, daß „mit aller gebotenen Vorsicht" für die Zeit um 1200 von der Bildung dieses Gremiums auszugehen sei, das sich bis 1224 „mit absoluter Sicherheit" zu einem „festgefügten und verfaßten Kanonikerkapitel am Damenstift Essen" entwickelt habe.[67]

Die Ursachen für diese Entwicklung werden in der neueren Forschung sehr unterschiedlich beurteilt. Schilp bewertet die Ausübung verschiedener Mitbestimmungsrechte und Tätigkeiten in der Verwaltung des Stifts als „Emanzipation des Kanonikerkapitels", die in der Mitte des 13. Jahrhunderts greifbar werde: 1262 wählen Äbtissin Berta und der *conventus dominarum et canonicorum*, also ein Gesamtkonvent, den Stiftsdamen und Kanoniker bilden, gemeinsam Erzbischof Engelbert II. von Köln auf Lebenszeit zum Vogt des Stifts. 1275 verneinten die Essener Pröpstin (als einzige Stiftsdame!), Dechant und Kanoniker eine Anfrage des Kölner Erzbischofs, ob die Äbtissin ohne ihr Wissen und ihre Zustimmung einen Vogt wählen könne, nachdem Äbtissin Berta wohl wenige Tage zuvor König Rudolf I. die Essener Vogtei übertragen hatte. 1285 wandten sich der Kölner Domdekan, Archidiakon und Domkapitel gar an ein Gesamtkapitel (*conventui tam canonicis quam canonicabus*), in dem die Kanoniker sogar an erster Stelle genannt werden. Nach Ansicht von Schilp war bis dahin die Entwicklung so weit fortgeschritten, „daß Kanonissen und Kanoniker die ‚Gesamtsouveränität' des Stifts ausmachen."[68] Eine nachdrückliche Bestätigung zeige sich darin, daß das Protokoll über die Wahl der Beatrix von Holte im Jahre 1292 26 Stiftsdamen und 16 Kanonikern als Wählerinnen und Wähler nennt.

▲ Abb. 24: Siegel des Kanonikerkapitels (Cosmas u. Damian), 1. Hälfte 14. Jh.

Zu ganz anderen Schlüssen in der Frage der Entstehung des Kanonikerkapitels kommt Paul Derks, der die Eigendynamik der Entwicklung, die Schilp unterstellt, ablehnt. Derks betont besonders die Kölner Interessen an der Entstehung dieses Gremiums, die zu keiner anderen Zeit so vehement durchgesetzt werden sollten wie im 13. Jahrhundert. Das Bemühen Kölns, einen aus Stiftsdamen und Kanonikern bestehenden Gesamtkonvent zu installieren, ist unübersehbar, (einen Gesamtkonvent gab es außer in den hier herangezogenen Quellen nie; nur anläßlich der Wahl einer Äbtissin konstituierte sich ein Generalkapitel, das sich für den Wahlakt aus beiden Kapiteln zusammensetzte). Die raffinierten Anstrengungen des Kölner Erzbischofs Siegfried von Westerburg zum Erwerb der Essener Vogtei hat Franz-Reiner Erkens 1981 detailliert dargestellt. Um langfristig im Stift Essen einen Fuß in der Tür zu haben, bot es sich geradezu an, den Einfluß der Essener

Geistlichen, die durch ihre Weihe und ihre Pfarrstellen dem Kölner Metropoliten verpflichtet waren, zu stärken. 20 Kanoniker konnten die Wahl einer Äbtissin durchaus beeinflussen. Wenn, wie Schilp annimmt, allein die Essener Geistlichen auf die Bildung eines Kanonikerkapitels hingearbeitet hätten, hätten sie sich neben dem Wahlrecht wohl auch lukrativere Einkünfte verschafft. Doch das Vermögen der Kanoniker war nie besonders groß.

Ein Sondervermögen entwickelte sich seit 1224, als den Stiftsherren Einkünfte aus dem Fernbesitz an der Erft zugewiesen wurde. Es folgten später die Inkorporationen der Pfarrkirchen in Beeck (1307) und in Holzweiler (1322). Auch der kleine Hofverband Holthausen (neun Höfe) in der Nähe von Hattingen befand sich 1395 im Besitz der Kanoniker. Weitere Güter wurden im Laufe der Zeit vom Kapitel angekauft oder stammten aus Memorienstiftungen. Im Vergleich zu dem Besitz der Äbtissin und ihrer Stiftsdamen war das Vermögen des Herrenkapitels, das Wilhelm Holbeck bereits 1919 detailliert dokumentiert hat, eher bescheiden.

Innere Verfassung des Herrenkapitels[69]

Herkunft

Während die Sanktimonialen und Stiftsdamen hochadlig sein mußten, war die Herkunft der Kanoniker nicht so eindeutig festgelegt. Eine Aufschwörung über ihre Abstammung oder ein Stammbaum wurden nicht verlangt. Die Statuten zeigen keine „rechtliche Fixierung des Standesbewußtseins".[70] Hans-Jürgen Brandt konnte in seiner Studie über das Herrenkapitel nachweisen, daß während der Regierungszeit Bertas von Arnsberg (1241/43–1292) zwei Drittel der Kanoniker aus der Essener Ministerialität kamen, zum Beispiel Heinrich von Kettwig, Hugo von Horst, Theoderich von Schalke, Johannes von Leithe, um nur einige zu nennen. Andere waren in den benachbarten Territorien beheimatet und entstammten märkischen, klevischen oder kölnischen Ministerialenfamilien, die jeweils zu verschiedenen Zeiten unterschiedlich großen Einfuß gewinnen konnten. Vereinzelt wurden bereits zu Beginn des 14. Jahrhunderts auch uneheliche Söhne hochadliger Abstammung im Stift untergebracht wie zum Beispiel Heidenreich von Essen und Tilmann alias Theoderich von Essen, der auch unter dem Namen Theoderich von Kleve bekannt war. Beiden blieb eine erfolgreiche kirchliche Laufbahn nicht versagt, so daß Brandt unter Berücksichtigung weiterer Befunde folgert: „Wenn sich reichbepfründete Kleriker dieser Zeit nach der Stadt Essen nennen, ist zu vermuten, daß sie unehelicher und dazu klerikaler Abstammung sind."[71] Je nach Herkunft der Äbtissin finden sich später Gefolgsleute ihrer jeweiligen Verwandtschaft im Kapitel. Als erster Bürgersohn fand Johann Pege, dessen Familie zu Beginn des 14. Jahrhunderts in der Stadt Essen außergewöhnlich großen Einfluß hatte, wenn auch wohl unter Schwierigkeiten und nur durch päpstliche Provision, 1327 Aufnahme ins Kapitel.

Pfründenkumulationen waren bereits im 14. Jahrhundert üblich. Brandt vermutet, daß bereits damals jeder Stiftsherr außer dem Essener Kanonikat im Durchschnitt mindestens zwei weitere Benefizien innehatte.

Zusammenfassend ergibt sich nach dem derzeitigen Forschungsstand folgendes Bild: Die in der Zeit von 1241/43 bis 1412 nachweisbaren 137 Kanoniker entstammten fast ausnahmslos dem niederen Adel. Brandt, der das Kanonikerkapitel prosopographisch untersucht hat, meint, mit dem Amtsantritt Elisabeths von Nassau im Jahre 1370, in deren Regierungszeit die Stadt erstarkte, eine deutliche Verbürgerlichung feststellen zu können, die bis zum Ende des Stifts fortdauerte. Dieser Zeitansatz ist von Petry in seiner Untersuchung über den Essener Stadtrat entschieden zurückgewiesen worden. Er hält dagegen, daß erst nach und nach seit 1399, als zwischen Stadt und Stift nach zähem Ringen der sogenannte Scheidebrief (s. u.) ausgehandelt worden war, Essener Bürgersöhne der einflußreichsten Familien Kanoniker werden konnten; erst im 15. Jahrhundert seien die bis dahin vorhandenen Schranken abgebaut worden. Spätestens seit dem 16. Jahrhundert trifft man auch Geistliche aus Roermond und Lüttich, aus Köln, Münster, Bochum, aus dem Herzogtum Jülich und aus Münstereifel im Essener Kapitel. Später rekrutierten sich die Essener Kanoniker zum größten Teil aus der Essener Bürgerschaft, wodurch eine neue Exklusivität geschaffen wurde, auf die man Wert legte. Deswegen bestimmte der Landesgrundvergleich von 1794, daß *die Canonical Prebenden nur an Personen bürgerlichen Standes* zu vergeben seien, wobei *auf Landes Eingeseßene vorzüglich Rücksicht* genommen werden solle.[72]

Präbenden

Im Gegensatz zum Damenkapitel ist die Zahl der Präbenden im Herrenkapitel immer gleich geblieben. Es gab 20 Pfründen, die wohl auch immer besetzt waren, da mit diesen Stellen seelsorgerische Pflichten verbunden waren.

Diese Kanonikate wurden ursprünglich wohl nur von der Fürstäbtissin, später abwechselnd mit dem Papst vergeben. In den ungeraden Monaten lag das Besetzungsrecht für eine frei gewordene Präbende in Rom, in den geraden bei der Essener Fürstäbtissin. Aber auch der Kaiser konnte seit dem 13. Jahrhundert nach seinem Regierungsantritt für jede geistliche Einrichtung im Reich eine sog. Erste Bitte *(preces)* aussprechen; er schlug damit für die nächste vakante Pfründe einen Kandidaten seiner Wahl vor. Für das Essener Kanonikerkapitel geschah das wohl zum ersten Mal 1322 durch Ludwig den Bayern für Johann von Schuiren.

Die 20 Präbenden waren immer mit zwölf Priestern, vier Diakonen und vier Subdiakonen besetzt. Aus der Mitte des Kapitels wurde der Dekan gewählt, der aber keine besondere Prälatur innehatte, sondern lediglich als Sprecher des Gremiums fungierte. Der vom Kapitel bestimmte Kellner verwaltete die Güter, der *granarius* überwachte die Verteilung der Naturalien. Dekan, Kellner und Senior hatten jeweils einen Schlüssel für die *cista*, das kapitelseigene Archiv, in dem alle wichtigen Dokumente aufbewahrt wurden.

Im 17. und 18. Jahrhundert gaben auffallend viele Kanoniker ihre Pfründen vorzeitig zurück; die Gründe dafür sind bisher nicht bekannt.

Statuten, Aufgaben, Ämter[73]

Im Gegensatz zum Damenkapitel kannte das Kanonikerkapitel seit dem frühen 14. Jahrhundert schriftlich fixierte Statuten; die ältesten überlieferten stammen aus dem Jahre 1306. Sie befassen sich in 24 Punkten überwiegend mit Residenzpflicht, Beurlaubungen und Einkünften der Essener Geistlichen. In den folgenden Jahrhunderten wurden diese Bestimmungen mehrfach wiederholt (u.a. 1389, ca. 1450, 1551, 1559, 1778), da es offensichtlich zu Unregelmäßigkeiten bei der Gottesdienstordnung und der Einhaltung der Präsenz gekommen war. Franz Arens hat diese Statuten bereits 1892 ausführlich beschrieben.

Vor der Aufnahme ins Kapitel mußte ein Anwärter vor dem Scholaster ein Examen im Chorgesang ablegen. Fiel dies zufriedenstellend aus, konnte der angehende Kanoniker ähnlich wie die Stiftsdamen seine Residenz beginnen. Während dieser Zeit durfte er sich keine Nacht außerhalb der Stadt aufhalten; er erhielt aber noch keine Einkünfte, denn diese standen noch drei Jahre nach dem Tod eines Stiftsherrn dessen Erben zu. Nach diesen drei ‚Gnadenjahren' folgte das sogenannte ‚Karenzjahr', in dem das Aufkommen aus der Präbende dem gesamten Kapitel zukam. Gegen Zahlung von 20 Schildtalern konnte ein neuer Kanoniker aber bereits nach einem Jahr in den Genuß seiner Präbende kommen.

Seine Einkünfte bestanden in Naturalien aus den stiftischen Oberhöfen, von denen das Kanonikerkapitel ein Drittel erhielt, und den Präsenzgeldern, die für die Anwesenheit beim Chordienst gezahlt wurden. Wer zu spät kam oder zu früh ging, mußte allerdings damit rechnen, daß ihm seine Präsenzgefälle für diesen Tag gestrichen wurden. Durch Übernahme besonderer Benefizien und Ämter konnten die Einkünfte erhöht werden.

Neben den liturgischen und seelsorgerischen Aufgaben im Dienste der Stiftsdamen, die von den Kanonikern abwechselnd verrichtet wurden, hatten sie ursprünglich fünfmal täglich in der für sie bestimmten Kirche, der dem Münster vorgebauten St. Johanniskirche, die Horen zu lesen. Im Spätmittelalter übernahmen die Kanoniker auch die Verwaltung des stiftischen Gesamtbesitzes und Arbeiten im Notariats- und Kanzleiwesen. Denjenigen, die hier im 14. und

15. Jahrhundert als Schreiber tätig waren, verdanken wir so wichtige Quellen wie den *Liber ordinarius*, das sog. Kettenbuch, Lehnsprotokolle und die *Consuetudines*.

Anders als das Damenkapitel waren die Kanoniker später nur an Sonn- und Feiertagen zum täglichen Chorgebet verpflichtet. Doch abwechselnd hatte jeweils einer von ihnen vier Wochen hintereinander bestimmte Dienste zu verrichten. In der ersten Woche zelebrierte der *hebdomadarius*, also derjenige, der „die Woche hatte", jeden Morgen ein feierliches Hochamt in der Münsterkirche. Gleichzeitig war er in dieser Woche der *canonicus praesens*: er hielt die Prozessionen, vollzog die Benediktionen (Weihe des Wassers, der Kerzen etc.) und las bzw. sang beim gemeinsamen Chorgebet die Kollekten, Kapitel und Suffragien.[74] In der zweiten Dienstwoche mußte dieser Kanoniker auf dem Gräfinnenchor die Messe lesen, in der dritten war er zuständig für Beerdigungen und Exequienmessen am Kreuzalter, in der vierten für die Anniversarien. Nach Ablauf dieser vier Wochen folgte ihm ein anderer als *hebdomadarius,* und der Kanoniker verrichtete nur seine üblichen Tätigkeiten, die sich oft aus anderen Ämtern ergaben.

Neben den Präbenden beschreiben die *Consuetudines* aus der Mitte des 15. Jahrhunderts 30 Ämter, durch die ein Kanoniker seine Einkünfte erheblich steigern konnte. Es ist zwischen Ämtern und Benefizien mit und ohne Seelsorge zu unterscheiden. Solche Ämter waren zum Beispiel – um nur einige zu nennen – das *officium sancti Quintini*, das mehrfach vom Papst besetzt wurde, oder das *officium altari sancte crucis*, also das Amt am Kreuzaltar, der zugleich Volksaltar war, verbunden mit der Volksseelsorge. Eines der reichsten Benefizien war das *officium Swenhildis*, das diese Äbtissin um 1085 gestiftet hatte.

Es gab auch einige weltliche Ämter, die für die Stiftsgemeinschaft von zentraler Bedeutung waren, wie z. B. das Küchenamt *(officium coquine)*, das von der Kämmerin vergeben wurde. Der Werkmeister der Münsterkirche *(magister fabrice)* war zuständig für den baulichen Zustand der Kirche und alle anfallenden Reparaturen. Er wurde wohl unterstützt durch den Inhaber des „Spanamtes", in dessen Kompetenzbereich die Instandhaltung des Altfridbrunnens und aller Holzbauten im Stiftsbereich fiel, aber auch die Herstellung der Särge für die Sanktimonialen. Kleinere Eisen- und Bleischäden mußte er ebenfalls beheben lassen und – vermutlich, da er ohnehin mit Blei zu tun hatte – im Mittelalter den adligen Mädchen *(puellis nobilibus)* der Stiftsschule sieben Griffel und Tafeln für das Stundenschlagen in den dunklen Matutinen geben, also für die Karwache, wenn die Glocken schweigen mußten.[75] Schließlich unterrichtete der *rector scole* zwölf Schüler im Kirchengesang und lehrte Rhetorik, Moral- und Naturphilosophie.

Ehrenkaplan (capellanus honoris) bzw. Offizial

Jüngste Einrichtung unter den Benefizien des Herrenkapitels ist das *officium capellanatus* bzw. das Amt des Ehrenkaplans oder Offizials. Es handelte sich dabei um eine besondere Vertrauensstellung gegenüber der Äbtissin; innerhalb des Kanonikerkapitels hatte der Offizial keinen höheren Rang.

Bereits im späten 12. und 13. Jahrhundert gab es im Umfeld der Äbtissin verschiedene *capellani curie*, die als Berater, aber auch als Richter und als Notare nachzuweisen sind. Doch Papst Urban IV. hatte der Essener Äbtissin am 15. Mai 1382 eine quasi-episkopale Stellung gegeben und ihr die Archidiakonalgewalt übertragen, die sie als Frau nicht ausüben konnte; sie mußte sich in dieser Hinsicht durch einen männlichen Stellvertreter *(per interpositam personam virilem)*, eben ihren ‚Ehrenkaplan', vertreten lassen. Hoederath vermutet, daß zunächst der Landdekan diese Funktion innehatte, die später von einem Kanoniker, den die Fürstäbtissin auswählte, übernommen wurde.

Der Ehrenkaplan wurde im Laufe der Jahrhunderte immer einflußreicher und entwickelte sich – ausgestattet mit Kompetenzen eines Generalvikars oder Offizials – im Laufe der Jahrhunderte zur ‚grauen Eminenz' in Regierung und Verwaltung. Im Auftrag der Fürstäbtissin übte er innerhalb der Immunität die Jurisdiktionsgewalt aus und war im gesamten Stiftsgebiet für die Investitur der Seelsorger zuständig. Daraus, daß der Ehrenkaplan im 15. Jahrhundert

u. a. auch 18 Schafhäute erhielt, die er für die Kanzlei zu Pergament verarbeiten lassen mußte, ist wohl zu schließen, daß er auch innerhalb der Kanzlei eine besondere Aufsichtsfunktion hatte. Aus dem Amt entwickelte sich nach der Reformationszeit das Offizialat als geistliches Gericht, vor dem u. a. Schwängerungsklagen, Ehekonflikte und Streitigkeiten zwischen Juden und Christen ausgetragen wurden.

Der Ehrenkaplan bzw. Offizial stand weitgehend außerhalb des Kanonikerkapitels und war befreit von Statuten und Residenzpflicht. An den hohen Feiertagen, aber auch, wenn die Äbtissin dies wünschte, hatte er besondere Aufgaben wie zum Beispiel „das Wiegen der Äbtissin" (s. u., 163 f.) zu übernehmen. Selbstverständlich waren diese außergewöhnlichen Aufgaben auch mit außergewöhnlich hohen Einkünften verbunden.

Der letzte Offizial des Hochstifts Essen rettete die Unabhängigkeit in geistlichen Angelegenheiten Jahrzehnte über die Säkularisierung hinaus. Offizial Alois Brockhoff blieb bis zu seinem Tode im Jahre 1825 im Amt.

Äbtissin und Reichsfürstin[76]

Seit dem späten 13. Jahrhundert, als die Kanoniker zum ersten Mal an einer Wahl teilnahmen, wurde eine neue Äbtissin durch das Generalkapitel nach kanonischem Recht bestimmt. Zuvor hatte dieses Recht einzig und allein bei dem Frauenkonvent gelegen. Die Beteiligung der Kanoniker führte in späteren Jahrhunderten, als sie die Mehrheit hatten, zum ersten, zweiten und dritten Äbtissinnenstreit (s. u., S. 85 ff.).

Die freie Wahl einer Äbtissin war den Sanktimonialen bereits im 9. Jahrhundert von den Päpsten Sergius II. und Hadrian II. überlassen und von ihren Nachfolgern sowie den weltlichen Herrschern, Kaiser Otto I. (973), Otto II. (973), Otto III. (993), Heinrich II. (1003) u. a. wiederholt bestätigt worden. Auch die verfälschte Gründungsurkunde bestimmte, daß eine neue Äbtissin aus der Mitte der Essener Sanktimonialen zu wählen sei. Diese Urkunde mußte im späten 18. Jahrhundert dazu herhalten, von seiten des kaiserlichen Hofes in Wien aufgedrungene, fremde Bewerberinnen abzuwehren und die Rechte der Essener Stiftsdamen zu stützen. Allzu häufig war das ‚freie Wahlrecht', das man aber sicher nicht nach modernen demokratischen Spielregeln beurteilen darf, unterlaufen worden. Man geht davon aus, daß in der Frühphase des Stifts die Gründersippe, später Liudolfinger und Ottonen die Vorsteherin der Abtei eingesetzt haben, wenn auch sicher nicht gegen den Willen der Sanktimonialen. Erst als die Reichsgewalt immer schwächer wurde, konnten die benachbarten Territorialmächte immer eindringlicher versuchen, eine ihnen jeweils genehme Frau als Äbtissin durchzusetzen. Diese Einflußnahme von außen verstärkte sich zusätzlich, seitdem die Äbtissin zu Beginn des 13. Jahrhunderts auch Fürstin des Reiches mit allen Rechten und Pflichten einer Landesherrin war. Durch Wahlkapitulationen, das sind Verträge, in denen sich die Äbtissinnen vor der Wahl verpflichten mußten, das Wohl des Stiftes zu fördern und die Rechte der Kapitel zu schützen, versuchte man, sich gegen fremde Eingriffe zu schützen.

Wahlkapitulationen

Die älteste bekannte Wahlkapitulation stammt aus dem Jahre 1370, dann folgt eine Lücke von 200 Jahren. Der nächste erhaltene Vertrag (1575) sollte dann für alle Zeiten Gültigkeit haben, was allerdings nicht gelang. Doch man hat dieses in 26 Punkten abgefaßte Vertragswerk später bei Neuwahlen immer wieder zur Hand genommen und der politischen und wirtschaftlichen Situation und den damit verbundenen Konflikten angepaßt.

Vielfach sind diese Wahlkapitulationen, die in allen Reichsstiften zu finden sind, von der Forschung als Mittel der Kapitel angesehen worden, ihre eigenen Interessen gegenüber der Äbtissin bzw. dem Bischof durchzusetzen. Doch diese Sichtweise ist nur bedingt richtig. Das Damenkapitel war Eigentümer der abteilichen und stiftischen Güter, und in dieser Eigenschaft mußten die Stiftsdamen ganz besonders darauf bedacht sein, durch solche Verträge den der Herrscherin nur befristet übertragenen Besitz mit allen Rechten und Pflichten zu bewahren.

Alle Essener Wahlkapitulationen sind deswegen im Vorfeld der Wahl von allen Stiftsdamen, also von allen in Frage kommenden Kandidatinnen, unterzeichnet worden; nach der Wahl verpflichtete sich die gewählte Äbtissin nochmals durch ihre eigenhändige Unterschrift, die Bedingungen einzuhalten. Die Kanoniker haben die Wahlkapitulationen sicher mit beraten, aber nie mit unterzeichnet.

Ein wichtiger Vertragspunkt in allen Wahlkapitulationen war die Verpflichtung der Äbtissin, bis auf wenige Wochen des Jahres in Essen zu residieren. Wie wichtig diese Forderung war, zeigt ein Blick auf die Äbtissinnenliste. Sie belegt, daß es seit dem Hochmittelalter selbstverständlich war, mehrere Stifte zu leiten. Die Gründe dafür waren von Fall zu Fall sehr unterschiedlich und sollen hier nicht weiter interessieren.

Nr.	Essener Äbtissin	Regierungszeit in Essen	andere Stifte
10	Sophia, Tochter von Otto II	1012–1039	Äbtissin in Gandersheim (1001–1039)
16	Hadwig von Wied	vor 1154–1172	Äbtissin in Gerresheim
17	Elisabeth I.	1172–1216	Äbtissin in Maria i. Kapitol (Köln) und in Vreden (vor 1211–1216)
21	Beatrix von Holte	1292–1317	Pröpstin in Vreden
22	Kunigunde von Berg	1327–1337; †1355	Äbtissin in Gerresheim
um 32	Margarete von Beichlingen	1525–1534	Äbtissin in Vreden
38	Elisabeth von Sayn	1578–1588	Äbtissin in Nottuln
40	Margarete Elisabeth von Manderscheid-Blankenheim	1598–1604	Äbtissin in Gerresheim, Schwarzrheindorf u. Freckenhorst
41	Elisabeth von Bergh-s'Heerenberg	1604–1614	Äbtissin in Freckenhorst
42	Maria Clara von Spaur	1614–1644	Äbtissin in Nottuln u. Metelen
43	Anna Eleonore von Staufen	1645–1646	Äbtissin in Thorn
44	Anna Salome von Salm-Reifferscheidt	1646–1688	Dechantin in Thorn Küsterin in Elten
45	Anna Salome von Manderscheid-Blankenheim	1688–1691	Äbtissin in Thorn
46	Bernardine Sophia von Ostfriesland und Rietberg	1691–1726	Pröpstin in Vreden
47	Franziska Christine von Pfalz-Sulzbach	1726–1776	Äbtissin in Thorn
48	Maria Kunigunde von Sachsen	1776–1802; †1826	Äbtissin in Thorn

Tab. 5: Ämter von Essener Äbtissinnen in verschiedenen Stiften

Wahlmodalitäten

Wie eine Äbtissinwahl in Essen vor sich ging, wissen wir aus einer Reihe erhaltener Wahlprotokolle, die nach den Vorschriften des kanonischen Rechts angelegt werden mußten. Den Wahlen gingen zunächst umfangreiche Vorbereitungen voraus, da der Wahltag einvernehmlich festgesetzt, Einladungen an die auswärts weilenden Stiftsmitglieder verschickt und vor allem die Wahlkapitulation beraten werden mußte.

Der festgesetzte Wahltag – meist etwa drei Wochen nach dem Tod der bisherigen Herrscherin – begann morgens zwischen neun und zehn Uhr mit einer Messe in der Münsterkirche. Danach begaben sich alle Wahlberechtigten auf den Chor des gräflichen Damenkapitels, wo ein Notar und die beiden Zeugen, meist Vikare, die wenige Tage zuvor bestimmt worden waren, einen Verschwiegenheitseid abzulegen hatten. Der Dechant des Kanonikerkapitels leitete die Wahl. Alle anwesenden Stiftsdamen unterschrieben zunächst die Wahlkapitulation. Derweil ging der Notar mit den beiden Zeugen vor die Türen des Münsters und von St. Johann, wo er rituell die Abwesenden *alta voce* (mit lauter Stimme) dreimal an ihre Wahlpflicht erinnerte. Gleichzeitig wurden die außen an den Kirchentüren angeschlagenen Wahlaufrufe abgenommen.

Es gab verschiedene Möglichkeiten, eine neue Äbtissin zu bestimmen: Wahl oder Postulation. Eine Wahl war nur dann möglich, wenn keine Hindernisse vorlagen, also die Bewerberin nicht zu jung und nicht schon in einem anderen Stift Äbtissin war. Lagen solche Hindernisse vor, konnte nur eine Postulation vorgenommen werden, über die in letzter Instanz in Rom entschieden wurde, das heißt, bei einer Postulation wurde eigentlich nur ein Wunsch oder eine Empfehlung ausgesprochen. Im 17. und 18. Jahrhundert wurden sechs Äbtissinnen durch Postulation bestimmt, nur drei wurden gewählt.

Hatte man sich über den jeweiligen Wahlmodus, der oft schon eine Vorentscheidung war, geeinigt, dann wurden zunächst die Vollmachten der abwesenden Wähler und Wählerinnen vorgelegt und geprüft. Es war möglich, sein Stimmrecht zu delegieren oder aber auch ein schriftliches Votum einzuschicken.

Nach diesen Vorbereitungen schritt man endlich zur Wahlhandlung. Als erste wählten die Wahlhelfer *(scrutatores)*, eine Stiftsdame und zwei Kanoniker, nachdem sie geschworen hatten, sich nicht bestechen oder beeinflussen zu lassen. Alle anderen folgten entsprechend ihrer Würde und Ancienität, zuerst die Kapitularinnen, dann die Kanoniker.

Im Anschluß gab im 13. und 14. Jahrhundert die Dechantin, später der Dechant des Kanonikerkapitels die Anzahl der abgegebenen Stimmen für die einzelnen Kandidatinnen bekannt, ohne deren Namen zu nennen. Bei nicht eindeutigen Ergebnissen schloß sich in der Regel die Minderheit *(pars minor)* der Mehrheit *(maior ac sanior pars)* an. Als Wahlleiter fiel dem Dechanten dann die Aufgabe zu, dem Wahlgremium das definitive Ergebnis bekanntzugeben. Wenn die Gewählte bereit war, das Amt zu übernehmen, wurde sie von allen Kapitularinnen und Kanonikern zum Hochaltar geleitet, wo sie zu Händen des *capellanus honoris* kniend das Glaubensbekenntnis ablegte. Anschließend wurde die Wahl dem versammelten Klerus und Volk bekanntgegeben; der Ehrenkaplan besorgte dies in der Kirche, der Notar und die Zeugen vor der Kirche. Der Wahlakt wurde in der Kirche mit dem *Te Deum laudamus* beschlossen. Dann führte man die neu gewählte Äbtissin zur Abtei, wo in der Regel ein gemeinsames Essen stattfand (s. u., S. 168 ff.). Mit ihrer Wahl schied die neue Äbtissin aus dem gräflichen Kapitel aus und hatte dort kein Stimmrecht mehr.

Päpstliche Konfirmation und Besitzergreifung der Abtei[77]

Innerhalb von drei Monaten mußte die designierte Äbtissin die Konfirmation des Papstes erbitten, die die Voraussetzung für die kaiserliche Belehnung war. Dieser päpstlichen Bestätigung ging manchmal ein Informativprozeß voraus, in dem man sich über die Eignung der Gewählten erkundigte (s. u., S. 66 f.). Da dies alles viel Zeit in Anspruch nahm, konnte der päpstliche Nuntius in Köln die vorläufige Administrationsausübung erlauben, was vor allem dann geschah, wenn man seitens der Kurie nichts gegen die Wahl einzuwenden hatte.

Wenn schließlich die Bestätigungsbulle in Essen vorlag, konnte die neue Äbtissin von der Abtei Besitz ergreifen. Erstaunlicherweise fand diese Amtseinführung, die einer der benachbarten Bischöfe oder Äbte oder der Essener Offizial im Auftrag des Papstes vornahm, nicht in der Kirche, sondern in den abteilichen Privaträumen statt. Hier leistete die Äbtissin gegenüber einem Stellvertreter des Papstes ihren Gehorsams- und Treueid. Von einem Gelübde ewiger Jungfräulichkeit verlautet nichts. Gemeinsam begab man sich dann in die Münsterkirche zum gräflichen Chor, wo die neu Gewählte vor beiden Kapiteln das Glaubensbekenntnis ablegte, um dann von der Abtei Besitz zu ergreifen. Die Essener Äbtissinnen wurden nicht wie die Buchauer Äbtissinnen mit Ring oder Stab investiert, sondern erhielten durch Übergabe der *claves* (Schlüssel) die Schlüsselgewalt über die Abtei. Beatrix von Holte soll 1309 durch Übergabe eines Buches feierlich inthronisiert worden sein. Hier zeigt sich offenbar eine andere Qualität des Amtes der Äbtissin als in Buchau oder in Gandersheim, wo eine Weihe oder Benediktion vorgenommen wurde.

Alle päpstlichen Urkunden tragen den Vermerk, daß die Kurie durch diese Bestätigung nicht den freiweltlichen Status der Äbtissin und der Stiftsdamen anerkennen wolle, wörtlich: *Per hoc autem earundarum abbatisse et preposite ac canonicarum statum, ordinem seu regulam nolumus nec intendimus aliquatenus approbare.*[78] Diese ständig wiederkehrende Formel erleichtert es nicht, die Position der Äbtissin innerhalb des kirchlichen Systems klar zu definieren. Einerseits war die päpstliche Bestätigung unbedingt erforderlich, um das Amt der Äbtissin auszuüben, andererseits wurde die formaljuristische Anerkennung des freiweltlichen Status immer verweigert.

Trotz dieser Einschränkung unterstanden Äbtissin und Stift ohne zwischengeschaltete Instanz direkt dem Papst und genossen seinen Schutz. Als Gegenleistung hatten sie jährlich einen Rekognitionszins von zwei Goldgulden zu zahlen. Gerade in Zeiten eines schwachen Kaisertums war dieser Schutz wichtig. So richtete Benedikt XII. am 11. Februar 1338 an die Essener Stiftsvasallen die Aufforderung, der neuen Äbtissin Katharina von der Mark bis zur Belehnung mit den Regalien den schuldigen Gehorsam zu leisten und ihre Dienstpflichten zu erfüllen. Die benachbarten Äbte und Bischöfe beauftragte er mit der Aufsicht darüber.

Durch die direkte Unterstellung unter die römische Kurie war Essen exemt und die Erzbischöfe von Köln hatten hier keine Jurisdiktionsgewalt, obwohl das Stift in ihrer Diözese lag. Diese Exemtion bedeutete eine einzigartige Sonderstellung, die innerhalb dieses Kirchenbezirks wohl nur Essen zukam und zur Folge hatte, daß die Essener Äbtissin in ihrem Territorium „quasibischöfliche Rechte", unter anderem die geistliche Gerichtsbarkeit, innehatte. Wenn Handlungen dieser Art mit liturgischen Funktionen verbunden waren, mußte sie ihren Ehrenkaplan bzw. Offizial einschalten, und sich durch diesen vertreten lassen (s. o., S. 61 f.). Genauere Forschungen dazu stehen allerdings immer noch aus, zumal Hoederath in seinem grundlegenden Beitrag nur einen Teil der Quellen ausgewertet hat. Die umfangreichen Bestände im Archiv des Erzbistums Köln enthalten noch zahlreiche unbearbeitete Akten zur Rechtsprechung und Gerichtsbarkeit in Stadt und Stift Essen.[79]

Eid der Äbtissin[80]

Immer wieder findet sich in der Literatur die Behauptung, daß zwar die Stiftsdamen aus dem Stift wieder austreten und heiraten durften, doch die Äbtissinnen zu ewiger Jungfräulichkeit verpflichtet gewesen seien und ein Zölibatsgelübde abgelegt hätten. Für Stift Elsey konnte Edeltraud Klueting dies als falsch zurückweisen.

Für Essen findet sich nur in einer einzigen Quelle ein Hinweis auf ein Gelübde, das die Äbtissin zu ewiger Keuschheit und zum Verzicht auf eine Ehe nach der Resignation des Amtes verpflichten sollte. 1337 beauftragte Papst Benedikt XII. den Bischof von Utrecht nach dem Rücktritt der Äbtissin Kunigunde von Berg, die aus Krankheitsgründen zurückgetreten war, auf Wunsch der Essener Kapitularinnen und Kanoniker die 27jährige Stiftsdame und Küsterin Katharina von der Mark, die in jeder Hinsicht für diese Stellung geeignet sei, als Äbtissin einzuführen. Vorher solle er ihr aber das eidliche Versprechen abnehmen, daß sie niemals heiraten werde. Katharina hat dieses Gelübde jedoch nie abgelegt, sondern am 9. September 1337 vor Notar und Zeugen nur gelobt, Gewohnheitsrechte und Besitz des Stiftes zu wahren. Während es in dieser Papsturkunde heißt, die Bestätigung gelte „unbeschadet des Standes, des Ordens und der Regel der Äbtissin und der Stiftsdamen", betonen alle anderen Papsturkunden, die Kurie beabsichtige nicht, Stand und Regel der Äbtissin und der Stiftsdamen auf irgendeine Weise durch Ausstellung der jeweiligen Urkunde anzuerkennen. Ob der Anspruch des Papstes auf ein Zölibatsgelübde der Äbtissin auf absichtlicher Änderung oder auf Unkenntnis der Essener Verhältnisse beruhte (er verwechselte Kloster und Stift), ist nicht zu entscheiden.

Von einer Weihe der Äbtissinnen kann in Essen in der Frühen Neuzeit keine Rede sein. Auch in den älteren Quellen finden sich dafür keinerlei Hinweise. Allenfalls Bischöfe aus umliegenden Diözesen wurden beauftragt, die Rechtmäßigkeit des Wahlvorgangs und die Eignung der neu gewählten oder auch postulierten Äbtissin zu überprüfen. Mit ihrem Eid verpflichtete die Äbtissin sich lediglich, Gerechtsame, Privilegien und Besitz der ihr anvertrauten Einrichtung nach besten Kräften zu schützen.

Eid der Essener Äbtissinnen gegenüber dem Papst (hier 1777)

Die neu Gewählte Äbtissin schwor,
[...] daß ich von nun an, und fortan der hiesigen kayserlichen freyweltlichen Stifts-Kirche treu seyn, derselben Gerechtsamen, Statuten, Freyheiten, löbliche Gewohnheiten, und billige Gebräuche, Exemptiones, und Privilegien beobachten, die Güter der besagten Kirchen im Stand, wie sie gefunden werden, bewahren, die verlohrne nach Wissen, und Können beyschaffen, noch selbige ohne Einwilligung meines Capituls Vereussern, noch auch einen Schutz- und Schirm Herren dieses Stifts ohne Consens gedachten meines Capituli oder wenigstens deßelben größeren, und vernünftigeren Theils erwehlen, weder auch den zeitlichen Capellanum anderst, als de gremio der besagten Kirchen annehmen, die Einkünfte, Renthen, und Gefällen aber der sämtlichen Praebenden, welche besagtem meinem Capitul gebühren, und zukommen, auff ihre gebührliche, und gewöhnliche zeiten administriren [..] lassen wolle, wie mir obliget; So wahr mir Gott hilft, und sein heiliges von mir körperlich berührtes Evangelium, im Anfang war das Wort, und das Wort war bey Gott.

HStAD: EA 46, Bl. 223; vgl. ebd. 33, Bl. 193, 182.

Sehr ähnlich lauteten die Eide, den die Äbtissinnen von Gandersheim, Elten, Thorn oder Elsey ablegten. Das Versprechen, das die Kapitularinnen bei ihrer Emanzipation leisteten, ist fast gleichlautend. In beiden Fällen ging es in erster Linie um Besitzstandswahrung der Abtei und des Stifts.

Kaiserliche Regalien und Privilegien[81]

Zu allen Zeiten stand das „kaiserlich-freiweltliche" Stift unter besonderem kaiserlichem Schutz. Schwächen und Krisen des Kaisertums zeigten auch in Essen Nachwirkungen, Stärke und Autorität des Kaisers kamen dem Stift ebenfalls zugute. Bestes Beispiel dafür ist die Zeit, als Töchter aus ottonischem Hause in Essen regierten und Glanz und Ansehen ihrer Dynastie hier demonstrierten. Unter Mathilde I. (971–1011), Sophia (1012–1039) und Theophanu (1939–1058) erlebte das Stift (wohl nicht nur in kunsthistorischer Perspektive) seine Blütezeit. Der bald danach einsetzende Niedergang des Kaisertums brachte auch Essen im 12. und 13. Jahrhundert in eine schwere Krise. Als Retter wurde später König Rudolf I. angesehen, der der Äbtissin Berta von Arnsberg half, die Autonomie des Stifts gegenüber dem Erzbischof von Köln zu behaupten. Rudolfs Memoria wurde bis zur Säkularisierung gefeiert.

Während der Krise des Kaisertums hatte aber auch Essen Teil an dem Erstarken der kleineren und mittleren Territorialfürsten. Als Vorsteherin einer Reichsabtei wurden der Essener Äbtissin 1231 die im *Statutum in favorem principum* und in der *Confoederatio cum prin-*

cipibus ecclesiasticis gewährten Rechte, die ihr wie vielen anderen Reichsfürsten zuvor schon zugestanden worden waren, bestätigt. Seit Ende des 13. Jahrhundert hat sich jede Äbtissin von jedem König die Regalien und Reichslehen verleihen und die Rechte bestätigen lassen, die ihre Vorgängerinnen von seinen Vorgängern erhalten hatten.

Diese Regalien (*regalis* = königlich) sind vom Ursprung her Hoheitsrechte des Königs. Alle öffentlichen Rechte, vor allem solche, die mit besonderen Einkünften verbunden waren, waren im Mittelalter *iura regalia*, z. B. das Salz-, Juden-, Zoll- und Münzregal, das Bergregal. So heißt es zum Beispiel in der Urkunde Karls IV., ausgestellt für Äbtissin Elisabeth von Nassau (1370–1412) am 19. November 1372: *[...] so belehenen wir von newens [...] unser und des reiches furstynnen die aptissynne von Essen mit allen und iglichen iren und ires stifftes furstlichen regalien, [...] die sie und ir styfft von uns und dem reiche [...] zu lehen haben sullen [...] wie man sie mit sunderlichen worten oder namen [...] benennen muge, und auch mit namen die stat zu Essen, do daz obgenante stiffte gelegen ist, die sie von uns und dem reiche zu lehen hat, daz gerichte hohe und nyder doselbst mit bussen, wetten, ibirwetten, gefellen, bruchen und allen zugehorungen, mit juden, muntzen, wechsil, dem klokkenslage, mit solichem rechte als daz dobselbst gewonlichen ist [...]*[82]

Seit dem 13. Jahrhundert wurden diese Hoheitsrechte der jeweiligen Äbtissin *und ihrem Stift* verliehen. Aufgrund der kaiserlichen Privilegierungen rechneten die Juristen in der frühen Neuzeit weitere Hoheitsrechte der sogenannten inneren Gewalt dazu: Gesetzgebung und höchste vollziehende Gewalt, Justizhoheit, Polizei, Finanzhoheit, Privilegienerteilung, Ämterhoheit, Erziehungsregal, Kirchenhoheit, Steuerregal, Straßen- und Geleitrecht, Forst- und Jagdregal. Die Äbtissin hatte ihren Lehnseid zu leisten und war damit Lehnfrau von Kaiser und Reich. Selbstverständlich war dafür eine entsprechende Gebühr zu zahlen.

Aufgrund dieses Lehnverhältnisses durfte die Fürstäbtissin ebenfalls Lehen in ihrem kaiserlich-freiweltlichen Stift bzw. Fürstentum Essen austun. Deutlich geht dies aus den *Consuetudines* hervor, die verlangen, daß eine neu gewählte Äbtissin wegen der Lehen schnell die Regalien nachsuchen möge *(... ouch sal sy confirmerd wesen van dem roemischen Konyng unde regalye van eme nemen umme mangudes und leyngudes to vermannene und to verleynene willen)*.[83] Als Katharina von der Mark 1337/38 wegen der streitigen Königswahl Ludwigs des Bayern ihre kaiserliche Bestätigung noch nicht erhalten konnte, wandte sie sich im Februar 1338 mit der Bitte um Schutz an den Papst, um dennoch Lehen verleihen zu können. Ob diese Konstruktion in einer solchen Ausnahmesituation ausreichte, ist unbekannt.

Welch außerordentliche Bedeutung man diesen Regalienbriefen zumaß, belegt ein einzigartiges Dokument unter den Essener Urkunden, die heute im Hauptstaatsarchiv Düsseldorf liegen. Es handelt sich um die sog. „Goldene Bulle

▲ Abb. 26: Niello-Platte, abgebildet Fürstäbtissin Beatrix v. Holte (1292–1317)

Kaiser Karls IV. für das Stift Essen", die der Kaiser auf Bitte seiner Verwandten, der Äbtissin Katharina von der Mark, in Maastricht am 3. Februar 1357 ausfertigen ließ. Der mit Essener Archivalien bestens vertraute Manfred Petry vermutete, daß der Streit mit dem Herzog von Jülich wegen der Essener Besitzungen in Breisig der Anlaß für die Ausfertigung dieser außergewöhnlichen Urkunde war. Für Petry stellt diese Urkunde „alle bisherigen Essener Dokumente weit in den Schatten" und sollte „auf lange Zeit hinaus auch nicht annähernd ihresgleichen finden".[84] Das Pergamentblatt ist etwa 61 cm breit und hat eine Länge von 74 cm. Der außergewöhnliche Text, in dem alle zwölf bis dahin erfolgten kaiserlichen Privilegien transsummiert sind, umfaßt 104 Zeilen. Die sehr gut erhaltene Goldbulle, das Siegel des Kaisers, ist mit einer hellen Seidenschnur am unteren Rand befestigt (siehe dazu auch die Abb. 25 auf Seite 117).

Doch der bloße Titel ‚Fürstin' *(dilecta princeps nostra)*, erstmals 1231 für eine Essener Äbtissin benutzt, und die Realität sind zwei verschiedene Dinge. Den Besitz der vollständigen Landeshoheit erreichte die Äbtissin erst gegen Ende des 13. Jahrhunderts, nachdem es ihr nach jahrzehntelangen Kämpfen endlich gelungen war, auch die Vogteirechte zu erlangen. Voraussetzung dafür war, daß der vom Stift gewählte und vom Kaiser bestätigte Vogt, Eberhard von der Mark, auf wesentliche Rechte verzichtete und sich mit der erheblich schwächeren Schirmvogtei, also dem Schutz des Stiftes, gegen eine Zahlung von 300 Mark jährlich zufrieden gab (s. u., S. 77 ff.).

Zur Ausübung ihrer neu erworbenen Hoheitsrechte war die Fürstäbtissin auf zuverlässige Ministerialen angewiesen, die sowohl den militärischen Schutz der Immunität übernahmen als auch die Oberhöfe verwalteten und die weltliche Gerichtsbarkeit ausübten. Durch die „Schaffung eines modernen, absetzbaren Beamtentums" wurde die Landeshoheit der Fürstäbtissinnen gerettet, nicht zuletzt durch das engagierte Handeln „von so klugen und tatkräftigen Persönlichkeiten wie Beatrix von Holte (1292–1327) und Elisabeth von Nassau (1370–1413)".[85]

Kandidatinnen und Kandidaturen:[86]
„ […] ich gebe nit so an Daglicht, daß ich gern Reichsfürstin wär"

Da die Äbtissinnen (auch in protestantischen Stiften) nach kanonischem Recht gewählt wurden, sollten sie – wenigstens theoretisch – gewisse Voraussetzungen und Eigenschaften für dieses Amt mitbringen. Welche das waren, läßt sich allerdings aus den älteren päpstlichen Mandaten an benachbarte Geistliche, die die Eignung der jeweiligen Kandidatin prüfen sollten, kaum erkennen. 1308 befahl Clemens V. den Bischöfen von Münster und Osnabrück, Beatrix von Holte mit dem Amt der Äbtissin zu providieren, wenn sie zur Leitung der Kirche geeignet sei *(si dictam electam ad regimen ecclesie utilem esset)*. Kunigunde von Berg wird anläßlich ihrer Wahl 1327 vorgestellt als eine durchaus gebildete Frau *(persona utique litterata)*, von ehelicher Geburt und vorgeschriebenem Alter (mindestens 30 Jahre), gut beleumundet und in jeder Hinsicht geeignet zur Wahrnehmung der anstehenden geistlichen und weltlichen Aufgaben. Katharina von der Mark, 1337 auf Wunsch der Stiftsdamen und der Kanoniker vom Papst ernannt, war diesem empfohlen worden mit dem Hinweis, sie sei von edler Herkunft *(de nobilibus)* und für diese Stellung in jeder Hinsicht geeignet. Benedikt XII. gab dem Bischof von Utrecht den Auftrag, dies zu überprüfen, den Altersdispens (Katharina war erst 27) und, falls alles seine Richtigkeit habe, die Bestätigung zu erteilen.

1646 wurde über Anna Salome von Salm-Reifferscheidt ein Informativprozeß geführt, wie er auch bei Bischofswahlen üblich war. Mehrere Zeugen sollten zu vorgegebenen Fragekomplexen aussagen. Von den 16 Fragen bezog sich eine Hälfte auf Anna Salome, die andere Hälfte auf die Verhältnisse im Stift am Ende des Dreißigjährigen Krieges. Zur Person fragte man nach Geburt, Alter, Eltern, Heimat, ihrem Leben als Stiftsdame und als Katholikin, nach Ruf und Befähigung. Die Antworten fielen zur Zufriedenheit der Kurie aus, und Anna Salome von Salm-Reifferscheidt wurde trotz ihres jugendlichen Alters (sie war erst 24) bestätigt.

Es ist allerdings mehr als fraglich, ob die Eignung der jeweiligen Kandidatin immer entscheidend war. Das Amt der (Fürstin-)Äbtissin war offensichtlich zu allen Zeiten sehr begehrt. Bereits die Tatsache, daß die Wählerinnen und Wähler versprechen mußten, sich nicht bestechen zu lassen, zeigt, mit welchen Mitteln um diese Position gestritten wurde. Bereits Kaiser Otto I. machte anscheinend großzügige Geschenke, um die Sanktimonialen für seine Enkelin einzunehmen und ihr zur Äbtissinnenwürde zu verhelfen. Wisplinghoff vermutet, daß durch die Schenkung des Oberhofs Ehrenzell (966) an das Essener Kapitel für die Wahl Mathildes I. „der Boden bei den Essener Kanonissen bereitet werden sollte."[87] Um Berta von Arnsberg im Amt zu vereiteln, scheute der Kölner Erzbischof sogar vor einer Mordanschuldigung nicht zurück, und auch die jahrelangen, zum Teil gewaltsamen Auseinandersetzungen zwischen Äbtissin und Gegenäbtissin (s. u., S. 85 ff.) und ihren Anhängern belegen die Härte des Wahlgeschäfts. In der Frühen Neuzeit setzten sich diese Konkurrenzsituationen weiter fort und lassen sich anhand von Briefen sogar auf einer sehr persönlichen Ebene belegen.

Vielen Frauen war es offensichtlich ein Herzensanliegen, als gewählte Essener Äbtissin gleichzeitig Fürstin des Heiligen Römischen Reiches zu werden. Elisabeth von Sayn versprach Elsabeth von Manderscheid-Blankenheim 1578 eine Summe von 1.500 Reichstaler, falls sie zu ihren Gunsten auf das Amt verzichten und resignieren würde.[88] Die Manderscheiderin heiratete noch im gleichen Jahr den protestantischen Grafen Wirich von Daun-Falkenstein auf Schloß Broich bei Mülheim, der 1598 durch spanische Soldateska ermordet wurde; ob das Geld gezahlt wurde, ist unbekannt.

Auch 100 Jahre später wurde um das Amt der Äbtissin geschachert, wie wir aus den Briefen der damaligen Essener Stiftsdame Maria Franziska von Truchseß-Waldburg an ihren Bruder, Sebastian Wunibald, erfahren.[89] 1689 kandidierte Anna Salome von Manderscheid-Blankenheim gegen Bernardine Sophia von Ostfriesland und Rietberg. Doch auch Maria Franziska, unsere Briefschreiberin, machte sich Hoffnungen. Anscheinend war ihr Bruder, der in Wien und Rom die besten Kontakte hatte, von der Eignung seiner Schwester nicht sonderlich überzeugt, denn viel tat er nicht für sie. Dennoch war Maria Franziska überzeugt: *Das gantze Stüfft, groß und klein, wünschen mir die Abtei, ausgenommen die Partes* (Parteigänger) *der Fürstin von Thorn* (Anna Salome von Manderscheid-Blankenheim), *oder die von Rietberg wird* [es], *beide Fälle sind bei solch einer unordentlichen Wahl nicht in Ordnung.* Mit welchen formaljuristischen Finessen man bei dieser Wahl gegeneinander vorging, habe ich bereits an anderer Stelle geschildert.[90] Doch dabei blieb es nicht, denn man wußte auch schon damals, daß kleine Geschenke die Freundschaft erhalten. Die Gräfin von Rietberg soll die jungen Kanoniker ständig zum Essen eingeladen haben; auch Graf Alexander von Salm-Reifferscheidt habe sich eingemischt und Tag und Nacht Wein fließen lassen, mit dem Hinweis, man müsse die *Oberländische* [Frauen aus Süddeutschland] *daraus halten.* Es fand tatsächlich keine eindeutige Wahl in Essen statt. Die Stiftsdamen waren sich spinnefeind. Intrigen waren an der Tagesordnung, wobei auch der jesuitische Beichtvater Anna Salomes kräftig mitwirkte. Die Entscheidung zwischen Anna Salome und Bernardine Sophia fiel in Rom, wo alles seinen bürokratischen Weg ging: Man brauchte fast ein ganzes Jahr, um Anna Salome von Manderscheid-Blankenheim das Amt zu übertragen.

In der Zwischenzeit entwickelten sich die Dinge in Essen recht chaotisch. Anna Salome war so krank, daß sechs Ärzte ihr nicht helfen konnten. Maria Franziska berichtet darüber, daß *die Doctoren an der Äbtissin* [von Thorn] *desperieren* (verzweifeln); *die Gräfin von Rietberg ist gewiß ein Ursach ihrer Krankheit mit dem römischen Process.* Ein Jahr nach ihrer päpstlichen Bestätigung starb Anna Salome. Nachfolgerin wurde ihre Rivalin, Bernardine Sophia von Ostfriesland und Rietberg, die dann 35 Jahre regierte.

Während der Zeit, als das Äbtissinnen-Amt vakant gewesen war bzw. so lange die päpstliche Bestätigung nicht vorlag, hatte Maria Franziska als Pröpstin im Namen des Kapitels die Regierungsgewalt auszuüben. Doch als ihre eigenen Hoffnungen sich zerschlagen hatten, reagierte sie trotzig: [...] *findt man mich nit capable vor Fürstin, bin ich auch nit capable zum regieren.* Ihre Briefe vermitteln den Eindruck, daß sie die Enttäuschung nur schwer ertragen konnte; auch ihre Wahl zur Fürstäbtissin von Buchau war anscheinend nur eine kleine Entschädigung.

Ich gebe nit so an Daglicht, daß ich gern Reichsfürstin wär, hatte sie ihrem Bruder geschrieben. Gleiches galt auch für die letzten beiden Herrscherinnen, Franziska Christine von

Pfalz-Sulzbach und Maria Kunigunde von Sachsen, die die Diplomaten ihrer Höfe verhandeln ließen, damit sie – auch im dynastischen Interesse ihrer Familien – als Essener Äbtissinnen Fürstinnen des Reiches werden konnten. Die letzte Äbtissin, Maria Kunigunde von Sachsen, war lieber Fürstin des kaiserlich-freiweltlichen Stifts Essen, das nur dem Kaiser unterstand, als Äbtissin eines renommierten Stifts im ‚goldenen Prag‘, das von der Krone in Böhmen abhängig war.

Lehnsmänner der Fürstin:
Von der Ministerialität zur Essener Ritterschaft

Das Bedürfnis des Stifts nach bestimmten Diensten bildete die Voraussetzung und unmittelbare Ursache für die Entstehung einer Dienstmannschaft. Als Gegenleistung wurden die Dienstmannen dafür mit Lehen, ursprünglich meist Grund und Boden, ausgestattet. Dadurch gelangten sie schnell zur ritterlichen Lebensweise und stiegen auf in die soziale Schicht der Ministerialen oder des niederen Adels, eine Stufe, die in Essen um die Mitte des 14. Jahrhunderts erreicht war. Doch noch in Quellen der Neuzeit, zum Beispiel dem Landesgrundvergleich von 1794, firmieren sie unter der Bezeichnung *Ritterschaft*.[91]

Durch seine große Zahl an Ministerialen unterschied sich Essen deutlich von allen anderen Frauenstiften. Rheinische Stifte besaßen in der Regel keine Dienstmannen, dies war ein Phänomen der sächsischen Stifte. Doch selbst da waren sie nach den Forschungen von Aloys Schulte keineswegs überall zu finden und nirgendwo so glanzvoll wie in Essen: *„Eine entwickelte, mit den prunkvollen Hofämtern völlig ausgestattete Dienstmannenschaft fand ich nur längs der sächsischen Grenze in Essen und Werden, dann begreiflich bei den beiden Domstiftern Köln und Trier […] Die höhere Dienstmannschaft ist bei den Stiftern nur wenig verbreitet und nur wenig entwickelt – glänzend nur in Essen […]“*.[92]

Schulte unterschied diese „höhere Ministerialität“ deutlich von der niederen, unter der er zum Beispiel Köche, Bäcker, Brauer, Pförtner, Reliquien- und Kirchenwächter u. ä., wie sie zum Beispiel im Stift Gandersheim zu finden waren, verstand. Die Essener Dienstmannschaft diente dagegen sowohl dem unmittelbaren militärischen Schutz des Stifts, dessen die fürstlichen Damen in der fehdereichen Zeit des Mittelalters sehr wohl bedurften, als auch ihrer vornehmen Lebenshaltung, die in den vier nach dem Vorbild des Reiches gebildeten Hofämtern (Drost, Schenk, Marschall und Kämmerer) ihren sinnfälligen Ausdruck fand.

Entwicklung

Bereits um die Mitte des 12. Jahrhunderts – lange bevor die Kanoniker als Korporation faßbar sind – tritt die Essener Ministerialität urkundlich in Erscheinung. Entgegen der in ihrem Lehnseid gelobten Treue (s. o., S. 31 f.) hatten acht Ministerialen versucht, innerhalb der Burgfreiheit sechs Häuser der Abtei zu entfremden. Doch der Versuch dieser ihrer Herkunft nach unfreien Lehnsmänner, aus ihrem Nutzungsrecht erbrechtliche Ansprüche abzuleiten, schlug zunächst noch fehl. Äbtissin Ermentrudis wandte sich an den Kölner Erzbischof, der zwischen den streitenden Parteien einen Vergleich zustande brachte.

Offenbar war die Essener Dienstmannschaft zu dieser Zeit bereits so mächtig, daß man nicht gegen sie entscheiden konnte. Der Tenor der Urkunde deutet darauf hin, daß man so lange gut miteinander ausgekommen war, bis im Zuge der allgemein zu beobachtenden Entwicklung auch die Essener Ministerialen sehr erstarkten.

Als die Schultheißen verschiedener Oberhöfe (zum Beispiel Borbeck, Huckarde, Brockhausen) im 13. Jahrhundert diese Ämter sogar erblich beanspruchten, bedrohten sie damit die wirtschaftliche Existenz des Stiftes. Fürstäbtissin Beatrix von Holte gelang es jedoch im Wege des Vergleichs und durch Rückkauf der Oberhöfe, die Erbansprüche der Ministerialen zurückzuweisen. Dies bedeutete zwar keine völlige Ausschaltung der Dienstmannen aus der Verwaltung der Oberhöfe, doch sie waren in ihre Schranken verwiesen. Sie behielten verschiedene Ämter (zum Beispiel den Vorsitz im Hofgericht), mußten diese aber Jahr für Jahr erneuern las-

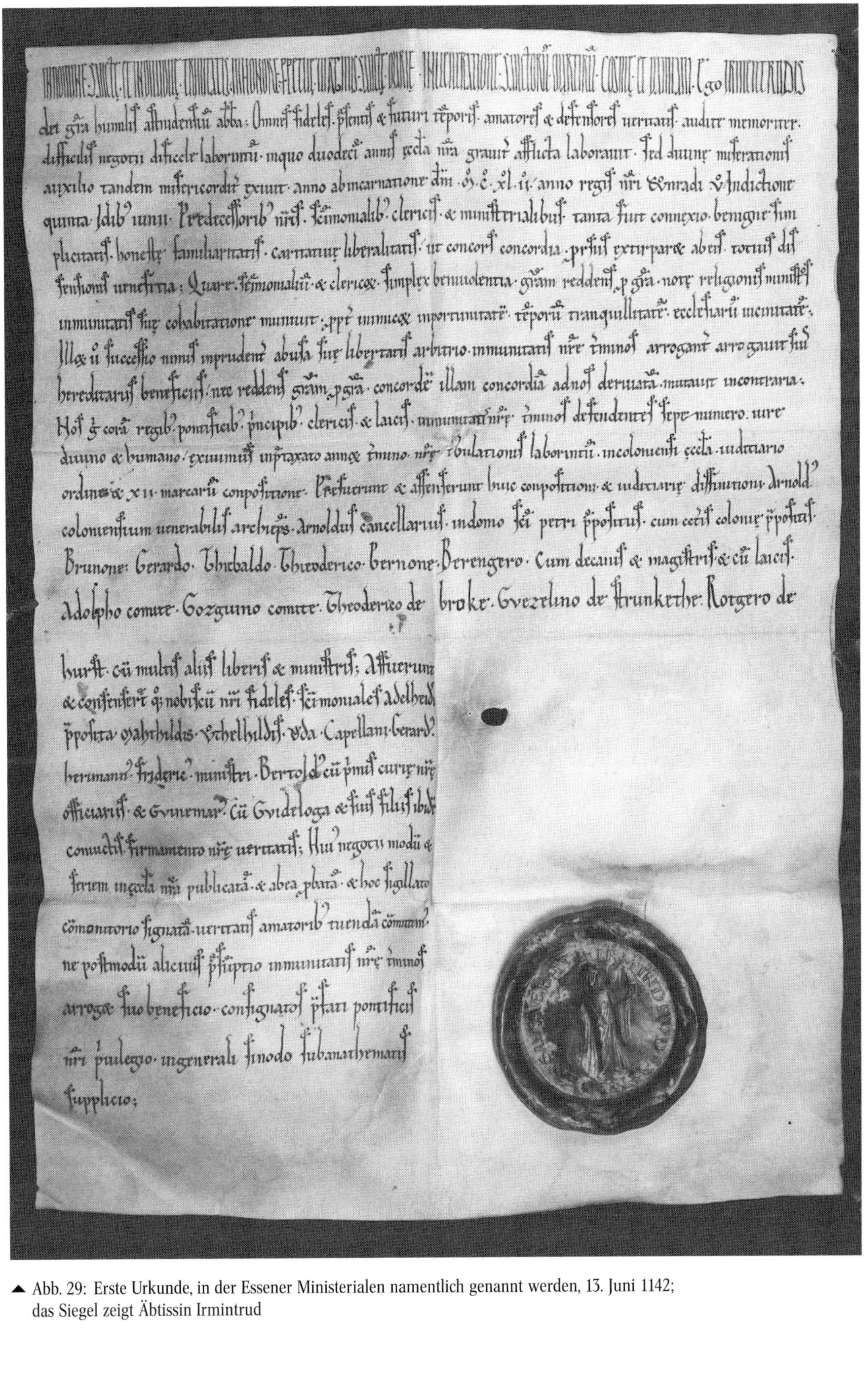

▲ Abb. 29: Erste Urkunde, in der Essener Ministerialen namentlich genannt werden, 13. Juni 1142;
das Siegel zeigt Äbtissin Irmintrud

sen. Durch diese zeitliche Befristung arbeiteten die Ministerialen nicht mehr eigenwirtschaftlich, sondern nur noch als Verwaltungsbeamte, so daß das Stift auf diese Weise vor der Entfremdung von Gütern besser geschützt war.

Außerdem kam es vom 13. bis zum 15. Jahrhundert vielfach zu weitreichenden Veränderungen. Lehen wurden zersplittert, in einzelnen Teilen verliehen und dienten als wirschaftliche Tauschobjekte. Gleichzeitig drang das Bürgertum in die Ministerialität ein, und umgekehrt wurden Ministerialen Bürger. Problematisch war vor allem, daß Dienstmannen oft Gefolgsleute mehrerer Herren waren und zwangsläufig mit ihren Treueiden in Konflikt geraten mußten. Doch im Zeichen der Erneuerung in der Mitte des 14. Jahrhunderts konnte sich das Stift gegen die Ansprüche der aufstrebenden Ministerialität wehren, indem diese erfolgreich in die Wirtschaft und Verwaltung des Stifts integriert wurde.

Aufgaben und Pflichten

Es ist selbstverständlich, daß Rechte und Pflichten der Dienstmannen und Ministerialen sich im Laufe der Jahrhunderte gewandelt haben. Anfangs waren wohl ausnahmslos alle Dienstmannen zum Kriegsdienst verpflichtet. Doch sie wurden selten dazu gefordert, jedenfalls besitzen wir darüber fast keine Nachrichten. Lediglich aus dem zweiten Äbtissinnenstreit (s. u., S. 88 ff.) ist bekannt, daß einige von ihnen die ‚Burg' verteidigten. Zu Reichsdiensten wurden sie offenbar nicht herangezogen.

Andere Aufgaben sind aus den Benennungen der Lehen zu erschließen: So gab es bereits im ältesten Lehnbuch die sogenannten *Boddenlehen* (zum Beispiel Bermen in Stoppenberg (nicht Lippern) und den Allertzhof), deren Inhaber Botendienste zu verrichten hatten. Seit dem 16. Jahrhundert konnten diese Dienste durch Geldzahlungen abgelöst werden; an die Stelle der Ministerialen traten Kanzleiboten, später – im beginnenden 18. Jahrhundert – nutzte man die Essener Post, die samstags und mittwochs abging.

Deutlicher als diese ‚Dienst-Boten' treten jene Ministerialen hervor, die als Schulten der Oberhöfe in der Lokalverwaltung tätig waren. Seit dem Ende des 13. Jahrhunderts werden sie in den Zeugenreihen von Urkunden, die Land und Leute betreffen, neben den gräflichen Kapitularinnen und Kanonikern als Angehörige des niederen Adels genannt.

Die Landesherrin zog angesehene Ministerialen als gelegentlich berufene Ratgeber, als sog. ‚Freunde', je nach Bedürfnis heran. Daraus entwickelten sich bald die nach dem Vorbild des Reiches gebildeten Hofämter wie Drost, Marschall, Kämmerer und Schenk. Die Inhaber dieser *vier fürstlichen ambt* [Ämter] *in dem Land zu Essen* waren die „Hauptvertreter des aus der Ministerialität des hohen Mittelalters hervorgegangenen niederen Adels".[93] Sie rechneten zum fürstlichen Haushalt und stellten in allen spätmittelalterlichen Territorien „eine Verbindung von privatherrlicher Hofhaltung und Zentralverwaltung" dar.[94] Doch auch hier vollzog sich im ausgehenden 13. Jahrhundert eine Wandlung, indem diese Hofämter erblich wurden und sich zu bloßen gut dotierten Posten entwickelten. Die Ministerialen erfüllten schließlich in der Hauptsache nur noch höfische Pflichten bei feierlichen Anlässen und übten als Richter (im Land- und Stadtgericht, auch in Lehn-, Hof- und Markengerichten) noch gewisse Hoheitsrechte aus.

Doch nur ein Teil der Dienstmannschaft war im Verwaltungs- und Hofdienst tätig, die Masse der Belehnten war nur zum Kriegsdienst verpflichtet. Da sie dazu aber so gut wie nie herangezogen wurden, ihnen also fast nie Pflichten abverlangt wurden, war es nur eine Frage der Zeit, wann das zunehmend lockerer werdende Treueverhältnis erlosch. Konrad Krägeloh, der darin ein gravierendes Manko des ‚Frauenregiments' sah, schrieb: „Folgenschwer auch war der stillschweigende Verzicht der Äbtissinnen auf die tatsächliche Kriegsleistung ihrer Mannen. Klar enthüllt diese Tatsache die Eigenart ihres Stiftes als eines von Frauen regierten geistlichen Territoriums. Darin verkörperte sich die Schwäche eines Staates, der mit dem Verzicht auf einen gewichtigen Teil seiner Wehrverfassung sich schwer gefährdete."[95] Allerdings verlor die Heerzugspflicht der Lehnsmannen im gesamten Reich an Bedeutung und wich der Einführung der Söldnerheere.

Seit Einrichtung einer modernen Kanzlei im 16. Jahrhundert entfielen immer mehr Aufgaben der Dienstmannen. In der Amtsbestallung des Johann von Dellwig aus dem Jahre 1606 wird als einzige Pflicht genannt, daß er zu erscheinen habe, *wo und ahn welchen Orteren wir ihn mit Schickungen in Verhören oder sonsten geprauchen werden.*[96] In der Belehnungsurkunde des Marschalls vom Jahre 1664 ist lediglich die Rede davon, er erhalte das Lehen *wegen geleisteter und noch [zu] leistender dreuer Dienste.* Der Landeshauptmann Bernhard Lier wurde 1662 mit 200 Schützen aufgeboten, „um bettelnde Soldaten zu verjagen". Im gleichen Jahre sollte Junker Georg Friedrich offm Bergh sich mit zwei Reitern in Essen einfinden, „um hohe Personen durchs Stift zu geleiten".

Dienstmannrecht

Aus dem Lehnsverhältnis ergaben sich für die Ministerialen aber nicht nur Pflichten, sondern auch Rechte. Alle Lehen wurden zu Dienstmannrecht oder zu Manngutrecht verliehen, versehen mit dem Zusatz *als gewontlich is.*[97] Zu diesem Gewohnheitsrecht gibt es keine schriftlichen Aufzeichnungen, denn jedes Lehngut wurde in einem mündlichen Rechtsakt weitergegeben. In Zweifelsfällen hatten die Genossen, d. s. die anderen Dienstmannen, Recht zu weisen. Wohl nicht zu Unrecht schlossen sich – auch in Bezug auf Essen – mehrere Historiker der Ansicht eines englischen Reichshofrichters an, „daß ‚die Scheu vor dem Tintenfasse' und der Glaube, ‚ein gutes Gedächtnis genüge', die Aufzeichnung von Rechtsformen oder des Prozeßganges verhindert habe.[98]

Auch das Dienstmannrecht des Stiftes wurde nur mündlich tradiert und fand demgemäß unter feierlichen Gebräuchen in der Form des Weistums Anwendung im Gericht. Da es nur für Angehörige des gleichen Kreises, eben nur für Genossen galt, handelte es sich um ein Genossenschaftsgericht; jeder Genosse war verpflichtet zu erscheinen. Man tagte nicht wie die Hofesgerichte der Oberhöfe unter freiem Himmel, sondern in der *Kemenate* (caminata = heizbarer Raum) der Abtei. Wie in Köln und am Niederrhein, in Werden, Corvey und Gandersheim, so waren auch im Stift Essen die Ministerialen der Gewalt der Vögte entzogen und hatten ihren Gerichtsstand vor ihrer Herrschaft.

Wie sah nun der Gerichtsgang aus? Nach vorausgegangener Beratung der Ministerialen wurde der Beklagte durch zwei Genossen im Namen der Äbtissin vorgeladen. In einer Kammer der Abtei waltete der Marschall als Vorsitzender des Gerichts seines Amts. Das Kettenbuch beschreibt die Situation so, daß der *Marschalk van Essende sal up der Abdye van Essende in des Kaysers Sale Gerichte sitten op Denstlude van Denstmansgude, dar bort* [gebührt] *eme over to richtene.*[99] Nach der Ansprache des Klägers stellte der Marschall den Tatbestand fest und beauftragte einen der ältesten und angesehensten Dienstmannen mit der Urteilsfindung. Nach Beratung mit dem Umstand, eben den anderen Genossen, wies dieser das Recht. Urteil und Strafe standen in innerer Beziehung zueinander. Wie kaum anders zu erwarten, zeigte sich in diesem Gericht der Genossen in der Regel große Milde, so daß fast immer mit der Annahme des Urteils durch den Beklagten zu rechnen war. Kam der Verurteilte einer Wiedergutmachung des Schadens innerhalb der gesetzten Frist nicht nach, so durfte der Marschall ihn verhaften.

Nach dem dritten Äbtissinnenstreit (1489–1495) trat das Manngericht kaum noch zusammen. Ein Teil seiner Befugnisse ging auf die vier Erbämter über, deren Inhaber gemeinsam mit der Äbtissin und den gräflichen Kapitularinnen die dritte und letzte Instanz der Hofgerichtsbarkeit bildeten. Erste Instanz war das jeweilige Hofgericht, zweite das oberste Hofgericht am Viehhof, dritte die Fürstin mit den Hofämtern und vierte und letzte Behörde das oberste Gericht des Reiches, das Reichskammergericht in Speyer bzw. Wetzlar.

Bald kamen juristisch geschulte Beamte hinzu, die versuchten, in das von ihnen konstatierte Wirrwarr des Essener Gewohnheitsrechts eine am römischen Recht ausgerichtete Ordnung zu bringen. Zwei völlig unterschiedliche Rechtsauffassungen trafen aufeinander und führten zu einer erheblichen Beeinträchtigung des Manngerichts: Die Folge war große Rechtsunsicherheit, denn die Hofesgeschworenen fühlten sich bald nicht mehr kompetent; an ihre Stelle traten auswärts geschulte Juristen, die die gesamte Prozeßführung veränderten. Das alte mündliche Verfahren wurde durch ein schriftliches verdrängt, was zunächst zur Folge hatte, daß die Berufungen an die letzte Instanz, an Äbtissin, gräfliches Kapitel und die vier Erbämter erheblich zunahmen.[100] Juristen verwandelten das Essener Dienstmannrecht, das ursprünglich ungeschriebenes, reines Gewohnheitsrecht gewesen war, unter dem Einfluß des römischen bzw. des lombardischen Lehnrechts zu einem Rechtsmittel, das fast willkürlich im Interesse der Herrschaft gegen die Lehnträger angewandt werden konnte. Die neuen Beamten vermieden bewußt eine schriftliche Fixierung und erhöhten auf diese Weise die stiftischen Einkünfte. Denn die unklaren Verhältnisse erforderten immer wieder eine interpretierende Auslegung, die in der Regel an den Interessen der Herrschaft orientiert war.[101]

Die fürstlichen Hof- bzw. Erbämter

Essen hat mit seinen fürstlichen Hofämtern – Drost, Marschall, Kämmerer und Schenk –, die nach dem Vorbild des Reiches gebildet waren, etwas ganz Besonderes zu bieten. In keinem anderen Damenstift war ein solch prunkvoller „Hofstaat" zu finden. Die Ritter, die diese Hofämter innehatten, bildeten im Mittelalter als Ratgeber den engeren Umstand der Fürstin bei wichtigen Entscheidungen und dienten noch bis noch zur Aufhebung des Stifts ihrer fürstlichen Repräsentation.

Um die Mitte des 12. Jahrhunderts treten sie erstmals als Zeugen in Erscheinung, als Erzbischof Arnold I. von Köln 1142 den bereits erwähnten Streit zwischen dem Stift und einzelnen Ministerialen schlichtet. Die zu Beginn des 15. Jahrhunderts in niederdeutscher Sprache niedergeschriebenen *Consuetudines et jura officiorum spectantium ad regalem abbatiam Assinden[sis]* vermitteln eine recht konkrete Vorstellung von den Rechten, zum Teil auch von den Aufgaben und Pflichten, die zu Beginn des 15. Jahrhunderts mit diesen Hofämtern verbunden waren. [102] Als Entlohnung erhielten sie *gulde, rente, recht und gerichte van herlicheyt des stichtes van Essende.*[103] Die Zusammenstellungen von Krägeloh zeigen, daß alle vier fürstlichen Ämter (*vorstampte*) bereits sehr früh in den dominierenden Adelsfamilien des Stifts erblich geworden waren. Wechsel kamen nur dann vor, wenn die Manneslinie ausgestorben war und die weibliche Linie belehnt werden mußte.

Der Drost

Das vornehmste Hofamt hatte der Drost inne. Seine Aufgabe wird folgendermaßen beschrieben: *Item sall eyn Droste van Essende der Abdyssen to Essende deynen in eren Hus, wanner sy des gesynnet, alse eyn Droste in der Vorsten Hus pleget to deynen.* Er war also in erster Linie zuständig für den fürstlichen Haushalt und hatte dafür zu sorgen, daß alle notwendigen Gerätschaften vorhanden und in einwandfreiem Zustand waren. Aus jedem der neun Oberhöfe bekam er jährlich eine halbe Mark, von der er jeweils drei Schilling (die Hälfte) für sich behalten durfte. Das restliche Geld war dazu bestimmt, *potten, ketelen, pannen, speten, rosteren, braytyseren, dorslac* (Töpfe, Kessel, Pfannen, Spieße, Roste, Bratpfannen, Durchschläge) für die Küche der Äbtissin anzuschaffen, wenn etwas kaputtgegangen war. Beim Tod einer Äbtissin bekam der Drost das alte Küchenzubehör und alle geräucherten, gesalzenen oder getrockneten Fleischstücke, mußte aber nach der Wahl einer neuen Herrscherin auf seine Kosten alles neu anschaffen.

Eine besondere Ehre kam ihm an St. Martin zu. Dann wurde – wohl als Delikatesse – das heute verpönte Eberfleisch ausgeteilt; der Drost hatte die Verteilung der Fleischstücke genau zu überwachen. Gleiches galt für die Austeilung des Salms am Mendeldag (Gründonnerstag) an die *Amtluden, de ut eren Hus* [dem Haus der Äbtissin] *und van er Abdye belenet sin*: Drost und Marschall, die die vornehmsten Hofämter bekleideten, bekamen jeweils eine Hälfte des Salmkopfes, Kämmerer und Schenk erhielten jeweils ein Stück Fisch *neyst dem hovede* (nächst dem Haupt [des Fisches]), den Rest erhielten die Inhaber der anderen Ämter. Eingeweide und Rogen des Salms blieben in der abteilichen Küche. Die Art der Verteilung belegt eindrucksvoll, daß es sich wohl um ein wichtiges Ritual handelte, das durch vergleichbare Beispiele noch genauer erforscht werden müßte.

Vor Lichtmeß (2. Februar) sammelte der Drost das Wachs für die Kerzenherstellung ein. Die Oberhöfe Eickenscheidt, Ringeldorf, Huckarde und Brockhausen lieferten jeweils 42 Pfund, Borbeck, Nienhausen und Ückendorf jeweils 21 Pfund. Diese 231 Pfund Wachs ließ er dann zu Kerzen verarbeiten, von denen die beiden größten, jeweils eine dreipfundige für die Äbtissin und den König, eine zweipfundige für die Pröpstin bestimmt waren. Es folgen dann in den *Consuetudines* genaue Anweisungen, wie die anderen 200 Kerzen zu verteilen sind.

Daneben mußte der Drost kleine Wecken backen lassen, die am Gründonnerstag in ähnlich komplizierter Weise wie die Kerzen an die größeren und kleineren Ämter des Stifts verteilt wurden. Als verdienten Lohn erhielt er dafür unter anderem ein *ridderbroyt* [Ritterbrot], zwei Eimer bestes Bier und ein Viertel Wein aus dem Weinkeller der Fürstäbtissin.

Der Marschall

Der Marschall war Richter über die Dienstmannen und saß im sog. Kaisersaal auf der Abtei zu Gericht. Alle Strafgelder fielen ihm zu. Er durfte Angeklagte in Beugehaft nehmen und sie in der Kammer auf der Abtei vor der Küchentür *(in dey Kamere op de Abbedye vor der Kokendoir, dar nu dey Oven steyt)* einsperren, bis sie bereit waren, vor Gericht auszusagen.

Bei den zahlreichen Prozessionen kam ihm in erster Linie eine Repräsentationsrolle zu. Der Marschall mußte persönlich mit einem weißen Stab den Stiftsdamen vorausgehen. An allen Sonntagen zwischen Ostern und Pfingsten hatte er der Äbtissin bei Tisch Gesellschaft zu leisten, falls sie in Essen anwesend war.

Ursprünglich sind seine Dienste wohl durch Wachszahlungen honoriert worden; beim Tod einer Äbtissin erhielt er das beste Pferd. Zu Beginn des 15. Jahrhunderts wurden diese Leistungen durch eine Geldzahlung von zehn Mark abgegolten. Er besaß aber weiterhin das Recht des Wildbannes, das heißt, wilde Pferde eintreiben und mit einem Brandzeichen versehen zu lassen so wie den mit diesen Aufgaben betrauten Pferdestricker zu ernennen. Ein besonderes Privileg war sein Recht, sechs Schweine und einen Eber in der abteilichen Mark zu mästen. Außerdem bekam er wie Drost und Kämmerer aus jedem Oberhof drei Schillinge.

Der Kämmerer

Von den ursprünglichen Aufgaben des Kämmerers oder Kämmerlings war zu Beginn des 15. Jahrhunderts nur wenig geblieben. Seine Repräsentationsaufgabe bestand darin, der Äbtissin bei allen Prozessionen, auch bei denen, die nur um den Kirchhof führten, einen Stuhl voranzutragen. Jahn hält dies für einen Priesterstuhl, die „sella pontificalis".[104] Die ursprünglichen Rechte des Kämmerers beim Tod einer Äbtissin wurden mit acht Mark abgegolten. An Sachleistungen bekam er die Schafhäute, die bei der Schlachtung *in den lesten Veirtenachten na sunte Michaelis* anfielen. Vermutlich deutet diese Abgabe darauf hin, daß er wie die Kämmerer an anderen Höfen einstmals für die Finanzen der Fürstin zuständig gewesen war.

Der Schenk

Auch von dem Schenk heißt es in den *Consuetudines*, er solle, wenn es verlangt werde, im Haus der Äbtissin Dienst tun, wie es einem Schenken in einem fürstlichen Hause zustehe *(alze eyme Schenken gebort in eyns Forsten Hus)*. Offenbar war es seine wichtigste Aufgabe, die stiftischen und städtischen Lagerstätten für Wein zu kontrollieren. Zusammen mit zwei Dienstmannen und zwei Bürgern oblag ihm die Aufsicht über den Weinzapf in Stift und Stadt. Bevor der neue Wein geliefert wurde, mußten sie vor St. Martin gemeinsam die Keller besichtigen. Schlechten Wein mußten die Besitzer dann auslaufen lassen; wenn sie sich weigerten, durfte der Schenk den Fässern den Boden ausschlagen. Zweimal im Jahr bekam er für diese Verrichtungen den Bannwein.

Wie die anderen fürstlichen Hofämter erhielt er aus den Oberhöfen jeweils sieben Schilling, je drei für sich und vier für die Instandhaltung der Weinfässer des fürstlichen Haushalts.

Zusätzlich gab es aus einzelnen größeren Unterhöfen mehrere Malter Gerste und Roggen. Bestes Bier, Mendel- und Roggenbrote standen ihm ebenso wie dem Drosten zu. Aus der Stiftsküche erhielt er bei den Schweineschlachtungen eine Wurst, die man *Russel* nannte. Er durfte wie der Marschall sechs Schweine in den Wäldern der Abtei mästen. Geringe Einkünfte ließen sich sicher auch aus den Belehnungen mit dem Amt des Mostermüllers in Breisig, dem Gartenamt der Äbtissin und dem Schratamt (Schrotamt zum Jagen?) erzielen.

Repräsentationspflichten

Wie lange die Erbämter diese Aufgaben erfüllten, wissen wir nicht. Lediglich über ihre Repräsentationspflichten sind wir etwas besser unterrichtet. Auch noch im 17. und 18. Jahrhundert hatten Drost, Marschall, Kämmerer und Schenk bei öffentlichen Auftritten der Fürstin und anderen feierlichen Anlässen zu erscheinen. Das war regelmäßig der Fall, wenn eine angehende Stiftsdame von ihrer Pfründe Besitz ergreifen wollte. Sofern keiner ihrer Verwandten an diesem feierlichen Ritual teilnahm, wurde sie von dem Hofmeister der Fürstin oder von dem Marschall (Drost, Kämmerer, Schenk) ins Kapitelhaus geführt, wo dieser dann die versammelten Kapitularinnen um Possession bat. Auch wenn die angehende Stiftsdame von der Residenz losgesprochen und als Kapitularin emanzipiert werden sollte, wirkte ein Vertreter der Hofämter bei diesem Ritual als Begleiter mit.

Ähnliche repräsentative Aufgaben hatten sie bei Beisetzungen der Fürstäbtissinnen, je nach Ansehen wohl auch der Stiftsdamen. Während der Exequien der Fürstin Franziska Christine von Pfalz-Sulzbach (1776) hatten die Inhaber der vier Hofämter zu beiden Seiten des Trauergerüsts zu stehen; allerdings konnte sich der Erbschenk Freiherr von Dungelen vertreten lassen, weil er Protestant war. Auch als Maria Kunigunde 1787 an der Fronleichnamsprozession teilnehmen wollte, durfte er als Protestant *einen anderen Katholischen von Adel in anständiger Kleidung zur Verrichtung der Erb-Amtlichen Functionen* als Vertreter schicken.[105]

Der letzte große Auftritt dieser Erbämter war wahrscheinlich am 7. Oktober 1777 anläßlich der Besitzergreifung des Stifts durch Maria Kunigunde von Sachsen. Sie hatte im Schloß Borbeck übernachtet und kam morgens mit kleinem Gefolge in Essen an. Zur Begrüßung hatten *die Vier Erb-Ämter*, Räte und Beamte bereitzustehen. Beim Eintritt in die Kirche ging der Erbmarschall voran, der Erbdroste reichte ihr die Hand, Erbkämmerer und Erbschenk folgten. Während des Hochamts blieben alle vier hinter der Fürstin stehen, die in einem Lehnstuhl vor dem hohen Altar Platz genommen hatte. Der Erbmarschall trug während dessen das Schwert. Zur Ablegung des Äbtissinneneides geleitete dann der Drost die neue Herrscherin zum Altar. Nach beendigter Messe führten alle vier Erbbeamten die neue Fürstin in das Audienzimmer und anschließend zur Tafel. Darüber heißt es im Protokoll: *[…] hierauf wird […] an einer großen Tafel gespeiset, an welche Ihro Königl. Hoheit der Erb-Marschall führet; Nach der Tafel praesentirt der Erbschenck die Credenz, der Erb-Drost und Erb-Cammerer gehen unmittelbar vor Ihro Königl. Hoheit in die Antichambre, und der Erb-Marschall führet Höchstdieselbe.*"[106]

Die hier beschriebenen Aufgaben der Hof- bzw. Erbämter werden im 12. Jahrhundert, als sie als *dapifer, marscalcus* etc. zum ersten Mal urkundlich genannt wurden, nicht viel anders ausgesehen haben. Auch die Einkünfte, die in den *Consuetudines* (um 1500) beschrieben wurden, sind gleich geblieben.

1788, den 9. Octob.

Erbschenkamt des Stiftes Essen.
Jährliche Einkünfte daraus.
1. *Von Jörgen Jöster zu Vöcklinghasuen 3 Malter 2 Scheffel Gerste,*
2. *Von Vöcklinghaus zu Vöcklinghausen 3 Malter 2 Scheffel Gerste,*
3. *Von Gerts zu Vowinkel beim Acher Fehr 1 Malter Gerste,*
4. *An Brodproewen 3 Malter Spiker-Roggen aus dem Backhause,*
5. *Das Fleisch aus dem Schlachthause*

> 6. *Das Bier aus dem Brauhause,*
> 7. *Eier*
> 8. *Häringe,*
> 9. *7 Lichtmissen-Kerzen,*
> 10. *Auf Ostern 1 großen und 6 kleine Weizen-Plätze.*
> *Freiherr Carl von Düngelen bevollmächtigt den Leutnant Sombart zu Essen, diese Einkünfte für ihn in Empfang zu nehmen und darüber zu quittieren.*
>
> zit. n. Grevel, Archiv, 134, vgl. 131, 133.

Einmal mehr wird deutlich, daß im Stift ,das Mittelalter' anscheinend erst zu Beginn des 19. Jahrhunderts endete.

Die Essener Vogtei: Vom Vogt zum Schutz- und Schirmherren[107]

Bereits in fränkischer Zeit mußten sich kirchliche Institutionen in weltlichen Angelegenheiten durch einen Vogt (lat. *advocatus*) vertreten lassen. Stand zunächst das Schutzverhältnis im Vordergrund, so entwickelte sich schon bald daraus eine Reihe herrschaftlicher Befugnisse der Vögte, die mit ertragreichen Einkünften verbunden waren. Zum Beispiel war es Klerikern, selbstverständlich auch Frauen, von seiten der Kirche verboten, als Partei oder als Ankläger an einem Prozeß, der zu einem Todesurteil oder zu einer Verstümmelungsstrafe führen konnte, teilzunehmen. Es galt der Grundsatz: *ecclesia non sitit sanguinem* (die Kirche dürstet nicht nach Blut). Dennoch kamen aber auch in geistlichen Territorien Kapitalverbrechen vor, die geahndet werden mußten. Für solche Fälle brauchten die Äbtissinnen (auch Bischöfe) einen Vertreter, der an ihrer Stelle diesen Blutbann bzw. die Hochgerichtsbarkeit ausübte. Diese Aufgabe übernahm der Vogt.

Doch schon seit der Zeit Karls des Großen war auch von Gefährdungen und Bedrückungen der Kirchen durch ihre Vögte die Rede. Deswegen war es naheliegend – Otto I. hat dies bei den Reichskirchengütern in großem Umfang getan –, den Äbten, Äbtissinnen und Bischöfen das Recht einzuräumen, ihren Vogt (aus-)wählen zu dürfen. Neue Schwierigkeiten entstanden aber, sobald die gewählten Grafen die Erblichkeit ihres Amtes behaupteten und diese auch oft durchsetzen konnten. Wie viele andere Klöster und Stifter hatte auch Essen besonders im 13. Jahrhundert gegen solche Ansprüche zu kämpfen.

Man geht davon aus, daß in ältesten Zeiten die Essener Vogtei von Vertretern der Stifterfamilie ausgeübt wurde. Nachdem diese ausgestorben und die Abtei Essen als Reichskirchengut unter königlichen Schutz gekommen war, ernannte zunächst der König die Vögte für die verschiedenen Grundherrschaften der Abtei. Denn da sich die Essener Besitzungen vom niederländischen Salland bis nach Westfalen und ins Rheinland erstreckten, gab es zeitweise mehrere Vögte nebeneinander. Für das Gebiet um Essen und Werden verweisen die ältesten Namen wahrscheinlich auf die Grafen von Werl, von denen diese Ämter dann im Erbgang an die Grafen von Berg übergingen.

Die Befugnisse des Vogtes ergaben sich vornehmlich aus seiner Funktion als Stellvertreter des Königs bzw. des Muntherrn: Der Vogt übte in dessen Namen die Gerichtsbarkeit aus und übernahm militärische Aufgaben, unter anderem die Aushebung von Kriegsleuten (Heerbann). Ausgenommen davon war die Burgfreiheit rund um die Münsterkirche mit ihren Bewohnern. Für diese „Immunität" hatte Otto I. bereits 947 dem Vogt alle Rechte und jeden Zutritt verweigert. Die Rechtsprechung wurde in diesem Bereich von dem geistlichen Richter der Äbtissin, ihrem Ehrenkaplan, ausgeübt.

Die Gegenleistungen, die die Vögte erhielten, erklären, warum Vogteien begehrte Ämter waren: Sie bekamen ein Drittel der Gerichtsgefälle, Gebühren, die beim Tausch von Personen (Hörigen, Wachszinsigen) und/oder Gütern anfielen, den sogenannten Vogtschilling und die

Vogtbede. Die Vögte (und ihr Gefolge) hatten ein Recht auf (kostenlose) Herberge und durften, falls nötig, auch Einquartierungen vornehmen.

Obwohl der Essener Äbtissin und den Sanktimonialen bereits im 10. Jahrhundert das Recht der freien Vogtwahl verliehen worden war, blieb dieses Amt bis ins frühe 13. Jahrhundert bei den Grafen von Berg, bis die folgenschwere Gewalttat von 1225 dem ein Ende setzte. Der zu diesem Zeitpunkt schon seit Jahren geführte Streit um die Essener Vogtei, in den sich Erzbischof Engelbert I. zur Unterstützung des Stifts gegen seinen Neffen, den Essener Vogt Friedrich von Isenburg, eingeschaltet hatte, bedeutete auch das Ende der unbestrittenen Vormachtstellung des Erzstifts Köln am Niederrhein. Auf dem Weg nach Soest, wo ein Gespräch über die Essener Vogtei stattfinden sollte, wurde Engelbert von Mitgliedern einer Adelsopposition am 7. November in der Nähe von Gevelsberg – wohl im Handgemenge – ermordet; sein Neffe Friedrich wurde später wegen dieser Greueltat in Köln gerädert; die Ansprüche des Hauses Berg auf die Essener Vogtei waren damit erloschen.

Wisplinghoff konnte zeigen, daß es sich bei diesem Konflikt um den Zusammenstoß älterer germanisch-rechtlicher mit jüngeren römisch-kirchenrechtlichen Auffassungen handelte und die Befürchtungen des Isenburgers, seine Vogteirechte könnten verlorengehen, keineswegs unberechtigt waren. Seine Hoffnung, die Landeshoheit über Essen zu erlangen, mußte in dem Maße schwinden, als sich Äbtissin und Konvent auf ihre getrennt verbrieften Vogtwahlrechte bezogen. Das Angebot Engelberts, seinem Neffen gegen eine beachtliche jährliche Pension die Vogteirechte abzukaufen, diente ebenfalls nicht den Interessen des Isenburgers.

Wisplinghoff, der diesen Fall eingehend untersuchte, kam zu dem Befund, die Sorge Friedrichs von Isenburg um die Zukunft seiner Vogteirechte sei berechtigt gewesen, da die Essener Sanktimonialen und die Äbtissin ihren Besitz getrennt hatten. In der Urkunde über die Schenkung des Hofes Ehrenzell an die Sanktimonialen hatte Otto I. verfügt, daß auf diesem Hof weder ein öffentlicher Richter noch ein Krongutverwalter, kein Vogt, nicht einmal die Äbtissin irgendwelche Eingriffe vornehmen dürften. „Wandte man eine solche Bestimmung nun, wie es durchaus naheliegend war, auf den ganzen Besitz der Essener Kanonissen an, so wäre dem Grafen von seiner Vogtei kaum noch etwas geblieben, da die Äbtissin ihre eigenen Güter durch eine Interpolation in einem Diplom Heinrichs II. auf die gleiche Weise gesichert hatte." Fast gleichlautend sollte durch einen Einschub in der gefälschten Urkunde Altfrids die Gerichtsbarkeit über Bürger der Stadt erheblich eingeschränkt werden. Wisplinghoff kommt zu dem Ergebnis, man könne kaum daran zweifeln, „daß der 1291 von dem Stift mit dem neugewählten Vogt Eberhard von der Mark abgeschlossene Vertrag ungefähr dem entspricht, was man schon 1225 erreichen wollte."[108]

Mit Unterstützung der Dienstmannen konnte Beatrix von Holte schließlich ihre Landeshoheit gegen die Ansprüche des Vogtes für die Zukunft sichern. Die Ministerialen übernahmen den militärischen Schutz der Immunität, hatten die Verwaltung der Oberhöfe inne und der Schulte des Viehofs war oberster Richter. Er hatte auch das Recht des Geleits und Glockenschlags, das heißt, das Recht, die wehrfähige Mannschaft des Stiftes aufzubieten. Damit hatte die Fürstäbtissin nach jahrzehntelangen Streitigkeiten Handlungsfreiheit erlangt. Als auf Wunsch der Äbtissin Graf Eberhard von der Mark die Vogtei übertragen wurde, handelte es sich nur noch um eine Schirmvogtei. Der Vogt durfte von den Untertanen des Stifts keine Abgaben mehr erheben und mußte Stadt, Münze, Juden und Gericht der Äbtissin zu überlassen. Er verzichtete auf die erblichen Rechte an der Vogtei, verpflichtete sich aber, das Stift und seine Hintersassen zu schützen. Für die Erfüllung dieser Pflicht zahlte ihm das Stift jährlich eine Pauschale von 300 Mark kölnischer Pfennige (im 17. Jahrhundert betrug das ‚Schutzgeld' 1.000 Reichstaler). Der „Kampf um die Vogtei" im gesamten 13. Jahrhundert ist daher wohl auch als ein Kampf um die Landeshoheit zu deuten, der schließlich zugunsten von Fürstäbtissin und Stift entschieden wurde: Sie konnten die „Herrenvogtei" abschütteln und in eine bloße „Schutz- und Schirmvogtei" umwandeln.

Doch damit waren die Ansprüche der benachbarten Territorialherren keineswegs beseitigt. Das Essener Territorium hatte zwar nur eine geringe räumliche Ausdehnung, war aber durch seine strategische Lage sowohl für die Erzbischöfe von Köln als auch für die Grafen von

GENUINA
FACTI SPECIES,

Die

Von Ihro Königl. Majeſtät in Preuſſen,
als Hertzogen zu Cleve/ und Grafen von der Marck/
in gegenwärtigem Reichs-Krieg prætendirende

Vertrettung/

Des

Fürſtlichen Sitfft-Eſſendiſchen Reichs-
und Crayß-Mannſchaffts-Contingents betreffend.

Mit beygefügter

DEDUCTION,

Daß

Allſolch-zumuthende Vertretung, des
Teutſchen Reichs Rechten und Geſätzen/ denen älteren
und jüngeren Reichs- und Crayß-Schlüſſen/ beſonderen
Schutz- und Schirms-Verbindungen, wie auch hiebevorigen
Vertrettungs-Tractaten/ überall zuwider und
offenbahr ungegründet ſey.

Cum Adjunctis Lit. A. uſque U. incluſivè.

ANNO 1735.

❀❀❀❀❀❀❀❀❀❀❀❀❀❀❀❀❀❀❀❀❀❀❀❀

Düſſeldorff,

Gedruckt bey Tilman Liborius Stahl, Churfürſtl. Privil. Hoff- und
Cantzley-Buchdrucker.

▲ Abb. 30: Beispiel für die zwischen Stift Essen und Preußen gewechselten Streitschriften (Titelblatt)

der Mark besonders interessant. Von Essen und seinen Oberhöfen von Duisburg bis Unna konnte der Hellweg bestens kontrolliert werden.

Nachdem die Grafen von der Mark die Schutz- und Schirmvogtei gegen Ende des 13. Jahrhunderts einmal in ihre Hände gebracht hatten, waren sie emsig darauf bedacht, dieses machtvolle und einträgliche Amt zu behalten. Doch die Vogtei wurde seit 1328 nicht mehr auf Lebenszeit, sondern nur noch auf einige (meist sechs bis zwölf) Jahre verliehen.

Aber auch Köln gab seine Absichten keineswegs auf. Man stritt nun allerdings nicht mehr um die Vogtei, sondern bemühte sich, auf die Besetzung des Amtes der Fürstäbtissin Einfluß zu nehmen. Die schwerwiegenden Folgen dieser Einflußnahme wurden vor allem bei den strittigen Doppelwahlen 1292–1298, 1426–1428 und 1489–1495 deutlich (s. u., S. 85 ff.), unter denen besonders die Untertanen von Stift und Stadt zu leiden hatten.

Im dritten und letzten Äbtissinnenstreit nutzte Johann II. von Kleve schließlich die bedrängte Situation Meinas von Daun-Oberstein aus und ließ sie 1495 den sog. Erbvogteibrief unterzeichnen, durch den die Vogtei über Stift u n d Stadt für alle Zeiten beim Hause Kleve bleiben sollte. Denn als Meina von Daun-Oberstein nach der strittigen Äbtissinwahl (1489–1495) Johann II. von Kleve in seiner Funktion als Vogt – er war 1481 auf zwölf Jahre zum Vogt gewählt worden – zu Hilfe gerufen hatte (man sang bereits Spottlieder auf sie), hatte er zuvor als Gegenleistung seine Ernennung zum Erbvogt verlangt. Meina ging darauf ein, und auch der Stadt blieb angesichts der Gewalttaten nur die Möglichkeit, zum Schluß noch kleinere Korrekturen an dem Vertrag anzubringen. In dieser Not- und Zwangslage ernannten Stift und Stadt den Herzog von Kleve am 21./23. Oktober 1495 zu ihrem Erbvogt. Damit war die Eingliederung Essens in den klevischen Machtbereich praktisch vollendet. Die militärische Macht lag in Händen des Erbvogtes, auch wenn vereinbart war, daß dieser nur „auf Verlangen" eingreifen dürfe.

Wie weit Meina von Daun-Oberstein in dieser Situation frei handelte, muß offenbleiben. Der den Stiftsdamen sonst wenig gewogene städtische Schreiber berichtet, der Herzog von Kleve habe sich bis zum definitiven Abschluß des Vertrages in der Abtei eingerichtet, um in der Nähe der Äbtissin zu sein und zu verhindern, daß sie von anderen noch umgestimmt werde. Im Urteilbuch der Stadt heißt es dazu in Abwandlung der biblischen Klagelieder des Jeremias: „Anno 1495 ist das Gold verdunkelt, und die herrliche Farbe gewandelt; das Silber ist zu Schlacken geworden. In diesem Jahr ist der Vertrag mit dem Herrn Herzog Johann von Kleve geschlossen worden, auf Druck des Herzogs und eher aus Furcht als aus freiem Willen. Er hatte etwa 400 Reiter, 300 Soldaten zu Fuß in der Stadt, die ließ er bei Paukenschall sich waffnen."[109]

Wenig später verpflichteten sich Stift und Stadt zu gegenseitiger Unterstützung bei etwaigen Übergriffen des Vogtes. Bereits 1504 gab es eine erste gemeinsame Klageschrift gegen ihn wegen unberechtigter Heranziehung zum Kriegsdienst. Seitdem bilden die *Gravamina* (Beschwerden) wegen Verletzung des Erbvogteibriefes eine stehende Rubrik in den stiftischen Akten. Auch als die Vogtei 1609 im Erbgang von Kleve an Brandenburg und dann an Preußen überging, änderte sich daran nichts.

Doch seit dem 16. Jahrhundert wurden die gegenseitigen Beziehungen zwischen Stift, Stadt, Schutz- und Schirmherrn und kaiserlichem Hof immer schwieriger. Nachdem die Stadt eigenmächtig die Reformation eingeführt hatte, fand sie an dem ebenfalls protestantischen Brandenburg bzw. Preußen immer einen bereitwilligen Helfer gegen das katholische Stift. Im 18. Jahrhundert wurde es für die Äbtissinnen immer schwieriger sich gegen das mächtige Preußen zu wehren, zumal auch die Anrufung des weit entfernt residierenden katholischen Kaisers wenig Erfolg versprach. Zahlreiche Deduktionen und Beschwerdeschriften zeugen von den Bedrückungen des kleinen Stifts durch die militärische Großmacht Brandenburg-Preußen.

Der sonst so nüchterne Stiftsarchivar Kindlinger konnte sich einen grimmigen Kommentar zu diesen Beschwerdeakten nicht versagen. Kurz vor der Aufhebung des Stifts notierte er: *Der König von Preußen erhält von dem Stift Essen des Schutzes, o d e r v i e l m e h r d e r B e d r ü c k u n g e n h a l b e r , j ä h r l i c h e i n S c h u t z g e l d .*[110]

Herrschaft und Konflikt

Herrscherinnen und Herrschaft[111]

Im Laufe der 1.000jährigen Geschichte des Stiftes Essen hatten etwa 48 Frauen als (Fürst-)Äbtissinnen die Herrschaft inne. Ihre genaue Zahl ist nicht anzugeben, da in den ersten Jahrhunderten die Folge der Äbtissinnen unklar ist. Erschwerend kommt hinzu, daß Kalendarien und Memorienbücher zwar den Todestag nennen, aber nicht das Todesjahr, so daß über die Amtszeiten keine gesicherten Erkenntnisse vorliegen. Verschiedene Äbtissinnenkataloge, die während des 16. und 17. Jahrhunderts angefertigt wurden, bedürfen noch eingehender Forschung insbesondere in Bezug auf ihre Quellen und damit auf ihre Zuverlässigkeit.

Eine Reihe dieser Herrscherinnen leitete die Geschicke der Abtei bzw. des späteren Fürstentums Essen 40 Jahre und länger; zu nennen sind hier z. B. Äbtissin Hadwig (ca. 910–951/58?), Mathilde, die Enkelin Ottos I. (971–1011), Elisabeth I. (1172–1216), von der man nur weiß, daß sie auch Äbtissin des Stifts Maria im Kapitol in Köln und zugleich Stiftsdame in Vreden war, Berta von Arnsberg (vor 1243–1292), Elisabeth von Nassau (1370–1412), Anna Salome von Salm-Reifferscheidt (1644–1688) und Franziska Christine (siehe Abb. 62 auf Seite 120) von Pfalz-Sulzbach, zugleich Äbtissin des Stiftes Thorn bei Maastricht (1726–1776). Über keine dieser Frauen liegt eine umfassende Biographie vor, allenfalls kleinere Aufsätze von Anni Eger, Johanna Hundhausen und Konrad Ribbeck sind im Münster am Hellweg und in den Essener Beiträgen zu Beginn des vorigen Jahrhunderts erschienen; für die Fürstäbtissinnen des 17. und 18. Jahrhunderts verweise ich auf meine 1997 erschienene Studie.

Es fällt auf, daß insbesondere solche Herrscherinnen das Interesse der Wissenschaft gefunden haben und in jüngster Zeit vermehrt finden, die vorzeigbare Objekte, in erster Linie (erhaltene) Bau- und Kunstwerke, in Auftrag gegeben haben. Zu nennen sind hier v. a. die um die Jahrtausendwende herrschenden zwei Prinzessinnen aus ottonischem Hause, Äbtissin Mathilde (Stifterin der ,Goldenen Madonna‘, dreier kostbarer Kreuze, des siebenarmigen Leuchters und des 1794 verloren gegangenen Marsusschreins) und ihre Nichte Theophanu, Erbauerin der Krypta und des Chors und Stifterin eines kostbaren Reliquiars. Auch die vorletzte Fürstäbtissin Franziska Christine von Pfalz-Sulzbach ist wegen der Gründung des Waisenhauses in Steele noch bekannt.

Über Mathilde und Theophanu liegen nun neuere interessante Arbeiten vor. Elisabeth van Houts hat bereits Anfang der 1990er Jahre darauf verwiesen, daß Mathilde mit ihrem englischen Verwandten Aethelweard korrespondierte und eine anglo-sächsische Geschichtschronik in Auftrag gab; van Houts stellt dieses Vorhaben in den Kontext der Rivalität der Stifte Gandersheim, Quedlinburg, Nordhausen und Essen um die Vormachtstellung im Reich.

Klaus Lange konnte in seiner kürzlich erschienenen Publikation über den „Westbau des Essener Doms" nachweisen, daß dieses Bauwerk 997–1001 von Äbtissin Mathilde (971–1011) in Auftrag gegeben worden sein muß, um in einer Zeit, da bei Repräsentationsakten „mehr gezeigt als geredet" wurde, Herrschaft zu demonstrieren.[112] Er kann aus der Zeichensprache dieser sakralen Herrschaftsarchitektur, die die Einheit von Religion und Politik unterstreicht und in Essen in Anlehnung an die Aachener Pfalzkapelle komponiert wurde, ein beeindruckendes Bild der Herrschaftsauffassung dieser Äbtissin bzw. des herrschenden Personenverbandes herauslesen. Die architektonische Anordnung der einzelnen Bauelemente – Westempore, Petrusaltar und Mittelschiff – symbolisierte die Hierarchie des Personenverbandes und gab den liturgischen Zeremonien eine feste Form. Zu einer Zeit, als Gandersheim, Quedlinburg und Essen um Kaisernähe und -gunst konkurrierten, dokumentierte die architektonische Formensprache, „wie eng Äbtissin und Konvent dem Kaiser verbunden waren", und machte jedem und jeder den „Rang des Essener Stiftes, der auf der *familiaritas*, der vertrauten Nähe zum Herrscher beruhte, nachdrücklich bewußt." Lange interpretiert diese Architektur als Ausdruck der Herrschaftslegitimation, durch die das Handeln der Äbtissin „sowohl in politischer als auch in religiöser Hinsicht, da ihre Autorität durch den Kaiser und den Apostelfürsten beglaubigt wurde", demonstriert und abgesichert wurde. Er vermutet, daß Mathilde durch ihre außerordentlichen Baumaßnahmen „auf die Umstrukturierung des Herrschaftsverbandes während der Regierungszeit Ottos III." reagieren und das politische Gewicht Essens im Reich vor allem gegenüber Gandersheim und Quedlinburg neu bestimmen wollte.

Eine ähnliche „Selbstinszenierung" finden wir einerseits in den erhaltenen Bau- und Kunstwerken und andererseits in den überlieferten Textquellen der Äbtissin Theophanu (1039–1058), die – wie Torsten Fremer es formulierte – in Essen den ‚ottonischen Schlußakkord' setzte.[113] Nach einhelliger Meinung der Wissenschaft endete mit ihr (gemessen an Kunst und Kultur) die Glanzzeit des Stifts. Theophanus Stiftungen, die auch für sakrale Bauwerke in anderen Stiften als Vorbild dienten (zum Beispiel Susteren[114]), sind geprägt durch die mittelalterlichen Kategorien Gedächtnis und Erinnerung. Ihrer *memoria* sollten sowohl das von ihr gestiftete kostbare Evangeliar dienen, auf dessen Buchdeckel sie sich in devoter Haltung vor der Gottesmutter kniend darstellen ließ, als auch die beträchtlichen Geldbeträge, die sie zur Feier ihres Jahrgedächtnisses gestiftet hatte. Fremer hat aus dem vorliegenden Quellenmaterial ein anschauliches Bild Theophanus und ihrer Familie zusammengestellt. Deshalb braucht hier die altbekannte Geschichte ihrer Eltern ebensowenig ausgebreitet zu werden wie Theophanus großzügige Schenkungen. Die von Theophanu in Auftrag gegebene Wasserleitung, die man im Essener Münster fand, hat dagegen bisher wenig Beachtung gefunden, obwohl sie als eine der ältesten mittelalterlichen ihrer Art gilt und ebenso wie die sakralen Kunstwerke „das Prestigedenken einer hochadeligen Auftraggeberin" demonstrieren sollte.[115] Festzuhalten bleibt, daß Theophanus Jahrgedächtnis im Stift Essen bis zur Säkularisierung gefeiert wurde. Bis vor wenigen Jahren war sie sogar noch durch die nach ihr benannte Krypta im Gedächtnis vieler Gläubiger; inzwischen hat man die Erinnerungstafel dort entfernt und die Krypta nach Bischof Altfrid benannt.

Über eine weitere interessante Äbtissin des Mittelalters, Hadwig von Wied, ist demnächst in der Zeitschrift „Das Münster am Hellweg" eine neue Studie von Michael Buhlmann zu erwarten. Hadwig war die engste Vertraute ihres Bruders, Erzbischof Arnolds II. von Köln, und korrespondierte freundschaftlich mit dem gelehrten Abt Wicbold von Stablo und Corvey.

Befremdet muß man zur Kenntnis nehmen, daß in der heutigen Domkirche fast jegliche Erinnerung an die Essener Herrscherinnen fehlt. Obwohl mindestens 21 Äbtissinnen und eine unbekannte Anzahl von Stiftsdamen dort beigesetzt wurden – innerhalb der Kirche wurden 178 Gräber gefunden –, erinnert dort außer zwei Epitaphien, von denen eines (auf der Orgelempore versteckt) dem unkundigen Besucher weitestgehend verborgen bleibt, nichts mehr an sie. Die Liste der Namen im Kreuzgang hat eher Alibi- als Erinnerungswert. Paradoxerweise ist ausgerechnet die Grabplatte der Äbtissin Elisabeth von Bergh-s'Heerenberg (1605–1614) aus der Zeit der Gegenreformation an exponierter Stelle erhalten. Doch diese Äbtissin kann nicht mehr als „Wiederherstellerin der katholischen Religion in Stadt und Stift" gelten, seitdem ihre innige Beziehung zu einem Führer der Protestanten in den Niederlanden und ihre schwankende Haltung in konfessionellen und religiösen Fragen anhand ihrer vor kurzem entdeckten Briefe offenkundig wurden (s. u. S., 178 ff.). Sie war allenfalls uninformierte Galionsfigur der katholischen Geistlichkeit. Fraglich ist, ob sie eines natürlichen Todes starb.

Es soll hier nicht darum gehen, auf der Grundlage veralteter Literatur sogenannte Lebensbilder einzelner Herrscherinnen nachzuzeichnen. Birgit Beese hat bereits aufgezeigt, wie mehrfach versucht wurde, diese Frauen für die unterschiedlichsten Zwecke zu instrumentalisieren. Zum Beispiel machte der im 16. Jahrhundert tätige Essener Dekan Wirich Hiltrop die Äbtissin Svanhild (1058–nach 1085?) zu einer ‚Beinahe-Heiligen', obwohl – wie er selbst schreibt – in den Verzeichnissen und Annalen über sie nichts zu finden war. Svanhild sei *so gottesfürchtig und fromm gewesen, daß sie später unter die Zahl der heiligen Jungfrauen aufgenommen wurde. Sie trug nachts, wenn die größte Kälte herrschte, für das Mettesingen und Gebetesprechen glühende Kohlen in ihrem Chormantel, den sie angelegt hatte, vom Refektorium zur Kirche, damit die Gott dienenden Mägde sich ein wenig aufwärmen sollten.*[116]

In späteren Jahrhunderten folgten Instrumentalisierungen anderer Art entsprechend dem jeweils gewünschten Frauenbild. Im Hinblick auf die letzte Fürstäbtissin, Maria Kunigunde von Sachsen, ergötzt man sich immer noch gern daran, daß der Erzherzog von Österreich und spätere Kaiser Josef I. sie wegen mangelnder Schönheit verschmäht habe. Vielleicht war sie tatsächlich keine Schönheit (vgl. Titelbild). Doch die Dresdener Diplomaten gaben zu bedenken, daß Maria Kunigundes *Gesichtsbildung zwar auf eine regulaire Schönheit keinen Anspruch mache, aber auch keine Unansehnlichkeit mit sich führe*. Die typisch habsburgischen Merkmale, das fliehende Kinn, seien zwar nicht zu übersehen, doch könne *dem Oesterreichischen Hause dasjenige, was die Traits* [Gesichtszüge] *des Kaisers Joseph darstellet, am allerwenigsten mißfällig seyn, welche Ähnlichkeit von jedermann bey unserer Prinzessin gefunden wird*.[117] Die Dresdener Akten belegen, daß die Vermählung in erster Linie deswegen nicht zustande kam, weil sich die sächsischen Diplomaten am Wiener Hof eklatante Fehler erlaubten und auf dem rutschigen Parkett der Hofintrigen in jedes Fettnäpfchen traten. Dresden bestand darauf, daß Maria Kunigunde durch ein reichsfreies *Etablissement*, zum Beispiel Essen und/ oder Thorn, entschädigt werde. Der kaiserliche Hof in Wien erfüllte alle Bedingungen. Als Fürstäbtissin von Essen und Thorn vertrat Maria Kunigunde zum Besten ihrer Untertanen eine aufgeklärte Politik. Wie in anderen Territorien wurde die Gesundheitsfürsorge verbessert, die Schulpflicht eingeführt und zur Steigerung der Produktivität die Anzahl der Feiertage erheblich verringert. Ihre Beteiligung an der Entstehung des Ruhrgebiets – sie ist als Mitbegründerin der Gute-Hoffnungs-Hütte anzusehen – hat man bisher eher übersehen (s. u., S. 109 ff.).

Es fällt auf, daß zwar in allen vorliegenden Äbtissinnenkatalogen Hinweise auf Bautätigkeit und Stiftungen (Messen, Altäre, Kunstwerke) dieser Frauen verzeichnet sind, aber keine Angaben zu jeweils aktuellen politischen Problemen. Fragen der Herrschaft werden an keiner Stelle thematisiert. Der Einwand, die Fürstäbtissinnen seien als Frauen in dieser Hinsicht eben doch zu unwichtig gewesen, ist zurückzuweisen. Selbst wenn man einräumt, daß männliche Berater mitregierten (was aber auch für männliche Herrscher gilt!), ist zu beobachten, daß den Kapiteln und Untertanen die Anwesenheit der Fürstin äußerst wichtig war. Ausdrücklich verlangen die Wahlkapitulationen immer wieder, die Fürstäbtissin müsse im Lande residieren und dürfe nur kurzzeitig verreisen. Untertanen hielten Suppliken zurück, bis die Fürstin persönlich wieder da war, weil sie sich dann mehr Erfolg versprachen. Die Beispiele zeigen, daß die Fürstäbtissinnen nicht nur dem Namen nach ‚Herrscherin‘ waren.

Fürstäbtissin, Damen- und Kanonikerkapitel (bzw. Landstände) mit ihren jeweiligen Beratern bestimmten gemeinsam die Politik. Im folgenden soll deswegen diese Herrschaftsausübung an ausgewählten Beispielen aufgezeigt werden. Es geht dabei um Konflikte mit benachbarten Territorialherren, um das Verhältnis zwischen Stift und Stadt und um obrigkeitliches Verhalten gegenüber Untertanen des Stifts.

Macht-Kämpfe:
Das Stift im Widerspiel der benachbarten Territorialherren

Es war nicht leicht, Herrscherin eines Territoriums zu sein, das viel zu klein war, um sich aus eigener Kraft militärisch zu schützen. Auf sich allein gestellt und ohne den Schutz von Kaiser und Papst hätte das Stift sich nicht behaupten können. Die benachbarten Territorialherren waren bestrebt, dieses kleine geistliche Fürstentum, das strategisch und verkehrsmäßig sehr günstig lag, unter ihre Herrschaft zu bringen. Letztendlich aber konnten die Fürstäbtissinnen und Stiftsdamen sich immer wieder aller Angriffe erwehren und ihre Herrschaft behaupten.

Mord, Ketzerei, Simonie – Die vermeintlichen Verbrechen
der Äbtissin Berta von Arnsberg (1243–1292)[118]

Berta von Arnsberg muß eine imponierende Frau gewesen sein. Ein halbes Jahrhundert hat sie in einer Zeit größter Bedrängnis das Stift regiert. Nachdem ihre Vorgängerin bereits die gewaltsamen Übergriffe durch ihren Vogt Friedrich von Isenburg abgewehrt und selbst die Landeshoheit erreicht hatte, stand dem Stift die wohl größte Krise bevor. Die Ministerialität erstarkte und entfremdete Lehen, das Kanonikerkapitel formierte sich als eigenständiges Gremium, die

Stadt begründete sich als Korporation eigenen Rechts und die benachbarten Territorialherren strebten danach, die vakante Vogtei an sich zu bringen. Nur durch den genialen Schachzug, dem König selbst, Rudolf von Habsburg, die Essener Vogtei anzutragen, gelang es Berta von Arnsberg, die Freiheit der Abtei und des Stifts für die nächsten Jahrhunderte zu behaupten. Wie wichtig dieser Schritt war, zeigt sich auch in der memorialen Tradition, denn bis zur Säkularisierung feierte man das Jahrgedächtnis Rudolfs I. mit vier Messen.

Obgleich die wohl wichtigsten Entscheidungen über die Zukunft des Stifts in die Regierungszeit Bertas von Arnsberg fielen, ist über sie kaum Näheres bekannt. Angesichts der langen Herrschaftsdauer ist davon auszugehen, daß sie das Amt der Äbtissin schon in jungen Jahren übernommen hat. Bereits zu diesem Zeitpunkt war das Verhältnis zum Erzbischof von Köln recht gespannt, denn ihr Bruder gehörte zu dessen Gegnern. Doch da Heinrich von Sayn als Kölner Lehnsmann den wichtigsten militärischen Stützpunkt für die Herrschaft in Westfalen und über Essen, die Isenburg bei Hattingen, innehatte, blieb der Äbtissin zunächst nichts anderes übrig als sich den Interessen Kölns zu fügen. Es würde zu weit führen, hier in allen Einzelheiten auszubreiten, wie die Kölner Erzbischöfe Konrad von Hochstaden (Initiator des Kölner Dombaus, gest. 1261), Engelbert von Falkenburg (gest. 1274), und schließlich Siegfried von Westerburg, dessen Machtpolitik durch die berühmte Schlacht bei Worringen (1288) unterbrochen wurde, hier zu schildern. Um den Machtansprüchen ihrer gefährlichsten Gegner zu entgehen, hatte Berta bereits 1245 auf dem Konzil von Lyon durch Papst Innozenz IV. das Exemtionsprivileg erneuern lassen, in dem bestätigt wurde, daß das Stift keiner Diözese angehöre, sondern direkt dem Heiligen Stuhl unterstehe. Kirchenrechtlich schien das Stift damit salviert. Doch in politischer Hinsicht folgte 1275 der nächste Coup, als die Äbtissin nach dem Tod ihres Stiftsvogts, des Erzbischofs Engelbert, von ihrem Recht der freien Vogtwahl Gebrauch machte und König Rudolf mit dem Amt betraute. Äbtissin und Stiftsdamen müssen viel Vertrauen in ihn gesetzt haben, war doch der militärische Arm Kölns deutlich näher als der Schutz des fernen Königs. Dieser nahm zwar am 16. September 1275 die Wahl an, doch blieb seine Schutzfunktion zunächst graue Theorie.

▲ Abb. 31: Siegel der Berta von Arnsberg
(1243–1292)

Im Oktober spitzte sich die Sache gefährlich zu, und es kam zu einem offenen Putsch gegen die Fürstäbtissin. Erzbischof Siegfried von Westerburg ritt an der Spitze eines glänzenden Gefolges in Essen ein. Mit der Begründung, allein der Erzbischof von Köln als weltlicher Landesherr Westfalens sei imstande, das Stift gegen den drohenden Verfall seines Besitzes zu schützen, ließ er sich von elf Stiftsdamen und elf Kanonikern zum Vogt wählen. 18 Grafen und Ritter aus dem Gefolge des Erzbischofs, darunter der Bruder der Essener Pröpstin, aber auch Essener Ministerialen werden in der Urkunde über diese Vogtwahl als Zeugen genannt. Bereits eine Woche zuvor hatte die Pröpstin, Mechthild von Rennenberg, gemeinsam mit neun Kanonikern auf Ersuchen der Bevollmächtigten des Erzbischofs erklärt, die Äbtissin habe nicht das Recht ohne ihre Zustimmung einen Stiftvogt zu wählen; die Übertragung der Vogtei auf König Rudolf sei deswegen ungültig. Es ist zu vermuten, daß Berta von Arnsberg zu dieser Zeit nicht in Essen weilte, zumal sich ihr Bruder gemeinsam mit den Grafen von Jülich und Mark im Krieg gegen Köln und Osnabrück befand.

Wenige Monate später ließ König Rudolf sie anscheinend schmählich im Stich. Er, der selbst erst seine Macht sichern mußte und sich mit einem so mächtigen Mann wie Siegfried von Westerburg nicht anlegen konnte und wollte, ernannte diesen zu seinem Stellvertreter als Essener Vogt. Wie Berta darauf reagierte, wissen wir nicht. Doch als seine Position gefestigter war, kümmerte sich der König um die Essener Belange und ergriff behutsam die Offensive. In Absprache mit dem Erzbischof bestimmte er den Aachener Kanoniker Rutger zum Schiedsrichter in der strittigen Frage, ob dem Erzbischof die Vogtei rechtmäßig zustehe. Rutger kam aber zu keinem Ergebnis.

Die Äbtissin und ihre Anhängerschaft mußten von dem Verlauf der Dinge schwer enttäuscht sein. In dieser Situation soll Berta die große Dummheit begangen haben – jedenfalls warf der Erzbischof ihr das später vor – sich von einem gewissen Tile Kolup, der sich als der wiedergekehrte Kaiser Friedrich II. ausgab und bis heute eine schillernde Romanfigur abgibt, die Stiftsprivilegien, vor allem das der freien Vogtwahl bestätigen zu lassen.

Entscheidend aber war schließlich Siegfrieds Niederlage in der Schlacht von Worringen im Jahre 1288. Während Siegfried in Haft saß, setzte der König auf Vorschlag einer Schiedskommission Eberhard von der Mark als Untervogt ein, der sich verpflichten mußte, kein Erbrecht auf die Vogtei zu beanspruchen. Äbtissin und Kapitel hätten nun endlich zufrieden sein können, doch Siegfried gab nach seiner Haftentlassung im Mai 1289 seine Ansprüche auf Essen immer noch nicht auf. Nachdem der Papst ihn von allen während der Haft geleisteten Eiden entbunden und die Sieger von Worringen angewiesen hatte, den Schaden der Kölner Kirche wieder gut zu machen, trat Siegfried um so härter auf und versuchte nun durch geschickten Strategiewechsel – aller Exemtion des Stifts zum Trotz – Berta von Arnsberg vor seinem eigenen Gericht der schwersten Verbrechen anzuklagen. Er ließ die Äbtissin durch den Propst von Werden und den Dekan von Bochum auf den 9. November 1289 nach Köln vorladen, wo sie sich vor Stellvertretern des Erzbischofs verantworten sollte. In der Anklageschrift wurden ihr zwölf Vergehen zur Last gelegt: In den letzten zehn Jahren sei sie bereits dreimal durch den päpstlichen Richter und den Kölner Offizial mit dem großen Kirchenbann belegt worden, habe aber diese Exkommunikation ständig mißachtet und weiterhin an der Messe teilgenommen. Sie habe Rubert, den Marschall seines Vorgängers Engelbert II., und den Ritter Hermann von Eickenscheidt töten lassen, verschleudere Güter der Essener Kirche und lasse sich mit Betrügern wie Tile Kolup ein. Vom Geist der Rebellion gegen die Kölner Mutterkirche getrieben, habe sie deren Befestigungen zerstören, ihre Güter verwüsten und Untertanen töten lassen, indem sie die Feinde der kölnischen Kirche angestachelt und sich mit ihnen verbündet habe. Sie habe mit Klerikern unerlaubte Verträge geschlossen, die den Verdacht der Simonie erweckten; kurz: sie maße sich als Frau Rechte an, die nur Männern zustünden.

Der Tenor der Anklage und der Anspruch des Erzbischofs, Kläger und Richter in einer Person zu sein, lassen sofort Zweifel an der Glaubwürdigkeit der Vorwürfe aufkommen, zeigen aber auch die Absicht des ganzen Unternehmens. Berta von Arnsberg sollte verurteilt und als Fürstäbtissin beseitigt werden. Tatsächlich reiste am 24. November ein Prokurator der Äbtissin nach Köln, jedoch nur, um mit Bezug auf das Exemtionsprivileg den Jurisdiktionsanspruch des Kölner Erzbischofs zurückzuweisen. Seine Argumentation wurde – wie kaum anders zu erwarten – ignoriert. In Köln sprach man – ebenfalls erwartungsgemäß – die Absetzung der Äbtissin aus.

Ohne jede Rechtsgrundlage, aber sicher mit Unterstützung der Essener Pröpstin Mechthild von Rennenberg, vielleicht auch einiger Kanoniker, ernannte der Erzbischof seine Nichte Irmgard von Wittgenstein, der er kurz zuvor schon die Abtei Herford verschafft hatte, zur neuen Äbtissin von Essen. Doch Rom bestätigte der amtierenden Äbtissin am 13. September 1290 die geistlichen Privilegien und vor allem die Exemtion von Köln. Damit war klar, daß der Erzbischof sich die Rechtsprechung über sie angemaßt hatte. Berta brauchte den Absetzungsspruch aus Köln nicht zu fürchten. Sie starb als amtierende Äbtissin am 8. Januar 1292, ein halbes Jahr nach Rudolf von Habsburg.

„Ein unbeständiges und wankelmütiges Wesen ist das Weib"? – Der erste, zweite und dritte Äbtissinnenstreit

Varium et mutabile semper femina (Aeneis IV 569). Diese Einschätzung des römischen Dichters Vergil, derzufolge Frauen immer unbeständige und wankelmütige Wesen seien, übertrug der im 16. Jahrhundert in Essen tätige Stadtschreiber Henrich Stratmann auf die Essener Stiftsdamen. Sicher wollte er mit diesem Zitat auch seine Gelehrsamkeit beweisen. Ferdinand

Schröter, der gegen Ende des 19. Jahrhunderts wichtige Arbeiten zur Essener Stadtgeschichte vorlegte, griff diesen Topos wieder auf. Beide Verfasser beziehen sich dabei auf den Äbtissinnenstreit zwischen Meina von Daun-Oberstein und Irmgard von Diepholz, der sich seit 1489 über Jahre hinzog und erst 1504 beendet wurde. Die Wurzeln dieses Konflikts glaubten sie in der Streitsucht zänkischer Frauen zu erkennen.

Für den Essener Stadtschreiber war die Stiftsdame und Küsterin Euphemia von Leiningen die Urheberin dieser Zwietracht, die überdies ständig zu allem Ärger angestachelt habe *(sei was disser twidracht ein anheversche ind schunte tot allen quade)*.[119] Ganz anders beurteilte der Dortmunder Presbyter Reinold Kerkhörde die Angelegenheit. Er machte die Essener Pröpstin Elisabeth von Bronkhorst, eine Tante Irmgards von Diepholz, als Anstifterin aus und schilderte den Konflikt sogar in seiner Reimchronik.

Aus der Reimchronik des Reinold Kerkhörde zum dritten Essener Äbtissinnenstreit

To Essen was en twidracht van binnen,
die burger leiten sik partilik vinden.
Dat quam van miskor der vrauwen:
den kor [Wahl] wolde eine van Brunkhorst benauwen [beeinträchtigen]
und wolde, dat ir nichte van Diffalt [Diepholz] allein
solde vrauwe sin und nicht die van Stein,
die dioch gekorn was und satt int besitt.
Dat hinderden Brunkhorst und lagden en pleit [Prozeß]
to Rom an des pawes gerichte,
sei pleteden vull drei jar vor ir nichte;
sie verlos tom latesten twe oder drei ordel [Urteile],
dessen hadde sie gein vordel.
In den bann starf sie sunder lof,
men grof sie in ihren krudhof. [...]

zit. n. Woeste, Reimchronik, v. 240–251.

Eine Entscheidung darüber, wer von beiden Konkurrentinnen im Recht war, erfordert wohl zunächst eine Klärung der Hintergründe. Doch dabei wird schnell deutlich, daß die Frage falsch gestellt ist, zumal sich 1292 und 1426 ähnliche Streitfälle ereigneten. Zwangsläufig sucht man nach Parallelen, um bald festzustellen, daß solche Konflikte nicht im persönlichen Bereich der Rivalinnen, sondern vielmehr im ‚verfassungsrechtlichen' System und ganz besonders im politischen Umfeld der benachbarten Territorialherren und deren Machtpolitik angesiedelt waren. Betrachten wir die Konflikte im einzelnen, um Gemeinsamkeiten und Unterschiede erkennen zu können.

Der erste Äbtissinnenstreit (1292–1298):
Beatrix von Holte gegen Irmgard von Wittgenstein[120]

Nachdem im Juli 1291 König Rudolf als Vogt des Stifts und im Januar des darauffolgenden Jahres Äbtissin Berta von Arnsberg gestorben waren, bestand in zweifacher Hinsicht die Gefahr, daß der Kölner Erzbischof sich die Essener Vogtei wiederverschaffen würde. Als „Königsmacher" konnte er sich diese entweder von dem neu zu wählenden König als Gegenleistung für seine Stimme versprechen lassen oder versuchen, auf die Wahl der neuen Äbtissin so einzuwirken, daß er seine Nichte Irmgard von Wittgenstein, die er bereits 1290 dazu ernannt hatte, nun in dieses Amt wählen ließ. Doch durch geschicktes Taktieren kamen Stift und Vogt den Kölner Interessen zuvor.

Bereits zehn Tage nach dem Tod der Äbtissin (8. Januar 1292) traf Eberhard von der Mark, der als Stellvertreter König Rudolfs zum Vogt auf Lebenszeit gewählt worden war, in Begleitung seiner Gemahlin und seines Schwagers, des Grafen von Berg, in Essen ein. Er mußte so schnell wie möglich klare Verhältnisse schaffen und ließ sich noch vor der Wahl einer neuen Äbtissin von Dechantin und Kapitel zum neuen Vogt des Stifts bestimmen. Dies geschah in der klugen Voraussicht, daß – wie nicht anders zu erwarten – die Wahl der neuen Äbtissin von der kölnfreundlichen Pröpstin Mechthild von Rennenberg bzw. der bereits von Köln ernannten Gegenäbtissin Irmgard von Wittgenstein angefochten würde; die Stellung des Vogts sollte von einer eventuellen Wahlannullierung unberührt bleiben.

In größter Eile schritt man bereits am 18. Januar zur Neuwahl. Das Protokoll, das über diese Wahlhandlung vorliegt, ist von der Forschung wiederholt als einzigartiges Dokument gewürdigt worden, da uns hier zum ersten Mal der Konvent in einer nicht wieder erreichten Größe entgegentrete: 26 Stiftsdamen und 16 Kanoniker wählten die neue Äbtissin. Übersehen hat man bisher allerdings, daß durchaus nicht alle Wahlberechtigten teilnahmen; wahrscheinlich waren sie gar nicht eingeladen worden. Weder Mechthild von Rennenberg noch Irmgard von Wittgenstein, die vermutlich beide in Köln weilten, noch Beatrix von Holte, die alle Stimmen auf sich vereinen konnte, gaben ihre Stimme ab. Ein weiterer Aspekt der Wahl, der bisher wohl zu wenig berücksichtigt wurde, ist die Tatsache, daß Graf Eberhard von der Mark samt Gemahlin und Schwager sich zur Zeit der Wahl in Essen aufhielten. Man wird nicht fehlgehen in der Annahme, daß auch er seine Interessen deutlich zu machen wußte. Wer waren nun die beiden Frauen, die sich als Äbtissin und Gegenäbtissin gegenüberstanden?

Irmgard von Wittgenstein gehörte bereits 1275 dem Essener Kapitel an. 1290 wurde sie Äbtissin des Reichsstifts Herford, in dem die Kölner Erzbischöfe seit 1224 ihre Position so weit ausgebaut hatten, daß es noch unter Siegfried von Westerburg schien, als gerieten Stadt und Stift Herford endgültig unter kölnische Landeshoheit. Die wichtigsten landeshoheitlichen Rechte, Zoll, Münze und die meisten Gerichte hatten die Erzbischöfe schon in Besitz. Die Niederlage von Worringen bedeutete zwar auch hier einen gewaltigen Rückschlag, doch mit einer Äbtissin aus der eigenen Familie konnte der Erzbischof sich wieder gute Erfolgschancen ausrechnen. Gleiches hatte er offenbar mit Essen vor.

Beatrix von Holte war bei ihrer Wahl zur Essener Äbtissin wohl schon eine Frau in reiferem Alter. Seit 1273 war sie Pröpstin im Stift Vreden, wo sie wohl bis dahin die meiste Zeit ihres Lebens verbracht hatte. Eine Erklärung für die Wahl einer Außenstehenden findet man sicher in der Beobachtung, daß 1297 auch Beatrix' Bruder Wigbold mit starker Unterstützung des Grafen von der Mark zum Erzbischof von Köln gewählt wurde. Die von Holte – kein besonders einflußreiches Geschlecht – wurden durch die Grafen von der Mark sicher auch in der Absicht gefördert, zwischen Essen und Köln Frieden zu stiften. Der Erfolg gab ihnen bald Recht, denn in Essen kehrte Ruhe ein. Die Pröpstin gab ihren Widerstand gegen Beatrix von Holte und den Vogt schnell auf, und auch Irmgard von Wittgenstein verzichtete feierlich am 23. Juni 1298 zu Händen Erzbischof Wigbolds auf alle Ansprüche auf die Essener Abtei.

Doch wirklich zufriedenstellend geregelt war die ganze Angelegenheit auch Jahre später noch nicht. Erzbischof Wigbold scheint seine Schwester – aus welchen Gründen auch immer – wenig unterstützt zu haben. 1304 stand ihre päpstliche Bestätigung immer noch aus. Man vermutet, daß die Geschwister keineswegs die gleiche Politik betrieben, sondern Wigbold wiederum versuchte, die Essener Vogtei für Köln zu gewinnen. Ein Gerücht, das damals umging, Wigbold sei durch seinen Mundkoch, der vorher in Diensten seiner Schwester gestanden habe, vergiftet worden, legt zumindest die Vermutung nahe, daß ein gespanntes Verhältnis zwischen den beiden bestand.[121] Erst im April 1309, 17 Jahre nach der Wahl zur Äbtissin und elf Jahre nach dem Verzicht ihrer Gegnerin, setzte Bischof Gottfried von Minden im Auftrag des Papstes Beatrix von Holte in ihr Amt ein. Wenig später bestätigte auch der König die Privilegien des Stifts, einschließlich des Rechts der freien Vogtwahl.

Beatrix von Holte gelang eine Konsolidierung des Stifts. Der Neubau der Münsterkirche, die im Jahre 1265 mit der Abtei und allen umliegenden Häusern durch Fahrlässigkeit des Bäckers abgebrannt war, wurde während ihrer Herrschaft vollendet. Ablaßprivilegien, die dem Stift 1311 und 1325 verliehen wurden, dienten der Aufstockung der erschöpften Mittel für den Wiederaufbau. Das von Beatrix gestiftete Armreliquiar für die Essener Patrone Cosmas und

Damian steht vielleicht in Zusammenhang mit der Weihe der Kirche. Sie muß an einem 8. Juli stattgefunden haben, das Jahr ist allerdings unbekannt.

Beatrix begünstigte und förderte in hohem Maße die Beginen. 1314 gründete sie selbst den Konvent „im Dunkhaus" und übertrug auf dessen Mitglieder den Namen „die Zwölflinge der Äbtissin" (s. u., S. 157 ff.). Es gelang ihr, sowohl das Kanonikerkapitel als auch die Ministerialität wieder in die stiftische Hierarchie und Verwaltung einzubinden, um weitere Entfremdungen zum Schaden des Stifts abzuwenden. Beatrix von Holte starb am 4. Dezember 1327. Ihre ehemalige Gegnerin Irmgard von Wittgenstein war als Äbtissin von Herford schon 1316 gestorben.

Zusammenfassend sind für diesen ersten Äbtissinnenstreit folgende Punkte festzuhalten:
1. Beide Kapitel hatten gemeinsam und einstimmig eine Entscheidung getroffen.
2. Es kam offensichtlich zu keinen militärischen Auseinandersetzungen.
3. Der Streit war primär ein Streit um die Vogteirechte, in dem Äbtissin und Gegenäbtissin die Galionsfiguren externer Kräfte darstellten.

So glimpflich wie in diesem ersten Äbtissinnenstreit um die Wende des 13./14. Jahrhunderts gingen die späteren Auseinandersetzungen nicht mehr ab.

Der zweite Äbtissinnenstreit:
Elisabeth Stecke van Beeck gegen Margarete von Limburg (1426–1428)[122]

Im April 1426 hatte Margarete von der Mark auf ihr Amt als Äbtissin verzichtet. Spätestens zu diesem Zeitpunkt verlegte sie ihren Wohnsitz nach Köln, wo sie im Oktober 1429 starb. Aus der Ferne wurde sie noch Zeugin der schweren Wirren, die das Stift in den folgenden Jahren erschütterten. Infolge ihrer Abdankung waren beide Kapitel bei der Wahl einer neuen Äbtissin vor eine schwere Entscheidung gestellt, denn in den Nachbarterritorien hatten sich auf der einen Seite der Herzog von Kleve unterstützt von Köln und auf der anderen Seite der Graf von der Mark verbündet mit den Grafen von Limburg und Berg positioniert. Sie verfolgten die Essener Wahl mit größtem Interesse, zumal jede Seite ihre eigene Kandidatin aufbot. Wie die Essener Wahl auch ausfiel, es war mit militärischen Aktionen zu rechnen, zumal auch die Stadt schon seit Jahren von beiden Seiten so unter Druck gesetzt worden war, daß sie alle Befestigungsanlagen verstärken ließ.

Kandidatin der märkischen Partei, der auch die bisherige Äbtissin angehört hatte, war Margarete von Limburg. Sie war seit 1396 Stiftsdame in Essen und mindestens seit 1408 Pröpstin in Rellinghausen. Die andere Kandidatin war Elisabeth Stecke van Beeck, die von Kleve unterstützt wurde. Auch sie war seit 1396 Stiftsdame und seit 1409 Dechantin. Ihre Schwester Johanetta und eine Nichte Meralda waren ebenfalls in Essen präbendiert. Ob die Stecke van Beeck zum edelfreien Adel zu rechnen waren, ist umstritten. Joost van der Loo bezeichnet sie als „Mini-Souveräne" und sieht sie als Abkömmlinge der Grafen von Altena und als Vorfahren des heutigen holländischen Königshauses.[123]

Laut Protokoll wählten elf Stiftsdamen und zwölf Kanoniker. Nach Auszählung aller Stimmen ergab sich folgendes Bild: Acht Stiftsdamen hatten die Dechantin Elisabeth Stecke van Beeck gewählt, zehn Kanoniker Margarete von Limburg. Die beiden Kandidatinnen hatten ihre Stimme der Kunigunde von Linnep, die auf ihr Wahlrecht verzichtet hatte, gegeben; ein Kanoniker stimmte für Margarete von Castell, schloß sich dann aber der Mehrheit an. Zum ersten Mal war damit der Fall eingetreten, daß das Kanonikerkapitel das Damenkapitel überstimmte.

Der Kanoniker Johann von Linne ersuchte die Stiftsdamen, die mit Stimmenmehrheit gewählte Margarete von Limburg als neue Äbtissin anzuerkennen. Doch die Pröpstin Elisabeth von Saffenberg reagierte harsch und abweisend: Das Stift sei für Frauen von edler Geburt gegründet worden und nur diesen sei durch königliche und päpstliche Privilegien das Wahlrecht verliehen worden; daher könnten die Kanoniker die Wahl nicht entscheiden. Dennoch proklamierte der Dechant Margarete von Limburg als neue Äbtissin. Die Stiftsdamen verfuhren ebenso und riefen ihre Kandidatin, Elisabeth Stecke van Beeck, als Siegerin aus. Eine Entscheidung über diese Doppelwahl mußte nun in Rom gefällt werden.

Im Juni 1426 entschied der Papst zunächst zugunsten Margaretes von Limburg, zog dann aber die Bestätigung wieder zurück, um die Wahl für ungültig zu erklären und kraft päpstlicher Autorität Elisabeth Stecke van Beeck als neue Äbtissin einzusetzen, nachdem sich Kardinallegat de Ursinis und der Erzbischof von Trier, Otto von Ziegenhain, für sie verwendet hatten. Sogar die zurückgetretene Äbtissin soll sich für Elisabeth stark gemacht haben und hätte damit eindeutig stiftische vor familiäre Interessen gestellt. Sie argumentierte, die Stiftsdamen hätten vor Zeiten die Kanoniker nur „in weiblicher Herzenseinfalt" zur Äbtissinwahl zugelassen. Sie wolle sich eines Vergleichs der beiden Kandidatinnen enthalten, gebe aber zu bedenken, „daß die Stiftsdamen infolge ihres häufigeren und vertrauteren Verkehrs untereinander über die Würdigkeit und Befähigung einer ihrer Genossinnen ein besseres Urteil abgeben könnten als die Kanoniker."[124] Am 23. Oktober informierte Papst Martin V. die Essener Lehnsträger, daß er Elisabeth Stecke van Beeck zur Äbtissin ernannt habe und sie ihr Gehorsam schuldeten.

Doch davon konnte keine Rede sein. Elisabeth hatte mit den anderen Stiftsdamen aus Essen fliehen müssen und hielt sich auf Schloß Borbeck auf. Die Brüder ihrer unterlegenen Rivalin gingen zum Angriff über und belagerten das Schloß, um die Frauen auszuhungern. Borchardt Stecke, ein berühmt-berüchtigter Verwandter der neuen Äbtissin, eilte zum Entsatz, brachte Nahrungsmittel und machte 50 Gefangene. Der Gegenschlag der Limburger erfolgte prompt: Sie besetzten in Essen die Abtei und entzogen den Stiftsdamen die Einkünfte aus ihren Gütern. Ein Teil der städtischen Bürgerschaft unterstützte sie, während der Magistrat strikte Neutralität wahrte. Anfang Januar 1427 verhängte Rom gegen die Aufrührer das Interdikt, das heißt, alle kirchlichen Amtshandlungen (z. B. Kommunion, Beichte, Taufe, Beisetzung etc.) wurden verboten. Es kam aber nicht zur Ausführung, weil die Kanoniker, die dafür zuständig gewesen wären, nicht gegen ihre eigenen Leute vorgehen wollten. Gegen Ende des Monats erschienen Pröpstin Elisabeth von Saffenberg und Anna von Mark-Arenberg, eine Schwester der zurückgetretenen Äbtissin, mit Notar und Zeugen in der Johanniskirche und forderten die Kanoniker auf, das Interdikt zu vollstrecken. Man wies sie ab. Erst als der Papst im April 1427 befahl, ungehorsame Kanoniker ihrer Ämter zu entheben, gaben sie ihren Widerstand auf. Doch die Ministerialität bekämpfte weiter die neue Äbtissin und ihre Stiftsdamen. Im Stadtarchiv findet sich eine Reihe von Fehdebriefen, die die feindselige Haltung eines Teils der Ritterschaft belegen.

Fehdebrief
an Äbtissin und gräfliches Kapitel, Frühjahr 1428

Wisset Frau Lisa Stecken, die sich schreibt von Beek, Dechantin zu Essen, und ferner Frau Lisa von Saffenberg, Pröpstin zu Essen, und Frau Maria von Renneberg, Küstersche zu Essen und fürder sämtliche Jungfern des Stifts Essen, daß wir hernach geschriebene, Plonis am Berge, Johann von Wachtendonk, Gotthard von Rimprade, Hermann ther Spicken, Rutger Gerst, Heinrich upme Kleene, Gotthard von Gronsfeld, Heinrich Mitker, Kone von Moulauwe, Hannes Kappenberg, Wenemar Koilman und Peter, Johanns Sohn von Aldenhoven, lieber haben wollen den edeln Junker, Junker Dietrich von Limburg, Herrn zu Broich, als Euch und wollen darum Euch Feind sein und wollen des unsere Ehre für uns und unsere Knechte gegen Euch verwahrt haben. [...] Im Jahre unseres Herrn tausend vierhundert acht und zwanzig, des dritten Sonntags in der Fasten.

zit. n. Geuer, Äbtissinnenstreit, 56.

Durch einen Waffenstillstand, den der päpstliche Legat im Februar 1428 ausgehandelt hatte, kehrte schließlich Frieden ein. Bis zum Ende des Jahres hatte Elisabeth Stecke van Beeck im ganzen Stift die Oberhand gewonnen, ein Jahr später erhielt sie die kaiserliche Belehnung. Elisabeth regierte nahezu zwanzig Jahre lang und starb am 5. Mai 1445. Ihre einstige Rivalin Margarete von Limburg zog sich nach Rellinghausen zurück, wo sie als Pröpstin das niederadlige Stift bis zu ihrem Tode (1465?) leitete.

Der dritte Äbtissinnenstreit:
Meina von Daun-Oberstein gegen Irmgard von Diepholz (1489–1495)[125]

Der dritte Äbtissinnenstreit dauerte mehr als sechs Jahre und stürzte Stift und Stadt in eine schwere Krise. Zeitweise hatte der Erzbischof von Köln wiederum das Interdikt über Essen verhängt, das dieses Mal auch ausgeführt wurde. In der Praxis bedeutete das, es durfte öffentlich keine Messe mehr gelesen werden; es sind *die Kinder nicht gekerstent* [getauft] *ind die kranken niet geolyet worden.*[126] Daß den Sterbenden die letzte Ölung versagt blieb, war für die Menschen besonders schlimm, da zu dieser Zeit in Essen wieder einmal die Pest grassierte. Mit der friedlichen Beilegung dieser strittigen Wahl endete auch der seit Jahrhunderten anhaltende und immer wieder aufflammende Kampf um die Vogtei, indem sie erblich an das Haus Kleve überging. Betrachten wir die Vorgänge im einzelnen.

Äbtissin Sophia von Gleichen, Schwester des Werdener Abtes Konrad und der Herforder Äbtissin Margarete von Gleichen, war am 5. August 1489 gestorben. Die Neuwahl sollte am 30. August erfolgen. Es standen zwei Kandidatinnen zur Auswahl: die Dechantin Meina von Daun-Oberstein und die Scholasterin Irmgard von Diepholz.

Meina (geb. ca. 1442) war die Kandidatin Kleves. Bereits anläßlich der Wahl einer Eltener Äbtissin im Jahre 1475 hatte Herzog Johann von Kleve sie massiv unterstützt und dem dortigen Kapitel ohne jeglichen Beweis vortragen lassen, als Rechtsnachfolger der Grafen von Geldern in der Vogtei Eltens habe er ein Stimmrecht und dürfe die neue Äbtissin in ihr Amt einführen. Der Kaiser, ein Teil der Kurfürsten, Herzog Karl von Burgund und der päpstliche Gesandte hätten ihn gebeten, sich für die Wahl der Eltener Dechantin Meina von Daun-Oberstein einzusetzen. Das Eltener Kapitel erkannte schnell den Betrug und kam dem Herzog zuvor, indem es Elsa von Daun wählte, die aus einer anderen Linie stammte. Vergeblich versuchte Kleve mit Zwangsmaßnahmen Meina von Daun durchzusetzen. Auch vor Gericht wurde gegen sie entschieden. Es versteht sich beinahe von selbst, daß Kleve in Essen nicht ein zweites Mal eine solche Schlappe hinnehmen wollte.

Die Essener Wahl fand in Gegenwart von Meinas Bruder Philipp statt, der als Domdechant und späterer Kölner Erzbischof (1508–1515) bereits damals ein recht einflußreicher Mann war. Wieder einmal standen sich Damen- und Kanonikerkapitel feindlich gegenüber. Die Stiftsdamen stimmten mehrheitlich für ihre Scholasterin Imgard von Diepholz, waren aber offensichtlich unterlegen. Merkwürdigerweise fehlen die Wahlakten. In einem Prozeß vor dem kaiserlichen Hofgericht unterstellte der Richter gar, Meina von Daun-Oberstein habe man nur durch eine Fälschung des Wahlprotokolls zum Sieg verholfen. Die Wahrheit läßt sich heute nicht mehr aufdecken.

Beide Parteien riefen ihre Kandidatin zur rechtmäßig gewählten Äbtissin aus, doch Meinas gute Kontakte nach Köln verhalfen ihr auch in Rom zu einem Vorsprung. Während sich der Rat der Stadt lange um strikte Neutralität bemühte, stand ein großer Teil der Bürgerschaft wohl eher auf Seiten Irmgards von Diepholz. Jahn meint, die „Masse des Stadtvolks" habe gegen Meina Partei ergriffen, „weil sie die Erwählte der hochmütigen und unbeliebten Kanonichen war und weil zu ihr Männer hielten, die allgemein verhaßt waren und durch ihre verweltlichte Lebensführung Anstoß erregten".[127]

Papst Innozenz VIII. bestätigte Meina von Daun am 9. Oktober 1490. Mit Bezug auf die Entscheidung der Kurie im zweiten Äbtissinnenstreit, als Rom zugunsten der Stiftsdamen entschieden hatte, legte Irmgard in Köln und in Rom Widerspruch ein. Doch ihre Sache blieb unbearbeitet liegen. Schließlich griffen ihre Brüder und weitläufige Verwandte zur Gewalt und vertrieben gemeinsam mit Anhängern in der Essener Bürgerschaft Meina aus der Abtei in Essen; sie floh nach Borbeck. Es war der Beginn jahrelanger Kämpfe. Zeitweise wußte die Pröpstin zwar hin und wieder die aufgebrachten Bürger zu beschwichtigen und von Gewalttaten abzuhalten, indem sie ihnen eine Tonne Bier bringen ließ.

Die Folgen der jahrelangen Auseinandersetzungen erfahren wir durch eine der späteren Äbtissinnen, Sibylle von Montfort (1534–1551). Sie klagt darüber, daß in diesem Streit ein Teil den andern mit Mord, Totschlag, Raub und Brand angegriffen habe, so daß das Stift innerhalb von fünf bis sechs Jahren verwüstet und verdorben worden sei. Der Chronist Wennemar Vulramen beschrieb die Gewalttaten genauer: 1493 wurde Haus Borbeck bei Nacht von Dienern und Kriegsknechten Irmgards und ihrer Anhänger unverhofft angegriffen und arg beschädigt. Kuh- und Pferdeställe sowie das Torhaus setzten sie in Brand, wobei einer der *Gecken* der Äbtissin ums Leben kam.[128] Am hellichten Tag wurde die Abtei in Essen geplündert und in Steele die Kirche besetzt. Das alles hatte zur Folge, daß der Kölner Erzbischof im September 1494 zum zweiten Mal das Interdikt verhängte. Schließlich konnte Philipp von Daun-Oberstein, Meinas Bruder, als Domdechant die Aufhebung des Interdikts bewirken, nachdem die Stadt in dieser Angelegenheit schon 500 Goldgulden für Geschenke, Gebühren etc. gezahlt hatte.

Da dennoch keine Lösung in Sicht war, wandte sich Irmgard, nachdem sie sich der abteilichen Einkünfte, der Schatzkammer und des Archivs bemächtigt hatte, hilfesuchend an den Kaiser. Dieser forderte alle Beteiligten zum Gewaltverzicht auf und verwies sie – gemäß dem in Worms neu verkündeten Landfrieden – auf den gerichtlichen Weg.

Am 20. Mai 1496 wurde vor dem Reichskammergericht der Prozeß eröffnet. Er sollte drei Jahre dauern, weil die Sache immer wieder verzögert wurde. Schließlich erreichte der Herzog von Kleve im März 1499 durch geschicktes Taktieren und durch Zugeständnisse an den Kaiser in Steuerfragen eine Niederschlagung des Prozesses. In Rom wurde der Streit erst 1504 durch einen Vergleich beendet: Meina wurde als Äbtissin anerkannt, mußte Irmgard aber einen beträchtlichen Teil ihrer Einkünfte abtreten und ihr die Nachfolge versprechen. Dazu kam es nicht mehr, denn Irmgard starb bereits 1505, angeblich sehr zurückgezogen in der Baldeneyer ‚Kluse‘. Meina von Daun-Oberstein trat – vermutlich aus Altersgründen – 1521 von ihrem Amt als Fürstäbtissin zurück und starb 1525. Nachfolgerin wurde ihre Koadjutorin Margarete von Beichlingen, die bei dem berühmten Bartholomäus Bruyn einen neuen Hochaltar für das Essener Münster in Auftrag gab. Auf einer der vier Altartafeln ist sie als Stifterin porträtiert.

Der Vergleich dieser Doppelwahlen zeigt, daß die Streitigkeiten keineswegs typischen ‚Weiberkram‘ darstellten, sondern höchst politisches Konfliktpotential enthielten. Die Schwierigkeiten lagen zum einen in der ungeklärten verfassungsrechtlichen Frage, a) ob das Kanonikerkapitel die Äbtissin mit wählen dürfe; b) ob das Kanonikerkapitel das Damenkapitel überstimmen dürfe. Brisant wurden diese Probleme offensichtlich nur dann, wenn sich im Hintergrund politische Interessen formierten, die auf die Wahl der Äbtissin Einfluß nehmen und eine ihnen genehme Kandidatin durchsetzen wollten.

▲ Abb. 32: Margarethe v. Beichlingen, Äbtissin 1525–1545, als Stifterin abgebildet auf einem Flügel des Bartholomäus-Bruyn-Altars

„Die Frau Fürstin ist der Stadt rechtmäßige Landesfrau und Herrscherin"[129] – oder: Stift und Stadt – ein schwieriges Verhältnis

Anfänge[130]

Die Stadt Essen ist aus dem Stift hervorgegangen. Das Stift wiederum ist an einer schon lange besiedelten Stelle, der belebten Kreuzung zweier Hauptverkehrswege, gegründet worden. Hier trafen der Hellweg, der von Flandern ins Baltikum führte, und eine wichtige Verbindung in Nord-Süd-Richtung von Lübeck nach Köln aufeinander. Naturräumlich boten sich hier – wie Ludger Tewes zeigen konnte – beste Voraussetzungen für Besiedlung und Landwirtschaft.

Älteste Spuren menschlicher Besiedlung (bearbeitete Tierknochen und Feuersteintrümmer) konnten Detlef Hopp und Cordula Brand aufgrund ihrer archäologischen Grabungsbefunde im späteren Stadtgebiet in die Steinzeit datieren; sie sind bis zu 10.000 Jahre alt. Der bisher älteste Fund auf Essener Gebiet ist eine Feuersteinklinge, die in Vogelheim gefunden wurde und auf ca. 300.000 Jahre geschätzt wird. Anhand weiterer Einzelbefunde läßt sich über die Eisenzeit, die römische Kaiserzeit (–450 n. Chr.) und die Merowingerzeit lange vor der Gründung des Stifts eine kontinuierliche Besiedlung im heutigen Stadtkern zwischen Burgplatz und Marktkirche nachweisen. Unter der heutigen Kettwiger Straße ergruben die Archäologen ein merowingerzeitliches Gräberfeld, das für das 6. und 7. Jahrhundert eine größere Ansiedlung, die vielleicht von einem hölzernen Palisadenzaun als Umwehrung umgeben war, erschließen läßt.

Mit der Gründung des Stifts, die also keineswegs in der Einöde erfolgte, war eine zusätzliche Siedlungsverdichtung verbunden. Zur Sicherung des Lebensunterhalts und -standards waren die Sanktimonialen auf Handwerker (Schuster, Kürschner, Schmiede etc.) und Kaufleute, die Waren aus der näheren und weiteren Umgebung besorgten, angewiesen. Die großartigen Bauten der damaligen Essener Kirchen waren ohne Fachleute nicht durchführbar. Diese Siedlung, die großen Teils auf der Villikation des Viehofs lag, war in die Grundherrschaft des Stifts eingebunden und über Jahrhunderte hinweg von Äbtissin und Konvent abhängig. Königliche Privilegien, die wirtschaftlichen Aufschwung brachten, z. B. Zollfreiheits- und Marktprivileg (1041), wurden der Äbtissin und dem Stift, nicht den Kaufleuten der Siedlung Essen erteilt; die Gewinne sollten in erster Linie dem Stift zugute kommen.

▲ Abb. 33: Die älteste erhaltene Münze, ein Denar aus der Zeit der Äbtissin Sophias, 1. Hälfte des 11. Jahrhunderts, 1891 im westlichen Rußland gefunden, heute: Eremitage in Petersburg

In Essen geschlagene Münzen belegen die wirtschaftliche Bedeutung des Ortes, der um die Mitte des 11. Jahrhunderts so stark gewachsen war, daß die Bewohner mit der *capella sancte Gertrudis Assindensis forensis*, der späteren Marktkirche, ein eigenes Gotteshaus erhielten. Schilp vermutet hier „eine erste korporative Organisierung der Bewohner Essens". [131] Diese Kirche war später der Ort, wo die Stadt wichtige politische und wirtschaftliche Entscheidungen traf. Doch zu Beginn des 13. Jahrhunderts waren diese genossenschaftlichen Elemente der werdenden Stadt offenbar noch unangefochten von der Herrschaft der Äbtissin geprägt. Der Bruch ereignete sich im Jahre 1244.

Der Mauerbau (1244) – Beginn der Emanzipationsbestrebungen

In einem Dokument, datiert auf 1244, ist die „Bürgergemeinde Essens" quellenmäßig erstmals zu fassen. Es handelt sich um einen Vertrag zwischen den Ministerialen *(Dienstmannen)* der Fürstäbtissin und den Bürgern der Stadt, die sich darauf einigen, mit Zustimmung der Äbtissin, des Konvents und des Vogtes die Stadt durch eine Mauer zu befestigen – zum Nutzen der Äbtissin und zum Schutz der Dienstmannen und Bürger. Die Kosten für dieses Vorhaben tragen die Bürger. Dienstmannen und Bürger genießen ihre jeweiligen Rechte ungeschmälert; Streitigkeiten zwischen ihnen soll ein Ausschuß von zwölf Geschworenen (sechs Ministeriale und sechs Bürger) schlichten. Die Urkunde wird mit dem Stadtsiegel beglaubigt.

Dieses Dokument, in dem die Stadt Essen erstmals als solche in Erscheinung tritt, ist keine Verfassungsurkunde im Sinne der Stadtrechtsverleihung, wie wir sie von anderen Städten kennen. Die Urkunde ist auch nicht im Original bekannt, geschweige denn erhalten, sondern man weiß davon nur aus einer niederdeutschen Übersetzung und Abschriften des 15. und 18. Jahrhunderts (die ältere Fassung wurde bis in die 1970er Jahre im Stadtarchiv aufbewahrt, ist aber seitdem verschwunden).

Interpretation und Bewertung dieses Dokuments sind in der Forschung umstritten. Die ältere Forschung, der sich auch Winfried Bettecken (1988) und Thomas Lux (1995) anschlossen, geht davon aus, daß die Ursachen für den Mauerbau in den politischen Verhältnissen lagen. Als treibende Kraft wird der Erzbischof von Köln angesehen, der 1244 Stift und Stadt für einige Zeit unter seinen Einfluß bringen konnte. Beide vermuten, daß die Befestigung der Stadt im Interesse des Kölners lag, um am Niederrhein und in Westfalen – gegen die dort ansässigen großen Adelsgeschlechter – ein eigenes fest umgrenztes Territorium zu schaffen.

Schilp bezieht den Vertrag primär auf Essener Verhältnisse und sieht in den Ministerialen und Bürgern zwei gleichberechtigte Gruppen, die sich – offenbar nach wiederholten Auseinandersetzungen – auf die Achtung ihrer gegenseitigen Rechte einigten. Die Ministerialen nahmen als Dienstleute der Äbtissin innerhalb der Stadt eine privilegierte Stellung ein, die die Bürger nun vertraglich anerkannten. Im Gegenzug akzeptierte man die Einung der wirtschaftlich wohl recht potenten Bürgerschaft (sie allein übernahm die Kosten des Mauerbaus) und räumte ihr einen ersten Schritt zur Selbstverwaltung ein.

Beide Interpretationen berücksichtigen allerdings kaum die Rolle der Äbtissin, die wenige Jahre zuvor Reichsfürstin geworden war. Auch die Zuordnung der Ministerialen, die meist nicht nur Lehnsmänner der Fürstäbtissin, sondern auch der benachbarten Territorialherren waren, ist ungeklärt. Handelten sie im Auftrag der Äbtissin und des Konvents, so daß – wie Schilp meint – „die Stadtwerdung Essens im modernen Sinne durch Initiative und mit Unterstützung von Äbtissin und Stift erfolgte", [132] oder handelten sie in eigenem Interesse? Standen sie in Diensten des Erzbischofs oder des von ihm ernannten Vogtes Heinrich von Sayn, der von der Isenburg im Süden Essens aus die Region beherrschte? Äbtissin und Konvent gaben nur ihre Zustimmung zu einer so wichtigen Sache! Wie hätten sie sich anders verhalten sollen, wenn sie sich weder auf ihre Ministerialität noch auf ihren Vogt verlassen konnten? In dieser Frage ist sicher das letzte Wort noch nicht gesprochen. Immerhin, welche Interpretation man auch für die angemessenere hält, der Mauerbau war der Beginn der Loslösung der Essener Bürgerschaft von der stiftischen Herrschaft, zumal die Ministerialen in den folgenden Jahrzehnten aus den Gremien der Stadtverwaltung völlig verdrängt wurden. Im 13. Jahrhundert blieb die Oberhoheit der Äbtissin unangetastet, noch war sie ‚Herrin der Stadt'. Doch in den dreißiger Jahren des 14. Jahrhunderts änderte sich die Situation. Die Korporation der Essener Bürger war so weit erstarkt, daß sie beginnen konnte, sich aus der Einbindung in die stiftische Herrschaft zu lösen. Mit der Neubesetzung des Amtes eines Schulten im Viehof, des obersten Essener Richters, an der erstmals eine Delegation des Stadtrates teilnahm (um 1336), begann die Emanzipation des Essener Bürgertums von der Vorherrschaft der Fürstäbtissin. Gegen Ende des 14. Jahrhunderts eskalierten die Konflikte.

Der „Scheidebrief" von 1399[133]

1370 wurde Elisabeth von Nassau zur neuen Äbtissin gewählt und forderte von Rat und Bürgerschaft die Huldigung, obwohl dies unter ihren Vorgängerinnen außer Übung gekommen war. Dieses Ansinnen rief in der Stadt einen Sturm der Entrüstung hervor, die noch gesteigert wurde, als die Äbtissin gemäß der von ihr unterzeichneten Wahlkapitulation die Vereidigung des städtischen Richters vor dem Damenkapitel verlangte. Die Stadt schuf sich daraufhin ein neues, vom Stift unabhängiges Stadtgericht. Es folgten weitere Komplikationen, weswegen Elisabeth von Nassau sich 1372 ihre Hoheitsrechte über die Stadt von Kaiser Karl IV. bestätigen ließ.

Doch auch die Stadt blieb nicht untätig. Um für immer und alle Zeiten vom Stift unabhängig zu werden, strebte sie die Reichsunmittelbarkeit an. Als anerkannte Reichsstadt hätte die Fürstäbtissin dort keine Hoheitsrechte mehr besessen und die Stadt wäre – parallel zur Fürstäbtissin – direkt dem Kaiser untertan gewesen. 1377, als Kaiser Karl IV. auf dem Weg von Dortmund nach Paris war und in Essen Station machte, war die Situation besonders günstig für einen solchen Vorstoß. Offensichtlich wußten die Essener ‚Politiker', daß dieser Kaiser mit Privilegierungen, die er sich gut bezahlen ließ, großzügig umging. Rat und Bürgerschaft nutzten seinen Besuch auf der Abtei, um sich ihre Unabhängigkeit vom Stift bestätigen zu lassen. Die darüber ausgestellte Urkunde räumte dem Rat außerdem weitgehende Selbstverwaltungsrechte im Sinne reichsstädtischer Autonomie ein und befahl sogar den benachbarten Territorialherren, die Stadt auf ihren Wunsch jederzeit gegen Angreifer in ihren Rechten und Freiheiten zu schützen. Daß diese Urkunde derjenigen, die Äbtissin Elisabeth von Nassau fünf Jahre zuvor von ihm erhalten hatte, vollkommen widersprach, interessierte den Kaiser wohl wenig. Die Folge waren die bekannten Auseinandersetzungen zwischen Stift und Stadt, die trotz zwischenzeitlich gefundener Kompromisse bis zur Säkularisierung andauerten.

Eine erste Einigung erreichten die streitenden Parteien im Jahre 1399, die im sog. Scheidebrief schriftlich festgehalten wurde. Die Vertragsparteien – Äbtissin, Frauen- und Kanonikerkonvent auf der einen sowie Rat und Bürger der Stadt auf der anderen Seite – trafen sich zu ihren Beratungen auf dem Chor der Stiftsdamen in der Münsterkirche und schlossen schließlich einen Vertrag in sieben Punkten. In dem wichtigsten Punkt, in dem es um die Frage der Landeshoheit ging, lag der politische Erfolg eindeutig bei Äbtissin und Stift. Die Stadt erkannte die Fürstäbtissin grundsätzlich als ihre Landesherrin *(als unse Vrouwe und unsen rechten Lantheren)* an, jedoch mit dem vagen, alles und nichts sagenden Vorbehalt, die alten Rechte der Stadt nicht zu beeinträchtigen. Trotz ihrer Anerkennung als Obrigkeit sollte die Fürstin auch keine Huldigung seitens der Stadt verlangen.

Im Gegenzug erreichte die Stadt für die Anerkennung der stiftischen Herrschaftsrechte wesentliche Kompetenzen im Rahmen ihre Selbstverwaltung. Das Niedergericht unter Vorsitz des Schulten im Viehof tagte nicht mehr vor der Münsterkirche, sondern in der Halle des Fleischhauses neben dem städtischen Rathaus (Hallengericht); zwei Bürger mußten als Beisitzer hinzugezogen werden. Durch das Recht, Maße und Gewichte insbesondere auch beim Backen und Brauen festzusetzen und zu beaufsichtigen, konnte der Rat nun ordnend und reglementierend in das Wirtschaftsleben seiner Bürger eingreifen; dadurch, auch durch die Aufsicht über Waage und Weinhandel, kamen ihm de facto polizeiliche Funktionen zu, die wegen der Strafgelder eine lukrative Einnahmequelle darstellten. Das Stift räumte der Stadt in diesen Bereichen die Hälfte bis ein Drittel dieser Einkünfte ein, die für Wegebau, -unterhaltung und an-

dere Belange der Stadt verwendet werden durften. Unausgesprochen wurde hier der Stadt das
Recht der indirekten Besteuerung zugestanden.

Insgesamt brachte dieser Vertrag der Stadt und ihren Bürgern in vielen Bereichen eine
Befreiung von der Vorherrschaft des Stifts, doch grundsätzlich verblieben der Fürstäbtissin und
dem Stift ihre Herrschaftsrechte. Damit waren die weiteren Konflikte in der Zeit des Alten Reiches bereits vorprogrammiert und sollten während der Reformationszeit in aller Schärfe erneut
hervortreten.

Der Bruch zwischen Stadt und Stift in der Reformationszeit und das Urteil des Reichskammergerichts nach 100jährigem Prozeß[134]

Im 16. Jahrhundert kam es im Gefolge der Reformation zu dem entscheidenden Bruch zwischen Stadt und Stift, der nie wieder überwunden werden konnte.

Die Anfänge der Reformation sind weitgehend unbekannt, allenfalls lassen sich die
spärlichen Nachrichten in die allgemeine Geschichte von Rheinland und Westfalen einordnen.
Erste Unruhen begannen am Ende der 1520er Jahre in den Städten am Hellweg, zum Beispiel
in Soest und Dortmund. 1524 soll aus Lippstadt kommend der erste lutherische Prädikant in
Essen aufgetreten sein, dessen Predigten vor allem bei Handwerkern und Gewerbetreibenden
auf fruchtbaren Boden stießen, während Bauern und Ratsgeschlechter sich sehr reserviert verhielten. Täufer, die in den 1530er Jahren aus Münster kamen, fanden Anklang beim niederen
Adel, dort vor allem bei den Frauen. Die neue Bewegung entsprang weniger religiösem Interesse als einer tiefen Unzufriedenheit mit den sozialen und kirchlichen Verhältnissen. Der Protest
richtete sich sowohl gegen den undisziplinierten Klerus als auch gegen die reichen Patriziege-
schlechter. Er steigerte sich, als die Essener Kanoniker der städtischen Marktkirche einen Dortmunder Predigermönch aufdrängen wollten, obwohl einer aus ihrem Kreise für diese Aufgabe
zuständig gewesen wäre. Das Verhalten eines anderen Kanonikers, der sich weigerte, an dem
herbstlichen Umgang, einer großen Prozession der Bürgerschaft teilzunehmen, brachte neben
anderen Entgleisungen bald das Faß zum Überlaufen. Der Unmut über die geistliche Stadtherrin kam unter solchen Umständen schnell wieder hoch, verbunden mit dem Wunsch, diese
Oberherrschaft abzuschütteln.

Dennoch blieb in Essen nahezu 40 Jahre alles mehr oder weniger ruhig. Gemeinsam
sorgten Rat und Äbtissin für eine neue Schule, die mit Zustimmung und unter finanzieller Beteiligung der Äbtissin errichtet, aber vom Rat verwaltet wurde. Aber das Volk, das von den
Neuerungen in Wesel, Köln und Duisburg gehört hatte, verlangte nach einem guten lutherischen Prediger, der ihre Sprache sprach und das Abendmahl unter zweierlei Gestalt (Brot und
Wein) austeilte. Als der Rat darauf nicht reagierte, nahm die Menge ihn kurzerhand gefangen
und setzte ihn einen Tag in der Ratskammer fest. Doch man vermied in Essen eine klare Entscheidung, zumal die politische Situation in Köln und am Niederrhein ein forsches Vorgehen
nicht opportun erscheinen ließ. Da sowohl die Äbtissinnen, Sibylle von Montfort (1524–1551)
und Katharina von Tecklenburg (1551–1560), als auch die damaligen Stiftsdamen den Reforma-
tionsbestrebungen positiv gegenüber standen, herrschte bis zu Beginn der 60er Jahre zumindest
äußerlich Ruhe. Selbst über die Verteilung der vom Reich geforderten Steuerlast konnten Stift
und Stadt sich 1556 im „Tecklenburgischen Vergleich" noch gütlich einigen.

Eine schlagartige Änderung trat am Weihnachtsabend des Jahres 1560 ein. Die Marktkirche war mit Krippe und Christkind weihnachtlich hergerichtet, als die Gemeinde – allen
voran die jungen Leute – begann, deutsche Weihnachtslieder zu singen, und alle bis spät in die
Nacht dort verweilten. Der darüber vorliegende Bericht betont die frommen und ehrbaren Absichten der Bürger, doch die starke Reaktion des Rates zeigt, daß man die Angelegenheit politisch deutete und behandelte. Um sich das Heft vom gemeinen Volk, das leicht in Sektierertum
und den damals noch verbotenen Calvinismus abgleiten konnte, nicht aus der Hand nehmen
zu lassen, stellte der Magistrat sich nun auf den Boden des 1555 verabschiedeten Augsburger
Religionsfriedens, demzufolge ein Reichsstand die Konfession seiner Untertanen bestimmen
durfte. Gegenüber der Fürstin erklärten Rat und Bürgerschaft am 27. März 1561, daß von nun

an in der Marktkirche der deutsche Kirchengesang eingeführt sei. Man bezog sich dabei auf die Urkunde Kaiser Karls IV. von 1377, in der dieser der Stadt ja bescheinigt hatte, daß sie von der Fürstäbtissin unabhängig und als Reichsstand anzusehen sei. Hier bot sich dem Rat die günstige Gelegenheit, sich einerseits endgültig von der Herrschaft des Stifts zu befreien, andererseits aber auch, sich gegenüber den städtischen Bürgern und Untertanen als Obrigkeit zu profilieren. In einem nächsten Schritt berief der Rat deswegen lutherische Prediger in die Stadt, die dem Volk den reinen Glauben nahebringen sollten. Heinrich Barenbroich alias Heinrich von Kempen aus Kastellaun im Hunsrück war dafür der richtige Mann, wenn er auch nur wenige Monate in Essen weilte; das Volk drängte sich scharenweise zu seinen Predigten.

Der Versuch der 1561 neu gewählten, jedoch schon greisen Fürstäbtissin Irmgard von Diepholz, durch Geistliche, die den Jesuiten nahestanden, wenigstens im Bildungsbereich einen Umschwung herbeizuführen, scheiterte kläglich. Obwohl sie persönlich wohl dem Protestantismus nahestand, mußte sie sich gemäß dem „geistlichen Vorbehalt" des Augsburger Religionsfriedens zum Katholizismus bekennen, wenn sie die Abtei mit ihren Einkünften nicht verlieren wollte; als bekennende Protestantin hätte sie ihr Amt niederlegen müssen. Daraus folgte zwangsläufig, daß sie als katholische Landesfürstin nach dem Prinzip des *cuius regio, ejus religio* die Hinwendung der Stadt zum Luthertum nicht dulden konnte, denn sonst hätte sie deren Reichsunmittelbarkeit, die seit 1377 beansprucht wurde, zumindest indirekt akzeptiert.

Wie kaum anders zu erwarten, scheiterten alle Vermittlungsversuche. Kaiserliche Mandate gegen die Stadt bewirkten ebenfalls nichts. Auf Anregung des Herzogs von Kleve reichte die Fürstäbtissin schließlich beim Reichskammergericht Klage gegen die Stadt ein wegen straffälliger Verletzung der Vorrechte des Stifts *(citationis ad videndum se incidisse in poenas privilegiorum)*. Der Prozeß begann 1568, erst 1670 wurde das Urteil gefällt. Die Akten dieses 100jährigen Prozesses liegen heute im Hauptstaatsarchiv Düsseldorf und füllen nahezu 3.000 Blatt Papier, obwohl der größte Teil der zugehörigen Schriftstücke fehlt.[135] Eine Übersicht über den Prozeßverlauf belegt das nachlassende Interesse. In den ersten dreißig Jahren (bis 1600) wurden 90 Schriftsätze gewechselt, in den folgenden 20 Jahren nur sechs. Von 1623 bis 1647 ruhte der Prozeß völlig und wurde nach zeitweiliger Erinnerung 1647/48 (zwei Schriftsätze) erst in den späten 1660er Jahren von seiten der Fürstäbtissin Anna Salome von Salm-Reifferscheidt wieder neu aufgerollt, als es zwischen Stift und Stadt zu Differenzen um das Recht des Judengeleits gekommen war. Eine Auswertung der Zeugenaussagen könnte sicher interessante Ergebnisse erbringen, denn immerhin hatte der zu Anfang eingesetzte Kommissar Kurtzrock für die Verhöre 308 Fragen ausgearbeitet (davon die Fragen 1–46 zur Person des Zeugen). Das Urteil liegt nur als Abschrift den Prozeßunterlagen bei. Im städtischen Archiv gilt es als verloren. Die Stadt legte zwar Revision ein und holte ein Gutachten bei den Juristen der Universität zu Frankfurt an der Oder ein, das fast 30 Jahre später (1696 !) endlich vorlag und sich zugunsten der Stadt aussprach, doch das änderte nichts an der Rechtskraft der höchstrichterlichen Entscheidung.

Das Urteil klärte die strittigen Fragen allerdings nicht, sondern bestätigte im wesentlichen den Scheidebrief von 1399. Neu war lediglich, daß die Bürger der Stadt protestantisch (lutherisch oder calvinistisch) bleiben durften. Denn inzwischen war 1648 im Westfälischen Frieden festgelegt worden, daß in allen Territorien die Konfession gelten solle, die im „Normaljahr" (das ist 1624) dort ausgeübt worden war. Damit waren Stift und Stadt konfessionell gespalten, ein Zustand, der für die Untertanen teilweise schlimme Konsequenzen nach sich ziehen sollte.

Das Urteil des Reichskammergerichts zu Speyer v. 4. Februar 1670
im Prozeß Stift Essen gegen Stadt Essen
wegen strafbarer Verletzung der Vorrechte des Stifts,
1568–1670

„In Sachen
weyland Frauen Irmgart, jetzo Frauen Anna Salome, Abtißinnen zu Eßen,
Klägerinnen an einem
wider
Bürgermeistere, Rath und gantze Gemeinheit der Stadt Essen,
Beklagten andern Theils,
Citationis ad videndum se incidisse in poenas privilegiorum,
ist [...] allem Vorpringen nach zu Recht erkandt,

daß gemeldte Fr. Klägerinne und ihre nachfolgende Abtißinnen zu Essen vor der Beklagten
ordentliche Obrigkeit und rechte Lands-Fürstinne zu erklären

und Beklagte, auch gantze Stadt Essen, als Unterthanen und ein Glied dessen Fürstlichen
Stiffts eine Abtißinne daselbsten davor zu halten und zu erkennen, auch allen gebührenden
Gehorsamb in Gebott und Verbott zu leisten, zu condemniren und zu verdammen seye,

erwehnte Beklagte jedoch bey ihren hergebrachten Rechten, als
Befreyung von Leistung der Huldigung,
[Befreyung] von Landt-Steuer oder Schatzung, doch daß sie ihre Quotam und Beysteur der
Reichs- und Crayß-Anlagen wie bishero einer Abtißinnen zu Eßen [...] einliefern,
[Befreyung von] aller und jeder welt- und politischer Administration in bürgerlich- und
peinlichen Sachen, (mit Vorbehalt der Fr. Klägerinnen die Verdammung zum Todt, der Con-
demnirten Begnadigung und Execution, jedoch ausser der Stadt Fried-Pfählen),
[Recht auf] An- und Absetzung des Raths,
[Recht auf] Verwahrung der Stadt, derselben Mauren, Thürnen, Pforten und Wehren (ausser
bei Friedens-Zeiten der Fr. Klägerinnen freyen Gebrauchs des Pförtleins hinter der Abteyen),

[Recht] allerhand dem gemeinen Wesen nützliche Satzungen und Ordnungen zu machen
und zu publiciren,

[Recht des] Glaydts und sichern Durchzugs,
[Recht], ihre entschiedene[n] Bürgerliche Sachen zu exequiren,

Ehlen, Maaß und Gewichtes,
Weg-Gelds,
Glocken-Schlag und Nachfolge,
Accise und Ungeldts in der Stadt und deren Fried-Pfälen,
Collectirung ihrer Bürger und Einwohner,
Jahrmärcken,
Appellationis von dem Hallen-Gericht an den Rath, und von dem Rath an das Kayserliche
Cammer-Gericht;
dann bey jetziger freyer Übung eingeführten Augspurgischen Confession und Religion in ih-
ren Kirchen, Schulen, Hospitälern, deren geistliche Güter und Gefälle, deme zu Münster
und Osnabrüg getroffenen Frieden gemäß, zu schützen, manuteniren und lassen seyn, als
wir hiemitten schüldig erklären, verdammen, schützen, manuteniren und lassen, jedoch mit
diesem Beding, so viel die Befreyung von Landts-Steur oder Schatzung, dann die Appellatio
vom Hallen-Gericht an den Rath, und von dannen an das Kayserliche Cammergericht an-
langen, daß solche beyde Puncten allein in Possessorio verstanden und das Petitorium

beyden Theilen gehörigen Oerter außzuführen vorbehalten seyn solle, die an diesem Kayser-
lichen Cammer-Gericht auffgelaufene Gerichts-Kösten auß bewegenden Ursachen gegenein-
ander compensirend und vergleichend.
In Urkund dieses mit unserm Kayserlichen zuruck auffgetruckten Insiegels bekräfftigten
Scheins, so darüber außgefertiget worden.
Sign. den 4. Februar unserer Reiche des Römischen im zwölfften, des Hungarischen im fünf-
zehenden und des Böhmischen im vierzehenden Jahr.“

zit. n. Funcke/Pfeiffer, Geschichte, 345 ff.; vgl. Jahn, Geschichte, 286 f.; HStAD: RKG,
E 589 I/1908–II.

Das Urteil des Reichskammergerichts brachte keinen Frieden. In der Folge wurden allein vor
dem Reichshofrat in Wien weitere 79 Prozesse, die bisher überhaupt noch nicht erforscht sind,
geführt. Während das Stift sich bei diesem Gericht mehr und schnelleren Erfolg versprach,
wählte die Stadt eher das andere Reichsgericht, das Reichskammergericht in Speyer bzw. seit
1690 in Wetzlar. Daneben wurde aber auch der Kurfürst von Brandenburg bzw. spätere König
in Preußen in seiner Funktion als Schutz- und Schirmherr von Stadt und Stift wiederholt angerufen. Zu einer klaren, tragfähigen Entscheidung kam es nie, so daß die Untertanen mehr
schlecht als recht zwischen den konkurrierenden Obrigkeiten lavieren mußten. Exemplarisch
hat Sandra Deibl diese unklare Verfassungssituation zwischen Stift und Stadt am Beispiel der
Differenzen um die Aufhebung des Beginenkonvents zum Neuen Hagen aufgearbeitet und gezeigt, daß „der grundsätzliche Streit um die Verfassung des politischen Gebildes Essen sich an
jedem Gegenstand der Ordnungspolitik entzündete.“[136]

Obrigkeit und Untertanen

Zwischen den Fronten: Untertanen in Stadt und Stift[137]

„Unterm Krummstab ist gut wohnen“, hieß ein Sprichwort des 18. Jahrhunderts. Das galt in gewisser Hinsicht auch für Untertanen des Fürstentums Essen. Gemeint war, daß Untertanen der
geistlichen Fürsten – zu denen auch die Essener Fürstäbtissinnen gehörten – weniger Steuern
und Abgaben zu leisten hatten als solche weltlicher Fürsten. Weltliche Fürsten brauchten erheblich mehr Geld für ihr Militär, für die kostspielige Hofhaltung und die Versorgung der fürstlichen Familie.

Man hat das Verhältnis der Äbtissin zu ihren Untertanen als „patriarchalisches Fami-
lienleben“ beschrieben,[138] und Krägeloh fand zahlreiche Beispiele dafür, daß sich die Fürstäbtissinnen „der kirchlichen Eigenart des Stifts gemäß“ gegenüber ihren Untertanen „durch Lang-
mut und Friedensliebe“ ausgezeichnet hätten.[139] Erst um die Mitte des 16. Jahrhunderts, als die
finanziellen Forderungen des Reiches an die Fürstin zur Finanzierung der Türkenkriege immer
drückender wurden, fanden die Beamten eine neue Einnahmequelle: Steuern. Bis dahin war
immer nur eine Regaliensteuer beim Regierungsantritt einer neuen Herrscherin erhoben worden (1575 kostete der Regalienbrief 50 Goldgulden), denn von einem schon seit dem Ende des
14. Jahrhunderts bestehenden Schatzungsrecht hatten die Fürstäbtissinnen nie Gebrauch gemacht. Die Beamten wurden aus den „Kammertaxen“ bezahlt, das sind Gebühren für Verwal-
tungsvorgänge, die in der Taxordnung festgelegt waren.

In finanzieller Hinsicht kam man den bäuerlichen Untertanen häufig entgegen. Insbesondere während und nach dem Dreißigjährigen Krieg bot man ihnen Hilfe, indem in zahlreichen Fällen die Pacht gemildert oder für kurze Zeit sogar erlassen wurde. Dabei handelte es
sich oft um recht bedeutende Summen; zum Beispiel beliefen sich die Schulden des Oberhofs
Brockhausen, der von Soldaten Pappenheims verwüstet worden war, 1678 auf 3.696
Reichstaler.[140] Dieses Entgegenkommen war auch nötig, denn die Untertanen lebten oft am
Rande des ökonomischen Ruins. Maria Franziska von Truchseß-Zeil schrieb darüber an ihren

Bruder in Wien: *Wir sind hier mit brandeburgische Völcker und Durchzuge so überheufft, daß der Franzos, so er kumbdt, wenig finden wirdt. Die Bawren seindt schon so weidt, daß die meiste das liebe Brod nit mehr haben. Es ist ein große Armuthey, wir wüssen nit, wie lang wir bei dem Stüfft connen verbleiben.* Ähnlich hatte es gegen Ende des 16. Jahrhunderts ausgesehen, als spanisches Kriegsvolk und andere Truppen das Stift plünderten. Die Fürstinnen setzten sich zwar bei den Heerführern für ihre Untertanen ein, aber viel bewirkte das nicht, wenn die Felder verwüstet und die Ernten schon vernichtet waren.

Umgekehrt suchten die Fürstinnen manchmal aber auch Unterstützung bei ihren stiftischen Untertanen. Als Fürstäbtissin Anna Salome von Salm-Reifferscheidt sich wieder einmal von der unbotmäßigen Stadt als Landesobrigkeit mißachtet sah, ließ sie ihre stiftischen Bauern und Landsassen mit Gewehr und Knüppeln in die Stadt einrücken, das Rathaus mit dem Archiv und die Gertrudiskirche besetzen und Bürgermeister Dr. Leimgard und Stadtsekretär Krupp gefangen nach Borbeck abführen. Die Wächter am Kettwiger, Limbecker, Viehofer und Steeler Tor bezogen von den ,randalierenden' Bauern derbe Prügel, so daß die Barbiere anschließend reichlich zu tun hatten, sie medizinisch zu versorgen. Einige Bauernführer erklärten nach reichlichem Alkoholgenuß sogar großmäulig, sie wollten die Stadt an allen vier Toren in Brand setzen. Schließlich konnte man durch Vermittlung der brandenburgischen Räte, die der Kurfürst als Schutz- und Schirmherr nach Essen gesandt hatte, die Gewalttäter in ihre Schranken verweisen.

Auch für stiftsinterne Belange versuchte man die Untertanen zu instrumentalisieren. In der strittigen Wahl einer neuen Äbtissin hatte Anna Salome von Manderscheid-Blankenheim die Bauern dazu veranlaßt, beim päpstlichen Nuntius in Köln für ihre Bestätigung zu supplizieren. Die Pröpstin sah darin allerdings eine verbotene *Rot[t]ierung der Bauren*, die so gefährlich sei, *daß die Bauren schon dorfften drohen, sie wollen sich bis Churbrandenburg [durch-]schlagen.* Die Pröpstin hielt es für unbedingt erforderlich, daß die zwei Bauern, in denen sie die Anführer sah, bestraft würden; doch diese hatten *schon Schutz gesucht bei der Fürstin und einige Gräffin[nen].*[141]

Hier zeigt sich vielleicht die größte Gefahr, der die Essener Untertanen ausgesetzt waren: das Risiko, zwischen die Fronten zu geraten zwischen Fürstäbtissin und Kapiteln, zwischen Stift und Stadt oder auch zwischen die Parteien bei den strittigen Äbtissinnenwahlen. Wenn die Obrigkeiten um ihre jeweiligen Rechte fürchteten und diese zu schützen bemüht waren, entstanden schwer kalkulierbare Situationen, in denen die Untertanen aufs Übelste schikaniert wurden. Während des dritten Äbtissinnenstreits gegen Ende des 15. Jahrhunderts hatten sie nicht nur über Monate hinweg den Kirchenbann zu ertragen, sondern den Bauern in Katernberg, Karnap und Stoppenberg wurden zudem noch 228 Pferde und drei Rinder weggetrieben, um die Äbtissin gefügig zu machen.[142]

Vielleicht erreichten die Schikanen der Untertanen in der ersten Hälfte des 18. Jahrhunderts ihren Höhepunkt, als die Protestanten der Stadt infolge pietistischer Schwärmereien um Pastor Mercker gespalten und die Katholiken des Stifts sich stärker als je zuvor fühlten. Die Protestanten waren darauf bedacht, ihre Rechte zu verteidigen, die Katholiken wollten altes Terrain wieder neu besetzen. Dabei kam es zu so makabren Ereignissen, wie sie sich bei der Beerdigung des lutherischen Stiftsbauern Wortberg aus Rüttenscheid 1722 zugetragen haben.

Schlägereien bei der Beerdigung des Stiftsbauern Wortberg (1722)

Am 16. Mai 1722 sollte der evangelische Bauer Wortberg vom Wortbergshof in Rüttenscheid in der *Erbgrube* seiner Familie auf dem alten Kirchhof neben der Münsterkirche beigesetzt werden. Als der Leichenzug am Kettwiger Tor, dem Zugang zur protestantischen Stadt ankam, wo die evangelischen Prediger mit ihren Schülern warteten, um den Leichnam unter Gesang und lutherischen Zeremonien zum Grab zu geleiten, ließ der stiftische Offizial den katholischen Bauern, die als Leichenträger fungierten, verbieten, den Leichnam weiterzutragen. Daraufhin erkundigte sich der städtische Magistrat sofort bei der stiftischen Kanzlei, was diese Neuerung zu bedeuten habe. Der Offizial antwortete lapidar, *es gebühre sich nicht, daß lutherische Bau-*

ern auß dem Stift also begraben würden. Deshalb werde er die geplante Beisetzung verhindern. Obwohl der Rat dagegen protestierte, blieb das Verbot aufrecht erhalten und wurde sogar noch verschärft, indem der Offizial auch noch das Geläut verbot. Der Magistrat nahm dies nicht hin, sondern befahl nun seinen Bürgern, die in der Nähe des Stadttores wohnten, die Leiche Wortbergs *ordentlich [zu] verleuten und zum Grabe [zu] tragen.* Doch als sie die Kettwiger Straße hinunter kamen, sahen sie, daß sich stiftische Kanzleibediente mit einigen Katholischen an der Burgfreiheit, in deren Bezirk der Friedhof lag, postiert hatten, um den Leichenzug aufzuhalten. Pfarrer Bohnstedt, der die Beschwerdeschrift über diesen Vorfall verfaßt hat, betont, die Schüler seien *ungeachtet dessen durchgetrungen undt in die Borg kommen.* Doch inzwischen hatten die katholischen Geistlichen, die Küster und andere Bediente die eisernen Gitterroste am Eingang zum Kirchhof weggenommen und das bereits geöffnete Grab wieder zugeschaufelt. Wiederum protestierte der Magistrat, doch – wie nicht anders zu erwarten – vergeblich. Der Leichenzug wurde dadurch stundenlang aufgehalten, bis der Magistrat einige Bretter über das Loch am Eingang des Kirchhofs legen ließ, damit der Leichenzug *ohnerachtet der starcken Resistentz,* die von den katholischen Geistlichen und Gläubigen ausgeübt wurde, passieren konnte. Evangelische Bürger der Stadt hoben derweil das Grab wieder aus, obwohl der stiftische Pförtner, Frohnen und etliche katholische Bauern sie *mit vielen Schreyen undt Ruffen* daran hindern wollten. Wortberg wurde schließlich in seiner Familiengruft beigesetzt.[143]

Drangsalierung der Familien Wortberg, Kersebaum, Kaiser etc.[144]

Die Tumulte bei Wortbergs Beerdigung waren erst der Anfang stiftischer Schikanen gegen einzelne protestantische Untertanen. Wortbergs Witwe und ihr Sohn, die wenige Monate später starben, durften ebenfalls nicht in ihrer Familiengruft bestattet werden. Der Offizial befahl, sie in Rellinghausen an der Mauer des Kirchhofs, also einem Ort der Ehrlosen, zu bestatten. Eine große Menge Schützen mit geladenem Gewehr soll zugegen gewesen sein.[145]

   In den folgenden Jahren hatten Wortbergs Nachfahren und ihre evangelischen Freunde im Stift keine Ruhe. Jedesmal wenn Frau Wortberg, die Schwiegertochter des Verstorbenen, schwanger war, bewachten vor ihrer Niederkunft mehrere Soldaten das Haus. Sie sollten die Geburt des Kindes auskundschaften, damit es katholisch getauft würde, bevor ein protestantischer Prediger gerufen werden konnte. Katholische Zwangstaufen ihrer neugeborenen Kinder mußten die Wortbergs, die Kötter Schröer und Lofhütte in Katernberg sowie die Kersebaums in Rüttenscheid mehrfach hinnehmen. Hintergrund dieser Maßnahmen war der in Wien anhängige Prozeß zwischen Stift und Stadt um die Grenzen der Pfarreien St. Gertrud und St. Johann.

   Die Stadt griff daraufhin zu dem damals üblichen Mittel der Retorsion, nach dem Motto: „Wie du mir, so ich dir": Sie befahl ihrerseits ihren katholischen Bürgern, ihre Kinder beim evangelischen Pfarrer taufen zu lassen. Wilhelm Kayser war 1728 einer der ersten, der das neue Dekret zu spüren bekam.[146]

… oder es geschieht nichts

Eine andere Folge des Streits um die obrigkeitlichen Rechte war die, daß in manchen Fragen weder Stift noch Stadt sich für zuständig hielten. Das war besonders dann der Fall, wenn eine Einmischung Kosten verursacht hätte. Wie sich dies noch zur Zeit der Säkularisierung im Alltag auswirkte, hat Justus Gruner in seiner Reisebeschreibung aufgezeichnet. Da hatte ein stiftischer Bauer, als er sich gerade in der Stadt befand, einem preußischen Regimentsquartiermeister 100 Louis d'or, also eine recht beachtliche Summe Geld, gestohlen. Beide Obrigkeiten verhielten sich abwartend: Stiftischerseits wollte man gegen den Dieb nicht vorgehen, weil er sein Delikt in der Stadt verübt hatte; die Stadt wollte ihn nicht verhaften, weil er Stiftsuntertan war. Fälle solcher Art häuften sich, zumal beide Obrigkeiten die Kosten für Unterbringung und Verpflegung der (meist mittellosen) Häftlinge scheuten. Die Folge waren Zustände, wie sie Gruner beschreibt: *Die Justiz wird sehr schlecht verwaltet, und an Polizei ist gar nicht zu denken. Die* ganze Gegend wimmelt von Vagabunden und räuberischem Gesindel. So scheusslich die Kerker sind, so wenig helfen sie doch für die öffentliche Sicherheit. Vielmehr liegt diese ganz darnieder [...]. Das ganze Regiment trägt den Stempel der höchsten Indolenz. Mehr noch als in dem stiftischen Antheile ist dies der Fall in der Stadt Essen.[147]

Vom Umgang mit Minderheiten und Randgruppen

Herrschaft über Untertanen zu beurteilen, ist nicht leicht, denn für das alltägliche, unspektakuläre Verhältnis zwischen oben und unten fehlen meist die Quellen. Selbstverständlichkeiten werden in der Regel nicht schriftlich fixiert. Insofern läßt sich Herrschaft bzw. Herrschaftsausübung leichter anhand von Maßnahmen und Regelungen, die Minderheiten und Randgruppen betrafen, beurteilen. Für Essen liegen Forschungsergebnisse über den Umgang mit Juden und Hexen vor.

Juden[148]

Im 13. Jahrhundert lassen sich erstmals Juden in Essen nachweisen. In einem Vertrag aus dem Jahre 1291 werden zwischen Äbtissin und gräflichem Kapitel auf der einen und dem Vogt auf der anderen Seite Regelungen über das Judengeleit getroffen.[149] Ausdrücklich verlangen die Damen, daß der Vogt die wichtigen und mit hohen Einkünften verbundenen Regalien, unter anderem das des Judengeleits, nicht an sich ziehen dürfe, sondern diese der Fürstin vorbehalten bleiben.

Juden waren auf diese Geleitbriefe bzw. Schutzversprechen des Kaisers und/oder ihres Landesherrn dringend angewiesen. Denn als Nichtchristen, die keiner Zunft angehören, kein Land besitzen und keine Waffen tragen durften, waren sie ohne solchen Schutz wehrlos.

Eine Reihe solcher Geleitbriefe, die die Essener Fürstinnen ihren Schutzjuden ausstellten, sind in der „Geschichte der Juden in Stadt und Stift Essen" von S. Samuel abgedruckt worden. Der älteste bekannte Geleitbrief stammt aus dem Jahre 1409. Darin verspricht Äbtissin Elisabeth von Nassau den beiden Juden Salomon und Lewe, daß sie mit Frau und Gesinde acht Jahre lang in der Stadt Essen wohnen und dort als Pfandleiher tätig sein dürfen. Es ist ihnen aber strengstens untersagt, mit *tobrokene Keliche und blodige Cledere*, also mit zerbrochenen Kelchen und blutigen Kleidern, zu handeln,[150] d. h. die Annahme verdächtiger Pfandstücke war ihnen verboten. Die Geleitbriefe der Essener Äbtissinnen waren für die Juden recht vorteilhaft. Sie konnten vor Gericht nur von zwei unbescholtenen Juden und zwei unbescholtenen Christen überführt werden (1409 und 1454). Falls sie einen Eid ablegen mußten, sollte dies vor der Fürstin und *unsem Rade* erfolgen, doch nur in der Form, *dat em God also helpe*; entehrende und demütigende Formulierungen wurden ihnen nicht abverlangt. In Essen gab es auch keine Zwangsbekehrungen oder Vorschriften, einen Judenhut oder Judenfleck zu tragen. Allerdings war ihnen das *dobbel spill* (Glücksspiel) mit Christen strengstens untersagt (1454, 1491).

Die Äbtissin verpflichtete sich, den Juden die Entziehung ihres Schutz ein Jahr zuvor anzukündigen. Eine solche *Aufsage des Geleits* nahm Äbtissin Sibylla von Montfort 1546 vor, zahlte aber *Heyman, dem Juden zu Steyl* einen Teil seiner Schutzgelder zurück.[151] Denn dieser Schutz hatte seinen Preis: Im 15. Jahrhundert mußten pro Jahr zehn gute, schwere rheinische Gulden gezahlt werden.

Samuel vermutet, daß die älteste Herberge der Essener Juden, „der Judenhof", zwischen Viehofer und Limbecker Tor im Bereich der heutigen Kastanienallee lag.[152] Später lebten die Juden meist in der stiftischen Burgfreiheit, wo ihnen das gräfliche Damenkapitel 1685 eine neue Synagoge errichten ließ.

Pfandleihe war auch in Essen und Steele der wohl wichtigste Erwerbszweig der Juden. In dem Geleitbrief für die Juden Heymann und Freudt, ausgestellt von Elisabeth von Manderscheid-Blankenheim 1588, heißt es ausdrücklich, das die Geldleihe *den Christen zu ihrem Nutten* geschehen müsse; in Bezug auf den Zinsfuß sollten sie sich an dem im Erzstift Köln, in

Aachen und Dortmund üblichen orientieren.[153] Später kamen noch Viehhandel, auch der Handel mit Branntwein und Indigo hinzu. Hin und wieder tauchen jüdische Ärzte auf, die sich aber anscheinend nie lange halten konnten.

Ausweisungen kamen offensichtlich selten vor. 1349, als die Pest – der ‚Schwarze Tod‘ – in Europa herrschte, soll Katharina von der Mark die Essener Juden, die der Brunnenvergiftung beschuldigt wurden, vertrieben haben; andernorts fanden deswegen Pogrome statt. Schwierigkeiten ergaben sich für die Juden meist dann, wenn Stadt und Stift um ihre Kompetenzen stritten. Bereits im späten 15. Jahrhundert waren deswegen Konflikte entstanden, weil Äbtissin Sophia von Gleichen (1459–1489) i h r e Juden für 50 rheinische Gulden an die Stadt verpfändet hatte. Seitdem beharrte die Stadt darauf, über das Geleit der Juden, deren Rechtsprechung und Besteuerung mitzubestimmen. Wiederholt entstanden ernste Differenzen, wenn Juden sich mit der Bitte um Schutz an die Äbtissinnen wandten und diese dann von der Stadt Gehorsam verlangten; sogar das Reichskammergericht wurde in solchen Fällen angerufen, wobei es nicht um die Rechte der Juden ging, sondern um die Frage, ob die Stadt der Fürstin Folge zu leisten habe.

Um ihre obrigkeitlichen Rechte zu demonstrieren, erließ die Stadt bereits 1598 eine *Judenordnung*.[154] Darin wird von den Juden verlangt, daß jeder acht Reichstaler *zu Nutz der Stadt jarlichs* zahlen müsse, von ‚Geleit‘ ist allerdings nicht die Rede. Sie müssen sich auf die Pfandleihe beschränken, sich *aller anderer ehrliger Commercien* enthalten und dürfen nicht mit der Kaufmannschaft in Konkurrenz treten (Pkt. 8). Außerhalb der Burgfreiheit, also in der Stadt, dürfen Juden sich im Winter nach sechs und im Sommer nach neun Uhr abends nicht auf den Straßen sehen lassen (Pkt. 12). Die meisten Punkte behandeln die Art der Pfandleihe.

Ganz anders sieht die *Fürstlich-Essendische Judenordnung* aus dem Jahre 1695 aus, die unter Fürstäbtissin Bernardine Sophia von Ostfriesland und Rietberg erlassen wurde.[155] Sie geht über die städtische weit hinaus und versucht neben Fragen des Judengeleits auch das Zusammenleben von Christen und Juden zu regeln. So sollen sich die *vergleydeten* Juden gegenüber den stiftischen Untertanen *ohne Hochmuth, Zanck, Gotteslästerung, Schmähung und Verachtung der Christcatholischen Religion und Glaubens* verhalten und *keine Christen zu ihrer Judenschaft […] verleiten*. An hohen Fest-, Sonn- und Feiertagen dürfen sie sich während der Prozessionszeiten nicht auf der Straße zeigen und müssen Läden, Fenster und Häuser zusperren (§ 3). Den christlichen Untertanen wird *bey schwerer Ungnade und zweyhundert Goldgulden* Strafe auferlegt, die Juden weder *an Leib noch an Güthern zu beleidigen* (§ 17). Im Gegensatz zur städtischen Judenordnung wird den Juden erlaubt, *mit Kleinodien, Gold- und Silbergeschirr, Wein und allerhand Früchten, mit Pferden, Kühen, Schaafen und anderm Viehe*, nach Bartholomaei (24. Aug.) auch mit Wolle und das ganze Jahr über mit allerhand *Krahmwaren* zu handeln, *jedoch ohne offenen Laden* (§ 4). Ihren Eid dürfen sie gemäß den Vorschriften ihrer Religion leisten (§ 8). Rechnungsbücher, Verträge und Buchführung müssen in deutscher Sprache abgefaßt werden. Da die Juden aber erklärten, dies sei unmöglich, räumte die Fürstin ihnen eine Zehnjahresfrist ein, mit der Maßgabe, daß sie *inner solcher Zeit ihre Kinder im Teutsch schreiben, lesen und Buchhalten unterweisen lassen* (§ 9).

Im Vergleich zu den benachbarten Territorien (zum Beispiel Vest Recklinghausen, Jülich-Berg, Mark) scheinen sich die Juden im Stift Essen recht wohl gefühlt zu haben. Im 18. Jahrhundert lebten die meisten von ihnen in Steele, aber auch als Untertanen der Fürstin in (Dortmund)-Dorstfeld, -Huckarde, Breisig und Borbeck. 1757 baten zwei Juden aus Bochum, sich in Steele niederlassen zu dürfen. Der letzte Schutzbrief (1805) für die Essener Judenschaft verzeichnet 18 Familien.

Christliche Begräbnisplätze lagen von alters her in und um die Kirche in der Nähe der heilbringenden Reliquien. Wo Juden im Mittelalter beigesetzt wurden, ist unbekannt. Wir erfahren nur, daß das Ausfahren der Leichen fürstlicherseits abgabenfrei war; die Stadt dagegen verlangte zum Beispiel 1617 bei einer *Hauptleich* für jeden Bürgermeister 1/2 Reichstaler, bei einer *Kindes- oder Frauenleiche* zwei Viertel Wein.[156]

Über einen Begräbnisplatz der Juden im Stift finden sich die ersten Nachrichten zu Beginn des 17. Jahrhunderts. Da ihnen als Nichtchristen der Landkauf verwehrt war, blieb ihnen nur Pacht und Erbzins. 1627 vereinbarte der Jude Simon zu Steele mit Hermann im Stein, daß seine verstorbene Frau *hinder Möller ahm Dungenß Heusgen* begraben werden solle. Er zahlte dafür 18 Reichstaler. 1710 wurde ein neuer Friedhof auf dem Knotenberg in Steele gegenüber dem späteren Waisenhaus angelegt, der aber seit 1767 (nach dessen Erbauung) nicht mehr belegt werden durfte; seitdem beerdigten die Juden ihre Toten auf dem neuen Friedhof in den Hovescheider Siepen an der heutigen Lanterstraße. Die Essener und Steelenser Judenschaft schloß mit den Huttroper Bauern in der fürstlichen Kanzlei darüber am 6. Oktober 1766 einen Vertrag. Die Juden verpflichteten sich, jährlich 2 Rtlr zu zahlen, zusätzlich *von jedem dort zu Beerdigenden Cörper, Er seye von einem erwachsenen Menschen oder von einem kleinen Kind* 30 stb.[157] Benötigte man einen Leichenwagen, kostete das noch einmal 45 stb., Kinderleichen, die man tragen konnte, durften kostenlos überführt werden. Im Gegenzug verpflichteten sich die Huttroper Bauern, die verstorbenen Juden zu jeder Jahreszeit sofort zum Friedhof zu bringen.

Hexen[158]

Die tolerante Haltung, die die Essener Äbtissinnen gegenüber ihren Schutzjuden zeigten, scheint sich im späten 16. Jahrhundert in der Zeit der Hexenprozesse fortzusetzen.

Insgesamt gab es von 1570 bis 1613 in Dortmund, Essen, Rellinghausen, Herrlichkeit Horst und Vest Recklinghausen wellenartig 182 Untersuchungsverfahren gegen *Zaubersche*. Eine Hochburg der Verfolgungen war das Vest Recklinghausen, das zum kurkölnischen Territorium gehörte. 1580/81 machte man „Hexenjagd" auf 54 Männer und Frauen, von denen 44 auf dem Scheiterhaufen verbrannt wurden; eine zweite Welle erfolgte dort 1588 bis 1590, als 45 Personen angeklagt und 21 von ihnen hingerichtet wurden. 1581 und 1593 wurden in Dortmund 23 Personen verhört und zwölf zum Tode verurteilt.

Für Stadt und Stift Essen sind für die Zeit von 1580 bis 1589 nur 14 Hexenprozesse überliefert, die alle einen unblutigen Ausgang nahmen. Die Beschuldigten wurden ‚nur' mit Landesverweisung bestraft, was Gudrun Gersmann, Otto Seemann folgend, „als Ausdruck einer äußerst zurückhaltenden Verfolgungspolitik der Äbtissinnen" wertete.[159] Seemann ging noch einen Schritt weiter und wollte *zur Ehre der Fürstinnen* bemerken, *daß sie keineswegs der um sich greifenden Verfolgungswut [...] Vorschub geleistet haben, sondern derselben eher hemmend entgegen getreten zu sein scheinen*.[160]

Die geringe Zahl der Prozesse und die milden Urteile gegen Elsgen Kammans, die 1580 wegen Schadenzaubers verhaftet worden war, und gegen Reinhold Pott, der bei der Wasserprobe 1581 geschwommen, also schuldig war und deswegen peinlich verhört werden mußte, scheinen Seemann Recht zu geben. Auf Befehl der Fürstin Elisabeth von Sayn wurde Elsgen wegen ihrer Jugend und ihrer kleinen Kinder ‚nur' des Landes verwiesen, und auch Pott erhielt ‚lediglich' Peitschenhiebe am Borbecker Pranger und mußte dann das Land verlassen.

Landesverweisung der als Hexe beschuldigten Elsgen Kammans, 1580

Ao. 1580 am letzten May Elssgen Kammans uß Befelch Ehrwüriger Wolgeporner Fürstin u. Frauwen Abtissin deß Kais. freiweltl. Stifts Essen in Irer F. G. Hafftungh die Windemüelle uff vorgehend anzeig der Zauberei halb gefengklich angenommen. Ist uff vilfaltig Schreien und demütig Bitt ihrer selbs auch anderer Intercession und Vorbitt irer Jugend und trostloser underjariger Kinder halb mit dem Leben begnadet, der Hafftungh uff gepürlich Orpfeden gnedig erlassen und poena relegationis [Landesverweisung] *bestrafft. [...] Actum vor der Windmüellen coram iudice in praesentia Johans zum Pottkamp u. Johan Nyß, Fronen.*

zit. n. Seemann, Hexenprozesse, 118; vgl. Kirchner, Rechtswesen, 234; Reichart, Alltagsleben, 195.

Landesverweisung des Reinhold Pott wegen Zauberei, 1581

Alls Reinhold Pott von Dortmund der Zauberei halb diffamirt sich selbs allhie zur Wasser-
prob ungefordert eingestelt und dieselb an ime befonden, ist er in der Windmoellen gefengk-
lich hingelegt und tormentis subjicyirt, da er doch pertinaciter geleugnet, daß er nit zaubern
könne. Derwegen, alß man von ime mit Pein die Bekendtniß nit haben können, die land-
fürstliche Obrigkeit gnedig befehlen lassen, daß er zuvorderst am Pranger zu Borbeckh vorm
Kirchove gestrichen und des Landtes verwiesen werden soll, wie dann uff gewonlich Urpfe-
de beschehen.

zit. n. Seemann, Hexenprozesse, 118 f.; vgl. Kirchner, Rechtswesen, 234; Reichart, Alltagsleben, 196.

Im Vergleich zu dem, was sich fast gleichzeitig im Stift Rellinghausen abspielte, waren die Essener Verfolgungen moderat. In Rellinghausen, das stark unter kurkölnischem Einfluß stand,
wurden zwischen 1570 und 1595 42 Personen hingerichtet, davon 39 wegen Zauberei.

Im Stift Rellinghausen gehörten auch die Stiftsdamen, die dem niederen Adel entstamm-
ten, zu den treibenden Kräften der Verfolgungen. Herr von Schell-Altendorf sagte später vor
Gericht aus, der Rellinghausener Vogt Wilhelm von Eyll habe sich bei ihm beklagt, *daß die*
Jungfrauen etwa zuviel stark Justiz gehalten haben wollen. Es sei ein gefährlich Werk, das die
Jungfrauen nicht verständen. Sie wären nicht selbst bei der Tortur, sondern ließen solches ih-
rem Richter, ihm, dem Vogt und seinem Richter befohlen sein.[161]

Bei der Wasserprobe, die der Tortur bzw. Folter vorausging, waren die Stiftsfräulein aber
durchaus anwesend. Herr von Schell-Altendorf bezeugte, *er habe einmal 4 Frauenspersonen in*
Anwesenheit etlicher Kapitularfräulein mit dem Wasser probieren sehen.[162] Im Stift Rellinghausen fand die Wasserprobe in der Ruhr statt, im Stift Essen in der Emscher. Den Angeklagten wurden kreuzweise Arme und Beine gebunden, dann wurden sie aufs Wasser geworfen.
Gingen sie unter (sie mußten nicht ertrinken), war das der Unschuldsbeweis, Schwimmen zeigte ihre Schuld an und zog meist die Folter nach sich. Dazu muß man allerdings wissen, daß
viele Personen, die der Hexerei beschuldigt wurden, freiwillig versuchten, auf diese Weise ihre
Unschuld zu beweisen.

So geschah es auch in Essen, als am 30. Mai 1589 18 Männer und Frauen freiwillig die
Wasserprobe verlangten, um sich von dem Gerücht der Zauberei und Hexerei zu befreien. Nur
sechs sanken unter Wasser, zwölf von ihnen schwammen und wurden zum peinlichen Verhör
gebracht. Ausführlich hat bereits Otto Seemann die Aussagen der Verhafteten, die unter ein-
bis zweistündiger Folter fast alles zugaben, was die Richter hören wollten, dargestellt. Doch
letztlich hatte der fürstliche Hofrichter, nicht die Fürstin, Bedenken gegen das ganze Verfahren.
Er zweifelte sowohl an der Wasserprobe als auch an den Aussagen der Delinquenten. Trotz der
Folter hatten nur drei Personen (Heinrich in der Holtbeck, Herskamp und Huttmann's Tochter) ein umfassendes Geständnis abgelegt, das sie später widerriefen. In einer Denkschrift teilte
der Richter der Fürstin seine Zweifel mit; er hielt es angesichts der Beweislage sogar für frag-
würdig, die Beschuldigten auch nur des Landes zu verweisen, wie es zu Zeiten der verstorbenen Fürstin geschehen war, und berief sich dabei auf die Halsgerichtsordnung Kaiser Karls V.
Doch Fürstäbtissin Elisabeth von Manderscheid-Blankenheim genügte das nicht, sondern sie
holte zweimal bei Rechtsgelehrten in Köln Erkundigungen ein, um deren Meinung zu erfahren.
Mit der ersten Antwort, in der diese dem Essener Richter, den sie als erfahrenen Mann darstellen, Recht gaben, war die Fürstin offensichtlich nicht einverstanden. Erst als schließlich ein
dritter Rechtsgelehrter aus Köln namens Wissfeld zum gleichen Ergebnis kam, fügte sich die
Fürstin. Dem Urteil des Henrich Wissfeld zufolge wurden die Angeklagten gegen Bezahlung
der Kosten aus der Haft entlassen, mußten aber eidlich versichern, sich wieder zu stellen, wenn
neue Indizien gegen sie vorlägen.

Der Fanatismus der Kölner Kurfürsten war den Essener Fürstinnen unbekannt, doch
Gefühlsduselei darf man ihnen auch nicht unterstellen: Todesurteile wurden durchaus ausge-

sprochen, 1591 fand eine Enthauptung in Borbeck statt. Begnadigung oder Vollstreckung hingen häufig auch hier eher von den jeweiligen Beziehungen zwischen Stadt und Stift als von der Beurteilung des Einzelfalles ab.

Landesherrin und Landstände seit dem 16. Jahrhundert

Spätestens seit dem 16. Jahrhundert waren die Fürstäbtissinnen in ihren politischen Entscheidungen an die Zustimmung der Landstände gebunden. Das kaiserlich-freiweltliche Damenstift Essen war innerhalb des ‚Heiligen Römischen Reiches' die einzige Reichsabtei, die eine voll entwickelte landständische Verfassung vorweisen konnte. Der wohl berühmteste Staatsrechtler und Jurist des 18. Jahrhunderts Johann Jacob Moser schrieb: *So vil ich habe in Erfahrung bringen können, hat kein ein[z]iger Reichs-Prälat ein Gebiet, darinn sich formlich Land-Stände befinden. [...] Die weibliche Abtey Essen hingegen hat [...] Land-Stände und Land-Tage.* Noch etwas ganz Außergewöhnliches, das gar nicht genug betont werden kann, kam hinzu und versetzte sogar Moser in Staunen: Der erste Landstand bestand in Essen – einmalig im Alten Reich – *aus lauter Frauenzimmer.*[163]

F r a u e n , die Essener Stiftsdamen, bildeten den ersten Landstand, ein politisches Gremium! Zweiter Landstand war das Kanonikerkapitel, dritte die Essener Ritterschaft, die bereits in früheren Jahrhunderten den Beirat und *Umstand* der Fürstin gebildet hatte.

Nach dem Vorbild der Nachbarterritorien Grafschaft Mark und Jülich-Berg bildeten sich erst feste Formen aus, als von Kaiser und Reich wiederholt Beiträge zur Finanzierung der Türkenkriege verlangt wurden. Zu Beginn des 16. Jahrhunderts hatte die Fürstäbtissin Schwierigkeiten, diese Gelder aufzubringen und berief 1521 zum ersten Mal die Stände ein, um die Erhebung neuer Steuern zu bewilligen. Am 18. Juni 1565 wurde der erste Beschluß des Landtags, später als ‚Grundgesetz des Vaterlands' *(lex fundamentalis patriae)* bezeichnet, verabschiedet. Während in vielen anderen Territorien das Mitspracherecht der Stände im späten 17. Jahrhundert immer mehr beschnitten wurde, schwankte ihr Einfluß in Essen sehr, nahm aber gegen Ende des 18. Jahrhunderts beträchtlich zu.

Landtage wurden mehr oder weniger regelmäßig einberufen: von 1571 bis 1631 mindestens einmal, manchmal sogar mehrmals im Jahr. Während des Dreißigjährigen Krieges fanden gar keine Landtage statt, weil sich Damenkapitel und Äbtissin größtenteils außer Landes aufhielten. Dies änderte sich mit der Regierungsübernahme Anna Salomes von Salm-Reifferscheidt, die zeitweise wöchentlich die Stände einberief.

Fürstin Bernardine Sophia von Ostfriesland und Rietberg (1691–1725) begann, den Ständen ihre Rechte streitig zu machen. Ein Ende schien in Sicht, als Franziska Christine sie 1735 zum letzten Mal einberufen wollte. Da sie indes deren Rechnungsabhörung nicht verhindern konnte, gestattete sie gnädig, die Kommentare der Landstände als *gutächtlichen Beirat* zu akzeptieren.[164] Als sie allerdings 1756 gegen die landständischen Versammlungen im Haus der Pröpstin vorgehen wollte, regte sich äußerster Widerstand. Man besann sich auf seine althergebrachten Rechte und vertrat sie von da an immer deutlicher gegenüber den Fürstinnen und ihren Beamten. Nach einer erfolgreichen Klage gegen die von der Fürstin 1786 eigenmächtig erlassene neue Forstordnung und nach einvernehmlichem Abschluß des Landesgrundvergleichs im Jahre 1794, nahmen Bedeutung und Einfluß der Stände bis zur Säkularisierung beträchtlich zu. Die letzte Sitzung des Essener Landtags fand am 31. Oktober 1800 statt.

Einladungen zum Landtag gingen von der Fürstin aus und mußten fristgerecht vorliegen. Tagungsort war in der Regel der große Saal in der Abtei.

Die Dauer der Landtage war sehr verschieden; bisweilen wurden die Verhandlungen an einem Tag beendet, manchmal dauerten sie mehrere Wochen, der letzte zog sich gar über zwei Jahre hin. Mit der Ausfertigung des sog. *Abschieds* hatte der Landtag sein Ende erreicht und die Stände wurden entlassen. Wurde kein gemeinsamer Abschied (Beschluß) gefunden, so beließ man es bei der Abfassung eines Protokolls.

Die oft nicht unerheblichen Kosten für den Landtag hatte das Land zu zahlen. So betrugen die Verpflegungskosten für den Landtag, der vom 14. Januar bis 20. März 1659 stattfand,

440 Rtlr. 1663 brauchte man für die Verhandlungen zwar nur zwei Tage, doch da an diesem Landtag 17 Personen teilnahmen, beliefen sich die Ausgaben auch auf über 100 Rtlr. 1702 ging man dazu über, nur noch Diäten zu zahlen, da die Fürstin nicht mehr bereit war, *solche übermessige [...] undt mehrentheilss auss übermessigem Fressen undt Sauffen und sonst unnöthig [...] Verschwendung der Dienern* zu bezahlen.[165] 1726 wurden die Diäten auf drei Reichstaler pro Tag festgesetzt. Allerdings verzichteten 1798 und 1799 die Stände auf Erstattung der Kosten, um den Landtag zum Besten des Landes fortzusetzen und die Beratungen zu einem guten Ende zu bringen.

An den Landtagssitzungen nahmen keineswegs alle Mitglieder der Stände teil. Die Stiftsdamen hatten als erster Stand zwar das Recht, persönlich zu erscheinen, ließen sich aber häufig durch den Kapitelsekretär oder ihren Syndikus, der später eine Art Geschäftsführer der Landstände wurde, vertreten. Versammlungen der Stände untereinander, um zum Beispiel Probleme zu beraten und Strategien abzusprechen, fanden im Haus der Pröpstin oder einer anderen Stiftsdame statt. Die Kanoniker entsandten in der Regel zwei Deputierte, meist den Dechanten und den Senior des Kapitels.

Zum dritten Landstand gehörten neben dem Stift Stoppenberg die Besitzer der Rittergüter Horl, Achternberg, Berge, Schellenberg, Ripshorst, Bermen und Dick. In Art. II § 3 des Landesgrundvergleichs heißt es, vorzeiten seien auch Stift Rellinghausen, Stadt Essen, Stadt Steele, Huckarde und Dorstfeld sowie Byfang und Breisig erschienen, doch über ihr Votum habe sich des öfteren Streit erhoben. Eine Beschränkung auf die ersten sieben Rittergüter galt erst seit dem 17. Jahrhundert, nachdem 1626 eine rechtliche Klärung erfolgt war, wer von der Ritterschaft die Landstandschaft besitze. Neben dem Besitz eines landtagsfähigen Gutes mußte eine weitere Voraussetzung durch persönliche Qualifikation erfüllt werden. Es gibt zwar keinen Beleg dafür, daß in Essen der Adel der Ritterbürtigen überprüft worden wäre; doch da die meisten in den Nachbarterritorien zum landtagsfähigen Adel gehörten und in den Damenstiften des niederen Adels, Stoppenberg und Rellinghausen, die Aufschwörungen überprüft wurden, wußte man genau, wer zum landtagsfähigen Adel gerechnet werden durfte und wer nicht. Seit 1611 war der Marschall Führer und Sprecher der Ritterschaft auf den Landtagen; die anderen Hofämter hatten keine wesentliche Funktion für die Ritterschaft als Landstand.

Unter den Ständen herrschte meist ein recht gutes Verhältnis. Dies änderte sich erst, als in der Endphase des Stifts der Freiherr von Schell als Deputierter des dritten Standes mehr zur fürstlichen Seite neigte, zumal sein Schwiegersohn, Freiherr von Aicholt, als Kanzleileiter tätig war und bei Differenzen seinem Schwiegervater gern entgegenkam: Eine Hand wäscht die andere.

Da bis zur Abfassung des Landesgrundvergleichs im Jahre 1794 nichts schriftlich fixiert war, ist es relativ schwierig, die Zuständigkeiten der Landstände zu bestimmen. Ihre Kompetenzen lassen sich aber aus den Landtagsabschieden und -protokollen ablesen.

Wichtigstes und ältestes Recht war das der Steuerbewilligung, wobei es weniger um das Ob als um das Wie, eben um die Aufbringung der Reichs- und Kreislasten ging. Zugeständnisse bei finanziellen Engpässen der Fürstinnen wiesen die Landstände immer als freiwilligen Beitrag des Landes aus, um keinen Präzedenzfall zu schaffen.

Doch man kam den Wünschen der Fürstinnen durchaus nicht immer nach. So wurde zum Beispiel 1615 die Anlage neuer Landwehren, Schlagbäume, Schanzen und die Bewaffnung des Landvolks vom Landtag abgelehnt, weil diese Ausgaben einerseits zwecklos, andererseits zu kostspielig seien. Angesichts der hoffnungslosen militärischen Unterlegenheit bewilligte man aber üblicherweise immer Gelder, die im Vorfeld dazu verwendet werden sollten, das Stift von Einquartierungen und Durchmärschen fremder Truppen zu verschonen. Da solche außergewöhnlichen Lasten des Landes finanziert werden mußten, wurden vor allem in der zweiten Hälfte des 17. Jahrhunderts neue Schatzungen (Steuern) bewilligt (Vieh- und Kopfschatzung, Gewinn-, Gewerbe- und Gesindesteuer). Dieses Geld war für die Landeskasse bestimmt und durfte nicht für die fürstliche Kasse genutzt werden. Als Maria Kunigunde von Sachsen 1778 die 12.000 Reichstaler, die die Stände ihr für die Renovierung des Borbecker Schlosses bewilligt hatten, für den Bau einer neuen Chaussee, deren Gewinne ihrer Privatkasse zugute kommen sollte, verwendete, gab die Juristenfakultät der Duisburger Universität den Essener Landständen Recht: Die Fürstin mußte das Geld ans Land zurückzahlen.

Bereits 1575 hatte man vereinbart, daß alle Quittungen über die Steuern und der ganze Schatzungsvorrat in eine *gemeine Kiste* gelegt werden sollten, zu der Fürstin, Kapitel und Ritterschaft je einen Schlüssel haben sollten.[166] Die Kontrolle dieser Landeskasse war Hauptaufgabe der Landstände und erfolgte regelmäßig bei Rechnungslegung durch die Kanzleibeamten.

In anderen Landesangelegenheiten – Rechtspflege, innere Verwaltung, Polizeiwesen, Gesetzgebung – zeigten die Stände große Zurückhaltung. Abgesehen von der Verabschiedung der Kanzlei-, Gerichts- und Judenordnung in den 90er Jahren des 17. Jahrhunderts waren sie im Bereich der Legislative selten engagiert. Demgegenüber gab es eine Menge von Gesetzen, die die Fürstinnen ohne Mitwirkung der Stände erlassen hatten. Ein Konflikt entstand erst, als Fürstäbtissin Maria Kunigunde 1786 auf Anraten ihrer Beamten, die mit den Essener Verhältnissen wenig vertraut waren, eine neue *Forst-, Jagdt-, Fischerei- und Frevelbethätigungsverordnung* publizieren wollte. Es war unklar, ob der Fürstin das Gesetzgebungsrecht allein zustehe oder ob sie verpflichtet sei, die *beiräthige Meinung der Stände* anzuhören".[167] Die Stände reichten Klage beim Reichskammergericht ein – ohne Ergebnis. Vermutlich hat der Landesgrundvergleich den Streit im Wege des Kompromisses beendet.

Die stiftischen Untertanen sahen die Stände gewissermaßen als „Beschwerdestelle" an und reichten häufig Bittschriften ein, die dann dem Landtag zur Beratung vorgelegt wurden. Oft handelte es sich um Ermäßigung von Schatzungen oder Pachtzahlungen oder um die Bitte, mit Einquartierungen verschont zu werden. Bisweilen suchte man auch um persönliche Unterstützung bei Katastrophen (Brand, Unwetter oder Krankheiten) nach, selbst Beschwerden über die Fürstin und ihre Beamten kamen vor.

Meist griffen die Landstände die Beschwerden und Suppliken der Untertanen auf. So forderten sie von der fürstlichen Kanzlei mehrfach durchgreifende Maßnahmen gegen *Bettler und fremdes Gesindel*.[168] Zunächst wäre es Aufgabe der Untertanen gewesen, für die Fernhaltung des *Gesindels* zu sorgen. Da diese aber Angst vor Rache hatten und deswegen meist nichts unternahmen, bewilligten die Stände fünf Reichstaler jährlich für die vier Gerichtsdiener, die gegen Vagabunden vorgehen sollten. Um Nahrungsengpässe zu vermeiden und die Ernährung der Bevölkerung zu sichern, berieten seit 1784 mehrere Landtage über die Anlage und den Bau von Kornspeichern.

Wiederholt wandte man sich gegen die übermäßige Inanspruchnahme der Untertanen zu fürstlichen Diensten. Bereits 1684 war auf Anregung der Stände eine Dienstordnung erlassen worden, welche die Leistung von Diensten für die Abtei regelte. Zugleich drängten die Stände, entsprechend dem Vorbild der benachbarten Territorien eine Judenordnung zu erarbeiten. In beiden Fällen hatten sie Erfolg und konnten damit noch hundert Jahre später den Borbecker Untertanen helfen, als diese sich durch die fürstlichen Hofbeamten beschwert fühlten: Die Fürstin verzichtete auf die bäuerlichen Dienste. – Das Selbstverständnis der Stände gegen Ende des 18. Jahrhunderts wird in einem Streit mit der Fürstin deutlich. Sie erklärten, sie handelten *,jure proprio, non commisso'* (kraft eigenen Rechts) und seien Aufseher über die Landeskasse und Verteidiger des Volkes (*curatores aerarii'* und *,defensores populi'*).[169] Der Widerstand der Bevölkerung gegen die Abschaffung der Landstände bei der Säkularisierung läßt vermuten, daß die Untertanen dies ähnlich sahen.

Äbtissinnen und Stiftsdamen als Unternehmerinnen: Bauherrin – Mäzenatin – Industriepionierin[170]

1992 hat Edith Ennen in einem Band der Reihe ,Deutsche Führungsschichten in der Neuzeit', der den Titel „Christliche Unternehmer" trägt, einen Aufsatz publiziert über „Frauen geistlichen Standes als mittelalterliche Grundherrinnen". Unternehmertum definiert sie nach Schumpeter als „das aktivschöpferische Element, das neue Kombinationen von Kapital, Boden und Arbeit durchsetzt und dadurch der wirtschaftlichen Entwicklung immer wieder starke Impulse gibt."[171] Nach dieser Definition ist Unternehmertum nicht auf modernes Gewinnstreben beschränkt, sondern war in jeder Epoche vorhanden. Ennen benutzte für ihre Fragestellung vorwiegend Essener Quellen und rückte interessante Aspekte ins Blickfeld.

Zunächst war die Abtei landwirtschaftlicher Großunternehmer: Essen hatte 43.200 Morgen Land, zum Vergleich: Das 978 gegründete Stift Vilich bei Bonn besaß rund 6.000 Morgen. (Grundlage der Berechnung ist die große Vogteirolle (um 1220), nach der Essen 1.440 Mansen in 905 Orten hatte; eine Hufe wurde zu der üblichen Größe von 30 Morgen gerechnet). Die Zahlen vermitteln ein beeindruckendes Bild von der Größe des Grundbesitzes der Essener Stiftsdamen.

Als Bauherrinnen im Kirchenbau und als Auftraggeberinnen für Künstler sind die Essener Äbtissinnen des 10. und 11. Jahrhunderts, Mathilde, Theophanu und auch Svanhild, wiederholt in Erscheinung getreten. Wenn auch das Westwerk des Essener Münsters, dessen Bau um 1000 begonnen wurde, sicher den Höhepunkt der architektonischen Leistungen in Essen darstellt, so sollten dennoch die Baumaßnahmen der folgenden Jahrhunderte nicht außer acht gelassen werden. Baufälligkeit und Brandkatastrophen veranlaßten die Äbtissinnen immer wieder zu neuen Aufträgen, die sicher auch von Essener Handwerkern ausgeführt wurden und die so ihren Lebensunterhalt verdienen konnten: Nach den Aufzeichnungen des Jodokus Hermann Nünning sind umfangreiche Neu-, Um- und Wiederaufbaumaßnahmen am Essener Münster erfolgt unter den Äbtissinnen Elisabeth I. (1237–1241), Beatrix von Holte (1292–1327), Elisabeth von Nassau (1370–1412) und Elisabeth van Beeck (1426–1445). Um nur wenige weitere Beispiele im Laufe der Jahrhunderte zu nennen: Katharina von der Mark (1337–1360) ließ die Pfarrkirche in Borbeck und verschiedene Kapellen erbauen. Im 16. Jahrhundert ließ Sibylla von Montfort ein neues Gymnasium errichten, die Münsterkirche neu ausmalen und eine neue Orgel anschaffen. Schloß Borbeck wurde nach verschiedenen Verwüstungen zu Zeiten Meinas von Daun-Oberstein (1489–1525) und Elisabeths von Manderscheid-Blankenheim auf- und ausgebaut. Anna Salome von Salm-Reifferscheidt und Franziska Christine von Pfalz-Sulzbach machten es schließlich wieder zu einer wohnlichen Sommerresidenz der Fürstinnen. Was in den überlieferten Äbtissinnenkatalogen nicht erwähnt wird, sind die Neu- und Umbauten der säkularen Gebäude, der Wirtschaftsräume und Kurien der Stiftsdamen, die oft nicht geringe Kosten verursachten.

Inwieweit die Aufträge für Gold- und Silberschmiedearbeiten der Essener Wirtschaft zugute kamen, muß dahin gestellt bleiben. Man wird davon ausgehen können, daß in der Regel Künstler von auswärts angeworben wurden. Bekannt ist der Vertrag mit Bartholomäus Bruyn, der den großen Flügelaltar (heute in der St.-Johannis-Kirche) mit dem Porträt der Stifterin Margarete von Beichlingen zu Beginn des 16. Jahrhunderts schuf.

Das alles erforderte immense Mittel und ein solides wirtschaftliches Fundament. Bemerkenswerterweise ist eine der ältesten Quellen zur stiftischen Geschichte, das sog. Heberegister des Brauamtes aus dem späten 9. Jahrhundert, nicht wie derartige Werdener Aufzeichnungen in lateinischer Sprache, der Sprache der Geistlichkeit, sondern in Altsächsisch niedergeschrieben. Man wird dies als Hinweis auf die Eigenverantwortung der Sanktimonialen werten dürfen.

Als erste Unternehmerin charakterisiert Edith Ennen Äbtissin Sophie, die Tochter Ottos II. und Äbtissin von Gandersheim und Essen (1012–1039), und relativiert damit das negative Bild dieser Herrscherin, an dem sie selbst noch in ihrer Geschichte ‚Frauen im Mittelalter' mitgezeichnet hatte. Von zeitgenössischen Kirchenfürsten ist Sophie ebenso kritisiert und verteufelt worden wie von Historikern des 19. Jahrhunderts. Zahlreiche Urkunden, in denen sie als Intervenientin bezeichnet wird, belegen, daß sie sich in die Reichspolitik ihres Bruders durchaus erfolgreich einmischte und auf diese Weise im Interesse des Stiftes und ihrer Familie handelte. Es ging dabei – so Käthe Sonnleithner – darum, „das Vermächtnis des Heils für die Familie zu erhalten."[172] Die ältere Essener Geschichtsschreibung hat Sophie immer wieder vorgeworfen, Besitz entfremdet und den Hofverband Brüggen in der Nähe von Göttingen an Gandersheim verschenkt zu haben. Übersehen hat man bisher meist, daß gerade sie es war, die im Streit um den wichtigen Zehntbezirk mit Erzbischof Pilgrim von Köln trotz nicht ausreichender Beweise einen für Essen günstigen Vergleich erzielen konnte. Auf Bitten der Äbtissin und des ganzen Konvents und aus Rücksicht auf seinen Vorgänger Gunthar, der die Schenkung an Essen im 9. Jahrhundert vorgenommen hatte, übertrug der Erzbischof dem Stift schließlich erneut den Zehnten. Die Besitzsicherung, die damals für alle geistlichen Grundherrschaften ein zentrales Problem darstellte, war somit dank des energischen Auftretens der Äbtissin gesichert.

Ein weiteres unternehmerisches Element ‚geistlicher Frauen' sieht Ennen in dem Jahrmarktsprivileg, zu dessen Ausstellung Äbtissin Theophanu 1041 Kaiser Heinrich III. veranlaßte. Sie hatte sich an den Herrscher gewandt und darum gebeten, daß drei Tage vor und drei Tage nach dem Fest der Stiftspatrone am 27. September ein Jahrmarkt abgehalten werden dürfe. Der Zeitpunkt war gut gewählt und entsprang kluger ökonomischer Berechnung, denn es war damit zu rechnen, daß der mit dem Patronatsfest verbundene Markt viele Besucher anlocken würde. Auch Äbtissin Hildegard von Kaufungen erhielt von Heinrich III. ein solches Privileg. Doch diese beiden sind die einzigen, die solche Marktprivilegien erhalten haben. Ennen sieht darin – wohl nicht zu Unrecht – ein Indiz dafür, daß diese Marktverleihungen auf persönliche Initiative der Äbtissinnen zurückgingen und nicht primär Ausfluß kaiserlicher Politik waren. Selbstverständlich wurde dadurch der Stadtwerdungsprozeß erheblich gefördert; daß sich diese später gegen ihre Stadtherrin wenden würde, konnte Theophanu nicht voraussehen.

Daß es manchmal klüger sein kann, kurzfristig auf Gewinn zu verzichten, um langfristige Einkünfte zu sichern, hatten die Essener Damen schon früh erkannt. Um die Verteidigungskraft ihrer Untertanen in gefährlichen Zeiten zu erhöhen, beschlossen am 14. Juli 1338 die Äbtissin Katharina von der Mark, die Pröpstin Lutgardis, die Dechantin Irmengardis, die Scholasterin Oda, die Schatzmeisterin Agnes und das gesamte Damenkapitel, fortan auf die Todfallabgabe der Bauern (Pferd und Waffen) zu verzichten.

Entsprechend ihrem Äbtissinneneid, den Besitz des Stiftes zu schützen und verlorene Güter zurückzugewinnen, setzte Kunigunde von Berg (1327–1337) den Entfremdungsversuchen ihrer Lehnsmänner ein Ende, indem sie – wenn auch sicherlich auf Empfehlung ihrer männlichen Ratgeber – die bereits erwähnten Güterregister anlegen ließ, auf deren Grundlage erst eine geordnete und moderne Wirtschaftsführung durch geänderte Pachtverträge möglich war.

Bisher sind wir den Ausführungen Edith Ennens gefolgt. Für die Frühe Neuzeit liegen zu dieser Fragestellung keine einschlägigen Untersuchungen vor. Es ist bekannt, daß es in den Jahrzehnten nach dem Dreißigjährigen Krieg zu einem allgemeinen Bauboom kam, der auch in Stift und Stadt Essen seinen Niederschlag fand: neue Kurien, neue Jesuitenresidenz (Vorläufer des Burggymnasiums), schließlich in der zweiten Hälfte des 18. Jahrhunderts unter Äbtissin Franziska Christine von Pfalz-Sulzbach der große Neubau das Waisenhauses in Steele und der zweimalige Umbau von Schloß Borbeck. Waren bis dahin die meisten Äbtissinnen auf Besitzstandswahrung bedacht gewesen, so wurden gerade unter dieser vorletzten Fürstäbtissin, die von ihren jesuitischen Beratern dominiert wurde, große Teile stiftischen Eigentums veräußert. Das Damenkapitel als Grundherr sah dem keineswegs gleichgültig zu, sondern machte immense Schulden, um wenigstens Teile des Besitzes (die Rittergüter Münsterhausen und Haus Berge in Borbeck) zurückzukaufen.

Aus den bitteren Erfahrungen, die das Damenkapitel mit Franziska Christine hatte machen müssen, mag die distanzierte Zurückhaltung gegenüber den großen Bauvorhaben der letzten Fürstäbtissin, Maria Kunigunde von Sachsen, resultieren. Sie war aus Dresden, Koblenz und Trier, wo sie am kurfürstlichen Hofe ihres Bruders lebte, Besseres gewohnt und wollte nicht nur Schloß Borbeck von Grund auf neu bauen. Auch im Straßenbau engagierte sie sich. Als Preußen eine neue Chaussee, die aus dem Märkischen über Steele und Essen nach Wesel führen sollte, anlegen wollte, hatten die Landstände sich geweigert, für den Ausbau dieser Strecke im stiftischen Territorium eine Anleihe aufzunehmen. Daraufhin ließ die Fürstin diesen für das Land so notwendigen Verkehrsweg aus eigenen Mitteln ausführen. Maria Kunigunde handelte bald darauf auch in anderen Bereichen als Privatunternehmerin.

Wie Theophanu durch die Marktverleihung zur Wegbereiterin im Prozeß der Stadtwerdung wurde, war Maria Kunigunde aktiv unter den Pionieren der Industrialisierung zu finden.

Sie war (Mit-)Besitzerin der ersten drei Hütten St. Antony, Gute Hoffnung und Neu-Essen (siehe Karte). Aus diesen kleinen Gewerken, die sich zunächst als Konkurrenten das Wasser abgruben, Arbeiter und Kunden wegschnappten und sich die Holzkohle im Hochofen nicht gönnten, entstand durch Fusion das Stammwerk der späteren Gutehoffnunghütte (GHH), die sich von der „Wiege des Ruhrgebiets" zum größten europäischen Investitionsgüterkonzern entwickelte. (Siehe dazu auch Abb. 34 auf Seite 128.)

Im Emscherbruch, nahe Osterfeld und Sterkrade, ungefähr da, wo heute das CentrO von Tausenden Menschen besucht wird, war früher ein Dreiländereck, wo drei Territorien – das kurkölnische Vest Recklinghausen, das preußische Herzogtum Kleve und das reichsunmittelbare Stift Essen – aneinander grenzten. Nachdem man hier in dieser öden Landschaft das nur 15 bis 30 cm unter der Erde liegende Raseneisenerz als bedeutenden Bodenschatz erkannt hatte, wurde das Gebiet um die Mitte des 18. Jahrhunderts plötzlich interessant. Während die hiesigen Bauern dieses Erz, auch Brauneisenstein genannt, bis dahin nur ärgerlich beiseite geräumt hatten, weil es den Boden unfruchtbar machte, wußte man in Sachsen bereits, daß damit viel Geld zu verdienen war. Bald standen in der Emscherniederung drei Eisenhütten in einer Entfernung von einer Viertelstunde Fußmarsch voneinander: St. Antony, Gute Hoffnung und Neu-Essen. An allen dreien war Maria Kunigunde von Sachsen als private Eigentümerin (nicht als Äbtissin oder Landesherrin) bis 1805 beteiligt.

Als erste Hütte entstand 1752 St. Antony im kurkölnischen Territorium mit Erlaubnis des Erzbischofs und auf Initiative des im Stift Essen geborenen münsterschen Domherrn Franz Ferdinand Freiherr von der Wenge zur Dieck. Der Betrieb konnte allerdings erst sechs Jahre später aufgenommen werden, denn die Zisterzienserinnen des Klosters Sterkrade, die von den Neuerungen erheblich betroffen waren, holten mehrere Gutachten gegen die – wie sich bald zeigen sollte – zu Recht erwartete Umweltverschmutzung ein. Sie führten mehrere Prozesse dagegen, wurden aber schließlich vom Kölner Erzbischof gezwungen, klein beizugeben.

Die zweite Hütte namens ‚Gute Hoffnung' entstand fast 30 Jahre später im benachbarten Herzogtum Kleve. Im September 1780 erteilte der preußische König die Betriebserlaubnis. Der Betreiber, Eberhard Pfandhöfer aus Siegen, der zuvor auf St. Antony gearbeitet hatte, wußte die-

▲ Abb. 35: St.-Antony-Hütte, erste Hütte im Dreiländereck, Vorläufer der späteren Gutehoffnungshütte

ses Mal den Widerstand der Sterkrader Nonnen geschickt zu umgehen, indem er sie zu 25 Prozent an seinem Unternehmen beteiligte.

Da St. Antony einen Teil des Erzbedarfs aus Essener Lagerstätten deckte, wurde man schließlich auch im Stift aufmerksam. Unter tatkräftiger Mitwirkung der fürstlichen Hofkammer bildete sich im Herbst des Jahres 1789 eine Gesellschaft zur Förderung und Verhüttung des im Hochstift Essen gefundenen Eisensteins. Im Vertrauen auf den jungen Hütten-Inspektor Gottlob Jacobi, dessen Vater sich schon in der Grafschaft Sayn durch erfolgreiche Verhüttungsversuche mit diesem Erz einen Namen gemacht hatte, erteilte Maria Kunigunde am 23. Januar 1791 die Genehmigung zur Anlage einer Neu-Essen genannten Hütte südlich der Emscher in der Nähe von Schloß Oberhausen.

Das Unternehmen nahm im gleichen Jahr den Betrieb auf,[173] aber das beste Erz war bis dahin schon abgebaut. Wasser- und Holzkohlenmangel machten sich bemerkbar, und die drei Hütten versuchten, sich gegenseitig auszubooten. Doch mit dem 20jährigen Gottlob Jacobi, der später eine Schwester des berühmten Industriepioniers Franz Haniel heiratete, hatte die Fürstin einen cleveren und engagierten Hüttenvorsteher aus Koblenz mitgebracht, der in erheblichem Umfang mitverantwortlich war für ihre weiteren ökonomischen Entscheidungen in industriellen Belangen.

1) Die Eisenhütte Neuessen.

Diese Hütte wurde in dem Jahre 1740 von einer Gewerkschaft erbaut *). Sie liegt auf dem linken Ufer der Emsche, und besteht aus einem Hohenofen und einem Windofen, nebst einer Wohnung für den Faktor, Förmerey und Kohlenschoppen. Sie ist jetzt noch ein Privat = Eigenthum der Fürstin Aebtissin zu Essen, liegt aber still, weil die derselben ebenfalls zuständige Antonyhütte, wegen des geringern Transports der Kohlen und des Eisensteins, vortheilhafter betrieben werden kann, und bey den jetzigen Zeiten, besonders durch das Französische Verbot der fremden Eisenguß = Waare, der Absatz fehlt.

Der Eisenstein, worauf die Hütte gebaut worden, ist Rasenstein, der sich in den Niedrigungen vor dem Mergelgebirge in großen ausgedehnten Lagern theils auf sandigen Haiden, theils in Brüchen findet, wie solches die Charte näher nachweiset **).

Die Kohlen wurden mehrentheils aus den der Fürstin gehörigen Waldungen bezogen.

Im französischen Kriege hat die Hütte große Quantitäten Ammunition für Rechnung rotterdammer Häuser gemacht; es hatte der geschickte Hütten = Faktor Jakobi zu dem Ende einen eisernen durch Wasser bewegten Schauer = Zilinder für die Kugeln, und einen Polierhammer angelegt, unter dem die in einem besonders dazu vorgerichteten Ofen erglühten Kugeln spiegelglatt poliert und vollkommen kalibermäßig gerundet wurden.

Auf dieser Hütte befindet sich ein hölzernes Zilindergebläse, das der Hütten = Inspektor Jakobi 1797 an die Stelle lederner Bälge mit vielem Vortheil im Betrieb des Ofens, auf mein Zureden, angelegt, und nachher verbessert hat *).

2) Ein Stabhammer an dem Hasperbach oberhalb Werden mit einem Feuer gehört Joh. Adolph Halbach,

▲ Abb. 36: Beschreibung der von der Essener Fürstäbtissin Maria Kunigunde von Sachsen 1791 gegründeten ersten Hütte im Stift Essen

Maria Kunigunde beließ es nicht bei dieser einen Hütte. Schon vor der Gründung der Hütte Neu-Essen (1790) war sie seit 1787 an Pfandhöfers Hütte ‚Gute Hoffnung' beteiligt gewesen. Aus einem Bericht des Kgl. Preußischen Bergrats Friedrich August Alexander Eversmann erfahren wir, daß sie sich persönlich für die Eisenerzeugung in Sterkrade interessierte und u. a. wünschte, daß Pfandhöfer seine Verhüttungsversuche mit Steinkohle fortsetzte.

Doch das Verhältnis zu Pfandhöfer blieb keineswegs ungetrübt, als nach dem Tode des Freiherrn von Wenge St. Antony verkauft wurde. Es kam zu ersten Streitigkeiten. Eberhard Pfandhöfer hatte 1793 mit den Erben von Wenge zur Portendieck einen Kaufvertrag abgeschlossen und wollte die Antony-Hütte für 6.000 Reichstaler erwerben. Doch zwei Tage später mißtrauten die Verkäufer seiner Zahlungsfähigkeit und schlossen einen weiteren Kaufvertrag für dasselbe Objekt mit Vertretern der Fürstäbtissin. Als Pfandhöfer auf seinem neu erworbenen Besitz beharrte, ließ der fürstliche Obristhofmeister von Aicholt ihn kurzerhand mit bewaffneter Mannschaft von der Hütte verjagen. Pfandhöfer klagte vor Gericht und bekam in allen Instanzen Recht. Dennoch ließ er sich auf einen Vergleich ein: Maria Kunigunde kaufte die Antony-Hütte, Pfandhöfer pachtete sie auf fünf Jahre (1796–1801). Die ganze Angelegenheit wird in der Forschung widersprüchlich dargestellt. Jacobi leitete im Auftrag der Fürstin weiterhin beide Hütten, Neu-Essen und St. Antony. Seit 1799 war er mit 25 Prozent beteiligt.

Die Unternehmen florierten, bis die Säkularisierung dem ein Ende bereitete. Als das Reichsstift Essen an Preußen fiel, war die Fürstäbtissin (siehe dazu auch die Abb. 38 auf Seite 122) eine zweifache Hüttenbesitzerin ohne eigenes Territorium. Da sie als Privatperson Unternehmerin war, fielen die Gewinne nicht an Preußen, sondern wurden ihrem Privatvermögen zugerechnet. 1803 erhielt St. Antony noch von Franz Dinnendahl die ersten Aufträge für Dampfmaschinenteile.

Fürstäbtissin Maria Kunigunde von Sachsen behielt beide Gewerke, bis die Brüder Haniel am 24. Mai 1805 ihre Hüttenanteile für 23.800 Reichstaler aufkauften.

Drei Jahre später fusionierten sie mit der dritten Hütte, so daß aus den Unternehmungen der Fürstäbtissin am 20. September 1808 die Rechtsvorgängerin des GHH-Konzerns, die „Hüttengewerkschaft und Handlung Jacobi, Haniel & Huyssen", entstand.

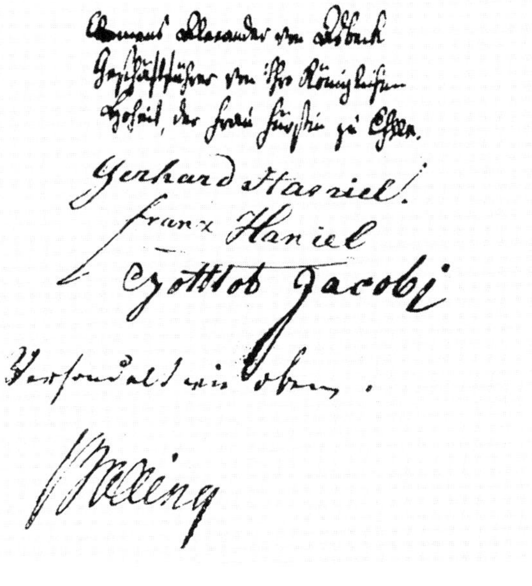

▲ Abb. 37: Vertrag (Ausschnitt) zwischen Fürstäbtissin Maria Kunigunde von Sachsen, vertreten durch Clemens Alexander von Asbeck, und den Gebrüdern Gerhard und Franz Haniel, 1805

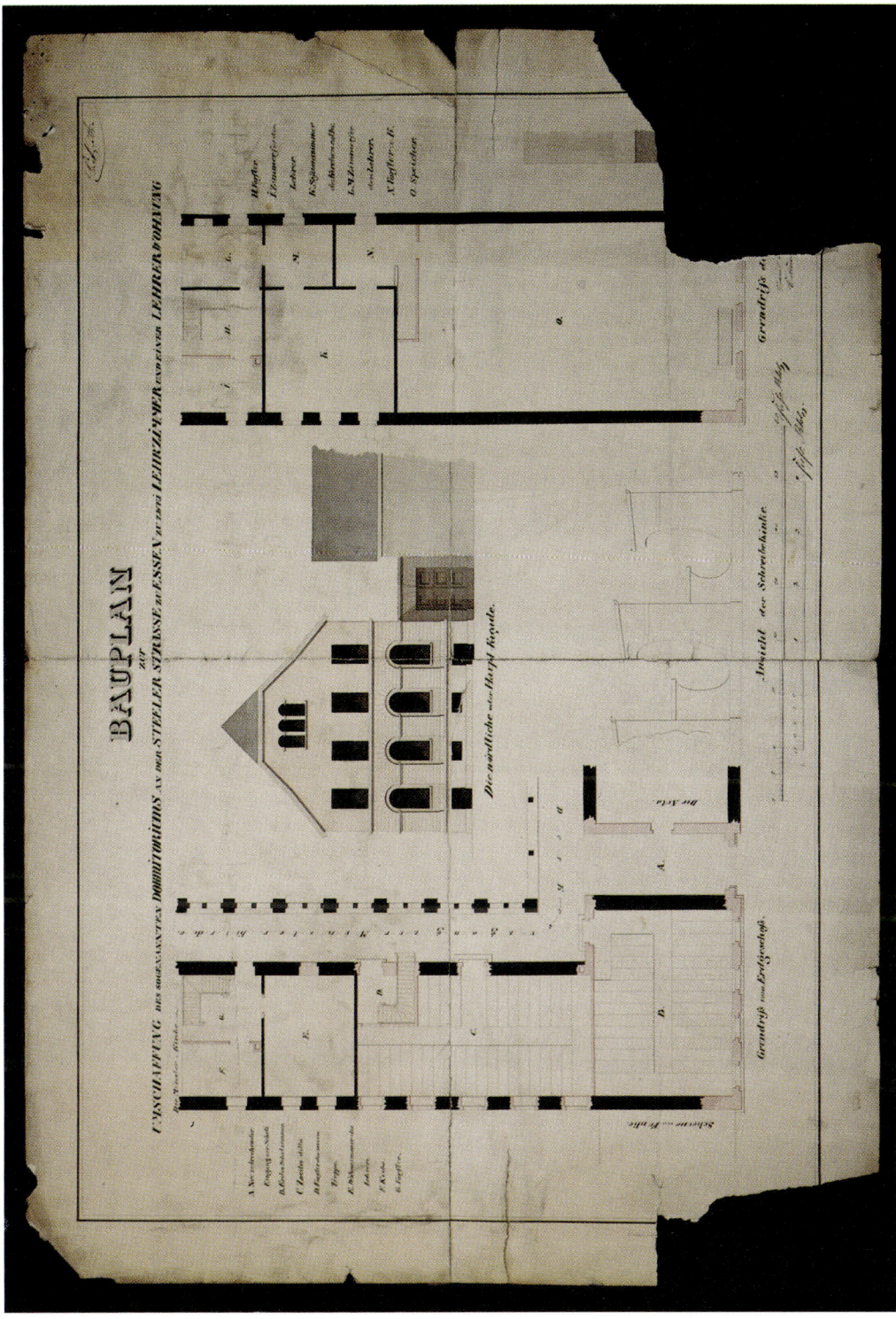

▲ Abb. 43: Bauplan zum Umbau des sogenannten Dormitoriums zur katholischen Mädchenschule, 1836
(Siehe dazu auch im Text auf Seite 134 ff.)

▲ Abb. 20: Stammbaum bzw. Probation der Prinzessinnen Maria Elisabeth,
Maria Theresia und Anna Maria von Liechtenstein (1662)
(Siehe hierzu auch im Text Seite 38 ff.)

▲Abb. 16: Stammbaum bzw. Probation der Augusta Gräfin von Manderscheid-Blankenheim (1749)
(Siehe hierzu auch im Text Seite 38 ff.)

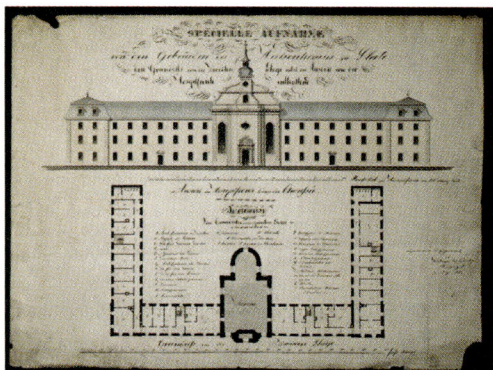
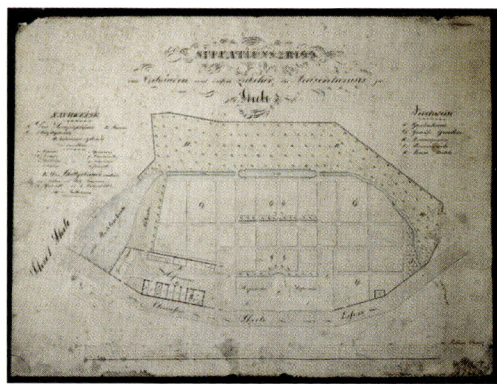

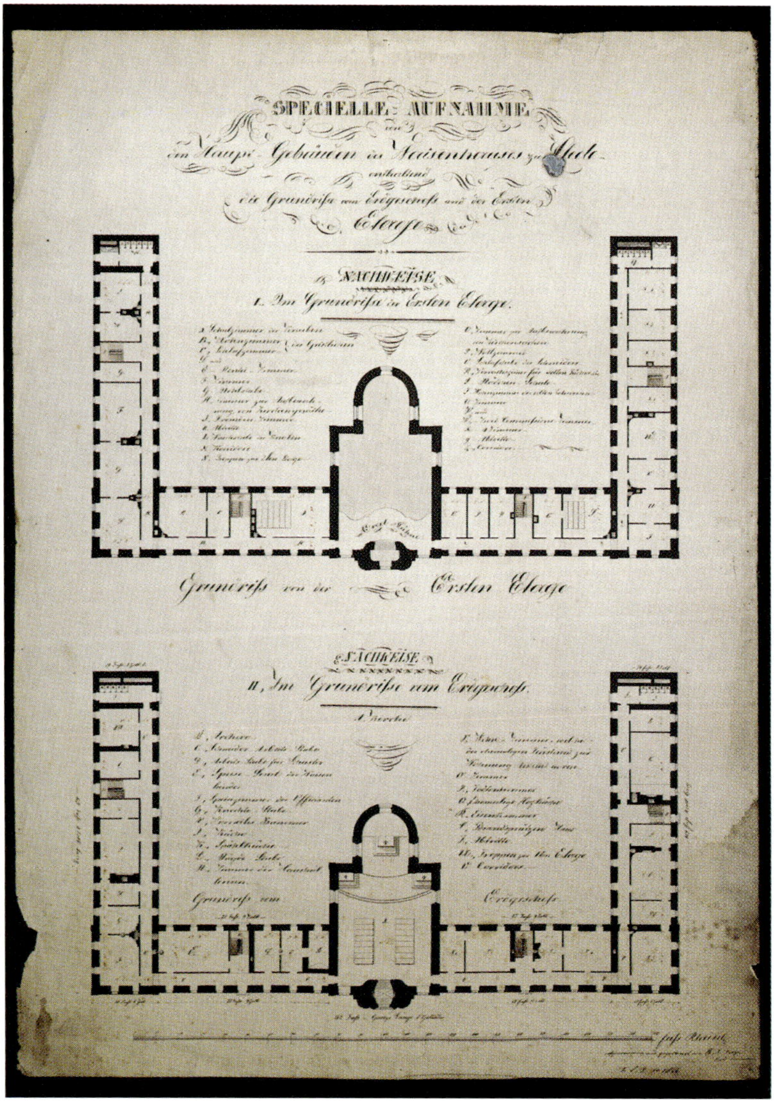

▲ Abb. 46: Risse zum Waisenhaus in Steele, 1924

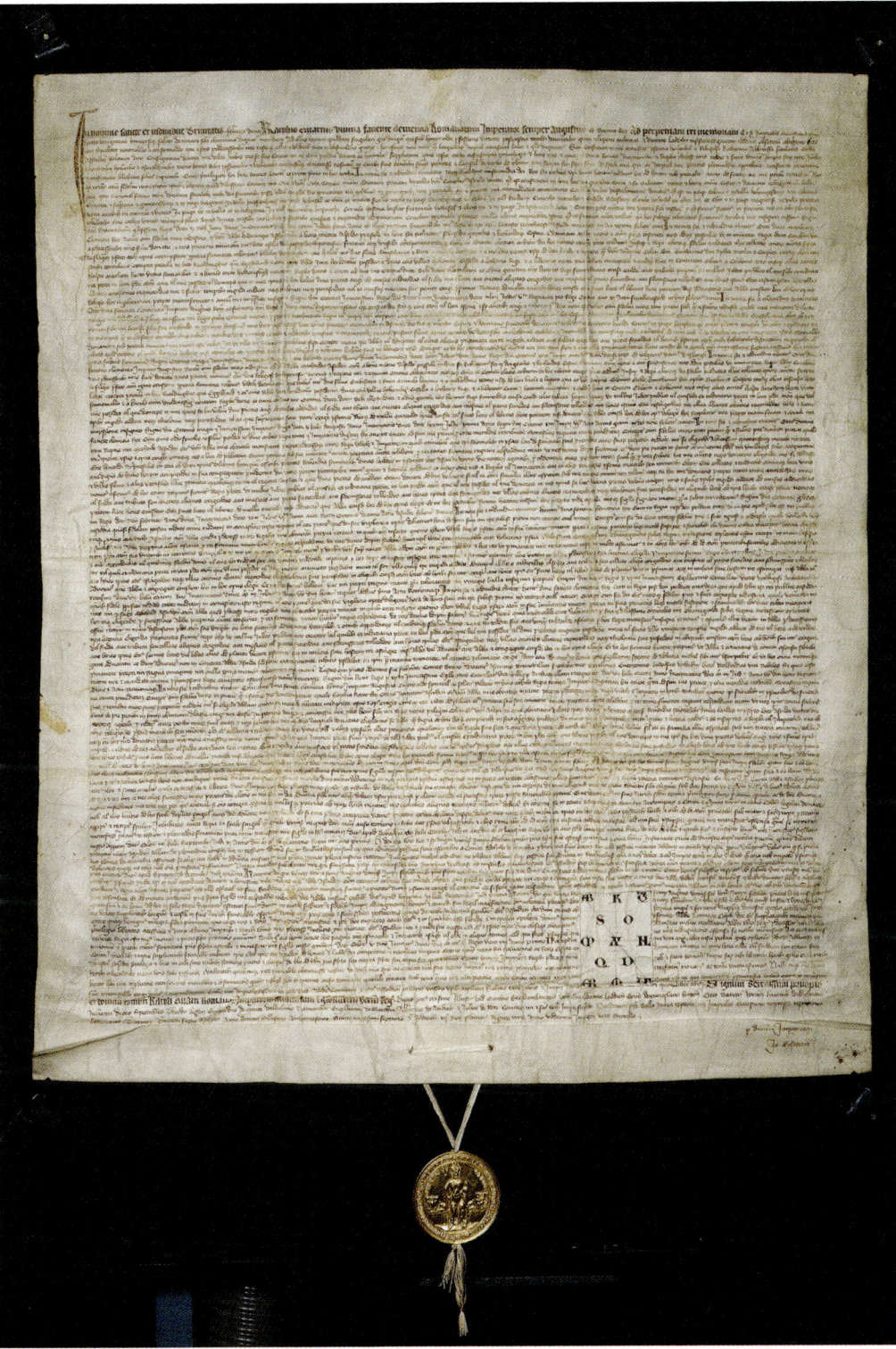

▲ Abb. 25: Goldene Bulle für das Stift Essen, 1357 (Siehe dazu auch im Text Seite 67.)

◄ Abb. 17a: Anna Viktoria von Hessen-Rheinfels-Rotenburg
(1725–1792), seit 1742 Stiftsdame in Essen, 1745 vermählt mit
Charles von Rohan, Prinz von Soubise
(Siehe dazu auch im Text auf Seite 39.)

▶ Abb. 17b: Anna Viktoria (geb. 1725)
und ihre Schwester Maria Luise
Eleonore von Hessen-Rheinfels-Rotenburg
(Siehe auch im Text, auf Seite 39.)

◄ Abb. 18: Anna Viktoria von Hessen-Rheinfels-Rotenburg (1725–1792)
(Siehe dazu auch im Text, auf Seite 39.)

◀ ▲ Abb. 17 c und d: Maria Luise Eleonore Landgrä-
fin von Hessen-Rheinfels-Rotenburg (1729–1800),
1746–1757 Stiftsdame in Essen, 1757 vermählt mit
Maximilian Fürst zu Salm-Salm
(Siehe dazu auch im Text auf Seite 39.)

▲ Abb. 62: Franziska Christine von Pfalz-Sulzbach, Fürstäbtissin von Essen (1726) und Thorn (1717), gestorben 1776
(Siehe dazu auch im Text auf Seite 81.)

▲ Abb. 63: Clementine Franziska von Hessen-Rheinfels-Rotenburg (1747–1813),
   Stiftsdame in Essen und Thorn, Äbtissin von Süsteren

▲Abb. 38: Maria Kunigunde von Sachsen (1740–1826), Fürstäbtissin von Essen und Thorn seit 1776
(Siehe dazu auch im Text Seite 112.)

▲ Abb. 50a und b: Darstellungen einer Äbtissin/Sanctimonialen (Fragment eines Freskos, Westbau Münsterkirche) (Siehe dazu auch im Text auf Seite 146)

▲ Abb. 50 c: Arnold v. Wied (Erzbischof v. Köln) und seine Schwester Hadwig (Äbtissin v. Essen),
   beide in rotem – der Farbe der Herrscher – Gewand (Fresko in der Kirche von Schwarzrheindorf)
   (Siehe auch im Text auf Seite 146.)

▲ Abb. 48a: Äbtissin Svanhild und Pröpstin Birgitta auf dem von ihnen gestifteten Evangeliar
   zu Füßen der Gottesmutter, Evangeliar (11. Jahrhundert) – (Siehe auch im Text auf Seite 144.)

▲ Abb. 48a: Thorner Stiftsdame in Chorkleidung, 18. Jahrhundert (Siehe dazu auch im Text Seite 144 ff.)

▲ Abb. 49: Maria Kunigunde von Sachsen: Frisur á la mode des 18. Jahrhunderts
(Siehe dazu auch im Text auf Seite 146.)

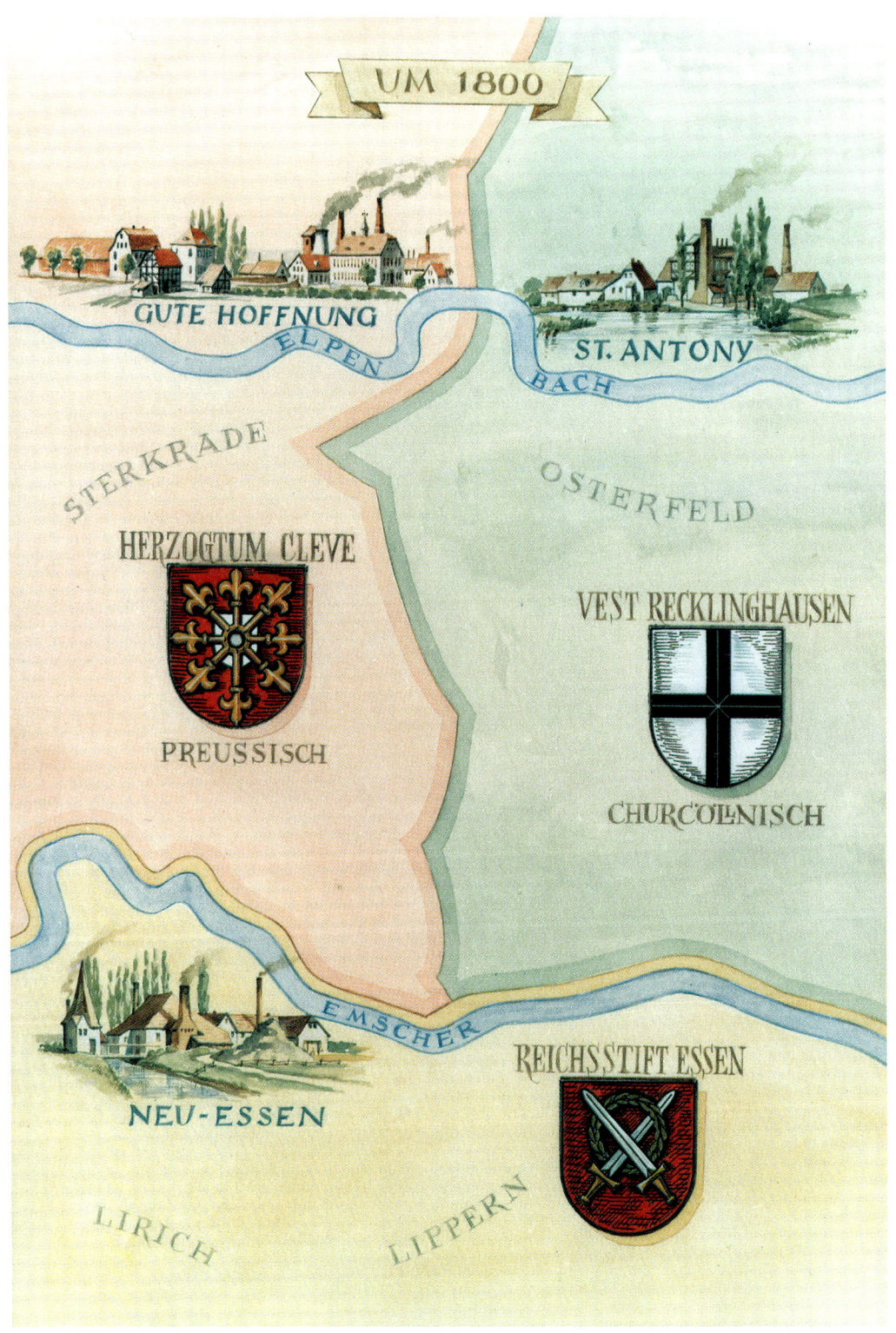

▲ Abb. 34: Dreiländereck (Siehe dazu auch im Text Seite 110.)

Adliges Leben im Stift

Wenn man heute die Innenstadt von Essen betrachtet, ist es schwer vorstellbar, daß sich hier noch vor 200 Jahren Reichsgräfinnen und Prinzessinnen, Frauen aus den vornehmsten Häusern des hohen deutschen Adels zu Hause fühlten. Essen war damals ein kleines Städtchen mit knapp 4.000 Einwohnern. Herrschaftlicher Glanz und fürstliche Pracht waren hier kaum zu finden. Man fragt sich, wie diese Frauen in Essen gelebt haben. Wie verlief ihr Alltag? Waren sie gern Stiftsdame, oder hätten sie lieber geheiratet und eine Familie gehabt?

Wohnen und Haushalten

In unmittelbarer Nachbarschaft der Münsterkirche lagen die Wohngebäude der Äbtissin und der Stiftsdamen, Abtei und Kurien. Zusätzliche Residenzen besaßen die Äbtissinnen in Borbeck und seit dem späten 17. Jahrhundert auch in Steele. Gegen Ende des 18. Jahrhunderts hatte das Damenkapitel 20 Häuser; doch nur sieben waren als standesgemäße Wohnungen für adlige Damen anzusehen. Sie sind auf dem Plan, den der Geometer Heyden 1823 erstellte, zum Teil noch verzeichnet.

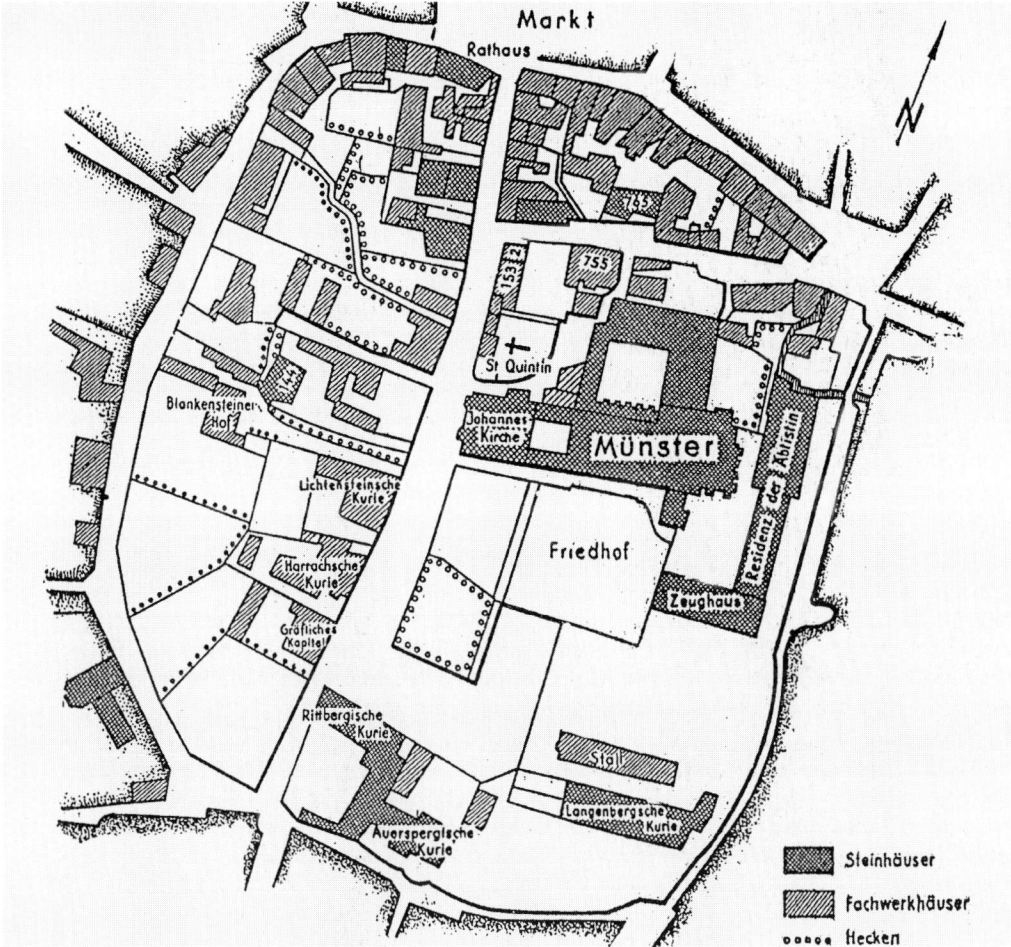

▲ Abb. 39: Kurien der Stiftsdamen in der Burgfreiheit, überarbeitete Skizze nach dem „Plan der Stadt Essen" von Geometer Heyden (1823)

Abtei, Dormitorium und Kurien in Essen[174]

Die Abtei

1883 wurde der Äbtissinnenbau, der auf der Ostseite des Münsters lag, abgerissen, Grabungen sind auf dem Gelände nicht durchgeführt wurden. Wir erhalten lediglich aus einem Plan, der 1809 von dem Architekten Freyse angefertigt und 1978 von Hermann Schröter erstmals publiziert wurde, eine vage Vorstellung von der Abtei zur Zeit der Säkularisierung.[175]:

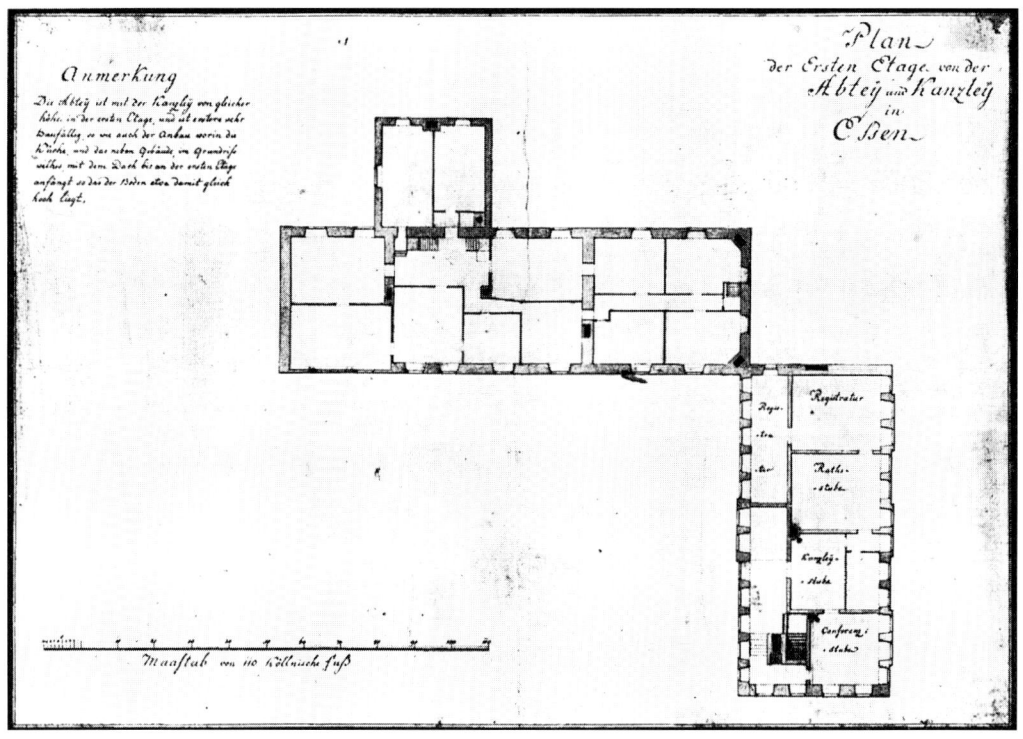

▲ Abb. 40 a: Plan der Abtei und der Kanzlei

Nach Freyses Rissen handelte es sich bei dem Abteigebäude um einen langgestreckten Trakt, bestehend aus drei beheizten Räumen mit westlich vorgelagertem Verbindungsgang. Im Obergeschoß wiederholte sich diese Aufteilung, die wohl auf Umbauten nach den Zerstörungen des Dreißigjährigen Krieges zurückging. Ursprünglich lag hier ein großer Saal von 23 m Länge, auch ‚Kaisersaal‘ genannt, dessen Deckenträger noch die Jahreszahl 1591 trug. Hier saß im Spätmittelalter der Marschall zu Gericht, und es wurden Rechtsgeschäfte, zum Beispiel 1495 der Vertrag über die Erbvogtei, verhandelt und zum Abschluß gebracht.

Wie die Abtei im Mittelalter ausgesehen hat, wissen wir nicht. Mehrfach haben Brände und Verfall die wohl zum großen Teil aus Holz und Fachwerk errichteten Gebäude zum Einsturz gebracht und vernichtet: 946 wütete ein Feuer, 1246 waren die Gebäude vom Einsturz bedroht, 1275 war wiederum durch Unvorsichtigkeit ein großer Brand entstanden. So nimmt es nicht wunder, daß in den Äbtissinnenkatalogen immer wieder zu lesen ist, die eine Fürstin habe dieses, die andere jenes Haus von Grund auf neu gebaut. Zimmermann vermutet, daß die ältesten erhaltenen Baureste erst aus dem frühen 13. Jahrhundert stammen. Auf einen Vorgängerbau deutet lediglich das sog. Theophanu-Testament (1058), demzufolge im Äbtissinnenbau eine Kapelle St. Pantaleonis bestanden hat. Sie wird auch noch 1480 und 1588 urkundlich erwähnt und ist vielleicht identisch mit der, von der die Lokalnachrichten 1883 berichten, man

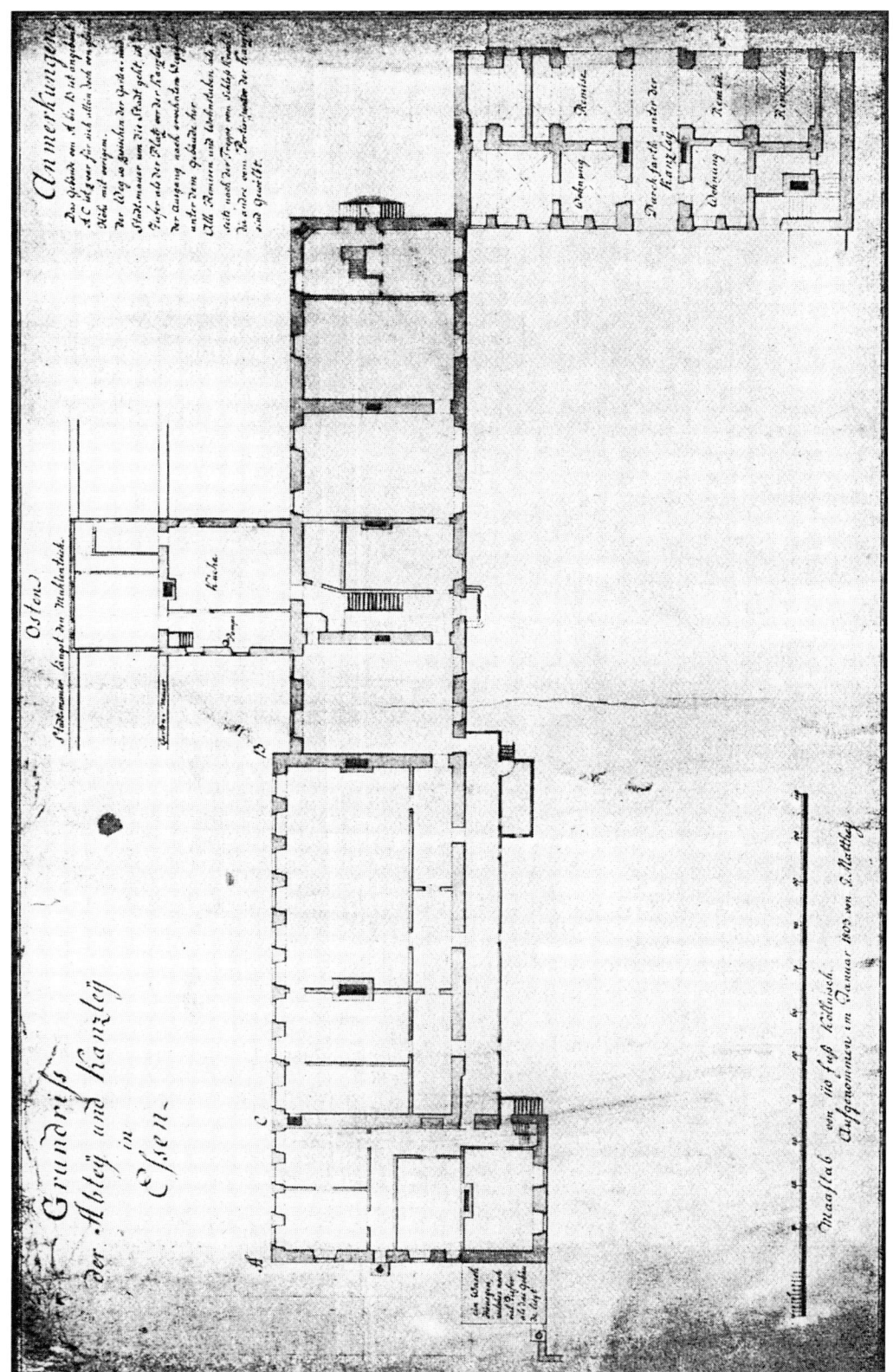

▲ Abb. 40 b

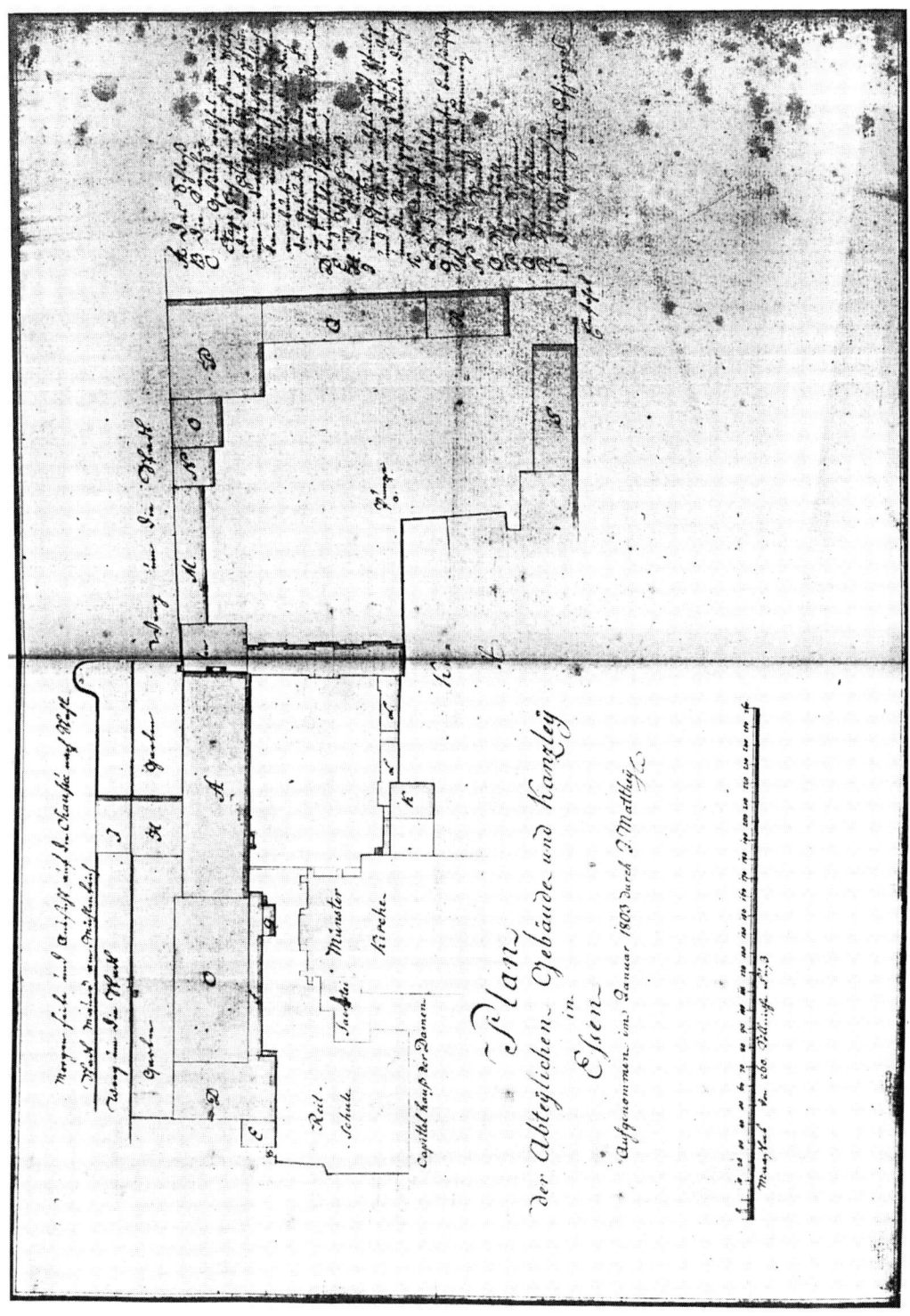

▲ Abb. 40 c

habe „die wohlerhaltenen, auf schönen Säulen ruhenden Kreuzgewölbe einer Kapelle" gefunden, die „mit der oft bewunderten Krypta der Münsterkirche große Ähnlichkeit" aufwiesen. Heidemann bemühte sich vergeblich, den Abbruch zu verhindern, so daß der vielleicht älteste Teil des Äbtissinnenbaus gegen Ende des 19. Jahrhunderts vernichtet wurde. 1889 berichteten die „Allgemeine[n] Politische[n] Nachrichten" ausführlich darüber.

Essen, 3. Jan.

Lokal-Nachrichten

Der Abbruch des alten Gerichts-Gebäudes hat gestern begonnen. Mit demselben wird durch das Bedürfnis der Neuzeit eins der wenigen Baudenkmale hinweggefegt, deren Geschichte gleich der unserer Vaterstadt in grauer Vorzeit, wahrscheinlich kurz nach der Zeit des h. Alfredus, ihren Anfang nimmt. Zwar stammt der Oberbau bekanntlich aus neuerer Zeit, dagegen erzählen die massigen Kellergewölbe, daß viele Jahrhunderte seit ihrem Entstehen dahingegangen sind. Heute Morgen zeigten sich beim Durchschlagen der Wände, welche die Kellerabtheilungen trennen, und beim hellen Tageslicht, das durch die geöffneten Lucken strömte, in dem nördlichen, dem Steueramte zunächst gelegenen Theile die wohlerhaltenen, auf schönen Säulen ruhenden Kreuzgewölbe einer Kapelle, welche mit der so oft bewunderten Krypta der Münsterkirche große Aehnlichkeit und jedenfalls auch gleiches Alter hat. Eine jetzt halb zerfallene Wendeltreppe führte früher zu den obern Räumen des Schlosses, und ein unterirdischer Gang nimmt anscheinend seine Richtung nach der Münsterkirche hin. Ohne Zweifel hat man es hier mit einer der sechs Kapellen zu thun, von deren Existenz die Geschichte der Abtei erzählt; wahrscheinlich ist sie diejenige, welche zum Privatgebrauche der Fürstin-Aebtissin diente, da, wie gesagt, die Wendeltreppe zu den obern Räumen führte. – Der um die Geschichte unserer Stadt so hochverdiente Herr Professor Dr. Heidemann erklärte die Auffindung der Kapelle für eine sehr wichtige historische Entdeckung und machte sofort den Direktor des archäologischen Museums in Bonn auf dieselbe aufmerksam. Hoffentlich wird der Abbruch speziell dieses alten Baudenkmals seitens der Behörde untersagt und dasselbe unserer Stadt erhalten werden, die zwar reich an bedeutsamer Vergangenheit, aber um so ärmer an historisch wichtigen Gebäuden ist.

aus: Allgemeine Politische Nachrichten, 1889

Das meiste war aber bereits nach dem Dreißigjährigen Krieg zerstört, denn das Stift wurde arg in Mitleidenschaft gezogen, und fast alle Gebäude waren baufällig. Die Abtei war damals unbewohnbar, so daß die Fürstäbtissin bei einer Witwe in der Stadt Quartier nehmen mußte. Nach Beendigung der Kriegshandlungen ließ Anna Salome von Salm-Reifferscheidt alles neu aufbauen und gab der Abtei das Gepräge, das sie bis zum Ende des Stifts behalten sollte.

Durch die Jahrhunderte ähnelte die Abtei eher einem Gutshof als einer fürstlichen Residenz. Im Parterre des zweistöckigen Wohnhauses lagen die Privaträume der Fürstäbtissin: ein Kabinett mit Nebenzimmer, ein Speisezimmer mit Vorzimmer und der Audienzsaal mit anschließendem Billardzimmer. Sofern einzelne Stiftsdamen mit in der Abtei lebten, hatten sie ihre Kammern in der ersten Etage. Die Bediensteten bewohnten je nach Ansehen und Stand ebenfalls Kammern im Haupt- oder Wirtschaftgebäude. Neben dem Wohnhaus lagen im rechten Winkel Ställe für Kühe und Pferde, Wagenremisen und kleinere Wirtschaftsräume, wo Malz gebrannt, Speck geräuchert, Bier gebraut, geschreinert, geschmiedet und gebacken wurde. Über diesen Wirtschaftsräumen war im ersten Stock die fürstliche Kanzlei angesiedelt.

Den größten Glanz hat diese Residenz wohl in der zweiten Hälfte des 17. Jahrhunderts erlebt. Zu Zeiten Anna Salomes von Salm-Reifferscheidt war der große Alkovensaal mit schwarzem und goldenem Leder ausgekleidet. Zwei bequeme Sessel *(chaises de commodité)*, bezogen mit rot-geblümtem Samt, sorgten für Gemütlichkeit, zwei große Spiegel erweckten den Eindruck räumlicher Weite. Möbliert war der Raum mit sechs lederbezogenen spanischen Stühlen, einem Spieltischchen und einem kleinen schwarzen Kabinettschränkchen. Aber auch ein Bett stand hier. Es war mit roter Damastseide umhangen und mit weißem Satin gefüttert. Auf dem Bett lagen eine rote Bettdecke aus Damast und ein rot-schwarzes Samtkissen.

Fast hundert Jahre später zeigte dasselbe *hochfürstliche Cabinet* das Gepräge der strenggläubigen Fürstäbtissin Franziska Christine. Tapeten aus Damast, Gardinen und Bett sind nun in Grün gehalten. Das Spieltischchen mußte weichen, anstelle dessen finden sich *drei Kniebänksger* und auf dem *Bureau*, eine Art Schreibtisch, ein Kruzifix. Franziska Christines Audienzzimmer war mit gelben Damasttapeten und einem gerafften Baldachin ausgestattet, Stoff und Farbe wiederholten sich im Bezug der Stühle. Der Bericht des Freiherrn von Duminique, den dieser nach dem Tod der Fürstin 1776 ihrer Nachfolgerin übersandte, läßt über die Lebensqualität in diesen Räumen keine falschen Vorstellungen aufkommen: Er habe nur Feuchtigkeit in seinen Zimmern bei Hof und habe deswegen die Exjesuiten, deren Orden 1773 aufgehoben worden war, gebeten, in ihrer Residenz eine Suite beziehen zu dürfen.

Die letzte Fürstäbtissin, Maria Kunigunde von Sachsen, hat wohl nie in der Essener Abtei gewohnt. Wenn sie in Essen war, residierte sie im Schloß Borbeck. Nach der Säkularisierung wurden einige Zimmer der Abtei vermietet, bis der ganze Komplex 1883 – begleitet von großem öffentlichem Interesse – abgerissen wurde.

▲ Abb. 41: Ehemaliges Abteigebäude (vor 1883), Blick nach Süden

Dormitorium

Im Gegensatz zu anderen Stiften lebten die Essener Stiftsdamen nicht gemeinsam unter einem Dach, sondern hatten – spätestens seit dem frühen 14. Jahrhundert – separate Kurien, über die sie, sofern es sich um ihr Eigentum handelte, weitgehend frei verfügen konnten. 1317 schenkte zum Beispiel Jutta von Malburg testamentarisch ihr Haus einer Lyse de Zeynen (von Sayn), wenn diese im Stift bleiben wolle *(in ecclesia nostra remanserit)*, andernfalls sollte das Haus verkauft werden.[176] Auch Guda von Linnep verfügte 1326 den Verkauf ihres Hauses nach ihrem Tode.

Parallel zu diesen Privathäusern der Stiftsdamen gab es aber auch das sogenannte *dormitorium*, also einen gemeinsamen Schlafraum. Er ist auf dem Plan, den Arens nach dem Liber ordinarius angefertigt hat, verzeichnet. Wie lange er genutzt wurde, ist nicht bekannt.

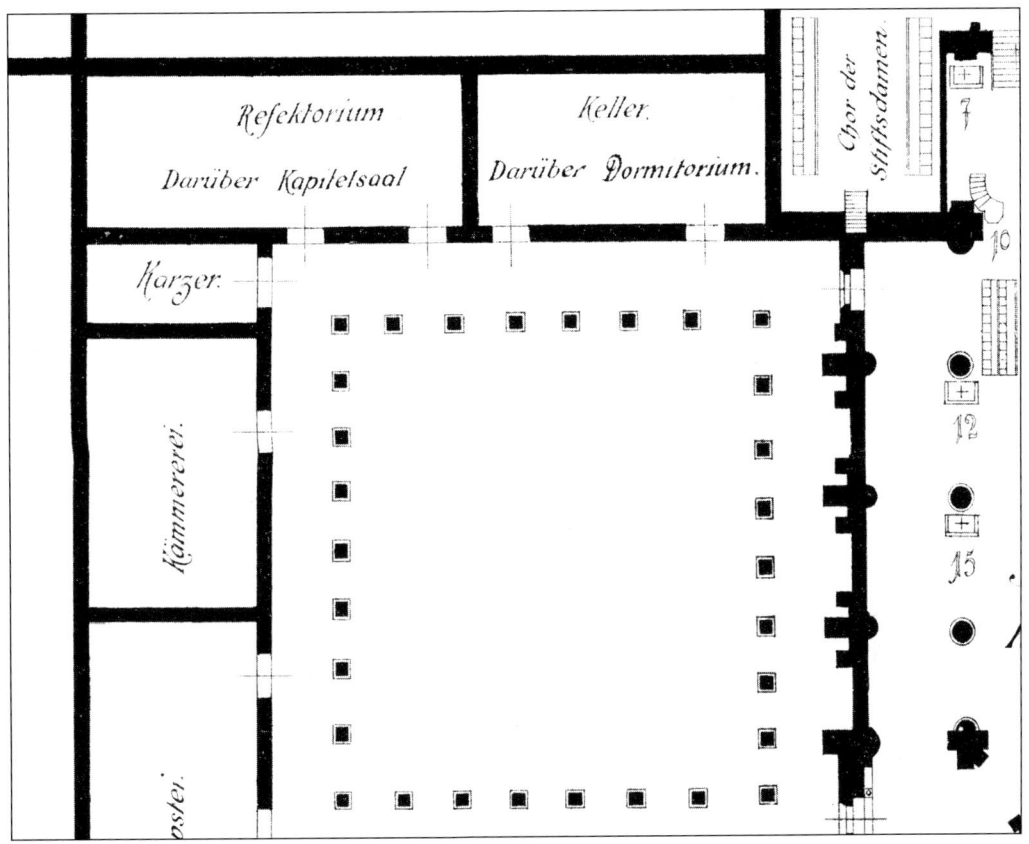

▲ Abb. 42: Dormitorium der Stiftsdamen hinter dem Kreuzgang, 14./15. Jahrhundert

Bis ins 15. Jahrhundert hinein scheint dieses Dormitorium durchaus seine Funktion als gemeinsamer Schlafsaal erfüllt zu haben. Denn aus den Consuetudines geht hervor, daß sowohl die Dechantin, der die Aufsicht über das Dormitorium zustand, als auch die Frau, die den Schlafsaal verschloß (mulier claudens dormitorium), für ihre Arbeit bezahlt wurden. Nicht zu klären ist, ob alle Stiftsdamen oder nur die Schülerinnen bzw. Residentinnen dort übernachten mußten.

Der Besitz eigener Häuser muß dieser merkwürdigen Lebensweise nicht unbedingt widersprechen. Denn zum Beispiel in Rellinghausen konnten sich gegen Ende des 18. Jahrhunderts noch Leute entsinnen, daß es in der Nähe der dortigen Stiftskirche einen Ort, „Dormenter" genannt, gegeben habe, in dem jede Rellinghauser Stiftsdame ihr Bett und ihre Schlafstätte hatte. Der Küster habe abends die Schlafglocke geläutet und sie aus ihren Häusern abgeholt. Nach der Frühmette seien die Frauen dann wieder in ihre Wohnungen zurückgekehrt.[177] Ob in Essen die Verhältnisse ähnlich geregelt waren, ist unbekannt. Allerdings scheinen die Stiftsdamen spätestens seit dem 17. Jahrhundert das Dormitorium nicht mehr genutzt zu haben.

Schon im 18. Jahrhundert wußte man nicht mehr so recht etwas damit anzufangen. In einer Streitschrift darüber, wer die Kosten für die Dachreparatur dieses Gebäudes zu tragen habe, heißt es sehr vage: Ein hochgräffl. Capittel zu Essen hatt und besitzet ex fundatione ein groß schweres Gebew der daselbstiger Münsterkirchen zur seythen ahnschließendt, so vormahl daß Dormiter genandt oder allein darzu destinirt gewesen sein solle. Hievon gehet man immediate mit wenigen Trappen zum grafflichen Chor.[178]

Verschiedene Entwürfe aus dem Jahre 1836 zeigen den Umbau dieses Dormitoriums zu einer katholischen Mädchenschule.[179] (siehe dazu auch Abb. 43 auf Seite 113)

Kurien der Stiftsdamen

Über die Kurien des frühen und späten Mittelalters liegen keine Erkenntnisse vor. Allenfalls lassen die Bezeichnungen der Häuser vermuten, daß sie jeweils auf Kosten der Bewohnerinnen bzw. deren Familien errichtet wurden. 1348 werden mehrere Häuser zugunsten des Allerheiligenaltars belastet, und wir erfahren aus dieser Urkunde Namen und Lage. Da ist die Rede von einer Kurie gen. *Wedegenstene* (Wittgenstein), die gegenüber der Klosterpforte lag, dem ebenfalls in der Immunität gelegenen Haus *ter Marke*, das Margarete von der Mark bewohnte, oder *to Bröcke* im Besitz der Dechantin Irmgard von Broich.[180] In den Kapitelsprotokollen aus dem 17. Jahrhunderts finden wir die Kurien *Im Brunkhorst* (Grafen von Bronkhorst), *Im Diepholt* (Grafen von Diepholz) oder die *Virneburgsche Behausung* (Grafen von Manderscheid-Virneburg). Solche Benennungen gibt es bis zur Säkularisierung.

Erst aus dem 16. Jahrhundert vermittelt das Nachlaßinventar der Stiftsdame Imagina von Öttingen, das von Schröter 1982 publiziert wurde, genauere Vorstellungen dieser Häuser. Danach bestanden die Räumlichkeiten dieser Stiftsdame aus mindestens zehn Zimmern: einer großen Kammer, die als Wohn- und Schlafraum diente, einer mittleren Kammer *(Myddel Kammern)*, wo die Kleidung aufbewahrt wurde, der *Somerkamern*, dem obersten Stübchen bei der Sommerkammer, einem Kämmerchen bei dem Stübchen, einer größeren Stube hinter der Küche, einem Schreibstübchen, Küche, Keller, Räucherkammer, *Bohne* genannt, und einem Brauhaus. Zusätzlich gab es eine Knechtskammer, eine Scheune und einen Pferdestall.

Eines der komfortabelsten Häuser scheint im späten 17. Jahrhundert die *Langenbergsche Kurie* gewesen zu sein. Sie war der Pröpstin als Residenz vorbehalten. Seit 1728 bewohnten die Pröpstinnen die *Rittbergsche Kurie*, die 1681 durch Bernardine Sophia von Ostfriesland und Rietberg für Nichten ihres Hauses erbaut worden war. Fundamente dieser Kurie konnte Hopp vor wenigen Jahren unmittelbar vor der heutigen Lichtburg freilegen.[181]

Die Bauweise der Kurien war unterschiedlich. Die Rittbergsche, die Langenbergsche und die Auerspergsche Kurie, zu der 14 Morgen Ackerland gehörten, waren aus Stein gebaut, während die anderen Häuser, die Harrachsche Kurie (1817 an Baedecker ver-

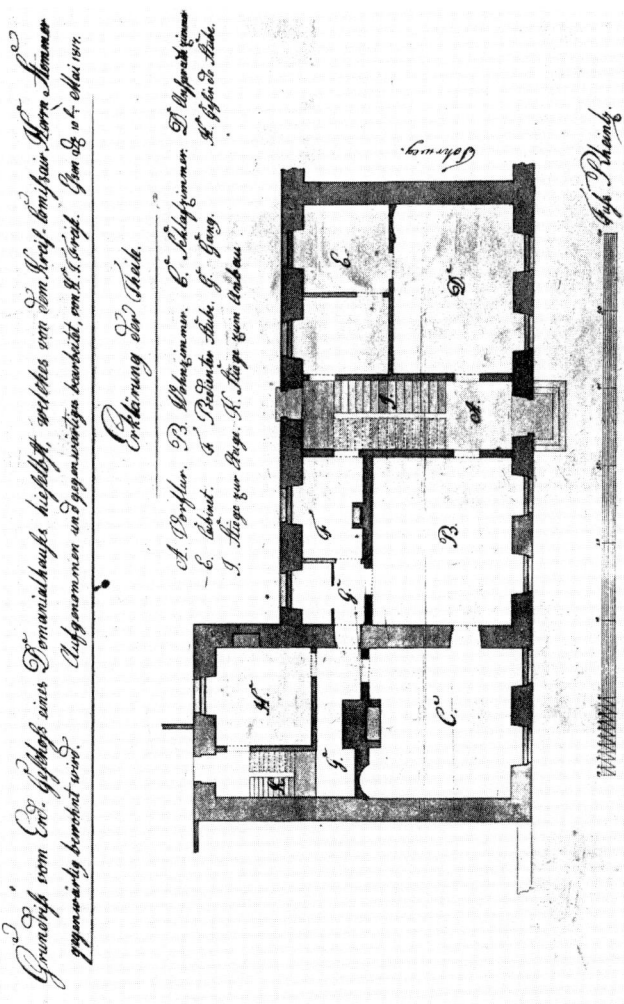

▲ Abb. 44: Grundriß der Kurie der Pröpstin Wilhelmine von Hessen-Rheinfels-Rotenburg

kauft), die Liechtensteinsche und der Blankenheimer Hof wenig komfortable Fachwerkbauten waren.

Von der Kurie der Prinzessin von Hessen-Rheinfels-Rotenberg in der Burgstraße Nr. 680 gibt es eine Grundrißzeichnung des Erdgeschosses, die einen Eindruck von den besseren Häusern gegen Ende des 18. Jahrhunderts vermittelt.

Doch darf man sich durch diese Skizze nicht zu falschen Vorstellungen verleiten lassen. 1771 gab der Syndikus dem gräflichen Kapitel über den Zustand dieses Hauses, das für die neu ankommende Prinzessin von Liechtenstein vorgesehen war, folgenden Bericht: Dach und Mauerwerk seien vollkommen unbrauchbar, die Wände der zugehörigen Scheune seien zum Teil durchlöchert oder herausgefallen. Der Hauseingang sei zwar ganz klein und eng, aber es könne eine Sänfte hindurchgetragen werden. Der linke Saal sei mit schlechten Brettern belegt. Von hier aus führe eine Verbindungstür in ein zweites, ebenso langes, aber schmaleres Zimmer, das in gutem Zustand sei. In gerader Linie führe eine Tür ins dritte Zimmer, das nochmals in zwei kleine Zimmer aufgeteilt sei. Von dem rechten Zimmer gelange man in den Garten, wo sich auch *eine schlechte baufällige Geheimlichkeit* befinde. Diese Toilette sei die einzige, und alle Einwohner des Hauses müßten sie benutzen, was besonders an heißen Sommertagen in Haus und Garten *nicht ohne grossen Ungeruch* bleibe. In die obere Etage führe eine *für einer Herrschaft zu besteigen sehr incommode* [unbequeme] *Treppe durch die Küche, welche mit steinernem Pflaster sehr schlecht versehen* sei. Da die Renovierung innerhalb eines Monats nicht durchzuführen war, blieb der Prinzessin der Einzug in dieses Haus wohl erspart.

Die fürstlichen Residenzen in Borbeck und Steele

Neben der Abtei in Essen besaßen die Fürstäbtissinnen zusätzliche Residenzen in Borbeck und Steele. „Haus" bzw. Schloß Borbeck diente seit dem Spätmittelalter als Ausweichquartier bei Streitigkeiten mit der unbotmäßigen Stadt und als Zufluchtsort in Kriegszeiten, aber auch als Sommerresidenz.

In Steele ließ Anna Salome von Salm-Reifferscheidt im späten 17. Jahrhundert ihre kleine Residenz ‚op de Lucht' erbauen. Sie soll an der Stelle des jetzigen katholischen Pfarrhauses gestanden haben. Im Nachlaß der Äbtissin befand sich ein Paket Unterlagen über die von ihr *erblich angekaufte Behausung auf der Lucht zu Steel*, die darin aber nicht näher beschrieben wird. 1679 verpachtete die Fürstin dieses Haus auf sieben Jahre an Johann Heinrich Ortmann. Diese Residenz scheint später nur kurze Zeit von Bernardine Sophia von Ostfriesland und Rietberg genutzt worden zu sein. Im 19. Jahrhundert erfolgte der Abbruch, zumal nur noch eine Turmruine vorhanden war. Franziska Christine errichtete hier später das fürstliche Waisenhaus. Es ist das einzige, bestens erhaltene säkulare Stiftsgebäude in Essen und gehört heute der Fürstin-Franziska-Christine-Stiftung.

Haus bzw. Schloß Borbeck[182]

Im Laufe des 12. bis 14. Jahrhunderts gerieten in zahlreichen Fällen geistliche Landesherren mit der aufstrebenden Bürgerschaft ihrer Städte in Konflikt und begannen deshalb, auswärts neue Residenzen anzulegen. Auch die Essener Äbtissinnen folgten diesem Trend und verlegten ihre Residenz nach Borbeck. Aus dem Jahre 1309 datiert die älteste dort ausgestellte Urkunde der Äbtissin Beatrix von Holte. Unklar ist, ob diese neue Residenz identisch war mit dem bereits in Quellen des 10. Jahrhunderts erwähnten Oberhof Borbeck oder ob neue Gebäude auf dessen Gelände oder in dessen Nähe errichtet wurden. Auch von Katharina von der Mark (1337–1360) berichten die Äbtissinnenkataloge, sie habe in Borbeck Hof gehalten. Seit dieser Zeit wurde Borbeck offenbar zum bevorzugten Aufenthaltsort der Fürstäbtissinnen. Indizien dafür sieht Gerchow darin, daß Elisabeth von Nassau (1370–1412) kurz nach ihrer Wahl von Kaiser Karl IV. in Prag die Erlaubnis erwirkte, das Freigericht nach Borbeck zu verlegen. Allerdings geschah dies offensichtlich nicht ganz freiwillig, denn im Vorfeld hatte es gravierende Differenzen mit der Stadt gegeben, die der Äbtissin die Huldigung und Abgaben versagt und

VUE DU CHATEAU DE BORBECK.

▲ Abb. 45: Schloß Borbeck (1756), gemalt von dem Kanoniker Biesten

dem fürstlichen Richter sogar den Gehorsam verweigert hatte. Die *Burg Borbeke*, von der in der Urkunde Karls IV. die Rede ist, war damals sicher ein befestigtes Haus, das der Fürstäbtissin im Streit mit der Stadt als Zufluchtsort diente. Auch ihre Nachfolgerin Margarete von der Mark (1413–1426/29) residierte in diesem *castrum* und soll von dort aus Verhandlungen mit der Stadt geführt haben.

Im 15. Jahrhundert wurde ‚Haus Borbeck' – so Gerchow – wohl „zum wichtigsten Stützpunkt" der Äbtissinnen, vielleicht zeitweise auch der Stiftsdamen. Im zweiten Äbtissinnenstreit diente es der späteren Äbtissin Elisabeth Stecke van Beeck und ihren Wählerinnen als Zufluchtsort. 1459 lud Fürstäbtissin Sophia von Gleichen sogar Rat und Vertreter der Bürgerschaft nach Borbeck ein, um dort ihre feierliche Amtseinführung vorzunehmen. Sie scheint die meiste Zeit in Borbeck residiert zu haben und ließ dort mindestens sieben verschiedene Münzsorten prägen. In den folgenden Jahrhunderten verlor Borbeck zusehends an Bedeutung. Im 16. Jahrhundert diente es zwar anfangs noch als Gerichtsort, doch Kriegseinwirkungen und Zerstörungen hinterließen ihre Spuren und machten die Residenz unbewohnbar. Äbtissin Elisabeth von Sayn erwähnt 1584 in einem persönlichen Brief, daß fremde Truppen *Haus Borbeck und andere adlige Häuser innehaben und alles verwüsten und verderben*. Nach dem Dreißigjährigen Krieg war nichts mehr erhalten, die Residenz war völlig zerstört.

Unter Anna Salome von Salm-Reifferscheidt (1646–1688) wurde auf den alten Fundamenten ein neues Schloß errichtet, das 1656 fertig gewesen sein muß, denn in diesem Jahr feierte ihr Bruder dort seine Hochzeit. Es war erheblich kleiner als das heutige Schloß und hatte nur ein Obergeschoß. Inklusive Küche und Kellern gab es 17 Räume.

Es folgten im 18. Jahrhundert unter Franziska Christine von Pfalz-Sulzbach, deren Wappen noch heute über dem Eingang zum Schloß prangt, mehrere Vergrößerungen und Umbauten, die unter anderem der Düsseldorfer Hofbaumeister Kaes, dessen Hauptwerk die Statthalter-Residenz in Düsseldorf war, beaufsichtigte. 1790 wollte Maria Kunigunde von Sachsen das Schloß von Grund auf renovieren lassen, scheiterte aber am Widerstand des Kapitels, das sich der Finanzierung widersetzte. Nach der Säkularisierung, als man versuchte, das Schloß in Erbpacht zu geben, wurde es in Werdener und Essener Zeitungen angepriesen: *Das große schöne Schloß ist von der Fürstin von Essen erst neu erbaut, alle Zimmer mit Oefen versehen und tapeziert, das ganze in noch bestem Zustande und hat über 70.000 Reichsthlr gekostet.*

Daß das Schloß zu dieser Zeit auf Fremde – zumindest von weitem – einen positiven Eindruck machte, belegt der Bericht des preußischen Kriegs-Domänen-Rates Christian Friedrich Meyers, der 1794 auf seiner Reise durch die Rheinlande auch Essener Gebiet streifte.

Auf der Reise von Dortmund nach Wesel passierte Christian Friedrich Meyer im Mai 1794 auch Essen. Er berichtet über Schloß Borbeck:

[Essen.] *Der 20te Mai. Dieser Tag brach des elenden Wirtshauses wegen endlich an, und es wurde die Reise über Bockholt* [er meint: Borbeck]*, Starkrat* [Sterkrade] *bis Wesel fortgesetzt. Nachdem man die Stadt* [Essen] *passirt ist, kommt man gleich auf unbemerkbare Anhöhen. Hier eröffnet sich auf allen Seiten eine herrliche Aussicht in schönen amphitheatralischen Gärten mit ungemein vielen Nachtigallen, welche den Reisenden das schönste Natur-Conzert hören laßen. Das, eine Stunde von Eßen gelegen, der Fürstinn zuständige Lustschloß Bockholt* [!] *hat eine schöne Lage, ist mit guten Gebäuden und einem schönen Lustgarten versehen. Außer den reizenden Alleen, welche den Lustgarten zieren, war dabei indessen doch sehr auffallend, daß die Gräfte oder der Hausgraben um das Schloß kein Wasser hatte, und daher den Reisenden nicht nur zu sehr in die Augen fallen muß, sondern auch die Luft von dem Moder desselben ganz verpestet wird.*

Meyer, Ansichten einer Reise, 6f.

Das hochfürstliche Waisenhaus in Steele[183]

Über Steele schrieb Meyer: *Das Eßendische Gränz Städtchen Steele ist wegen des großen sehr wohl eingerichteten Waisenhauses berühmt, weshalb diese wohlthätige Einrichtung eine weitere Nachahmung verdienen mögte.*[184] Der Bau war von Anfang an nicht nur als Waisenhaus geplant, sondern sollte gleichzeitig als fürstliche Residenz und als Missionsstation der Jesuiten dienen. Was bisher nur vermutet wurde, läßt sich anhand der Jahresberichte *(litterae annuae)* der Jesuiten, die diese an ihre Zentrale sandten, erhärten. Der Leiter der Missionsstation *(missio Steelensis)* notierte 1770 hoch erfreut, daß am Ende des vergangenen Jahres gleichzeitig mit dem Waisenhaus auch die neue Jesuitenmission ins Leben gerufen worden sei.[185] Er beschreibt ausführlich die Baulichkeiten, Erziehungspläne für die Waisenkinder, auch die Weihe der zugehörigen Kapelle, geht aber auf die Räumlichkeiten der Fürstin nicht ein. Diese lassen sich erst aus dem Nachlaßinventar erschließen, das 1775 nach dem Tode Franziska Christines von Pfalz-Sulzbach angefertigt wurde. (Siehe dazu auch die Abb. 46 auf Seite 116.)

Danach war in dem neuerrichteten Waisenhaus in Steele ein zweigeschossiger Flügel für die fürstliche Hofhaltung reserviert. Im Parterre lagen die herrschaftlichen Räume: das Oratorium, das Schlafzimmer der Fürstin, das Audienz- und das Speisezimmer, außerdem die beiden Zimmer der ersten Kammerdienerin sowie die Küche mit Vorratsraum, Konfektzimmer und Bedientenstube.

Das fürstliche Schlafzimmer war wie das in der Essener Abtei ganz in Grün gehalten. Das Bett der Fürstin, ausgestattet mit Vorhängen aus grünem Seidendamast, mit grünen Taftkissen und Seidendecken, stand neben einem Toilettetisch mit rotem Umhang. Vier grüne Plüschstühle, ein grüner Plüschsessel mit zwei Kissen, ein grünes Fußschemelchen, eine Kommode mit Intarsienarbeiten, drei grüne Tischchen und zwei Tischchen für Leuchter, dazu ein Ofen mit Ofenschirm und Eisenzangen sorgten für Behaglichkeit. Als Raumschmuck dienten ein Spiegel mit vergoldetem Rahmen, ein Uhrenkasten aus Porzellan mit einer goldenen Uhr, zwei Paar weiße Gardinen, drei Haken für die Rosenkränze und mehrere große und kleine Porträts und Bilder von Verwandten und Heiligen.

Das Audienzzimmer vermittelt durch seine Einrichtung ebensowenig den Anspruch fürstlicher Repräsentation wie die anderen Räume. Bei der Inventarisierung fand der Freiherr von Duminique alles etwas altväterlich. Lediglich ein Tisch mit vorgoldetem Fuß und Marmorplatte und ein großer Spiegel in vergoldetem Rahmen fallen auf neben verschiedenen Porträts von Verwandten.

In der ersten und zweiten Etage lagen die Schlaf- und Wohnräume der 17 Bediensteten, die die Fürstin ständig begleiteten. In der mittleren Etage wohnten der Beichtvater und Geheime Rath Marner SJ, der Hofkaplan und Sekretär Mey mit seinen Bedienten, zwei Kammerdiener, der Kammermohr Ignatius, die zweite und dritte Kammerdienerin, die beiden Gesellschafterinnen Frau von Hörde und Fräulein von Blittersdorf sowie die Haushälterin. Außerdem gab es in diesem Stockwerk das *Garderobe Zimmer*, das *Garderoben-Leinwandt-Zimmer*, das *Haushaltung-Leinwandt-Zimmer* und ein Fremdenzimmer. Die Zimmer in der obersten Etage bewohnten die einfachen Bediensteten, der Freiherr von Mülstroe mit seinem Bedienten, der Trompeter Hartmann, die beiden Heiducken, der Hofbäcker und Bierbrauer, *blaue[r] Frantz* genannt, sowie der Koch und zwei Mägde.

Hof- und Haushaltungen[186]

Spätestens seit dem 10. Jahrhundert, als Abtei- und Konventsgut getrennt wurden, sind auch getrennte Hof- und Haushaltungen der Äbtissin und der Stiftsdamen anzunehmen. Obwohl alle aus den stiftischen Oberhöfen versorgt wurden, gab es getrennte „Töpfe". Wenn in späteren Jahrhunderten Stiftsdamen gemeinsam mit der Äbtissin in der Abtei lebten, hatten sie Kostgeld zu zahlen. Darüber hinaus unterschieden sich selbstverständlich die Haushaltungen der Fürstäbtissinnen und der Stiftsdamen bereits durch Größe und Aufwand.

Haushalt der (Fürst-)Äbtissinnen

Für das 11. Jahrhundert läßt sich die ungefähre Größe des Haushalts einer Essener Äbtissin an den Bestimmungen zum Jahrgedächtnis der Äbtissin Svanhild (gest. ca. 1085) ablesen. Sie bedachte offensichtlich alle Personen in ihrer engsten Umgebung mit Almosen und milden Gaben. Dieser Haushalt läßt sich unter Vorbehalt mit Personallisten der Hofdienerschaft aus dem 17. und 18. Jh. vergleichen.

11. Jahrhundert (ca. 1085)	17. Jahrhundert (1689)	18. Jahrhundert (1775)
	Schneider und Bottelier	
	Schlüter	
	Schmied	
	Botteliersche	
Unterkoch	Küchengeselle	Küchenjung
Koch	Kochmeister	Mund-Koch
(Wäscherin d. Kirchenwäsche in der Hofkapelle)	Wäschemagd	Waschmagd
	Vorreiter	Vorreiter
	Viehmagd	Viehmagd

11. Jahrhundert (ca. 1085)	17. Jahrhundert (1689)	18. Jahrhundert (1775)
(Unterkämmerling)	Gardenier	Heyduck
(Unterkämmerling)	Gardeniers Knecht	Heyduck
	Lakai	Hofschneider, Lakai und Tapezierer
	Lakai	Hoflakai und Schneider
Bäcker	Lakai	Hoflakai und Schreiner
Brauer	Lakai	Hoflakai, Hofbäcker und Bierbrauer
	Küchenmagd	Küchenmagd
Badefrau	Kammerjungfer	Garderobemagd
adlige Wasserträgerin für die Fußwaschung	Kammerjungfer	
	Kutscher	Leibkutscher
		2. Kutscher
	Jäger	Jäger bei Hof
(Mostardmüller in Breisig)		Jäger zu Borbeck
	Spinnmagd	Hausmagd
	ein Stummer	
		Ofenheizer und Hausknecht
(Gärtnerin)	Küchenschreiber	
		Tafeldecker
	Registrator	
		Hoftrompeter und Hoffourier
	Sekretär	Hofkaplan und Sekretär
	Kanzlist	
		Hofkaplan u. Beichtvater
		Leibmedicus
	ein Geck	Kammermohr

Tab. 6: Vergleich der Hofhaltungen im 11., 17. und 18. Jahrhundert

Die tabellarische Gegenüberstellung bestätigt nicht den großen Unterschied der Hofhaltungen, den Konrad Ribbeck zu erkennen glaubte. Die Tätigkeiten des Beichtvaters und Hofkaplans, eines Kutschers, wohl auch eines Jägers waren sicher auch schon im 11. Jahrhundert erforderlich, sind aber in der Quelle nicht gesondert aufgeführt. Rechnet man Personen für diese Aufgaben hinzu, so ist der Unterschied in der Größe der Haushaltungen erstaunlich gering.

Eine schriftlich fixierte Hofordnung ist zwar erst unter Maria Kunigunde von Sachsen erlassen worden, doch ist aus Anordnungen für die fürstliche Tafel, für die zweite Tafel der Räte und die dritte ‚Diener-Tafel' zu erschließen, daß man schon im 17. Jahrhundert nach einer solchen Ordnung „bei Hofe" lebte. Insgesamt vermitteln Haushaltung und Baulichkeiten eher den Eindruck einer adligen Gutsherrschaft als den einer fürstlichen Hofhaltung.

Haushaltungen der Stiftsdamen

Obwohl die Stiftsdamen aus dem gemeinsamen Stiftshaushalt mit Nahrungsmitteln versorgt wurden, obwohl sie lange Zeit in dem gemeinsamen Dormitorium zu schlafen pflegten, führten viele von ihnen einen eigenen Haushalt. Häufig lebten aber auch mehrere Stiftsdamen zusammen und zahlten der Hauseigentümerin Kostgeld.

Stiftsdamen mit eigenem Haushalt hatten spätestens seit dem frühen 14. Jahrhundert Bedienstete, zu denen oft ein enges Vertrauensverhältnis bestand. Die Zahl der Dienstboten variierte allerdings sehr stark. Grundsätzlich lassen sich die großen Differenzen nicht aus den ökonomischen Verhältnissen im Stift und/oder der zeitlichen Epoche erklären, sondern verweisen meist auf den familiären Hintergrund der einzelnen Kapitularinnen. Eine Statistik über die Zahl der Dienstboten in den Haushaltungen der Stiftsdamen, angefertigt um 1800, gibt folgenden Überblick:

	Jungfern	Haus- hälterin	Zier- mädchen	Köchin	Bediente	Knechte	Mägde
Pröpstin Wilhel- mine v. Hessen- Rheinfels	2	–	1	1	1	--	1
Dechantin Maria Eleonore v. Auersperg	1	–	1	–	1	2	2
Scholasterin Maria Antonia v. Liechtenstein	2	1	–	1	1	–	1
Küsterin Maria Theresia v. Nesselrode- Landscron	1	–	1	1	1	–	2
Luise Henriette v. Mander- scheid-Blanken- heim	1	–	–	–	–	–	–
Maria Theresia v. Harrach-Roh- rau	2	–	–	1	1	–	1
Antonia v. Salm- Reifferscheidt- Bedburg	1	–	–	–	–	–	1

Zusammengefaßt zeigt sich folgendes Bild: Kurz vor der Säkularisierung gab es bei den Stiftsdamen einen Haushalt mit einer Dienstbotin, einen mit zwei, zwei mit fünf, zwei mit sechs und einen mit sieben Bediensteten. Die Gräfinnen von Manderscheid und von Salm-Reifferscheid waren nur selten in Essen, weswegen sie nur wenig Personal brauchten. Die anderen Angaben sind zu denen früherer Jahrhunderte in Relation zu setzen. Bereits im 16. Jahrhundert beschäftigte die Küsterin Imagina von Öttingen mindestens acht Personen. Maria Theresia von Fugger zu Babenhausen hatte 1758 einen Lakai, eine Magd, eine Köchin und eine Haushälterin. Die Pröpstin Anna Johanna von Hessen-Rheinfels beschäftigte ungefähr zur gleichen Zeit sechs Personen (zwei Kammerjungfern, eine Garderobenmagd, eine Köchin, einen Lakai und eine Küchenmagd).

Das Personal wurde oft großzügig bedacht und für die Zukunft abgesichert. Dies läßt sich bereits an den Testamenten der Jutta von Malburg (1317) und der Guda von Linnep (1326) belegen.[187] Beachtenswert ist auch das Testament der Agnes de Essende, Kammerjungfer (domicella) der Pröpstin Mechthild von Rennenberg. Nach dem Kreis der beschenkten Personen zu urteilen, stammte die junge Frau offenbar aus vornehmer Familie und war gut betucht und wohlsituiert.[188] Auch später finden sich unter den Kammerjungfern wiederholt Töchter aus der

Essener Ministerialität und Beamtenschaft. So schenkte Anna Felicitas von Salm-Reifferscheidt 1733 ihrer Kammerjungfer Bernardine Sophia Biesten alle ihre Kleider, Leinen und Wolle, Betten, Laken, *in summa, was zu meinem Leib gehörig gewesen*, weil Bernardine ihr viele Jahre lang *mit aller Trew, Fleiß und Sorgfalt aufgewartet* und Anna Felicitas' *Nutzen gesuchet* habe. Der Beginenkonvent im Alten Hagen bekam 30 Rtlr, damit die alte Kammerjungfer dort ihren Lebensabend verbringen konnte. Wiederholt finden sich Belege, daß das Personal über den Haushalt und die Finanzen der Stiftsdamen besser Bescheid wußte als diese selbst. Im 18. Jahrhundert begannen zwar einzelne Stiftsdamen, Rechnungsbücher zu führen, doch diese Vorhaben wurden meist nach wenigen Seiten wieder eingestellt. Offensichtlich waren sie doch auf ihre hilfreichen Geister angewiesen.

Grundsätzlich war die Wohnsituation der Frauen aus Häusern, die nur vereinzelt im Stift vertreten waren, schlechter als die jener, die ihre Töchter regelmäßig nach Essen schickten und deswegen eigene Häuser besaßen. Sie konnten ihren Töchtern wohl zu allen Zeiten Besseres bieten. Finanziell schwächergestellte Stiftsdamen, aber auch solche, die eng verwandt waren, lebten dagegen oft als Untermieterinnen im Haushalt einer anderen Kapitularin, bei der Äbtissin oder auch bei den Beginen und bürgerlichen Familien. Im 16. Jahrhundert mußte Imagina von Öttingen ihre Kurie sogar vermieten und irgendwo in der Stadt wohnen, um das Geld für ihre zahlreichen Prozesse zusammenzubringen.

Wegen der Zerstörungen des Dreißigjährigen Krieges lebte noch 1688 die Hälfte der Stiftsdamen mit in der Abtei, wo jede in der ersten Etage ein eigenes Zimmer hatte. Für Unterkunft und Verpflegung wurden etwa 10 Rtlr Kostgeld pro Monat verlangt. Exemplarisch sei hier die Einrichtung eines dieser Zimmer vorgestellt: Maria Philippina Gräfin von Salm-Reiferscheidt hatte ein kleines beheiztes Zimmer. Die Wände waren mit braun-gestreiftem Stoff bekleidet. Sie benutzte eine Bettstätte mit hellgrauen Vorhängen. An den Wänden hingen zwölf Gemälde, von denen wir nicht wissen, was sie darstellten. Weiteres Mobiliar: ein Tisch mit grüner Tischdecke, zwei lederne Stühle, zwei Feldstühle, ein Strohstuhl und ein zinnernes Nachtgeschirr. Komfortabel kann man diese Wohnverhältnisse sicher nicht nennen.

Auch im 18. Jahrhundert erhielten Stiftsdamen Kost und Logie bei anderen Kapitularinnen. Diese Art des Zusammenlebens scheint sich jedoch meist auf die Verwandtschaft beschränkt zu haben. So lebten bei der Pröpstin Anna Felicitas von Salm-Reifferscheidt drei weitere Stiftsdamen, die Küsterin Maria Antonia Truchseß von Waldburg-Zeil mit ihrer Schwester Johanna und Anna Maria Luise von Salm-Reifferscheidt. Alle drei wurden im Testament der Vermieterin großzügig bedacht, woraus man wohl schließen darf, daß sie sich gut verstanden hatten.

Doch das Zusammenleben hatte auch negative Folgen. War die Hausbesitzerin in mehreren Stiften präbendiert, was bei den wohlhabenderen Dignitärinnen die Regel war, so verließ sie zeitweise das Stift, und der Haushalt wurde geschlossen. Für die Untermieterinnen hieß dies, daß sie sich nach einer anderen Bleibe umsehen oder ebenfalls für einige Monate Essen verlassen mußten, wie das Beispiel der Jeannette von Manderscheid-Blankenheim zeigt. Als sie ihre Residenz in Essen im Januar 1774 begann, konnte sie zunächst mit ihrer Kammerfrau bei ihrer Tante Augusta kostenlos leben. Da die Tante jedoch gleichzeitig Äbtissin von St. Ursula war, reiste sie im Juni 1774 wieder nach Köln. Jeannette durfte zwar weiterhin in deren Haus wohnen, ging aber zum Essen bei der Gräfin von Salm *en pension*.

Kleidung und Schmuck[189]

Auffallendstes Unterscheidungsmerkmal zwischen Nonnen und Stiftsdamen war zu allen Zeiten die Kleidung. Nonnen haben ihre einheitliche Tracht, aufgrund derer die Zugehörigkeit zu ihrem jeweiligen Orden auch für Außenstehende leicht feststellbar ist. Stiftsdamen dagegen besaßen ihre weltliche Kleidung und trugen nur zu den Gottesdiensten eine einheitliche Chorkleidung. Seit wann sich Sanktimonialen und Ordensfrauen durch die Kleidung unterschieden (Benediktinerinnen waren schwarz gekleidet), bedarf noch eingehender Forschung.

Für die frühe Zeit beruhen unsere Kenntnisse größtenteils auf kunsthistorischen Analysen, denn beschreibende Textquellen fehlen. Da weltliche Kleidung und Chorkleidung sich

▲ Abb. 48b: Thorner Stiftsdamen in Chorkleidung, 16. Jahrhundert (siehe dazu auch die Abb. 48a auf Seite 125)

meist nicht im Schnitt, sondern hauptsächlich in der Farbgebung voneinander unterschieden, sind Darstellungen von Essener Kanonissen auf Siegeln oder Münzen, aber auch in dem Widmungsbild des Svanhild-Evangeliars aus dem späten 11. Jh. nur schwer dem geistlichen oder weltlichen Bereich zuzuordnen. Auf dem Bild knien demütig die beiden Stifterinnen, Äbtissin Svanhild und Pröpstin Brigida, zu Füßen der Gottesmutter, die die Gebete der Frauen aufnehmen und weiterleiten möge. Kahsnitz, der diese Handschrift intensiv untersucht hat, beschreibt die „völlig identische Kleidung" der beiden Frauen folgendermaßen: „Über einem fußlangen, gürtellosen Ärmelgewand liegt ein weiß-grüner Schleier, der den Kopf umhüllt, und weit auf den Rücken herabfällt."[190] Er erklärt, die Kleidung entspreche der der Äbtissin Hitda, die auf einem kölnischen Evangeliar abgebildet sei und ein schwarz-blaues Gewand ebenfalls mit weißem rückenlangem Schleier trage. Kahsnitz meint, diese Gewandungen hätten allerdings nicht der ‚Tracht' in Kanonissenstiften entsprochen und erklärt die Farbgebung aus „künstlerischer Ökonomie" (siehe dazu auch die Abb. 47 auf Seite 125).

Tatsächlich bestand wohl die Chorkleidung der Sanktimonialen anfangs aus einem weißen Schleier und einem langen weißen Chorhemd *(camisia, superpellicium)*. Zu Anfang des 11. Jahrhunderts ließ Äbtissin Mathilde sich als Stifterin des dritten Vortragekreuzes, des sogenannten Mathildenkreuzes, in einem solchen Gewand ganz in Weiß mit weißem Schleier darstellen. Später veränderte man den Schleier. Vielleicht wurde er zunächst nur festgesteckt und entwickelte sich dann zu dem sogenannten *Ranzen*, einer weißen Haube. Ein solcher Ranzen ist auf mehreren Altargemälden des 16. Jahrhunderts zu sehen.

Die ursprünglich wohl weiße Kleidung der Sanktimonialen hat sich in Essen vielleicht in der Kleidung der Residentinnen, also der Stiftsdamen im Probejahr, erhalten. Anläßlich der Aufnahme ihrer Nichte Maria Ernestina schrieb Äbtissin Anna Salome von Salm-Reifferscheidt 1669 ihrem Bruder, dem Vater des jungen Mädchens, einen mahnenden Brief, in dem sie ihm darlegte, wie seine Tochter während der Residenz gekleidet sein müsse. Der Brief lautet in freier Übersetzung: *Was Eure Tochter anlangt, sie ist ganz traurig, daß Ihr schreibt, daß sie ja Kleider genug hätte; Mein Gott, soll sie keine Röcke unter den weißen Kleidern haben, wo andere Gräfinnen so wohl gekleidet sind; [es] ist ja, als wenn es ein Bettelkind ist. Der weiße Stoff ist zu Düsseldorf zu bekommen, sie muß für ein Kleid 20 Ellen haben […]. Sie muß in der Residenzzeit weiße Schürzen haben und so ein weißes Tuch am Kopf, welches ich für's Erste hier von der verstorbenen Fürstin bekommen [habe], worüber ich sehr froh bin, denn ich habe mich sehr bemüht, es zu kaufen […] Also soll Eure Tochter ohne Silberwerk, ohne Unterröcke, ohne Samtkissen von Euch geschickt werden […]?* Demnach hatte die Residentin zwar weiß gekleidet zu sein, jedoch kann man in Essen nicht wie z. B. in Buchau oder Gandersheim von einer Einkleidung sprechen. Die vagen Anhaltspunkte des Briefes deuten allerdings auf eine sehr ähnliche Kleidung hin, wie sie für die Residentinnen in anderen niederrheinischen Stiften, in Thorn, Elten und Vreden, vorgeschrieben war. Dort trugen sie Leibchen, Schürze, Rock, Schleppe und Chorhemd, später zu besonderen Feierlichkeiten auch den jeweiligen Stiftsorden. Zeichen der Residentin war der Schleier, *so ein Duch am Kop*, wie die Essener Äbtissin schrieb. In Thorn und Elten war dies ein viereckiger handbreiter Streifen Batist, der auf der linken Schulter und am Rock befestigt wurde, so daß die Enden mit dem Saum des Rocks abschlossen.

Die Kleidung der Kapitularinnen unterschied sich von der einer Residentin durch den schwarzen Chormantel, der ihnen bei der Emanzipation überreicht wurde. Im späten 18. Jahrhundert wird die komplette Chorkleidung folgendermaßen beschrieben: *Diese besteht in einem schwarz-seidenen Rock, weiß-barcheten Leibchen und Schleppe, so dann schwarz-satinen Mantel: Das […] Leibchen hat oben einen Überschlag von weisser Spitze, darunter einen Streifen von schwarzem Sammet. Auch tragen die Stiffts-Dames an einem blauen mit Gold gestickten Band einen goldenen Stiffts-Orden: derselbe ist blau emaillirt, und hat in der Mitte die Bildnisse der Mutter Gottes mit Brillanten besezet.*

Der Essener Orden ist auf einem Porträt der Fürstäbtissin Franziska Christine zu sehen und scheint eine Neuerung des 18. Jahrhunderts zu sein, als in fast allen Stiften solche Abzeichen eingeführt wurden. Neu scheint auch der Wegfall des Schleiers oder des Ranzens. Auf dem Kopf trug man in der Endphase der Stifte in Essen und Thorn nur das, was die Mode als Schmuck bestimmte (*pour la tête il n'y a que la mode qui en fixe la parure*). Welch bizarre Gebilde da geformt wurden, ist auf den beigefügten Bildern zu erkennen. (Siehe dazu auch Abb. 49 auf Seite 127)

Mit diesem, wenn auch vagen, Wissen um die Chorkleidung im 18. Jahrhundert lassen sich Hinweise in Quellen des 14. und 16. Jahrhunderts besser verstehen. Testamente aus dem 14. Jahrhundert nennen in lateinischer und niederdeutscher Sprache verschiedene Textilien, die wohl zur täglichen Chorkleidung gehörten. Guda von Linnep schenkt der Pröpstin und der Dechantin jeweils ein Chorhemd (*unum superpellicium*), ein *mensale*, und ein langes Handtuch (*unum manutergium longum, quod dicitur Vorduele*), das wohl als eine Art Schürze umgebunden wurde. Die Äbtissin sollte ihren langen, kostbaren und besten Gürtel bekommen, der wohl nicht zur Chorkleidung gehörte.[191] Die Stücke, die Jutta von Malburg 1317 vererbte, sind nur zum Teil zu identifizieren. Ihren besten Umhang und eine Bettdecke (*tegumentum lecti*), gemeinhin *Sarse* genannt, sollte ihre Schwester von Broich erhalten. Die Nichte Beatrix bekommt ebenfalls einen Umhang, ein Paar weißer Gewänder, einen Pelz und eine *thumoa*, die auch *Sardoch* heißt.[192] Auch der Nachlaß der Stiftsdame Imagina von Öttingen hilft bei der Identifizierung nicht viel weiter. Sie hinterließ 1558, also gut 200 Jahre später ähnliche, uns bekannte und unbekannte Textilien: ein Chormantel, zwei *Saerdocke* (Sardok = grobes Zeug, halb Leinen, halb Wolle), drei *Rochelgen* (Rochett = Chorhemd), sechs Chorranzen (Hauben), sieben Tücher, gen. Umschläge (*Doecke, genannt Umbschlege*), ein Trauertuch (*droif doick*) und *ein bar Flegel an Rochgeln* (Riemen?, ein Paar Flügel am Rochett?).

Obwohl die Informationen über die Chorkleidung recht spärlich fließen, so ist doch festzustellen, daß man im Gegensatz zu Nonnen nicht Gleichförmigkeit und Bescheidenheit anstrebte, sondern bemüht war, durch die Verwendung kostbarer Materialien wie Samt und Seide das Gegenteil, die Exklusivität des Stifts bzw. der hochadeligen Frauen zu demonstrieren. Diese Einstellung ist schon im 10./12. Jahrhundert und auch noch im 18. Jahrhundert zu beobachten.

Die älteste Darstellung einer Essener Äbtissin findet sich auf dem berühmten älteren Mathildenkreuz (973–982), das die Stifterin, Äbtissin Mathilde, mit ihrem Bruder Herzog Otto zeigt. Die türkisfarbenen und schwarzen, ocker-braun-gemusterten Gewänder der Geschwister im byzantinisch-orientalischen Stil betonen – so Humann – unmißverständlich den herausgehobenen Stand.

Äbtissin Hadwig von Wied, die gemeinsam mit ihrem Bruder, dem Kölner Erzbischof Hermann von Wied, die beeindruckende Kirche in (Bonn-)Schwarzrheindorf stiftete, ließ sich dort auf einem Fresko in roter Kleidung, der Farbe des Herrschers, darstellen. Sie steht damit nicht allein, sondern solche zeitgleichen Abbildungen existieren auch von den Äbtissinnen von Gernrode und von Niedermünster in Regensburg. Crusius vermutet, daß durch diese roten *cappae* der Status eines Reichsstifts dokumentiert werden sollte. In der Nachfolge dieser Darstellungen stehen dann schließlich die bekannten Gemälde der Herrscherinnen aus dem 17. und 18. Jahrhundert, die sich in herrschaftlichem Gewand mit großzügigem Hermelinbesatz porträtieren ließen. (Siehe dazu auch die Abb. 50 a und b auf Seite 123 sowie 50 c auf Seite 124.)

Doch nicht nur die Fürstäbtissinnen präsentierten sich in so prächtigem Ornat. Auch die Stiftsdamen konnten sich kostbare und teure Kleidungsstücke leisten. Wir sind schlecht darüber unterrichtet, weil kostbare Garderobe meist sofort nach dem Tode der Besitzerin an Schwestern und Schwägerinnen geschenkt wurde und in Nachlaßinventaren selten detailliert verzeichnet ist, und müssen wiederum auf das Verzeichnis der bereits bekannten Stiftsdame Imagina von Öttingen zurückgreifen. Sie schenkte 1558 all ihre Samt- und Seidenkleider und -hemden ihrer jüngsten Schwester Salome. Den langen, weiten *worsteinen* Rock, ihre bestickten Bänder, das weiße Halsband (*halskoller*) etc. sollte ihre ehemalige Dienerin bekommen. Außerdem werden genannt: schwarze wollene Unterröcke, einzelne Kragen, einzelne Schürzen aus Samt und Damast, Leibchen zum Teil mit goldener Borte, ein Fuchspelz, ein Ziegenmantel, goldene Hauben mit Bändern und goldenen Ecken, Halstücher mit goldenem Kragen, Pelzwerk für Hauben und Mützen.

Als 1784 die Chorkleidung geändert werden sollte, wollte Fürstäbtissin Maria Kunigunde den Wünschen der Stiftsdamen durchaus entsprechen, verlangte aber, über jedes Teil und jede Qualität informiert zu werden. Man sollte ihr eine Puppe als Modell zusenden. Schließlich schlug sie ein in Wien gesticktes Ordensband vor, das ihr besser geeignet schien, ein so berühmtes Kapitel zu zieren *(qui me paroit plus convenable de decorer un aussi illustre Corps)*. Sie bestand darauf, daß man sich sowohl in wesentlichen Dingen als auch in den geringsten Kleinigkeiten von anderen unterscheiden müsse.

Auch über Schmuck Aussagen zu treffen, fällt schwer, obwohl Töchter in der Regel die mobile Hinterlassenschaft der Mutter, unter anderem Schmuck und Kleinodien, bekamen. Doch solche Kostbarkeiten wurden meist nicht unter künstlerischen und ästhetischen Gesichtspunkten betrachtet, sondern dienten der wirtschaftlichen Absicherung. So war es durchaus üblich, zum Beispiel Perlenketten auseinanderzunehmen, um sie dann mehreren Töchtern zu vererben. Silber, selbst wenn dies aus berühmten Manufakturen stammte, wurde nach Materialwert und Gewicht taxiert und anschließend oft versteigert.

Imaginas Schmuckstücke sind bekannt. Sie besaß fünf goldene Ketten, zwei Armbänder, ein goldenes Kreuz mit zwei Diamanten und zwei Rubinen und mit einer großen anhängenden Perle, ein silbernes Siegel, einen Siegelring, zwei Türkise, vier Rubine, verschiedene andere Steine, sechs Ringe mit Saphir, Türkisen, Rubinen, mit himmelblauem Stein und Kamée und mehrere kristallene Rosenkränze. Einen Eindruck von der Pracht solcher Schmuckstücke vermitteln die in der Domschatzkammer ausgestellten dreizehn Agraffen aus der ersten Hälfte des 15. Jahrhunderts. Zwei dieser Broschen zeigen vierfüssige Tiere, zwei einen Adler, zwei weibliche Figuren und eine eine Jagdszene. Diese filigranen Kunstwerke, die in der Tradition der burgundischen Email- und Goldschmiedekunst stehen, dienten ursprünglich als Mantelschließen, als Broschen oder als Haar- und Haubenschmuck. Sie sind vermutlich als Weihegeschenke der Stiftsdamen in den Essener Kirchenschatz gelangt und zierten lange Zeit – aufgeheftet auf ein seidenes Band – die Büste des Hl. Marsus.

Konrad Ribbeck, einer der besten Kenner der Essener Stadtgeschichte, meint, daß sich solche „Spuren eines wirklichen Luxus [...] soweit man sehen kann, nur in den Gesellschaftskreisen des Stiftes" fanden.[193] Ein Beleg für diese Ansicht ist sicher das Testament einer gewissen Else von Limburg, vermutlich einer Kammerjungfer der Äbtissin, die 1445 über vier Pelze, einen gefütterten *Tabbert* (Reisemantel) und einen Ranzen mit vier Gefachen (entsprechend der damaligen burgundischen Hoftracht) Verfügungen traf. Auf derartigen Luxus legte man offensichtlich bis zum Ende des Stifts großen Wert. Von der Pracht der Kleidung Maria Kunigundes von Sachsen können wir uns heute kaum noch ein Bild machen: Der Katalog der ortsgeschichtlichen Ausstellung, die im Herbst 1901 im Essener Museum gezeigt wurde, erwähnt ein „Silberbrokatstück von einem Kleide der letzten Aebtissin". Erläuternd wird hinzugefügt: „Das ganze Kleid enthielt soviel Silber, daß die Erben desselben zwölf Eßlöffel und zwölf Theelöffel daraus anfertigen lassen konnten."[194] Ob sich allerdings in stiftischer Zeit in Essen Gelegenheit bot, ein solches Kleid zu tragen, erscheint fraglich.

Essen und Trinken:
„Schamelribbe", „Lummelharst" und mit Steinkohlen gebrautes Bier

Über die banalen Dinge des Alltags geben die historischen Quellen oft recht wenig Auskunft. Ein um so größerer Glücksfall ist es daher, daß wir in den *Consuetudines* eine genaue Beschreibung dessen finden, was im 14./15. Jahrhundert von den Oberhöfen ins Back-, Brau- und Schlachthaus geliefert und wie diese Nahrungsmittel unter die Stiftsangehörigen verteilt wurden. Die Darstellung beruht auf älteren Aufzeichnungen, in denen ein Küchenmeister namens Johann ten Plancken notiert hatte, was und wieviel den einzelnen Personen von Amts wegen zustand. Regelmäßig verteilt wurden Brot, Fleisch, Butter, Bier und in der Fastenzeit Fisch. Diese Art der Versorgung ist über Jahrhunderte beibehalten und erst seit dem späten 16. Jahrhundert allmählich durch Geldzahlungen abgelöst worden.

An Getreide lieferten die zehn Oberhöfe pro Jahr 570 Malter Roggen und 484 Malter Malz. Malz wurde hauptsächlich zum Bierbrauen verwendet. Weizen wuchs in der Essener Gegend nicht oder nur sehr schlecht und war daher knapp. Es gab nur 30 Malter, die vorwiegend aus den Höfen Paffendorf und Beeck bezogen wurden. Weizen brauchte man hauptsächlich für die Herstellung von Oblaten und Feingebäck. Man mußte sich daher – wie in Westfalen insgesamt – im wesentlichen mit dunklem Brot begnügen. Dies erklärt, warum Pumpernickel als typische Spezialität der Region berühmt bzw. berüchtigt war: Noch 1750 äußerte sich Voltaire auf der Durchreise von Paris nach Potsdam äußerst despektierlich über die Schwarzbrot essenden Westfalen: *In großen Hütten, die sie Häuser nennen, sieht man Tiere, die sich Menschen nennen und aufs herzlichste mit anderen Haustieren zusammen leben. Die Nahrung der Herren im Hause ist eine Art schwarzer und klebriger Stein, der nach ihrer Auskunft aus Roggen gebacken wird.*[195]

In der Stiftsmühle am Steeler Tor wurden täglich 350 Pfund Roggen angeliefert und verarbeitet, die im gegenüberliegenden Roggenbackhaus zu 114 ganzen und 30 mittleren Broten, sogenannten *Papenkoken*, verarbeitet werden. Ein ganzes Brot sollte ca. drei bis dreieinhalb Pfund wiegen.

Die tägliche Verteilung sah folgendermaßen aus: Die Dechantin bekam drei ganze Brote – eins für ihr Dekanat, eins für die Aufsicht über das Dormitorium und eins für ihre Präbende. Küsterin, Scholasterin und Amtsfrau von St. Quintin erhielten jeweils zwei: eins für ihr Amt, eins für ihre Präbende. Die Kämmerin erhielt zwölf Brote: eins für ihr Amt, eins für ihre Präbende und zehn für ihre Arbeit bzw. wohl für die fünf ‚Unter‘-Kämmerinnen. Die übrigen Stiftsdamen sollten jeweils ein Brot bekommen. Weitere neun Brote wurden als *Ummegansbroit* oder *Deylebrot* im Umgang der Münsterkirche als Almosen an Bedürftige verteilt.[196] Die Kanoniker und übrigen Stiftsbediensteten erhielten entsprechend ihrem Rang ebenfalls große oder mittlere Brote.

Butter lieferten die Oberhöfe ins Haus der Kämmerin. Ein ganzer Hof erbrachte pro Jahr neun *Zester* (= Sechster, lat. sextarius, Hohlmaß), ein mittlerer drei. Von neun Sechstern wurden 90 große und zehn kleine Butterkugeln zu je zwei bzw. einem Pfund hergestellt, die auf sehr komplizierte Weise sechsmal pro Jahr verteilt wurden. Jede Stiftsdame (hier gerechnet zu 50 Personen) und die zwölf Priesterkanoniker erhielten eine große Kugel. Zusätzlich wurden sieben große Kugeln, sogenannte *Wekencloten*, unter den Stiftsdamen so verteilt, daß diejenige, die das Dormitorium ausfegte, eine Kugel extra bekam, die anderen sechs wurden reihum vergeben. Weitere zwölf Kugeln, sog. *ummeganscloten*, erhielten andere Stiftsdamen, Kanoniker und der Koch mit den Küchenknechten. Darüber hinaus bekam die Kämmerin von Amts wegen, das heißt, weil sie für die Butterverteilung zu sorgen hatte, drei große Kugeln. Es folgen weitere komplizierte Regelungen, die hier nicht weiter interessieren sollen.

Das im Vergleich zum überwiegenden Teil der mittelalterlichen bäuerlichen Bevölkerung ‚extravagante‘ Leben der Stiftsangehörigen zeigt sich insbesondere am Fleischverzehr. Während sich die meisten Menschen ihr Leben lang nur von Brot, Erbsen-, Hirse- und Linsenbrei, von Milch-, Brot-, Biersuppen und ähnlichem ernähren konnten und allenfalls zu den höchsten Feiertagen vielleicht einmal ein Stück Fleisch auf dem Tisch hatten, war dies bei den Stiftsangehörigen offensichtlich die Regel. Der Fleischkonsum war immens zumal die großen Eichenwaldbestände für die Mast der Schweine geradezu prädestiniert waren.

In Herbst und Winter, das heißt vom 1. August *(Petri ad vinculum)* bis Christi Himmelfahrt (ca. Mitte Mai), wurden pro Woche zwölf Schweine, von Himmelfahrt bis Ende Juli, 24 Schafe von den Oberhöfen ins Stiftsschlachthaus geliefert.[197] An jedem Montag, Mittwoch und Samstag wurden dann entweder vier Schweine oder acht Schafe geschlachtet. Im 16. Jahrhundert schlachtete man nur noch zweimal in der Woche, die Anzahl der Tiere blieb aber gleich. Der *magister coquine*, der Küchenmeister, hatte Aufsicht zu führen und dafür zu sorgen, daß die Schulten der Oberhöfe alles termingerecht und in ausreichendem Maße ablieferten. Er mußte die Knechte überwachen, die wiederum zu prüfen hatten, ob alle abgelieferten Lebensmittel sauber, gesund und ausreichend waren. Er hatte auch das Fleisch zu zerlegen, nachdem die Knechte bereits die Keulen und Knüttel abgehauen hatten, und mußte für die richtige Verteilung der Fleischportionen sorgen.

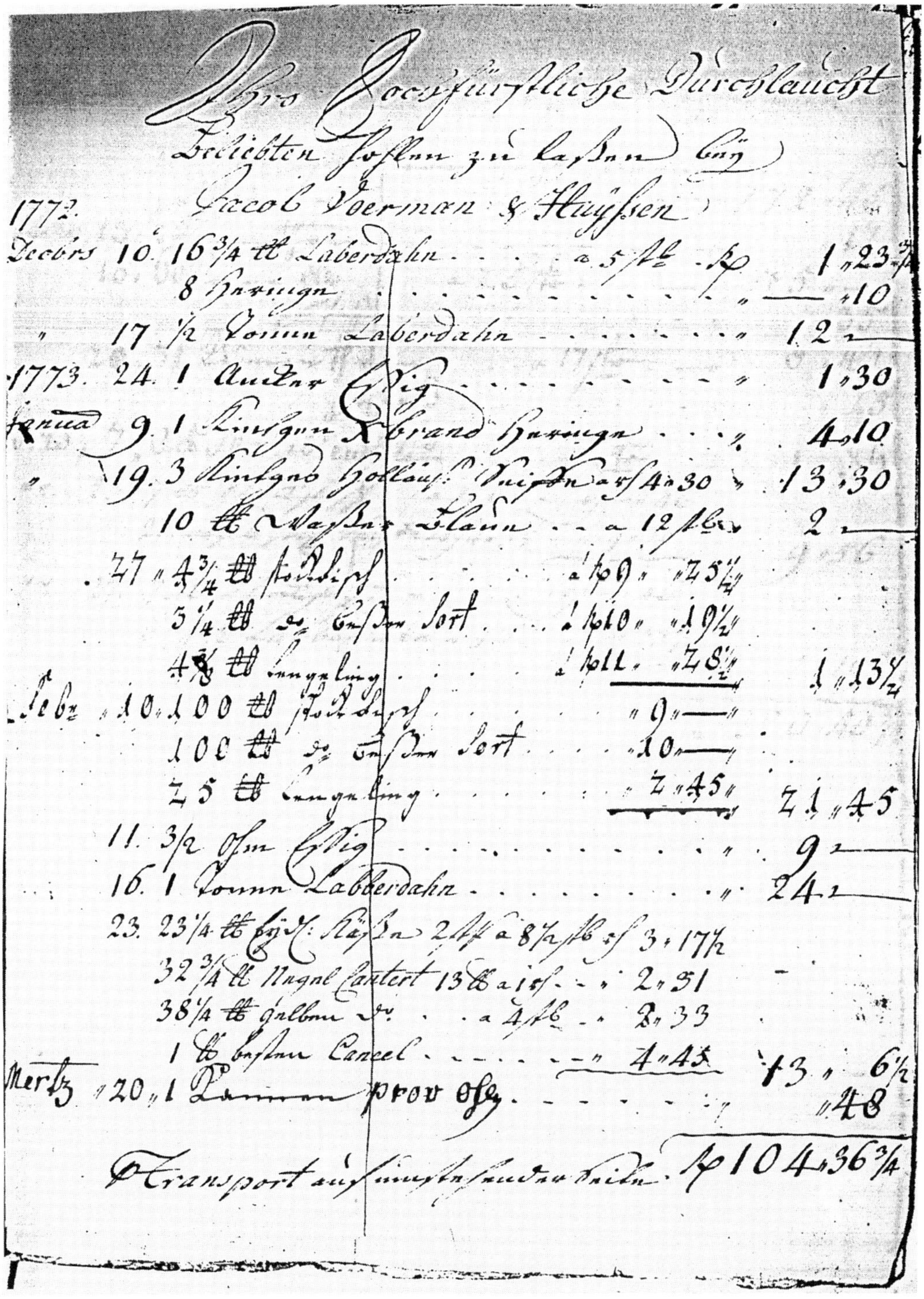
Ihro Hochfürstliche Durchlaucht
beliebten hohlen zu laßen bey
Jacob Voerman & Huyssen

1772. Decbrs	10.	16 3/4 lb Laberdahn … a 5 Stb	1,23 3/4
		8 Häringe …	,10
"	17.	1/2 Tonne Laberdahn …	12
1773.	24.	1 Anker Essig …	1,30
Janua	9.	1 Kistgen brand Häringe …	4,10
"	19.	3 Kistgens Holländ. [illegible] a 4,30	13,30
		10 lb [illegible] … a 12 Stb	2
	27.	4 3/4 lb Stockfisch … a 9 ,, 45 1/4	
		3 1/4 lb do. besten Sort … a 10 ,, 19 1/2	
		4 3/8 lb Lengeling … a 11 ,, 28 1/2	1,13 3/4
Febr.	10.	100 lb Stockfisch … 9	
		100 lb do. besten Sort … 10	
		25 lb Lengeling … 2,45	21,45
	11.	3/2 Ohm Essig …	9
	16.	1 Tonne Labberdahn …	24
	23.	23 3/4 lb [illegible] Käsen … 3,17 1/2	
		32 3/4 lb Nagel Cantert … 2,51	
		38 1/4 lb gelben do. … a 4 Stb … 2,33	
		1 lb besten Caneel … 4,45	13,6 1/2
Mertz	20.	1 [illegible] prov [illegible] …	,48

Transport auf [illegible] Seite … 104,36 3/4

▲ Abb. 51 a: „Ihro Hochfürstliche Durchlaucht beliebten hohlen zu laßen bey Jacob Voerman & Huyssen" – Anschreibbuch der Fürstäbtissin Franziska Christine (Dez. 1772 – März 1773)

Fleischverzehr war bereits im Mittelalter – auch wenn BSE noch nicht bekannt war – eine nicht unbedenkliche Angelegenheit. Man war sich der Gefahren durchaus bewußt und trug dem Rechnung, indem die fünf Küchenhelfer sich gegenüber der Kämmerin eidlich verpflichten mußten, immer genau zu überwachen, ob die Schweine rein, das heißt nicht *vynnich* seien. Finnen sind die Jugendformen des Bandwurms und können über einen Zwischenwirt (zum Beispiel Schweine und Schafe) auf den Menschen übertragen zum Tode führen. Außerdem hatten die Knechte zu prüfen, ob die Schafe kastriert und fett genug seien, ob Butter, Heringe und alles andere, was in die Küche geliefert wurde, gut und genießbar war. Stellte ein Küchenknecht fest, daß ein Schwein *vynnich* war, so bekam er zur Belohnung für seine Aufmerksamkeit von diesem kranken Tier [!] die Eingeweide oder einen halben Magen und zwei handlange mit *Hecksles* (eine Art Gehacktes?) gefüllte *farcimina* (Därme, Würste).

Wenn die Schlachttiere zerlegt waren, mußte einer der Küchenknechte die *familia conventus* zusammenrufen. Die wöchentliche Fleischverteilung war nach dem gleichen Schema wie die Vergabe der Brote geregelt, jedoch noch viel komplizierter, weil nicht nach Gewicht, sondern nach Qualität ausgeteilt wurde: Es gab beste, gute und schlechte Fleischstücke.

Schon bei den Kanonikern machten sich große Unterschiede bemerkbar: Die ersten (ältesten?) acht bekamen von jeder Schlachtung, also dreimal in der Woche, entweder einen halben Schweinskopf oder einen ganzen Hammelkopf. An die anderen wurden Fleischstücke ausgeteilt, die schwer zu identifizieren sind: vom Schwein gab es z. B. ein Stück, das man als *Goltcluppe* oder *Goltlade* bezeichnete oder einen *Schulderknop*. Die beiden jüngsten Kanoniker erhielten dreimal wöchentlich vom Schwein den *Ammelappe cum 6 mammis*, also den Schweinebauchlappen mit Zitzen, vom Hammel erhielten sie ein Stück *Bogh*. Der Kanoniker, der während der Fleischverteilung die Hochmesse feiern mußte und seine Portion nicht selbst abholen konnte, bekam zusätzlich ein kleines Stück Braten, *Homyssenharst* (Hochmessen-Schmorstück) genannt.

Die besten Fleischstücke erhielten die Stiftsdamen entsprechend ihrer Rangfolge: an erster Stelle kam die Pröpstin, dann die Dechantin, dann die älteste Stiftsdame usw. Die 7. bis 11. Stiftsdame erhielt jeweils ein Fleischstück, genannt *Schamelribbe* oder *Lummelharst*, die 12. bis 15. bekamen Schwanzstücke *(pecia dorsi oder stertstukke)*.

Rinder sind anscheinend selten geschlachtet worden. Es gibt in den *Consuetudines* nur an einer Stelle einen einzigen Hinweis, daß Rindfleisch ins Brauhaus geliefert wurde. Man darf vermuten, daß dieses Fleisch häufig hinzu gekauft wurde. 1775 berichtet der Freiherr von Duminique der neu gewählten Fürstin, der Hof sei immer von Juden mit gutem und billigem Fleisch versorgt worden, da die hiesigen Metzger zu teuer seien.

Zu St. Martin wurden jedes Jahr elf Eber zur Abtei geliefert, von denen der Drost einen zum Schlachten aussuchen mußte. Während die anderen zehn vermutlich für die Zucht bestimmt waren, wurde das Fleisch des Schlachttieres wohl als Delikatesse ausgegeben. Diese Sitte bestand auch noch gegen Ende des 16. Jahrhunderts. Dazu muß man wissen, daß Eberfleisch äußerst streng schmeckt und heute gar nicht mehr verzehrt wird.

In der Fastenzeit war der Fleischgenuß verpönt, und man mußte sich mit Fisch versorgen. Wöchentlich wurden dann 1.800 Heringe verteilt, die Stiftsdamen erhielten jeweils 18, die Kanoniker zwölf. Die restlichen Fische wurden wie Brot, Butter und Fleisch entsprechend dem Ansehen der Person und der Wertschätzung ihrer Funktion ausgegeben. Neben diesen (wohl gesalzenen) Heringen, die überwiegend aus den salländischen Höfen in Holland kamen, konnte man auch auf Fische aus einheimischen Gewässern zurückgreifen. Für den Teich zwischen Stift und Stadt besaß die Äbtissin das alleinige Fischereirecht, die Pröpstin hatte zwei eigene Fischteiche auf dem Oberhof Nünning. In Kray gab es ebenfalls stiftische Teiche, in denen Karpfen und Schleien gezüchtet wurden. Auch in Ruhr und Emscher konnte man damals noch Salm fischen. Bücklinge wurden im 17. Jahrhundert bei den städtischen Händlern zugekauft. Doch wohl nicht selten mußte man sich in der Fastenzeit auch mit Stockfisch begnügen.

Zu Ostern kamen aus den Oberhöfen 1.300 Hühner- und 13 Gänseeier ein, von denen jede Stiftsdame 15, jeder Kanoniker zwölf Stück erhielt. Im 17. Jahrhundert als die Anzahl der Stiftsdamen stark zurückgegangen und die Pfründen kumuliert waren, mußte die Pröpstin, die

22 Anteile besaß, mit 330 Eiern, die Dechantin (17 Anteile) mit 255 Stück fertig werden. Sie wurden wohl auf dem Markt verkauft.

Käse- und Honiglieferungen vor allem aus Holland und aus dem Münsterland wurden schon früh durch Geldzahlungen abgelöst, weil sich die weiten Transportwege wahrscheinlich nicht lohnten.

Frische, vitaminreiche Nahrungsmittel sind bisher kaum genannt worden. Die Quellen geben darüber wenig Auskunft. Wir erfahren, daß es neben der Abtei in Essen, auch in der Nähe des Borbecker Schlosses einen Garten der Äbtissin gab, in dem Obst und Gemüse angebaut wurden. Auch die Kurien werden ihre kleinen Gärten besessen haben, in denen man Kohl und Hülsenfrüchte anbauen konnte. Dennoch war die Versorgung mit Obst und Gemüse wohl ziemlich schlecht, denn noch im späten 18. Jahrhundert konnte man in Essen *nicht einmal um das baare Geld Gemüs kaufen*.[198] Noch im 17. Jahrhundert standen im Essener Abteigarten nur acht tragende Obstbäume. Die Früchte wurden durch Trocknen konserviert, in Fässern auf der Sommerkammer gelagert und waren anscheinend heiß begehrt.

Schmalz, Öl, Bier und Wein lagerten in den jeweils dafür vorgesehenen Kellern. Das Fleisch konservierte man durch Räuchern und Pökeln. Bei der Inventarisierung des Nachlasses der Fürstäbtissin Anna Salome von Salm-Reifferscheidt verzeichnete man 1688 auf der *Rauchbohn* (Räucherboden, -kammer) 39 Schinken, neun Seiten Speck, zwei Schultern, zwei Stücke geräuchertes Rindfleisch und 3 Tonnen Salz. Ähnlich sah die Vorratskammer der Stiftsdame Imagina von Öttingen aus: Da fanden sich im Dezember 1558 18 Seiten Speck, elf Schinken, 25 Stricke mit jeweils drei Stücken getrocknetem Rindfleisch und 46 Stücke Schweinefleisch.

Gewürze (Pfeffer, Mostert, Nägel), Zucker (*Succade*) und exotische Früchte wie Rosinen, Feigen, kandierte Orangen und Zitronen ließ man sich für teures Geld – jedoch meist auf Pump – von Essener, Düsseldorfer und Kölner Kaufleuten besorgen. Beispielsweise kosteten 1691 *Succade und candalisirte Orangen [...] und 8 andere Citronen* knapp 4 Rtlr. Zum Vergleich: ein halbes Kalb kostete 1 Reichstaler, vier Pfund Rindfleisch 10 stb. (60 stb. = 1 Reichstaler).

Zum Schluß muß noch kurz etwas zu den Getränken gesagt werden. Bereits im 9. Jahrhundert gab es ein Brauhaus, aus dem die Stiftsbewohner mit Bier versorgt wurden. Bier galt bis in die Frühe Neuzeit als Grundnahrungsmittel. Es ist allerdings nicht mit unserem heutigen Bier zu verwechseln, denn der Alkoholgehalt war weitaus geringer. Das Bier war auch nur wenige Tage haltbar, solange nicht mit Hopfen, der erst im 15. Jahrhundert aufkam, gebraut wurde. Man unterschied, dünnes und bestes Bier, das nur zu besonderen Anlässen und in geringen Mengen ausgeteilt wurde.

Wein, der aus den Gütern an Rhein und Erft geliefert wurde, wurde zunächst als Meßwein für liturgische Zwecke gebraucht. Aber sowohl die Stiftsdamen als auch die Kanoniker hatten ihr eigenes Fäßchen im Keller. Allerdings erfahren wir wenig über die Qualität der Weine. Es scheint nicht selten vorgekommen zu sein, daß er umkippte und nur noch zu Essig verarbeitet werden konnte. Qualitätsweine werden dem Namen nach selten genannt: Im späten 17. Jahrhundert hatte man *Bleichert* im Keller, Maria Kunigunde von Sachsen kredenzte anläßlich ihrer Wahl Champagner und Burgunder und für ihre Hofhaltung wollte der Freiherr von Duminique Tafelwein und Malaga bestellen. Er führte weiter aus, das Hofpersonal trinke zwar normalerweise Bier, warnte jedoch, daß die *Domestiquen* Ihrer Königlichen Hoheit *von dem Bier, welches mit Stein-Kohlen gebrauet wird, und solches nicht gewohnt sind, leicht erkranken* könnten; er empfahl, Gesindewein anzuschaffen.[199]

Schreiben, Lesen, Freizeit und Vergnügen

Ora et labora, bete und arbeite, lautete der Wahlspruch des ältesten christlichen Ordens, der Benediktiner(innen). Eine solche Einstellung war den Essener Sanktimonialen und Stiftsdamen allerdings fremd, denn Arbeit war für Personen adeligen Standes verpönt. In der Regel war Müßiggang angesagt. Angesichts dessen fragt man sich, wie die Damen ihre Zeit im Stift verbrachten. Lasen sie viel? Waren sie karitativ tätig? Handarbeiteten sie? Informationen dazu fließen mehr als spärlich. Doch interdisziplinäre Forschungen der letzten Jahre erbrachten besonders für die Frühzeit des Stifts sensationelle Befunde.

Arbeit im Skriptorium (10./11. Jahrhundert) [200]

Hartmut Hoffmann hat Anfang der 1990er Jahre ein Skriptorium nachgewiesen, das von der Mitte des 10. bis zum Ende des 11. Jahrhunderts bestand. In mühevoller Kleinarbeit konnte er anhand der mit Sicherheit aus Essen stammenden Handschriften einen Essener Schreibstil ausmachen, der sich zum Beispiel von dem Werdener klar unterscheidet. Da die gröbere und größere Essener Schrift „während des 10. Jahrhunderts von sehr vielen Händen geschrieben" wurde, zu dieser Zeit aber nur einzelne Kleriker in Essen tätig waren, muß man zwangsläufig schließen, daß diese Schreibarbeit von den Sanktimonialen verrichtet wurde. Katrinette Bodarwé meint, 60 verschiedene Schreiberinnen feststellen zu können. Ein Vergnügen war das Abschreiben von Büchern sicher nicht; eine der Schreiberinnen notierte als kleinen Nachtrag in das Karolingische Evangeliar: „*Scribere qui nescit, nullum putat esse laborem* – Wer das Schreiben nicht kennt, glaubt es sei keine Arbeit."[201]

Daß adelige Frauen solche Arbeit verrichteten, bedarf einer Erklärung, die offensichtlich in den besonderen Zeitumständen zu finden ist. Das Skriptorium mit seiner „durchaus regelmäßige[n] Buchproduktion" bestand nur relativ kurze Zeit. Man begann mit dem Schreiben, nachdem im Jahre 946 ein Großbrand Kirche, Gebäude, Urkunden und bis auf eine Sakramentarhandschrift alle liturgischen Codices vernichtet hatte. Um die immensen Schäden zu beheben und das alltägliche Leben im Stift fortsetzen zu können, taten die Sanktimonialen das Naheliegendste und griffen selbst zu Tinte und Feder, um sich die dringend notwendigen liturgischen Bücher wieder zu beschaffen. Sie entwickelten keine künstlerische Qualität, sondern schrieben in erster Linie für den eigenen Gebrauch.

Hoffmann konnte 40 Codices oder Fragmente identifizieren, die mit Sicherheit im Essener Skriptorium geschrieben worden sind. Er hält dies für eine beachtliche Zahl angesichts der Tatsache, daß „die eigentliche Essener Bibliothek" verloren sein dürfte. Handschriften, die die Sanktimonialen angefertigt haben, finden sich heute zum Beispiel in Berlin, Donaueschingen, Dessau, Düsseldorf, Frankfurt, Hannover und Leipzig. Bereits diese weite Streuung läßt

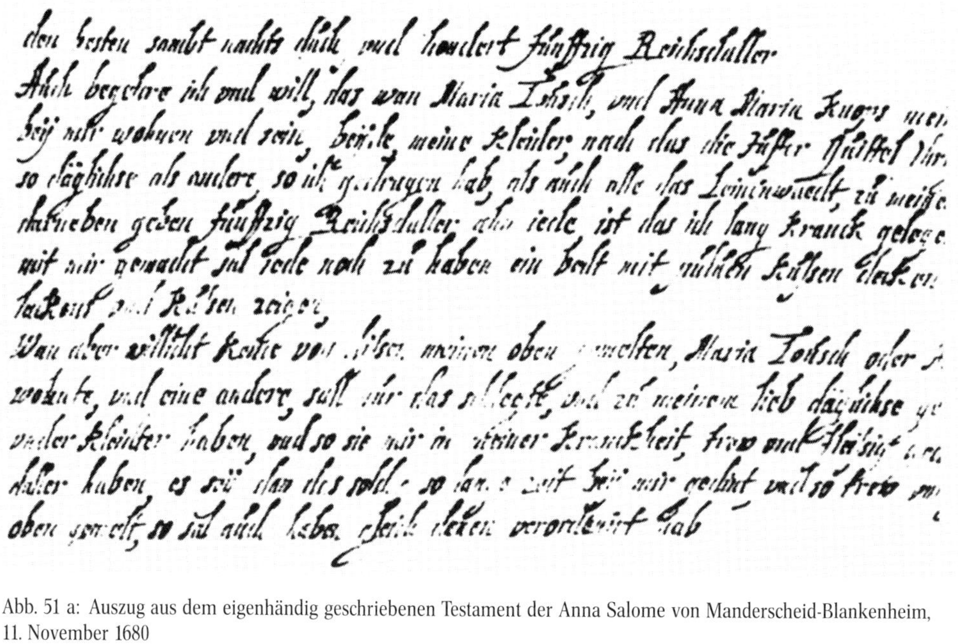

▲ Abb. 51 a: Auszug aus dem eigenhändig geschriebenen Testament der Anna Salome von Manderscheid-Blankenheim, 11. November 1680

erkennen, „daß das Skriptorium des Damenstifts mehr als provinziellen Rang gehabt hat". Sogar Paderborn, die „Hochburg der Schreibkunst", belieferte man, mit vier Codices. Als eine der
letzten Handschriften aus dem Essener Skriptorium gilt das Evangeliar der Äbtissin Svanhild,
das von mehreren Händen im letzten Drittel des 11. Jahrhunderts verfertigt wurde. Dann bricht
die stiftische Überlieferung für lange Zeit ab. Von den Nachfolgerinnen Svanhilds sind allenfalls die Namen bekannt; es gibt fast keine Quellen für das nächste Jahrhundert. In diesem
„Versiegen der Quellen spiegelt sich vermutlich auch der Niedergang des Skriptoriums wider".

Im 13. Jahrhundert zeigten die Stiftsdamen kein Interesse mehr an ihrer zum Teil
selbstgeschaffenen Bibliothek, die nun an die Kanoniker überging. Der Bildungsstand der
Stiftsdamen nahm in den folgenden Jahrhunderten rapide ab. Seit dem späten 17. Jahrhundert
lernten die Stiftsdamen anstelle des Latein allenfalls Französisch, das seitdem als Schriftspra-
che in Briefen nachzuweisen ist. Doch die durchgängig fehlerhaften Briefe lassen keine solide
Ausbildung vermuten. Auch Briefsteller, Anleitungen zum korrekten Verfassen von Briefen,
die im Bürgertum häufig benutzt wurden, waren den adeligen Mädchen und Frauen unbekannt. Fast in allen Korrespondenzen vermißt man die üblichen Formalien (Datum, Anrede,
Grußformel). Orthographie und Syntax sind in persönlichen Schriftzeugnissen der Stiftsdamen fast immer am mündlichen Sprachgebrauch orientiert. Es fehlt meist jegliche Interpunkt-
ion, und eine flüssige, geübte Handschrift lassen die wenigsten Briefe erkennen. Man wird
diese Mängel aber keineswegs als Charakteristikum der adligen Frauen ausmachen können,
denn bei ihren männlichen Verwandten sah es oft nicht besser aus. Die Gräfin von Königs-
egg-Aulendorf zum Bispiel richtete die dringende Bitte nach Wien, ihren Mann *„bei seinen
beschränckten Geistes Kräften"* nicht in kaiserliche Dienste zu nehmen. Johann Stephan Püt-
ter bemerkte bereits im 18. Jahrhundert, daß man Gelehrsamkeit *bey Personen solchen Standes nicht suchen durfte.*

Literatur[202]

In bezug auf das Leseverhalten der Stiftsdamen lassen sich erstaunliche Präferenzen ent-
decken, die die Jahrhunderte überdauerten: Zu allen Zeiten waren Liebesromane und -komö-
dien gefragt. Bereits im 10. und 11. Jahrhundert hat man in Essen die Komödien des heidni-
schen Dichters Terenz (um 195/190–159 v. Chr.) nicht nur gelesen, sondern die darin enthalte-
nen Liebesszenen, die die jungen Mädchen leicht auf unerlaubte Gedanken bringen konnten,
sogar im Unterricht abgeschrieben und glossiert. Die vermeintlich anrüchigen Komödien des
Terenz galten in allen ottonischen Frauengemeinschaften als beliebte Lektüre, der Hrotsvith
von Gandersheim wegen des gottlosen Inhalts vergeblich ihre eigenen Werke entgegen zu stellen versuchte.

Doch man befaßte sich auch mit ‚seriöser' theologischer Literatur. In den Essener Bibli-
otheksbeständen fanden sich Kirchenvätertexte, Heiligenviten sowie Texte klassischer Autoren
und christlicher Dichter. Gregor der Große, dessen *Dialogi* als ‚Bestseller' des Mittelalters gelten, war in Essen wohl einer der bevorzugten theologischen Autoren. Besonderer Beliebtheit
erfreuten sich auch die Hymnen und Gedichte des frühchristlichen Dichters Prudentius (348–
ca. 405), dessen Werke in mehrfacher Ausführung in Essen vorhanden waren. Zahlreiche Glos-
sen, Federproben, geritzte und gemalte Muster und Kritzeleien in den erhaltenen Handschriften zeigen, daß er im Schulunterricht gelesen wurde. Eine Schülerin verewigte sich am Seiten-
rand eines Prudentius-Bandes mit ihrem Namen: LIVDBURG. In der alten Bibliothek fanden
sich aber auch so ausgefallene Stücke wie das Bußbuch des Fuldaer Abtes Hrabanus Maurus,
eine italienische Handschrift mit kirchenrechtlichen Bestimmungen oder eine Kopie des militärischen Handbuches *De re militari* des antiken Autors Vegetius (um 400 n. Chr.).

Da diese Bibliothek im 13. Jahrhundert in die Hände der Kanoniker überging, sind wir
für die folgenden Jahrhunderte auf Nachlässe einzelner Stiftdamen angewiesen, um ihre Leseinteressen zu erkunden. Leider werden in der Regel meist nur allgemein Bücher ohne Nen-
nung der Titel erwähnt; in der Regel wird es sich um religiöse Erbauungsliteratur gehandelt haben.

Als außerordentlicher Fund ist daher das Bücherverzeichnis der Fürstäbtissin Anna Salome von Manderscheid-Blankenheim (gest. 1691) anzusehen. Ihre Bibliothek umfaßte mehr als 100 Titel. Neben einer großen Zahl von Werken der angesehensten Juristen (unter anderen Limnaeus, Gail, Mynsinger, Oldendorp) findet sich eine Reihe von Büchern zur aktuellen Tagespolitik, insbesondere zum niederländisch-französischen Krieg. Zum Beispiel werden im *Schawplatz des Krieges* von Januar 1669 bis Dezember 1674 die kriegerischen Ereignisse und politischen Bemühungen für jeden Monat anschaulich dargestellt. Verstreut finden sich Kupferstiche von Feldherren und Festungen. Aufgelockert wird das Ganze durch Berichte von Kuriositäten und Sensationen aus der ganzen Welt über Unwetter, Erdbeben, Kriminalfälle (zum Beispiel einen Mord, den zwei Frauen in Hamburg an ihrer Hauswirtin begangen haben sollen) usw.

Für die Nachwelt ist die belletristische Literatur im Nachlaß einer Äbtissin von besonderem Reiz. Zu nennen sind hier die Liebesromane der Madeleine de Scudéry, vielleicht auch der *Mercurius* von Courtilz de Sandras sowie *Het Goddelijcke Wraaktoneel*, die allesamt Bestseller des 17. Jahrhunderts waren. Die Romane der Madeleine de Scudéry, veröffentlicht unter dem Namen ihres Bruders, wurden bereits damals in mehrere Sprachen übersetzt. Philipp von Zesen besorgte die deutsche Fassung unter dem Titel *Ibrahims oder Des Durchleuchtigen Bassa / und der Beständigen Isabellen / Wundergeschichte.* *Het Goddelijcke Wraaktoneel* ist die holländische Übersetzung eines englischen Werkes von John Reynolds, in dem viele heimliche Gattenmorde dargestellt werden. Bestseller waren damals auch der *Schat der gesondheit*, verfaßt von Johan van Beverwijck, und die *Gallerie des femmes fortes* des Jesuiten Pierre Le Moyne. Diese ‚Galerie der starken Frauen‘ ist ein moralphilosophischer Traktat, in dem zwanzig berühmte Frauen (unter anderen Debora, Jaël, Judith, Salomone, Artemisia, Zenobia, Lucretia, Portia, Isabella von Kastilien, eine zyprische Dame, Jeanne d'Arc und Maria Stuart) heroisiert und in einer Mischung von weiblichen Reizen und männlichen Eigenschaften idealisiert dargestellt werden. Der *Schat der gesondheit* galt als Standardwerk der häuslichen Medizin und war gleichzeitig eine Streitschrift für die Gelehrsamkeit des weiblichen Geschlechts. Anna Salome scheint medizinischen Themen besonderes Interesse entgegengebracht zu haben. Neben den gedruckten Werken fanden sich auch mehrere Manuskripte in ihrem Besitz, die nicht zu identifizieren sind, zum Beispiel *Manu scripta, wie aus den Farben des Harns der Menschen Kranckheit zu erkennen* und *zwey kleine Büchergen contra Pestem.* Die *Pharmacia domestica* des ehemaligen Leibarztes der Anna Margaretha Pfalzgräfin bei Rhein, Arnold Weickhard, enthält auf 904 Seiten Rezepte für Arzneimittel, die wohl weitgehend von Laien herzustellen waren. Am Schluß werden auch Anweisungen für die Zubereitung von *Artzney zur Zierd, Cosmetica, id est, Medicamenta ornantia* geliefert. Im Gegensatz dazu versucht der *Schat der gesondheit* von Beverwijk Krankheiten zu erklären und prophylaktische Ratschläge zu geben.

Historische Werke fanden sich in der Bibliothek unserer Äbtissin ebenso wie geographische Literatur, deren Anschaffung zum Teil wohl durch die Türkenkriege motiviert war. Selbstverständlich gab es aber auch religiöse Erbauungsliteratur. Als typisches Werk dieser Gattung ist sicherlich die *Vita Christi* von Mathäus Tympe, Rektor der Domschule in Osnabrück, anzusehen. Es bietet 52 Betrachtungen über das Leben Jesu *vnd seiner gebenedeyten Mutter Mariae, von beyder kindtheit an biß zu ihren herrlichen Himmelfahrten.* Fast jeder Betrachtung ist ein kleiner Kupferstich beigegeben, am Ende findet sich jeweils ein Gebetstext. – Es fällt auf, daß nicht einmal ein Fünftel der Bibliothek Anna Salomes von Manderscheid-Blankenheim religiösen Themen gewidmet war.

Im 18. Jahrhundert, als die Jesuiten zu Zeiten Franziska Christines von Pfalz-Sulzbach den Essener Hof beherrschten, wandelten sich die Leseinteressen. In seiner jesuitenfeindlichen Polemik erwähnt der ehemalige Kanoniker Fabricius zum Jahre 1736, man sei *am Hofe beschäftiget, die lettres edifiantes oder die so genannte auferbauliche Schreiben der Mißionarien zum Zeitvertreib zu lesen.* Dabei handelte es sich um eine Sammlung von Missionsberichten vorwiegend deutscher Jesuiten, die später unter dem Namen *Neuer Welt-Bott* bekannt wurde und noch heute zu den bedeutendsten Quellen der Missionsgeschichte des 18. Jahrhunderts gehört.

Zeichnen, Musizieren und Theater spielen[203]

Künstlerisch gestaltende Ambitionen oder Fähigkeiten wird man den Essener Stiftsdamen kaum unterstellen dürfen. Malerei bzw. Buchmalerei scheint allgemein in Frauenstiften nie in großer Blüte gestanden zu haben. Hoffmann konnte nur in einem einzigen Manuskript (Sakramentar D 2) aus dem Essener Skriptorium einzelne Zeichnungen nachweisen. Es handelt sich um Abbildungen der Päpste Gelasius I. und Gregors des Großen und zwei weitere Bildchen, die offenbar nach Fuldaer Vorlagen kopiert wurden. Hoffmann glaubt allerdings, daß „dies im ottonischen Deutschland die einzigen Buchillustrationen sein [dürften], die man mit großer Wahrscheinlichkeit einer Frauenhand zuweisen kann."[204]

Daß die Stiftsdamen selber zu Farbe und Pinsel gegriffen haben, ist erst aus dem späten 18. Jahrhundert überliefert. Maria Kunigunde von Sachsen nahm in ihrer Jugend gemeinsam mit einer Kammerzofe Unterricht bei einem berühmten Engländer, dessen Namen wir nicht erfahren. Sie malte mit Öl- und Pastellfarben und hielt sich immerhin für eine derart gute Schülerin, daß sie sich traute, ihrer Schwägerin einige Arbeiten anzubieten. Auch Frauen aus dem Hause Salm-Reifferscheidt beschäftigten sich zu dieser Zeit mit der Malerei. Antonia von Salm-Reifferscheidt schenkte den von ihrer Schwester Augusta gezeichneten Engel ihrem Neffen.

In der Musik ist die Entwicklung der Essener Neumenschrift im 10./11. Jahrhundert zur Notation der Gesänge sicher das herausragendste Phänomen im Stift. Hier muß ein Verweis auf die Untersuchungen von Ewald Jammers, die er zu diesen Notenschriften in den 1950er Jahren durchgeführt hat, genügen. In späteren Jahrhunderten finden sich fast keine Quellen zum musikalischen Leben; eine Musiktradition läßt sich nicht nachweisen. Es werden höchstens einzelne Musikinstrumente in Nachlässen erwähnt, die aber meist in irgendwelchen Kammern abgestellt waren. Imagina von Oettingen besaß laut Testament und Inventar ein *Hackbrett*, das ist ein Musikinstrument ähnlich einer Zither, das mit Stäbchen und Klöppeln geschlagen wurde. Es ist noch heute in Bayern und Österreich in Gebrauch; Imagina hatte es wahrscheinlich aus ihrer schwäbischen Heimat mitgebracht.

Zu Zeiten Franziska Christines von Pfalz-Sulzbach ließ man sich musikalisch durch den Kammermohren Ignatius Fortuna unterhalten. Er spielte verschiedene Musikinstrumente, unter anderem Violine, Violoncello und Trompete.

Von der letzten Fürstäbtissin wissen wir, daß sie als junges Mädchen am Dresdener Hof in Opernaufführungen und Singspielen mitgewirkt hat. Maria Kunigunde und ihre Schwester Elisabeth traten 1763 als Terpsichore und Euterpe auf. Im gleichen Jahr sang Maria Kunigunde in der italienischen Oper Talestris, die ihre Schwägerin Maria Antonia von Sachsen getextet und komponiert hatte, die Rolle der Antiope, der Schwester der Amazonenkönigin. Das „Musikdrama", wie die Komponistin ihr Werk genannt wissen wollte, handelt von der siegreichen Liebe eines Scythenfürsten zu der Titelheldin. Später übernahm Maria Kunigunde nochmals eine Hauptrolle in der Oper Leucippo, die der sächsische Oberkapellmeister Johann Adolph Hasse komponiert hatte.

Essener Theateraufführungen, meist Komödien, in denen die Stiftsschüler als Schauspieler agierten, werden im 16. und 17. Jahrhundert wiederholt erwähnt. Wir erfahren zum Beispiel, daß sich die Dechantin 1597 mit zwei anderen Damen von Broich an zwei Tagen in das Haus des Johann Budberg begab, wo eine solche Aufführung stattfand. Währenddessen verzehrte man Wein und Konfekt.

Seit der Mitte des 17. Jahrhunderts bestimmten die Jesuiten das öffentliche kulturelle Leben im Stift. Angesichts der Monotonie des Alltags waren ihre Komödien und Tragödien, von denen die städtischen Chronisten berichten, sicherlich herausragende Ereignisse. Alljährlich gab es Aufführungen, die der Belustigung, aber auch der geistlichen Erbauung und Belehrung dienen sollten. Frauen durften in der Regel nicht auftreten. Man spielte meist in lateinischer Sprache Stücke biblischen Inhalts (David und Goliath, Herodes) oder aus der griechischen und römischen Mythologie, zum Beispiel die Komödie von König Dionysius, von Apoll und Marsia oder eine Komödie von Tugend und Laster. Meist waren die Schüler der Stiftsschule die Akteure, doch zum Jahre 1659 berichtet der Chronist: *Haben die Gräfflichen inter se comoedie auff der Abdie de Herode gehalten und mitt Ballet beschlossen.* Später, im 18. Jahrhundert, waren den Frauen solche (öffentlichen) Auftritte erlaubt, und die Essener Stiftsdamen haben sich bei besonderen Festlichkeiten unter ihresgleichen durchaus schauspielerisch versucht. 1730 spielten Maria Franziska von Manderscheid-Blankenheim und ihre Schwester Eleonore in der *Baurn Hochzeit* am kurfürstlichen Hof in Köln die zweite *Cräntzel-Diern* und eine *Romanische Baurin.*

Handarbeiten[205]

Kostbarkeiten wie den spätromanischen Teppich der Quedlinburger Äbtissin Agnes (1184–1203/05), dessen Bildprogramm Johanna Flemming kürzlich aus fünf Bruchstücken beeindruckend rekonstruieren konnte, hat Essen nicht zu bieten. Auch ein so schönes Stück wie das berühmte Vredener Hungertuch der Agnes von Limburg-Stirum (1563–1645), Äbtissin in Elten, Vreden, Boghorst und Freckenhorst, gibt es hier nicht. Der Essener Äbtissinnenkatalog berichtet zwar von Fürstäbtissin Elisabeth von Nassau (1370–1413), sie habe viele Antipendien für die Altäre in der Münsterkirche *mit eigner handt gemacht,* doch überprüfbar ist diese Aussage nicht.

Hinweise auf ,typisch weibliche Handarbeiten' sind in jeder Hinsicht äußerst spärlich. Folgt man den Inventarverzeichnissen, dann befanden sich zum Beispiel Spinnräder immer in irgendwelchen Abstellkammern. Gleichwohl darf man annehmen, daß die Frauen hin und wieder auch mit Handarbeiten ihre Zeit verbrachten, denn Äbtissin Anna Salome von Salm-Reifferscheidt bewahrte in einem Schränkchen *einige Strenge feinen weißen Garns, so in Papier eingelegt* sowie ein *Knipgen (*kleine Schere), *silbern galaun* (Borte, Tresse) und ungesponnene Seide auf. Für ihre Schwester Maria Sophia, Äbtissin in Elten, hebt das Inventar ausdrücklich hervor, sie habe einen Teil des Garns selbst versponnen. Auch Anna Salome von Manderscheid-Blankenheim hatte in ihrem Schrank mehrere Stränge gesponnener und ungesponnener Seide. Man gewinnt den Eindruck, daß die Stiftsdamen sich auf die Verarbeitung hochwertiger Materialien beschränkten. Systematisch angeleitet wurden die hochadeligen Frauen im Handarbeiten ebensowenig wie in der Haushaltsführung.

Vergnügungen – ,Spiel und Sport'

Häufig vertrieb man sich wohl die Zeit mit Gesellschaftsspielen. Von dem neckischen Treiben mit Pfänder- und Laufspielen bei dem Besuch des Markgrafen von Brandenburg wurde schon berichtet. Aber auch Kartenspiele waren wohl sehr beliebt. Anna Salome von Manderscheid-Blankenheim hinterließ immerhin 20 *schlechte* und 17 neue Kartenspiele. Mehrfach werden *Spielbretter* und *Spiel-Tischlein* erwähnt, vermutlich um *Tric-trac* (Backgammon) zu spielen. Zum Billard spielen gab es im 17. und 18. Jahrhundert sowohl in Borbeck als auch in der Abtei in Essen besondere Räume, wo sich die *Treck oder billard Tafel, mit grünem Tuch uberzogen,* befand.

Mindestens ebenso beliebt wie Spaziergänge waren Ausritte und Jagden. 1621 machte man der Stiftsdame Anna Sophia von Limburg-Bronckhorst den Vorwurf, sie habe nichts anderes im Sinn, als in der Gegend herumzureiten. Die spätere Äbtissin Anna Salome von Manderscheid-Blankenheim fühlte sich in Essen wie gefangen und war froh, als sie nach Thorn zurückkehren konnte, um dort auf die Jagd zu gehen. Auch von der letzten Fürstäbtissin Maria Kunigunde von Sachsen ist bekannt, daß sie eine gute Reiterin und als Schützin ihrem Bruder weit überlegen war.

Frömmigkeit und caritas[206]

Die Frage nach Frömmigkeit und Religiosität der Mitglieder einer geistlich-weltlichen Einrichtung drängt sich geradezu auf, ist aber kaum zu beantworten. In bezug auf Individuen zwischen ‚heilig‘ und ‚scheinheilig‘ zu entscheiden, zu beurteilen, wann jemand ‚bei Gott‘ oder ‚bigott‘ ist, ist gefährlich, will man nicht allzu leicht einem Fehlurteil aufsitzen.

Zunächst ist die Frage nach Quellen, die über Frömmigkeit Auskunft geben können, ihrer Analyse und ihrer Bewertung zu stellen. Wahrscheinlich geben Testamente am ehesten Hinweise auf unsere Fragestellung. Bereits 1976 hat Hans-Georg Molitor auf ihre „überragende Bedeutung [...] für die Erforschung der Frömmigkeit" hingewiesen.[207] Doch Vorsicht scheint geboten, denn z. B. die Forderung nach mehreren hundert Messen für das eigene Seelenheil kann als Indiz für ein hohes Maß gelebter Frömmigkeit, aber auch als das genaue Gegenteil interpretiert werden. Ich will hier nicht näher auf die umfangreichen Testamente mit ihren zahlreichen Legaten *ad causas pias*, also zu frommen Zwecken, eingehen; sie sind bereits an anderer Stelle beschrieben worden. Es ist allerdings zu bedenken, daß diese Legate nicht lediglich als Tauschobjekte im Sinne einer „Seelenökonomie" – weltliche Güter gegen ewiges Seelenheil – angesehen werden dürfen. Vielmehr wurde weltlicher Besitz als Gnade Gottes betrachtet und deswegen der Kirche oder mildtätigen Stiftungen für die Bedürftigen zurückgegeben.

Offensichtlich gab es epochenspezifische Präferenzen, die aber wohl immer multikausal interpretiert werden müssen. So waren die großartigen Um- und Neubauten der Münsterkirche ein typisches Phänomen der ottonischen Zeit, die neben der Ehre Gottes zugleich auch den eigenen Herrschaftsanspruch ausdrücken sollten. Die meisten der prachtvollen Kunstwerke, die heute dem Bistum gehören, sind von Sanktimonialen und Stiftsdamen gestiftet worden und können neuerdings wieder in der Domschatzkammer bewundert werden. Elisabeth von Nassau stiftete 1385 eine kostbare Reliquienmonstranz, 1485 schenkte Sophia von Gleichen eine große gotische Monstranz, ein Reliquiar mit den Schädelreliquien Cosmas' und Damians ließ Maria Clara von Spaur 1643 anfertigen, und zwei silberne Figuren dieser Heiligen gab Prinzessin Bernardine von Hessen-Rheinfels 1715 in Auftrag, um auch einmal einige der weniger bekannten Stiftungen zu erwähnen. Diese sakralen Objekte sind zugleich Zeugnis der Frömmigkeit als auch der engen Verbundenheit der Frauen mit ihrem Stift. Ähnliches gilt von den vielen testamentarischen Schenkungen (Ländereien, Schmuck, Renten und Geldspenden), die dem Stift, den Beginen, später auch den Kapuzinern oder Jesuiten vermacht wurden. Sie waren fast immer verbunden mit der dringenden Bitte, für das Seelenheil der Verstorbenen zu beten.

Beginenkonvente kamen in Essen um die Wende vom 13. zum 14. Jahrhundert auf, als eine neue Frömmigkeitsbewegung, die in Flandern ihren Ursprung hatte, auf das Rheinland und den norddeutschen Raum übergriff. Entscheidend für die Entstehung des Beginentums waren die Maßnahmen, die die alten Orden gegen den Frauenandrang ergriffen. Bald bildeten sich deswegen Wohngemeinschaften einzelner unverheirateter Frauen, die sich weitgehend autonom dem geistlichen Leben hingaben. Zu ihren täglichen religiösen Pflichten gehörten Gebete, Rosenkranz, Psalmenlesung und das Hören erbaulicher Werke. Ihren Lebensunterhalt bestritten sie einerseits aus Spenden und Zuwendungen, aber auch durch ihrer eigenen Hände Arbeit (Krankenpflege, Spinnen, Weben, Nähen usw.). Aus ihren Reihen kamen bald auch bekannte Mystikerinnen, die zu den schärfsten Kritikerinnen der Kirche gehörten. Obwohl das Konzil deswegen in Vienne 1311/17 alle Beginen und Begarden (männliche Variante) in Deutschland wegen vermeintlicher Irrlehren verboten hatte, wurden sie in Essen durch Äbtissin Beatrix von Holte weiter gefördert.

In Essen gab es sechs solcher Konvente, in denen sich Töchter des niederen Adels und aus dem Bürgertum zusammenfanden, um in Keuschheit, Armut und Gehorsam ein gottgefälliges Leben zu führen. Sie legten kein Gelübde ab und konnten – wie die Stiftsdamen – ihren Konvent wieder verlassen. Jeder Beginenkonvent hatte seine eigenen Statuten, die von den Essener Äbtissinnen bestätigt werden mußten.

Name des Beginenkonvents	Gründung	1. Erwähnung	Veränderung/Auflösung/Abriß
Im Kettwig	1288		1614/15 Auflösung, Einzug Kapuziner
Beim Turm		1293 Bestätigung der Statuten durch Beatrix von Holte	1834 vereinigt mit Zwölfling
Alter Hagen		1299	1652 Auflösung – Einzug BMV
Im Zwölfling		13./14. Jahrhundert	1834 vereinigt mit dem Konvent Beim Turm 1843 Übergang an die „Barmherzigen Schwestern"
Dunkhaus	1314		
Neuer Hagen		vor 1342	1838 aufgelöst

Zu den Beginen ‚Im Zwölfling' und ‚Im Dunkhaus' hatte das Damenkapitel die engsten Verbindungen. Äbtissin Beatrix von Holte hatte 1314 Beginen aus dem Zwölfling ins Dunkhaus versetzt und letzteren die abteiliche Hofstätte mit der Verpflichtung überlassen, für das Seelenheil der Äbtissin und des Kapitels zu beten. Ihre Beichte sollten sie möglichst vor einem Franziskaner-Minoriten ablegen. Um diesen und anderen Ordensgeistlichen, die häufig von auswärts nach Essen kamen, den Aufenthalt hier zu erleichtern, ließen die Stiftsdamen Agnes und Mabilia von Aldenhoven mit Unterstützung der Fürstin 1317 auf ihre Kosten neben ihrer Kurie in der Immunität ein eigenes Haus errichten, das noch um 1700 im Besitz der Dortmunder Dominikaner war.

Seit wann der ‚Zwölfling' existierte, ist unbekannt. Das Konventshaus lag in unmittelbarer Nähe der Quintinskapelle; die heutige Straßenbezeichnung erinnert noch daran. Die dort lebenden Beginen, die ‚Zwölflinger', waren ausschließlich zum Dienst auf der Abtei verpflichtet, vornehmlich zu Krankenpflege und Totenwache. Im Gegensatz zu den meisten anderen Konventen scheint dieser vom Stift gegründet worden zu sein, denn er bezog von allen Oberhöfen Einkünfte; Amtsfrau des Konvents war die Essener Pröpstin. Im Spätmittelalter vollzog die Äbtissin gemeinsam mit der Stiftsdame, die das Mandatenamt innehatte, am Gründonnerstag das Mandat der Fußwaschung an den Beginen des Zwölflings. Wie lange dieser Brauch geübt wurde, ist unbekannt.

Offensichtlich war auch in Essen das 14. Jahrhundert eine Zeit des religiösen Aufschwungs. Dies zeigt sich nicht nur in der Gründung von Beginen- und Armenhäusern, sondern auch an der großen Zahl neu dotierter Altäre in der Münsterkirche: 1311 Martinsaltar, 1315 Maria-Magdalenen-Altar, 1339 Michaelsaltar, 1348 Allerheiligen-Altar, 1368 Nikolausaltar usw. Neben Kanonikern und reichen Essener Bürgern waren auch Äbtissinnen und Stiftsdamen daran beteiligt.

Kontakte zu Frauenklöstern waren aber wohl eher selten. Eine Ausnahme bildete Äbtissin Katharina von der Mark, die 1355 Papst Innozenz VI. um Erlaubnis bat, einmal im Jahr mit drei „ehrenwerten Matronen" das Kloster der Hl. Clara in Köln besuchen zu dürfen. Er gewährte die Bitte mit der Einschränkung, daß die Leiterin des Kölner Klosters einverstanden sein müsse und die vier Frauen nicht im Kloster übernachteten. Auch Fürstäbtissin Bernardine Sophia von Ostfriesland und Rietberg scheint in den 20er Jahren des 18. Jahrhunderts längere Zeit bei den Annunziatinnen in Düsseldorf gelebt zu haben. Ihr widmete der Kanoniker Graffweg seine *Processions-Gesänger* (siehe dazu auch die Abb. 53 auf Seite 160).

Doch insgesamt waren Verbindungen zwischen Frauenklöstern und dem Damenstift wohl eher die Ausnahme. Im 17. und 18. Jahrhundert entschieden sich von mehr als 100 Stiftsdamen nur vier Frauen dafür, das Stiftsleben mit dem Leben im Kloster zu vertauschen.

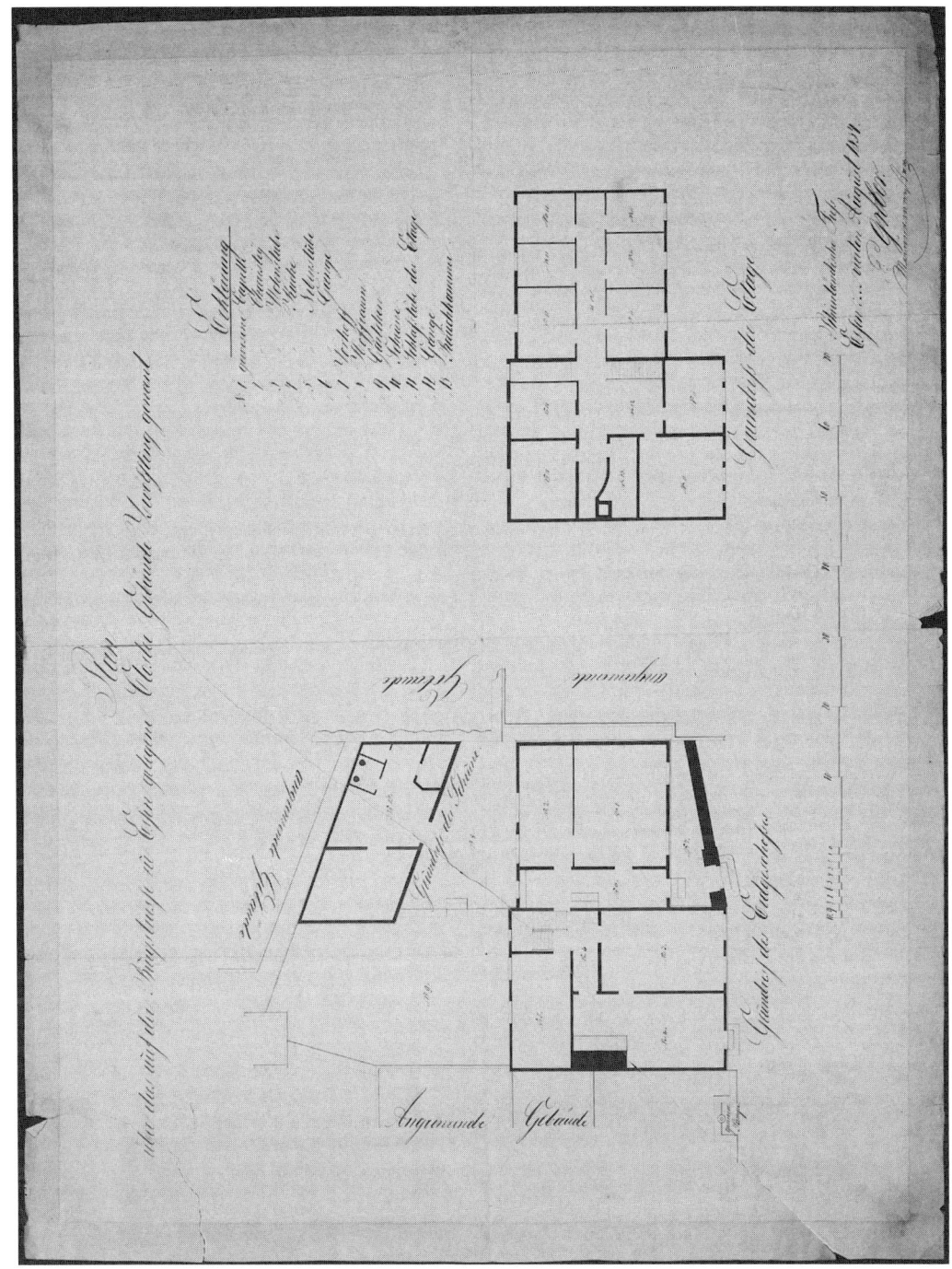

▲ Abb. 52: Plan der Gebäude des Beginenkonvents „Zwölfling", 1824

PROCESSIONALE

ECCLESIÆ

ESSENDIENSIS.

W. Graffweg Canonicus.

Anno Domini MDCCCI.

SVB 1961 · 412

Abb. 53: Titelblatt der Processionale Ecclesiae
Essendiensis von 1801

Abb. 53 a: Gedenkstein der Essener Fürstäbtissin
Klara von Spaur zur Erinnerung an die Vollendung
der Kapuzinerkirche 1620

Häufig half man armen und notleidenden Menschen. Im Spätmittelalter entwickelte sich überall eine teils von Klöstern und Stiften, teils von städtischen Amtleuten getragene Armenhilfe in Form von Hospitälern, die als Kranken- und Armenhäuser oft dem Heiligen Geist gewidmet waren. Während das Essener Hospital wohl eine städtische Gründung war, für die Fürstäbtissin Katharina von der Mark eine Kapelle fundierte, ging das ältere Siechenhaus im heutigen Rüttenscheid auf stiftische Initiative zurück. Hier, eine Viertelstunde vor den Toren der Stadt gelegen, sollten die Leprakranken isoliert von der gesunden Bevölkerung ihr Dasein fristen. Zu Zeiten Elisabeths van Beeck (1426–1445) wurde die zugehörige Kapelle errichtet. Doch insgesamt war diese institutionalisierte Armenhilfe Sache der Stadt. Stiftischerseits zog man die individuelle Unterstützung vor. In jedem Testament werden Hausarme bedacht, denen im sog. Paradies (zwischen Münster- und Johanniskirche) Almosen und Nahrungsmittel ausgeteilt werden sollen, meist verbunden mit der Bitte, für die Seele der Verstorbenen zu beten.

Seit dem 16. Jahrhundert läßt sich im Stift Essen ein karitatives Phänomen beobachten, das in der allgemeinen Forschung bisher wenig beachtet wurde. Wiederholt werden ‚Narren‘ oder ‚Gecken‘ in den Quellen erwähnt, die von den Stiftsdamen beköstigt und beherbergt wurden. Dabei handelte es sich nicht um Hofnarren, die ihrem Fürsten kritisch den Tugendspiegel vorhalten durften, wie Maurice Lever sie in seinem Buch ‚Zepter und Narrenkappe‘ für Frankreich beschrieben hat, sondern um geistig und/oder körperlich behinderte Menschen. 1493 wird ein solcher ‚Narr‘ (*myner g. Frauw Gecken*) zum ersten Mal erwähnt, als er während des dritten Äbtissinnenstreites bei dem Überfall auf Haus Borbeck zu Tode kam.[208]

Die Stiftsdamen berichten selbst über ihre Schützlinge: Die Pröpstin, spätere Äbtissin Irmgard von Diepholz (1561–1575), hatte einen *einen armen einfeltigenn unnd unnuffelen Menschen* namens Hans aufgenommen, den sie wegen seiner Einfältigkeit mit Kost und Kleidung versorgte. Zuvor war Hans seit seiner Kindheit von ihrem verstorbenen Bruder in der Grafschaft Diepholz erzogen worden. Er verhielt sich wohl sehr sonderbar, denn zum Ärger der Küsterin Imagina von Öttingen hatte er dieser beleidigende Schimpfworte nachgerufen. Daß er sie auch mit einem Messer bedroht habe, wollte die Pröpstin nicht glauben, versicherte aber, daß sie gegenüber der Äbtissin und dem Rat der Stadt für Hans Kaution stellen wolle.[209]

Auch Imagina, die sich über den *Schalcksnarren* der Pröpstin beschwert hatte, versorgte in ihrem Haushalt einen hilflosen Menschen. Ihren ‚Narren‘ namens Borchart bedachte sie 1558 in ihrem Testament großzügig mit Bett, Kissen, Strohsack, Laken und Bettbezügen, die nur in dem Fall, daß Borchart krank würde und zu seinen Eltern zurückkehren müßte, seinem Vater ausgehändigt werden sollten. Ihre Nachlaßverwalter sollten sich nach allen Kräften bemühen, Borchart zu guten Leuten zu bringen, die nicht zuließen, daß er *ungeschicklich* behandelt würde. [210]

Auch körperlich behinderte Personen wurden von den Stiftsdamen großzügig versorgt. Die Schwester der Essener Äbtissin Katharina von Tecklenburg, Jakoba, Äbtissin in Vreden und Borghorst (gestorben 1563), erzog in ihrem Haushalt den gelähmten oder verkrüppelten Verwandten Niklas Tecklenburg und vermachte ihm testamentarisch 1.000 Taler, die ihr aus der elterlichen Grafschaft noch zustanden.[211] Noch im späten 17. Jahrhundert werden solche ‚Narren‘ am Essener Hof erwähnt; sie mußten in der Nähe der Ställe übernachten.

Ganz anders sah dagegen das Schicksal des Kammermohren Ignatius Fortuna aus, der in den 1740er Jahren als Kind aus Südamerika (Surinam) nach Essen gebracht und der Fürstin Franziska Christine geschenkt worden war. Obhut, Erziehung und Fürsorge für ihn stehen sicher in der Tradition christlicher Nächstenliebe, Gutes zu tun und hilfsbedürftige Menschen zu unterstützen. Daß Ignatius Karriere machen und als reicher Mann sterben würde, war bei seiner Ankunft in Essen nicht abzusehen. Sein Lebensweg ist bereits an anderer Stelle ausführlich geschildert worden.[212] Insgesamt gesehen betraf die mildtätige Hilfe aber selten die breite Bevölkerung, Frömmigkeit und caritas waren eher auf die eigene Familie bzw. auf das Netzwerk des hohen Adels gerichtet. Allenfalls als Patinnen traten die Stiftsdamen bei Kindtaufen ihres Personals wiederholt in Erscheinung.

Feste und Feiern

Anders als heute war der Jahreslauf der Menschen früherer Zeiten im wesentlichen durch kirchliche Fest- und Feiertage geprägt. Man rechnete nicht nach Tag und Monat, sondern nach den Festtagen der Heiligen. So war zum Beispiel St. Martin (11. November) einer der wichtigsten Zinstermine.

Bis ins späte 18. Jahrhundert gab es eine Vielzahl von Feiertagen, die entweder nur von Protestanten oder nur von Katholiken, aber auch von beiden Konfessionen gefeiert wurden. Aus Respekt vor den Angehörigen der anderen Konfession sollte an kirchlichen Feiertagen auf beiden Seiten die Arbeit ruhen. Damit diese Forderung möglichst eingehalten wurde, waren in Essen während der Gottesdienste die Stadttore geschlossen; nur Reisende wurden eingelassen.

Doch immer wieder kam es wegen der Nichtbeachtung der Feiertagsruhe zu Konflikten zwischen der protestantischen Stadt und dem katholischen Stift. 1782 wurde der Streit besonders heftig, als die Fürstin einige mit den Protestanten gemeinschaftlich gefeierte Festtage aufgehoben und den Katholiken erlaubt hatte, an diesen Tagen zu arbeiten. Es handelte sich dabei um etwa 20 Tage, unter anderem um den dritten Oster-, Pfingst- und Weihnachtstag, die Aposteltage (Matthäus, Philippus, Jacobus, Johannis Baptista usw.), um die Festtage Kreuz-Erfindung, St. Anna, Laurentius, St. Michael, das Fest der Unschuldigen Kinder und Silvester; hinzu kamen die nur von Protestanten gefeierten Festtage zum Beispiel Karfreitag, der vierteljährige Buß- und Bettag und das Friedensfest am ersten Freitag nach dem 9. September. Diese Feiertagsreduktion lag im Trend der Zeit: Kaiserin Maria Theresia hatte in Österreich bereits 1754 zwanzig Feiertage abgeschafft und neben den Sonntagen nur noch 15 beibehalten. Bayern folgte 1773 mit der „Abwürdigung der Feiertage".[213]

Diese kirchlichen Feiertage waren nicht einfach nur arbeitsfrei, sondern wurden meist festlich – häufig mit Prozessionen – begangen, die die religiösen Inhalte im Alltag der Menschen sinnlich erfahrbar machten. Dem stand aber zugleich das „sündhafte" Treiben der Untertanen gegenüber, die an solchen arbeitsfreien Tagen häufig übermütig bei Tanz und Spiel – oft mit viel Alkohol – zum Ärger und Verdruß der Geistlichkeit alle Vergnügungen auskosteten. Wir werden sehen, daß auch die Stiftsdamen an diesen Festtagen gutes Essen und Trinken nicht verschmähten.

Kirchliche Feste[214]

In dem *Liber ordinarius* besitzen wir eine Quelle, die ausführlich darüber Auskunft gibt, wie und welche kirchlichen Feste im 14. und 15. Jahrhundert gefeiert wurden. Die Angaben dazu sind mal sehr ausführlich, mal knapp gehalten. Wie lange diese rituellen Formen im einzelnen beibehalten wurden, ist nicht überliefert. Wir können hier nur einzelne Besonderheiten anführen, um einen Eindruck von dem lebendigen kirchlichen Leben im Stift zu vermitteln. Der interessierte Leser sei auf die umfangreiche Darstellung und Erklärung der „Feier des Osterfestkreises im Stift Essen" von Jürgen Bärsch und auf die Studie zum Liber ordinarius von Franz Arens verwiesen.

Im Laufe des Kirchenjahres erhielt die Feier des Gottesdienstes besonderen Glanz durch eine Reihe von Prozessionen, die sich nach den teilnehmenden Personen in vier Arten unterschieden: 1. Stiftsdamen allein; 2. Stiftsdamen und Kanoniker; 3. Stiftsdamen, Kanoniker und die männlichen Scholaren; 4. Kanoniker und Scholaren. Gisela Muschiol geht davon aus, daß jährlich etwa 100 Prozessionen stattfanden, 40 unter Beteiligung der Stiftsdamen. Dabei sind aber sicher die Bittgänge mitgerechnet, die zur Abwendung von Gefahren (Trockenheit, Hagelschlag, Unwetter usw.) angeordnet wurden. Prozessionen veranstaltete man auch zur Abwehr der Pest, zum Beispiel 1669 unter Anna Salome von Salm-Reifferscheidt und 1720 unter Bernardine von Ostfriesland und Rietberg. Im Spätmittelalter wurde sonntags immer eine kleine Prozession zu den Gräbern auf dem Kirchhof und im Atrium abgehalten.

Ein besonderes Ereignis war die Bittprozession nach Bredeney am Montag vor Christi Himmelfahrt. Nach dem Hochamt ordnete sich der Zug folgendermaßen: Der Rektor des

Kreuzaltars ergriff das silberne Kreuz und stellte sich an die Spitze, es folgten die beiden jüngsten Kanoniker mit der goldenen Madonna, die sie auf einer Art Bahre auf ihren Schultern trugen. Die Scholaren schlossen sich dann mit goldenen und silbernen Reliquienkapseln als nächste an, bevor die Kanoniker und dann der Konvent der Stiftsdamen den Zug beendeten. Unter dem Gesang von Antiphon und Responsorien begab man sich von der Münsterkirche zum Kettwiger Tor hinaus nach Bredeney, um dort den Konvent des Stiftes Rellinghausen zu treffen. Beide Konvente verrichteten Gebete, indem sie sich jeweils um ihren Kreuzträger scharten, die Antiphon vom Heiligen Kreuz sangen und kieend Gott um Gnade und Verzeihung der Sünden baten. Anschließend opferten so viele Essener Stiftsdamen am Rellinghausener Kreuz, wie Mitglieder aus diesem Konvent gestorben waren. Die Rellinghausener Stiftsdamen taten ein Gleiches am Essener Kreuz. Alle begaben sich dann zur Bredeneyer Kirche, wo sie von dem Werdener Abt und seinen Konventualen erwartet wurden, um eine gemeinsame Messe zu feiern. Zum Schluß sangen die Essener Stiftsdamen eine Antiphon vom Hl. Ludgerus und ein Werdener Priester die zugehörige Kollekte. Beendet wurde diese Prozession mit einem gemeinsamen Essen. Der Abt von Werden lud die Essener und Rellinghausener in ein bei der Kirche gelegenes Haus ein, und die Essener Äbtissin bewirtete sämtliche Geistlichen aus Werden in der Bredeneyer Kirche. Am Nachmittag kehrte man auf Wagen, zu Pferde oder auch zu Fuß wieder zurück, um vor dem Stadttor wieder die alte Ordnung einzunehmen. – Am folgenden Tag fand eine ähnliche Prozession nach Ehrenzell (Essen-West), am übernächsten nach Stoppenberg statt.

Eine ebenfalls etwas ausgefallene Prozession war die am Fest der Beschneidung des Herrn, am 1. Januar. Diese *processio ad propinationem*, also die Prozession zur Bewirtung, an der nur Damen- und Herrenkapitel teilnahmen, begann nach der Vesper. Gemeinsam zog man in Zweierreihen von der Münsterkirche durch den Umgang zum Haus der Pröpstin, die der Hebdomadar dann mit Weihwasser besprengte. Im Gegenzug reichte die Pröpstin ihm einen Denar und küßte die ihr gereichte Stola. Nach diesem Ritual ließen sich alle auf den bereitstehenden Bänken nieder; Wein und Torte wurden gereicht. Von da zogen alle Prozessionsteilnehmer weiter in die Kämmerei, dann in den Keller oder ins Refektorium (Speisesaal) und in die Abtei. Überall fand die gleiche Bewirtung statt, nachdem der Hebdomadar die jeweils verantwortliche Stiftsdame (Kämmerin, Kellnerin, Äbtissin) mit Weihwasser gesegnet, diese die Stola geküßt und ihm einen Denar geschenkt hatte.

Neben diesen stiftischen Prozessionen gab es auch solche, die durch oder um die ganze Stadt führten und an der auch städtische Bürger teilnahmen (Palmprozession zu Ostern, Fronleichnamsprozession).

Im Rahmen der beeindruckenden Osterfeiern, die alle Sinne ansprachen und zu umfangreich waren, als daß sie hier geschildert werden könnten, fällt eine Essener Besonderheit auf, „ein eigenartiger und andernorts in dieser Weise unbekannter Ritus".[215] In der Osternacht versammelten sich Konvent und Kanonikerkapitel in der Münsterkirche und begaben sich zum Hl. Grab, das man zuvor auf der Empore des Westbaues errichtet hatte. Von dort aus fand eine Prozession zu sieben verschiedenen Stationen statt, bei der nur die Stiftsdamen sangen und beteten und die am Kreuzaltar endete. An jeder Station wurde jeweils einer der sieben Bußpsalmen gebetet. Die erste Station war der Petrusaltar, die zweite lag außerhalb der Kirche auf dem Begräbnisplatz der Stiftsdamen an der Ostseite der Münsterkirche. Hier geschah Seltsames: Die Stiftsdamen standen dort an der Mauer der Münsterkirche, die Kanoniker gegenüber an der Mauer der Abtei. Nach dem Gebet des Bußpsalms und verschiedenen Orationen stieg die Äbtissin auf eine Waage. Auf der einen Seite des Waagebalkens lagen ein Schinken *(perna)* und ein Lamm *(agnus)*, auf der anderen Seite stand die Äbtissin und betete im Wechsel mit ihrem Ehrenkaplan den Psalm *De Profundis*. Anschließend wurde die Prozession fortgesetzt, indem man in der Münsterkirche am Hochaltar, am Marienaltar auf dem gräflichen Chor, in der Krypta und am Stephansaltar jeweils zum Gebet innehielt. Es folgte das Osterspiel, bei dem die Stiftsdamen als Darstellerinnen agierten. Das gemeine Volk konnte der dramatischen Auferstehungsfeier beiwohnen und sang ziemlich zum Schluß ein deutsches Osterlied, dessen Text uns aber leider nicht überliefert ist.

Die Forschung hat lange über den seltsamen Waageritus gerätselt. In der Weihnachts-
nacht fand diese Zeremonie wiederum statt, allerdings nicht draußen auf dem Begräbnisplatz,
sondern, vermutlich wegen der kalten Jahreszeit, in der Münsterkirche vor dem Stephanusaltar. Es sind verschiedene Interpretationsmöglichkeiten vorgeschlagen worden.[216] In Erinnerung an die alte germanische Sitte, den Leib durch Opfergaben aufzuwiegen, wollte Jahn darin
eine umgestaltete Totenspende sehen. Hegel vermutete eine Armenspeisung, Kettering meinte,
es handle sich um eine „ernste Erinnerung an die Nichtigkeit aller irdischen Werte". Bärsch hat
die bisher wohl überzeugendste Deutung geliefert, doch seine differenzierte Argumentation
kann hier nicht im Detail nachgezeichnet werden. Unter anderem wegen des liturgischen Rah-
mens, in den diese Zeremonie eingebettet war, kam er zu dem Resümee, daß „das Aufwiegen
der Äbtissin [...] eine ritualisierte Form der Totenmemoria für die verstorbenen Äbtissinnen
und Kanonissen des Essener Stifts" darstellte.

Wie feierlich es bei den hier geschilderten kirchlichen Festen bis in die Endphase des
Stifts zuging, zeigt vielleicht am eindrucksvollsten der Augenzeugenbericht eines protestantischen Reisenden, der vom Essener Rathaus aus die Fronleichnamsprozession des Jahres 1785
beobachtete und seine Eindrücke minutiös aufzeichnete:

Bericht eines protestantischen Augenzeugen über die Fronleichnamsprozession im Jahre
1785

*Den Zug eröffnete die kleine Landjugend weiblichen Geschlechts, paarweise mit ihren Leh-
rerinnen zur Seite, dann folgte die männliche Jugend mit ihren Lehrern in stiller Ordnung
hinten drein; nun kam die städtische Jugend von gleichem Alter, welche von ihren Lehrern
auch stille vorbeigeführt wurde; auf diese folgte das erwachsene weibliche Geschlecht vom
Lande, Frauen und Mädchen mit ihren Seelenhirten an der Seite, und dann die städtischen
schönen Mädchen und Frauen, herrlich angethan und mit Madonnen und Schutzheiligen-
bildern in ihrer Mitte von schönen Jungfrauen und Jünglingen getragen, in feierlichem Lob-
gesange auf die allerheiligste Mutter, wobei der mitten zwischen ihnen gehende Stadtpfarrer
mit seinen Gehülfen den Chorgesang führte.*

*Nun folgte der römische Clerus der Stadt, die Glieder der 4 Nonnenklöster mit ihrer Oberin
voraus; theils in tiefem Gebet oder auch mit Lobgesängen, ihrem heiligen Stifter zu Ehren,
beschäftigt, dann die Capuciner nach ihrer Ordnung im vollen Ornate und mit Heiligthü-
mern in den Händen, deren tiefer Gesang aus 24 Kehlen erhoben, mit kräftigem Tone him-
melan stieg. Nach ihnen folgten die lateinischen Schüler, von ihren Rectoren, den Jesuiten,
geführt, ihren stattlich gekleideten Fähnrich mit einer Prachtfahne an der Spitze, alle in
Mänteln und entblößten Häuptern in tiefem Gebet; dann kam das Capitolum Canonicorum, wohl 20 Stiftsherren an der Zzahl mit ihren Vicarien, alle mit Reliquien in den Händen und prächtigen Meßgewändern bekleidet, welche wiederum ihre Antiphonen und Hymnen zum Himmel laut werden ließen.*
*Endlich das Capitul der Damen des Stifts, 10 an der Zahl, welche alle von dem hohen Adel
Deutschlands sein mußten, in ihrer Stiftskleidung, mit allen ihren Decorationen geziert, gewöhnlich in tiefem Gebet. Nach diesen kam nun das Sacrament unter einem Thronhimmel
vom Stifts-Dechanten getragen, dessen 4 Säulen vier vornehme Bürger oder ansehnliche
Stiftsbeamte, in Mänteln und prächtigen Kleidern, schwebend hielten.*
*Unmittelbar hinter diesem Palladium der ganzen katholischen Christenwelt, trat nun feier-
lich einher die Regentinn des Stifts, im geistlichen Fürsten-Mantel, dessen Schleppe ein
prächtig bekleideter Mohr nachtragen mußte; ihr linker Arm ruhete auf den Schultern des
Erbkämmerers des Stifts; an der rechten Hand hing ein Rosarium, und in der Hand selbst
hielt sie eine Kerze; vor ihr her ging der Erbmarschall des Stifts (dieses Mal ein Protestant),
mit dem Schwerdt in der Hand, und zur rechten Seite der Erbschenk des Stifts.*
*Unmittelbar hinter der Fürstinn folgten ihre Hofdamen, dann die Regierungs-Beamten nach
ihrem Rang nebst der fürstlichen Dienerschaft, alle in Galla hintendrein, und nun machte*

der katholische Bürger- und Bauernstand, alle paarweise mit brennenden Fackeln in der Hand, mit ihrem in die Luft steigenden Chorus, bei der ganzen Prozession den Beschluß.

Mehrere Tausend, jede Abtheilung mit ihren Fahnen voraus, formirten diesen feierlichen Zug, welcher von seinem Ausgange aus der Stiftskirche bis dahin wieder zurück wenigstens 4 Stunden währte, obgleich kaum die halbe Stadt von ihnen berührt wurde. Die Straßen, wodurch die Procession zog, waren bestimmt, desgleichen die Stellen, wo der Segen mit dem Sacrament ertheilt werden mußte; hierzu waren Altäre, mit Reliquien versehen, erbaut, und vor demselben mit Kanonen-Donner der Segen ertheilt, während der ganze Zug still halten mußte. Auf diesem Weg waren häufig Ehrenpforten erbaut, und der ganze Weg überall mit Gras und Blumen bestreut [...].

zit. n. Ein Fronleichnamsfest der älteren Zeit, in: Hermann. Zeitschrift für die Lande zwischen der Weser und Maas. 66. Stück (1830), 521-523, 530-532; auch in: Sellmann: Mohr trug die Schleppe der Fürstäbtissin, in: Ruhrnachrichten 10 (1958) Nr. 129 v. 5. 6.

Weltliche Feiern und Festlichkeiten[217]

Hin und wieder haben im Laufe der Jahrhunderte neben Kaisern und Königen und Vertretern des Papstes auch zahlreiche Reichsfürsten Essen besucht. Im Jahre 898 verbrachte König Zwentibold mit seiner Gemahlin Oda das Pfingstfest in Essen. 938 hielt Kaiser Otto I. in Steele einen Hof- und Gerichtstag, um mit Hilfe seiner Berater komplizierte Rechtsfragen zu entscheiden. Kaiser Otto III. besuchte 993 seine Nichte Mathilde, und Kaiser Heinrich III. erfüllte während seiner Anwesenheit in Essen der Äbtissin Theophanu ihre Bitte und privilegierte die Abtei mit einem sechstägigen Jahrmarkt. Bei den Verhandlungen darüber war auch der Bruder der Äbtissin, Erzbischof Hermann von Köln, zugegen. Was sich bei solchen Ereignissen in Abtei, Stift und Stadt abgespielt hat, entzieht sich völlig unserer Kenntnis; was gegessen, getrunken, gespielt wurde, ob man musizierte und tanzte, darüber fehlen jegliche Informationen.

Erst für das 15. Jahrhundert finden wir einige Hinweise in den Rechnungen der Stadt: Wenn zum Beispiel der Erzbischof von Köln, die Herzöge von Kleve oder – wie 1430 und 1442 geschehen – die Herzogin von Braunschweig durchzogen, reichte man ihnen als Präsent den „Ehrenwein". Als Erzbischof Dietrich von Moers in der Fastenzeit des Jahres 1437 nach langen Kriegsjahren auf der Durchreise nach Recklinghausen durch Essen zog, empfing die Stadt ihn mit Salmen, Hechten und Karpfen, *trosyen* (Konfekt) und *luterdrank* (Gewürzwein). 1471, als der Herzog von Kleve in Essen übernachtete, ging ein Streit noch einmal recht glimpflich ab: Der zu dem fürstlichen Gefolge gehörige ‚Mohr' des Herzogs war mit einem Essener Bürger in Streit geraten. Glücklicherweise passierte nichts Ernstes, und man konnte den Konflikt bald schlichten, indem die Stadt das zerbrochene Messer des Mohren ersetzte.

Fürstenbesuch im Jahre 1611

Detaillierte Kenntnisse über die Besuche wichtiger Persönlichkeiten gewinnen wir erst aus Quellen der frühen Neuzeit. Der Fund einer ganz außergewöhnlichen Quelle aus dem frühen 17. Jahrhundert vermittelt uns konkrete Vorstellungen, wie es bei solchen Anlässen zugehen konnte. Die Äbtissin selbst, Elisabeth von Bergh-s'Heerenberg, berichtet in einem 17 Seiten langen Brief detailliert über den Besuch der Schutz- und Schirmherrn vom 12. bis 18. Januar 1611. Anlaß war ein jülich-klevisch-märkischer Landtag, auf dem man die schwierigen religionspolitischen Streitigkeiten innerhalb des Stifts, aber auch zwischen Stift und Stadt aus dem Weg räumen wollte. Während die Chronisten sich für das religiöse Verhalten der Fürsten und die politischen Verhandlungen interessierten, schildert Elisabeth, wie man sich vergnügte und sich die Zeit vertrieb, wie sich die große Welt in Essen ein Stelldichein gab.

Pfalzgraf Wolfgang Wilhelm von Neuburg und Markgraf Ernst von Brandenburg – zwei der wichtigsten Fürsten jener Zeit – waren nachmittags gegen vier Uhr in Essen angelangt und hatten sich im Klevischen Hof (ungefähr da, wo heute das Grillo-Theater ist) einquartiert. Da sie sich wegen der winterlichen Kälte zunächst an einem Feuer aufwärmen wollten, sandten Äbtissin und Kapitel vorab zur Begrüßung drei Wagen mit Hafer für die Pferde; die Bürgermeister der Stadt schickten Fische *(ein Cuep folt Fies)*.

Probleme bereitete schon die Einladung der Fürsten auf die Abtei. Die Äbtissin hatte sie durch deren Bediente zum Abendessen bitten lassen. Doch Elisabeths Bruder Heinrich war nicht überzeugt, daß dies der Etikette entsprach, und begab sich selbst zum Klevischen Hof, um die Fürsten zur Suppe einzuladen. Diese antworteten lachend, sie wollten der Bitte von Herzen gern Folge leisten, denn sie seien es den Frauen doch schuldig, ihnen aufzuwarten. Kurze Zeit später kam der Hofmeister des Pfalzgrafen und machte seine Reverenz bei der Äbtissin, um sich für die Einladung zu bedanken.

Für Vorbereitungen blieb nicht viel Zeit. Elisabeth hatte mit dem Besuch erst gegen sechs Uhr gerechnet, und man mußte sich sputen, als gemeldet wurde, die Fürsten beeilten sich zu kommen und hätten schon die Mäntel umgehängt. Hektik machte sich breit, denn die Stiftsdamen mußten eiligst herbeigerufen werden, sich schminken, die Hauben aufsetzen und sich „in guter Schlachtordnung" auf dem Platz vor der Abtei aufstellen. Folgt man Elisabeths Darstellung, dann begrüßten erotisch aufreizende Damen entsprechend einem militärischen Ritual unter dem Kommando einer Äbtissin die Ankömmlinge. In spöttelnder Manier charakterisiert sie schillernd die Fürsten und die 20 Personen in deren Gefolge: Da kam der *edele* Fürst von Brandenburg mit dem *braven* Herzog von Neuburg, mit dem *kortoesen* (feinen, ritterlichen) Grafen Fritz von Solms und dessen Bruder, dem *frommen* Grafen Wolf, mit dem Grafen Bernd von Wittgenstein, seinem *stämmigen* Vetter Graf Friedrich von Solms, dem *verständigen, weisen* Grafen von Schwartzenburg, dem lustigen *(yoelye)* Freiherrn van Schervenbergh und vielen anderen Kavalieren und Edelleuten. Sie beschreibt auch sich selbst und ihr Gefolge von zwölf Personen, als da waren: sie selbst als *die grotte Geckin [...] von Essen* und verschiedene Stiftsdamen, nämlich *dat frome Freugen* (Fräulein) *Margreta* [van Witthem], *dat yoely Freugen Ernestine* [van Witthem] *und dat devote Freugen von Spoer* [Maria Clara von Spaur, spätere Äbtissin] etc.

Auf dem Hof der Abtei empfingen Äbtissin und Stiftsdamen *die brafe Cavalyers*, indem sie freundlich lächelten, die Hand zum Kuß reichten und ihren Knicks machten. Als man ins Haus gehen wollte, kam es zunächst zu Diskussionen um den Vortritt, den die Fürsten schließlich der Äbtissin überließen. Nach etwa viertelstündigem ‚Smalltalk' im Flur der Abtei wurde angerichtet, denn Elisabeth ging davon aus, daß die Fürsten großen Appetit hätten. Der Markgraf von Brandenburg nahm ihren Arm und geleitete sie durch das „Getümmel" der Grafen und Edelleute in den großen Saal. Elisabeth genoß es, von den vielen Männern *met grote Bege[h]rlichkeit* angesehen zu werden.

Beim Händewaschen war das Zeremoniell wiederum zu beachten: Wem gebührte der Vorrang? Die beiden Fürsten handelten sehr pragmatisch: Sie nahmen die Äbtissin bei der Hand, und man wusch sich zu dritt, anschließend waren die nachgeordneten Grafen und die Stiftsdamen an der Reihe.

Erstaunlich kurz sind die Bemerkungen über das Tischgebet, im Vorfeld des Dreißigjährigen Krieges zwischen Angehörigen verschiedener Bekenntnisse sicher eine zentrale Frage. Die Äbtissin geht mit einem Satz darüber hinweg: *Doe begont men zu beden ett Vatter Unser und Ave Maria*.

Bevor man Platz nehmen konnte, war nochmals das Zeremoniell zu klären: Wer durfte wo sitzen? Elisabeth meint: *doe ging ett prangen w[ied]er an*. Kurzerhand ‚zwang' der Markgraf von Brandenburg die Äbtissin, sich zwischen den beiden Fürsten auf einen Stuhl zu setzen, während die anderen Gäste mit Bänken vorlieb nehmen mußten. Elisabeth meint, sie hätten wie „Braut und Bräutigam" gesessen. Die Fürsten waren sehr fein und geschickt beim *foersniden* (Vorschneiden), und man trank reihum auf das gegenseitige Wohl. Beendet wurde das Mal wieder mit dem gemeinsamen Händewaschen und einem Dankgebet. Was auf dem Speiseplan stand, erfährt man leider nicht.

Anschließend ließ die Äbtissin die Tafel aufheben *(up ein Hoeck setten)*, und man begann ohne große Etikette *(met kein grote Sermonye)* zu tanzen. Erst gegen elf Uhr abends fuhren die Gäste in ihren Karossen unter Fackelschein und großem Andrang der Essener Bürgerschaft zu ihrem Quartier zurück.

Am nächsten Morgen wurden alle Grafen aus dem Gefolge der beiden Fürsten auf die Abtei eingeladen, denn die Äbtissin kannte – wie sie gestehen mußte – nicht einen von ihnen. Die jüngeren Herren blieben, und man vertrieb sich die Zeit mit Gesellschaftsspielen.

Abends gegen sechs Uhr war Empfang im Quartier der Fürsten, dem Klevischen Hof. Zunächst war der Abend für die Äbtissin eher beschämend. Die Fürsten hatten ihre Karossen geschickt, um die Damen abzuholen; doch sehr schnell wurde der Unterschied zwischen fürstlichem Glanz und Essener Schmutz deutlich: Die Lakaien, die „doch so nett gekleidet waren", mußten mit ihren *properen* Schuhen und ihren seidenen Kleidern bis zu den Knöcheln durch den Dreck laufen. Elisabeth war so beschämt, daß sie sich die Augen zuhielt. Die Fürsten halfen den Damen vom Wagen herunter und begleiteten sie in den großen Saal. Nach dem Essen begann man *ein Densken* [Tänzchen] *zu dansen* und tanzte bis gegen zehn Uhr. Als die Fürsten auf ihren schön geschmückten Pferden, rechtschaffen durch den Dreck reitend, die Damen in der Karosse zur Abtei geleiteten, konnte ein Unglück gerade noch verhindert werden, denn die Pferde wären beinahe vor dem Stall in ein Dreckloch gefallen. Einmal mehr war die Äbtissin mehr als *beschampt*.

Auch den folgenden Tag verbrachte man gemeinsam mit den jungen Grafen und Edelleuten *met grote Lust und Frolicheit*, alle *dansten vnd sprungen*. Der Markgraf von Brandenburg kam hinzu und spielte mit. Man hatte Freude an Rate- und Pfänderspielen (zum Beispiel Plumpsack), die heute allenfalls noch bei Kleinkindern beliebt sind. Als man das Sitzen leid war, begann man ein Laufspiel *(loepen spoell)*, genannt *Kassemom*, das wohl mit dem heutigen Blinde-Kuh-Spiel identisch ist. Der Markgraf von Brandenburg hatte so viel Spaß daran, daß er vor Lachen weinen mußte. Das Treiben währte bis Mitternacht.

Erst am nächsten Tag begann man *Wissheit zu plegen*, das heißt über die religionspolitischen Probleme zu verhandeln. Es ging um Differenzen zwischen den katholischen Räten der Äbtissin mit der protestantischen Pröpstin Felizitas von Eberstein, also um wichtige Fragen des Stifts. Elisabeth nahm wohl die ganze Sache nicht sonderlich ernst und scherzte mit dem Grafen von Solms, er habe ja nun wohl *ein langh Sermon gehort*. Der Graf von Schwarzenberg fand die Sache weniger lustig und wies sie vorsichtig zurecht. Für Elisabeth war die Sache damit erledigt, sie ging zum Essen und überließ die Angelegenheit ihren Räten. Abends traf man sich wieder zum Abendessen und zum Tanz im Klevischen Hof. Kurz nachdem Äbtissin und Stiftsdamen zur Abtei zurückgekehrt waren, folgten ihnen die Fürsten, brachten Violinen mit, und alle tanzten bis sieben Uhr morgens: *soe brachten wij den Nacht over*. Am nächsten Morgen zogen die Fürsten weiter nach Düsseldorf.

Doch damit waren die Aufregungen in Essen keineswegs ausgestanden, denn es geschah noch ein großes Unglück: Anlaß des Streites war eine Bagatelle *(wast soe ein clein Orsack)*: Der Freiherr von Schervenbergh hatte dem Grafen von Solms versehentlich auf den Fuß getreten. Eine Entschuldigung nahm dieser nicht an. Als Solms den Freiherrn vor die Tür forderte, verboten die Fürsten zunächst dieses *Crackell*. Doch kurz nach ihrer Abreise kam es vor den Toren der Stadt zu einem Duell. Der Graf von Wittgenstein wollte schlichten, Solms gab aber nicht nach. Schließlich ging der Freiherr wieder dazwischen und stach den Grafen von Solms ins Herz *(staek den Graf von Solms ett Hert aft)*. Solms letzte Worte waren – so Elisabeths Schilderung: *‚Ach Broder, ijch bin doer und doer gestochen.'* Elisabeths Kommentar: *Dar met wast hie doet*. (Damit war er tot.)

Elisabeths Brief, der in seiner schwer verständlichen niederdeutschen Fassung ein ungeheuer anschauliches Bild dieses Treibens bietet, erinnert an die Genrebilder eines Breughel und zeigt, daß sich in der Frühen Neuzeit selbst wichtige Militärs bzw. Politiker an uns heute kindisch und albern vorkommenden Pfänder-, Lauf- und Singspielen amüsieren konnten.

Empfänge der päpstlichen Nuntien[218]

Es war wohl keineswegs üblich, daß so hohe Gäste ohne Vorankündigung in Stadt und Stift auftauchten. In der Regel wurden sie an den Grenzen von Stift und Stadt mit ,militärischen Ehren' und Salutschüssen begrüßt, um später zum „Gesundheitstrinken" überzugehen. Beispielhaft soll die Einholung des Apostolischen Nuntius Agostino Franciotti, der 1668 in diplomatischer Mission von Aachen nach Essen kam, kurz geschildert werden: Trotz bester Planung begann alles mit einem ärgerlichen Mißgeschick. Der Nuntius hatte am 27. Juli eintreffen wollen, und die Fürstäbtissin hatte ihm ihre Staatskutsche bereits am Vormittag über Mülheim entgegengesandt. Gegen Mittag waren die Inhaber der fürstlichen Erbämter, fürstliche Räte und Vertreter der Stadt zur Lipperheide (heute Grenze Essen – Oberhausen) geritten und hatten an dem dortigen Schlagbaum, dem „Lipperheidebaum" Aufstellung genommen. Doch am Nachmittag ging ein heftiges Gewitter nieder, das die Staatsgewänder der unentwegt Wartenden völlig ruinierte und auch den Nuntius an einer Weiterfahrt hinderte. Er übernachtete in Kaiserswerth, und die Deputierten der Fürstin kehrten abends triefend naß und unverrichteter Dinge zurück.

Am anderen Morgen ritten sie wieder dem Nuntius bis zur Lipperheide entgegen. Nach umständlichen Begrüßungen begleiteten die Reiter die Kutschen, unter anderem zwei von sechs grauen Apfelschimmeln gezogene, durch Frintrop, Bedingrade und Borbeck bis nach Essen. 500 Schützen (Bauern) standen am Labberg und schossen Salut. Sie schwenkten dann ein und marschierten gruppenweise, von ihren Bauernführern begleitet, dem Zug voran. Kurz vor der Stadt teilte sich dieser und bildete an den Straßen Spalier. Auch hier wurde wieder geschossen, zumal nun auch die Stadt ihre Geschütze am Limbecker Tor lösen ließ. Von dort bis zum Markt stand die Bürgerschaft in Reih und Glied und begrüßte den hohen Gast mit anhaltendem Salvenschießen, während gleichzeitig die katholischen Kirchen ihre Glocken läuteten. Vor der St. Johanniskirche stieg der Nuntius aus und wurde zunächst durch die ranghöchsten Geistlichen begrüßt. Am Grab des hl. Altfrid erwarteten ihn die hochgräflichen Stiftsdamen, um ihn zur Fürstäbtissin zu geleiten, die an einem „Tertian Fieber" litt und das Haus nicht verlassen konnte; sie bewillkommnete den Nuntius deswegen im Vorhaus der Abtei.

Vom 19. bis 28. Juli 1705 visitierte wiederum ein päpstlicher Nuntius das Stift. Darüber liegt ein weiterer Bericht in den *Protocolla publica* vor. Täglich nahm er morgens von zehn bis zwölf Uhr und nachmittags von vier bis sieben Uhr geistliche Aufgaben wahr. Wiederholt fanden Treffen mit der Fürstäbtissin und den Stiftsdamen statt, um sich angeregt zu unterhalten. Da er *eußerlich gahr keine Lust zu einigem Ceremonial zu haben bezeiget* hatte, waren Fragen dieser Art weitgehend irrelevant. Man traf sich an der fürstlichen Tafel, spielte nach dem Essen und unternahm gemeinsame Spaziergänge. Es gab also keine großen Feierlichkeiten, sondern eher ein lockeres Beisammensein.

Regierungsantritte

Ähnliche Empfänge, wie er dem päpstlichen Gesandten 1668 bereitet wurde, gab es auch 1727 und 1777, als die neu gewählten Äbtissinnen ihren Einzug hielten. Die Parallelität dieser drei Ereignisse ist erstaunlich, wenngleich 1727 wohl etwas übertrieben berichtet wird, Franziska Christine sei von 4.000 Mann an der Stiftsgrenze eingeholt worden. Das „Gesundheitstrinken" gehörte von alters her zum üblichen Begrüßungszeremoniell. Wir sahen bereits, daß die Stadt den Ehrenwein überbringen ließ.

Huldigungen der Untertanen sind für Essen nicht überliefert. Selbst beim Amtsantritt einer neuen Fürstäbtissin begnügte man sich meist mit dem Einritt und einem gemeinsamen Essen auf der Abtei. Als Fürstäbtissin Maria Clara von Spaur im Oktober 1614 von Borbeck kommend und unter Begleitung spanischer Soldaten in Essen einfuhr, kamen zwei Essener Bürger durch deren Schüsse zu Tode. Die aufgebrachten Bürger verlangten zwar Aufklärung, doch da nichts zu machen war, *hat man die Sache Gott befolen und die Reutter passiren lassen*.[219]

Ein ähnlicher, allerdings friedlicher Einritt fand auch 1656 anläßlich des zehnten Jahrestages der Wahl Anna Salomes von Salm-Reifferscheidt statt. Sie kam in Begleitung ihres Bruders von Borbeck aus mit zwei Kutschen und 18 Reitern und wurde am Limbecker Tor von den beiden Bürgermeistern empfangen. Längs der Limbecker Straße standen die Bürger mit präsentiertem Gewehr, um sie dann in Formation bis zur Abtei zu begleiten. Salven wurden abgefeuert und der Stadtmusicus ließ sich „weidlich hören" mit zwei Posaunen. Den Abschluß bildete „ein herrliches Gastmahl", das unter „vielem Gesundtrinken" bis in die späte Nacht dauerte. „Der Bürgerschaft wurden viele Tonnen Bier verehrt, um sie dabei lustig zu machen, *welche solche mit Liebe verzehret haben*." [220]

Für die Bewirtung bei der Wahl Anna Salomes von Manderscheid-Blankenheim wurden 1688 nur 100 Reichstaler ausgegeben; das benötigte Tafelsilber nahm man aus dem Nachlaß ihrer Vorgängerin. Was gegessen und getrunken wurde, bleibt unbekannt; lediglich für das Festessen anläßlich der Wahl Margarete Elisabeths von Manderscheid-Blankenheim-Gerolstein (1598) hat man eine Zutatenliste gefunden.

Zutaten für das Festmahl anläßlich der Wahl
Margaretha Elisabeths von Manderscheid-Blankenheim-Gerolstein, 1598

> *2 Hasen für Pasteten*
> *9 Bollen von Hasen und Fische*
> *1/2 Reh, 1 Hase, u. dgl.*
> *1 fettes Rind von 230 Pfund*
> *2 Hämmel*
> *36 Pfund Lammfleisch*
> *7 geräucherte Schinken*
> *dicke Stücke Pork* (gesalzenes Schweinefleisch) *zu Pasteten*
> *71 Pfund Handkäse*
> *300 Eier*
> *26 Liter süße Milch*
> *für 1 Gulden Mostert*
> *für 2 Gulden Äpfel*

zit. n. Mischell, Haushalt, 99.

Anscheinend legte man in Essen erst im 18. Jahrhundert wieder mehr Wert auf Repräsentation. Beim Regierungsantritt der Fürstäbtissin Franziska Christine von Pfalz-Sulzbach im Jahre 1727 wurde ein Feuerwerk abgebrannt, das ihr Regierungsprogramm veranschaulichen sollte. Eine wohl stark übertriebene, gedruckte Beschreibung dieses Spektakels mit dem Titel *Essendia Rediviva* befindet sich im Essener Stadtarchiv.

Recht laut muß es auch zugegangen sein, als Anna Charlotte von Lothringen, die die Nachfolgerin Franziska Christines werden sollte, aber vorzeitig starb, im Januar 1757 zur Koadjutorin gewählt wurde. Nach dem Dankgottesdienst wurden auf dem Kirchhof zunächst 24 *Böller* abgefeuert. Anschließend wurden die Stiftsdamen und die Kanoniker im Haus des Vertreters der neu gewählten Koadjutorin, des Marquis von Hoensbrock, bei vortrefflicher Musik fürstlich bewirtet und bei jedem *Gesundheitstrinken* schoß man wiederum Böller ab: zweimal 24 auf das Kaiserpaar, jeweils 18 für die neue Koadjutorin und ihren Bruder, Herzog Karl von Lothringen, 18 auf die Erzherzöge von Österreich, 14 für das gräfliche Kapitel, 14 für den Marquis von Hoensbrock und seine Familie und schließlich zwölf für das Kanonikerkapitel. Wahrscheinlich muß man sich den Aufwand bei solchen Feierlichkeiten recht groß vorstellen, denn sogar bei den Konsekrationsfeiern der neuen Kapuzinerkirche wurden 1764 in fünf Tagen 210 Pfund Pulver verschossen und die Gäste tranken immerhin fünf Ohm (ein Ohm ca. 130–150 l) Wein.[221]

Auch anläßlich der Wahl Maria Kunigundes von Sachsen zur Koadjutorin war 1775 ein Feuerwerk geplant und vorbereitet worden. Doch die Fürstin verbot es wegen allzu großer Brandgefahr, so daß man sich mit dem üblichen Gesundheitstrinken begnügte.

▲ Abb. 54: Essendische Zeitung vom 17. Oktober 1777 (Ausschnitt)

Als Maria Kunigunde am 7. Oktober 1777 endlich persönlich als neue Fürstin in Essen ihren Einzug hielt, war das für die Essener Bevölkerung ein großes Ereignis, gemessen an den Festen, die sie selbst aus Dresden, Koblenz oder Trier kannte, aber sicher mehr als provinziell. Das Festessen kostete einschließlich des Feuerwerks, der Wachslichter, Gläser und Trinkgelder etwa 2.500 Reichstaler Es gab unter anderem Austern (20 Reichstaler), Weißbrot (11 Reichstaler), Geflügel und Wild (143 Reichstaler), *Java Caffee*, geräucherte Zungen (6 Reichstaler) und *Confitures* für 53 Reichstaler; der Wein kostete 282 Reichstaler, das Feuerwerk 360 Reichstaler, an Trinkgeldern wurden 180 Reichstaler ausgegeben.[222] Die Ausgaben für *Kuchel-Gewürz* beliefen sich gar auf 26 Reichstaler.

Beim Einzug der Fürstin, der einige Monate später stattfand, trank man Champagner und Burgunder; was gegessen wurde, ist nicht überliefert. Wir erfahren lediglich, daß das Frühstück an diesem großen Tage aus einer Schale Kaffee bestand, wozu *gebähltes weißes Brodt* gereicht wurde.[223] Baedecker berichtete über dieses Ereignis ausführlich in seiner ‚Essendische[n] Zeitung' v. 17. Oktober 1777 (s. S. 171 f.).

Mobilität und Reisen[224]

Kennzeichen der monastischen Lebensweise der alten Orden ist unter anderem die *stabilitas loci* und die Klausur, also das Leben hinter Klostermauern abseits der Welt. Hier wird der Unterschied zwischen Kloster und Stift besonders deutlich. In Essen war von solcher Zurückgezogenheit seit ältesten Zeiten wenig zu beobachten, denn sowohl die Sanktimonialen als auch die Äbtissinnen waren häufig unterwegs. Meist war dieses Reisen unabdingbar, denn viele waren in mehreren Stiften präbendiert und mußten dort ihre jährlichen Verpflichtungen erfüllen. Die Träger der Amtskirche sahen diese Mobilität der Stiftsdamen offenbar nicht besonders gern. Nach dem Konzil von Trient spitzte sich die Frage der Klausur immer mehr zu, bis schließlich 1566 beschlossen wurde, sie für alle freiweltlichen Stifte einzuführen. In der Praxis hat diese Vorschrift jedoch keine Auswirkungen gehabt.

Essen, vom 14. Octob.

Der 7te Tag dieses Monaths u. zwar gerade um die Vormittagszeit war es, als das Donnern des auf hiesigen Stadt-pforten gepflanzten groben Geschützes die glücklich erfolgte Ankunft der Hochwür-digst Durchlauchtigsten Königlichen Prin-zeßin von Pohlen und Litthauen und Her-zogin zu Sachsen, Frauen Mariä Cune-gundä, erwählten Fürstin Abtißin der Kaiserlichen freyen weltlichen Stifter Es-sen und Thoren, und Höchstderoselben Durchlauchtigsten HerrnBruders, des jetzt regierenden Herrn Churfürsten zu Trier, auf Ihrem, eine Stunde von hier gelege-nen Lustschloße Borbeck ankündigten. Und da der folgende Tag zu Höchstderoselben feierlichem Einzug bestimt war; so hat-ten nicht allein Magistratus hieselbst zum würdigen Empfang dieser großen Fürstin alle nöthige Vorkehrungen und Veranstaltungen getroffen; sondern es hatte auch die Bürgerschaft diejenigen Straßen, durch welche der Einzug nach der in hiesiger Stadt gelegenen Hoch-fürstl. Abtey geschehen solte, mit vie-len artigen und wohleingerichteten Eh-renbogen ausgezieret.

Um 7 Uhr Morgens versammelten sich also die gesamte Bürgerschaft mit Ober- und Untergewehr, und jede Compagnie an ihren Quartieren; verfügten sich her-nächst unter Anführung ihrer Hauptleute, in bester Ordnung mit fliegender Fahne und klingendem Spiel nach den ihnen an-gewiesenen Standplätzen, und formirten sich auf den Straßen, wodurch Ihro Kön. Hoheit ziehen solten, in 2 Linien.

Zwey Compagnien der aufs beste ausge-schmückten jungen Mannschaft zogen aber unter Anführung ihrer Officiers ebenfals mit fliegenden Fahnen und klingendem Spiel, außerhalb der Stadt nach den städtischen Grenzen, und erwarteten da-selbst, nebst denen in einem 2spännigen Wagen herausgefahrnen Herrn Deputirten des Magistrats, die Ankunft des Durch-lauchtigsten Paars.

Etwas über 9 Uhr trafen zuerst Ihro Churfürstl. Durchlauchten von Trier in höchstem Wohlseyn auf den Stadtgren-zen ein, in Begleitung Höchstdero Con-ferenz-Ministri des Freyherrn von Ho-henfelds Excell. und empfingen von vor-besagten Magistrats-Deputirten die ehr-erbietigsten Glückwünschungscomplimente, mit der Höchstdenenselben angebohrnen Gnade und fürstlichen Anmuth. Da indessen auf denen Stadtpforten, vermit-telst Abfeurung des groben Geschützes, die Annäherung Höchstderoselben kund ge-macht wurde, und eine von den Jung-gesellen-Compagnien Höchstdieselben in der Stadt, durch die auf beyden Seiten gestandene, und das Gewehr präsenti-rende Bürgerschaft hinein begleiteten.

Ohngefehr eine Stunde hernach, er-folgte darauf die glückliche Ankunft Ih-ro Königl. Hoheit, der Durchlauchtig-sten Fürstin; und nachdem Höchstdiesel-ben beym Aussteigen aus Höchstdero Rei-se-in den Staatswagen, gleichfals von vorbesagten Herren Deputirten des Ma-gistrats, mit den feurigsten Glückwün-schen waren bewillkommet und von Höchst-deroselben aufs huldreichste angenommen worden; so geschahe der Zug zur Stadt hinein, in der Ordnung; daß

1) die außer der Stadt gebliebene an-sehnliche Junggesellen-Compagnie mit Ih-rer Feldmusic, klingenden Spiel und flie-gender Fahne, denselben eröfneten; wel-cher hernächst

2) in einen mit 6 Pferden bespannten Wagen, der Churtrierische Kammerherr, Freyherr von Duminique folgeten; nach diesem ritten

3) sechs kayserliche, mit großen Rei-berbüschen am Hut gezierte Postillions, zwey und zwey nebeneinander und

4) der hiesige kayserl. Herr Posthalter;

5) folgte der mit 6 Pferden bespann-ten Staatswagen Ihro Königl. Hoheiten, worinnen bey Höchstdenenselben Ihro Ex-cellenz, die Obristhofmeisterin, Frey Frau von Falkenstein, nebst der Hofdame Fräu-lein von Rauendorf Hochwohlgeb. sich befanden.

6) Die Herren Deputirte hiesigen Magistrats in einem mit 2 Pferden bespanten Wagen.

7) Ein mit 6 Postpferden bespanter lediger Wagen und

8) noch eine ditto mit dem Hochfürstl. Gefolge.

Auf denen Straßen, wodurch der Einzug geschahe, paradirten die sämtlichen Bürgercompagnien; und die beständig abwechselnde Musique von dem, so auf dem Thurn der Evangelischlutherischen Stadtkirche zu St. Gertrudis gestelltem Chor Trompeter und Paucker, als auch dem auf dem Markt befindlichen Corps Hautboisten, zeugten von der algemeinen herrschenden Freude; wobey die Menge derer Zuschauer, über den ungemein freudigen Anblick der Durchlauchtigsten Frauen Abtißin, aufs innigste gerühret wurden, u. Höchdenenselben alles erdenkliche Glück, Heil und Segen, zu Antritt Höchstdero Regierung unterthänigst zuwünschen.

An der St. Johannis Kirche in der Burg, woselbst Ihro Königl. Hoheit auszusteigen geruheten, hatten sich sowohl die bey hiesiger fürstlichen Abtey Erb-Aemter tragende hohe Noblesse, als auch die sämtlichen Hochfürstlichen Dienerschaften, in einer Reihe gestellt und begleiteten Ihro Durchlauchtigste Gebieterin hinein.

Hier wurden Höchstdieselben von dem gesamten ehrwürdigen Capitul derer Herren Canonichen empfangen, und unter Vortragung des Creutzes zur Collegiat-Kirche geführet; allwo Höchstdieselben von denen diesmal hier residirenden Durchlauchtigsten und Hochgräflichen Frauen Capitularinnen in nähern Empfang genommen und bis zum hohen Altar begleitet wurden.

Nach gehaltenem hohen Amt und unter dem Donnern des, so vor der Hochfürstlichen Abtey als in der Stadt auf dem Markt gepflanzten groben Geschützes, abgesungenen Ambrosianischen Lobgesangs, verfügten sich Höchstdieselben nach besagter Abtey, allwo sodann die beyde Hochgräfliche und Canonichen-Capitel, der anwesende Adel, sämtliche Dienerschaft, die hiesige Herren Burgermeister und mehrere Fremde erschienen; und hiernächst an zweyen prächtig servirten und zahlreichen Tafeln gespeiset wurde. Nach aufgehobener Tafel geruheten Ihro Königl. Hoheit von der Catholischen Stadt Clerisey, vom hiesigen Evangelischen Ministerio und dem Josephinischen Gymnasio, auch vielen andern, die unterthänigsten Glückwünsche auf und anzunehmen: und begaben sich Abends zwischen 5 und 6 Uhr durch die, in der Stadt in Reihen gestellte bürgerschaftliche Compagnien, höchst zufrieden zurück nach dem Schloße Borbeck.

Der überaus huldreiche Character dieser beyden Durchlauchtigsten Geschwister hat indessen bey Höchstderoselben obwol kurzem Aufenthalt dieselbst, sich die Herzen eines jeden Bürgers und Einwohners dermaßen zu eigen gemacht, daß sie sich in gemeinschaftliche feurige Wünsche für eine lange, glückliche und gesegnete Regierung einer so würdigen Prinzeßin einstimmig vereinigen.

Am 4ten dieses haben die zu Broich bey Mülheim an der Ruhr, sich bishero aufgehaltene Hochwürdige und Hochgebohrne Frau, Frau Sophia Christiana, gebohrne Reichsgräfin zu Leiningen Heidesheim, Chanoinesse zu Herworden, zu Wisbaden, an einen hitzigen Fieber, in Ihrem 41sten Jahr das Zeitliche mit dem Ewigen verwechselt.

Bochum, vom 15 October.

In der benachbarten Bauerschaft Grumme, hat sich bey vorgewesener letztern Erndte, die Seltenheit der mildgebigen Natur geäussert, daß auf einem Acker ein Roggenhalm gefunden worden, worauf 16 ziemliche und fast vollständige Aehren ausgewachsen. Curiösen Liebhabern von Naturbegebenheiten kann solche wahre Seltenheit bey dem Stadtsecretair Ecker hieselbst vorgezeiget werden.

Madrit, vom 15. Sept.

Nach einer über Carthagena eingegangenen Nachricht hat der berühmte Spa-

Bereits eine Frau wie die Gandersheimer und Essener Äbtissin Sophia, Tochter Kaiser Ottos II., geb. 975, gestorben 1039, wurde in der Hildesheimer Chronistik mit den heftigsten Vorwürfen bedacht wegen ihres „weltliche[n] und hoffärtige[n] Leben[s]".[225] Dagegen konnte der Priester Eberhard von Gandersheim zu Beginn des 13. Jahrhunderts nicht genug rühmen, „wie Sophie mit ihrem Bruder Otto ‚einer königinnen gelike' durch die Lande fuhr"; ein moderner Biograph sah 1957 in ihr „the first lady of the country".[226] Bereits als Sanktimoniale hatte sie ihren Bruder zum Hoflager nach Sachsen, nach Mainz, Magdeburg, Regensburg, 996 sogar nach Rom begleitet. Gemeinsam mit ihrer Schwester Adelheid, Äbtissin von Quedlinburg, Gernrode und Vreden war sie 1002 bei der Kaiserkrönung Heinrichs II. in Aachen zugegen und traf ihn auf den Hoftagen in Magdeburg und 1024 in Dortmund.

Auch andere Äbtissinnen und Stiftsdamen reisten gegen Ende des 13. Jahrhunderts recht häufig. Irmgard von Wittgenstein zum Beispiel, Äbtissin von Herford und unterlegene Gegenäbtissin im ersten Essener Äbtissinnenstreit reiste 1290 wie ihre Vorgängerin Gertrud II. von Lippe (1219) mit 105 Pferden durch ihren Herforder Jurisdiktionsbezirk und zeigte auf diese Weise ihre Macht.

Ähnlich wie durch die Kleidung demonstrierte man auch in der Wahl der Verkehrsmittel den hochadeligen Stand. Wenn man nicht gerade die Wasserwege – vor allem den Rhein – nutzte, sondern sich zu Lande fortbewegte, reisten die Äbtissinnen entsprechend ihrem Rang als Reichsfürstin seit dem 17. Jahrhundert in einer sechsspännigen Kutsche. Anna Salome von Manderscheid-Blankenheim besaß zwei Kutschen, darunter eine Berliner Kalesche, die sie vermutlich von ihrer Vorgängerin übernommen hatte. 1776 standen in der Remise Franziska Christines von Pfalz-Sulzbach vier Wagen. In einem *Rüstwagen mit Deckel* transportierte man den notwendigen Hausrat.

Mit Pferd und Wagen zu reisen, war allerdings nicht nur romantisch, sondern brachte eine Reihe von Gefahren mit sich, die der Archivar Kindlinger, als er 1794 von Essen nach Borbeck fuhr, hautnah miterleben mußte und anschaulich beschrieben hat: *Die Pferde wurden nemlich wild, und nur die Besonnenheit des Kutschers, der die Pferde dennoch lenkte und sie gerade auf einen geschlossenen Schlagbaum anrennen ließ, rettete uns. Ich saß rückwärts und sah die Gefahr nicht, ward sie auch nicht eher gewahr, bis die vor mir sitzende Frau Surmann in Ohnmacht sinken wollte und der Wagen auf einmal still hielt. Als ich mich umsah und ausstieg, sah ich, daß die zwei Pferde über den Schlagbaum geflogen waren und schnaufend still hielten, die Vorderräder des Wagens hart am Schlagbaum, der auf der schwächsten Seite gebrochen war und einen sehr stumpfen Winkel bildete, anlagen und verhinderten, daß die Pferde den Wagen nicht weiter ziehen konnten und sie selbst halten mußten.*[227]

Über Reisen aus besonderen Anlässen (Wallfahrten, Badekuren, Vergnügungs- und Besuchsreisen) sind wir erst aus Endphase des Stifts unterrichtet; für die frühe Zeit liegen dazu keine Quellen vor. Im Juni 1645 reiste das gesamte Essener Damenkapitel gemeinsam mit der Fürstäbtissin für einige Tage zur Wallfahrt nach Kevelaer. Solche Wallfahrtsreisen nach Kevelaer oder nach Köln werden seitdem mehrfach erwähnt.

Der Besuch der Kölner Gottestracht, die gewöhnlich am Freitag nach dem Weißen Sonntag stattfand, war immer ein besonderes Ereignis. Die Stiftsdamen nahmen nicht nur aus religiösen Gründen, sondern auch wegen des gesellschaftlichen Spektakels an der Gottestracht teil. 1608 entschuldigte sich Elisabeth von Bergh bei Graf Johann von Rietberg, daß sie in diesem Jahr nicht zur Gottestracht kommen könne, da sie *mit Catharren und anderen Leibs-Unvermögenheiten behaftet* sei. Anna Salome von Manderscheid-Blankenheim wollte 1649 ihren Vetter Ferdinand Ludwig bei dieser Wallfahrt treffen, um familiäre Dinge zu regeln. Auch Erika Christine von Manderscheid-Blankenheim war in diesem Jahr zugegen und hätte ihrem Bruder gern ein Andenken von der *Gottes Drachts Kirmes* mitgebracht, doch war ihr *Beudel gantz ledig*, d. h. sie hatte kein Geld. 1771 berichtete Jeannette von Manderscheid-Blankenheim über diese Wallfahrt nur noch, man habe *par Compagnie* die Gottestracht angesehen und dort interessante Leute getroffen. Die Beispiele zeigen, daß man auf Wallfahrten, insbesondere bei der Kölner Gottestracht, das Nützliche mit dem Angenehmen verbinden konnte.

Badereisen kamen bei den Stiftsdamen anscheinend vor allem in der zweiten Hälfte des 17. Jahrhunderts in Mode. 1660 wollte Maria Franziska von Waldburg-Zeil das Bad in Königstein besuchen und legte dem Kapitel ein ärztliches Attest über die Notwendigkeit dieser Kur vor. Im August 1680 machte sie in Köln eine *Sauerbrunnen-Kur.* Als die Scholasterin Agatha Barbara von Manderscheid-Kail-Falkenstein 1682 nach Ansicht des Kapitels wegen einer solchen Kur zu lange in Köln blieb, verlangte man ihre sofortige Rückkehr nach Essen, zumal die Luft zu Essen auch gut sei. Auch Aachen war ein beliebter Kurort. Fürstäbtissin Anna Salome von Salm-Reifferscheidt nutzte aber lieber die Heilquellen in Breisig und machte dort im August 1671 eine Sauerwasserkur.

Die Beispiele zeigen, daß für Kapitularinnen freiweltlicher Damenstifte Klausur und stabilitas loci, die das Leben in regulierten Orden bestimmten, keine Rolle spielten. Man konnte sich allerorts – entsprechend den Regeln des Standes – frei bewegen.

Karriere und Mobbing:
„[…] die Hirländische practiciren auf alle Weiß, uns daraus zu halten"[228]

Früher wie heute war das alltägliche Zusammenleben nicht immer leicht. Streitigkeiten und Differenzen innerhalb der Hierarchie des Stifts, aber auch unter gleichrangigen Personen waren wohl zu allen Zeiten auf der Tagesordnung. Das Leben der frommen Frauen war keineswegs spannungsfrei.

Glaubt man einem gewissen Wolfhere, der die Vita des Bischofs Godehard von Hildesheim aufgezeichnet hat, dann finden wir die ersten Skandale und Skandälchen bereits im frühen 11. Jahrhundert. Wolfhere berichtet folgendes: Zwei Töchter des Pfalzgrafen Ezzo und der Mathilde, also Schwestern der Essener Äbtissin Theophanu, seien in Gandersheim ihrer Tante Sophia I. zur Erziehung übergeben worden. Die beiden jungen Mädchen, Ida und Sophia, flüchteten jedoch wiederholt nach Mainz, wo sich ihnen ein freieres und ihrem Stand gemäßeres Leben geboten habe. Dort besuchten sie um 1025/1026 Gastmähler Erzbischof Aribos und wohnten sogar zeitweise bei ihm. Ihnen folgten bald drei weitere Gandersheimer Ausreißerinnen, die unter dem Vorwand von Verwandtenbesuchen das Stift verlassen hatten. Die fünf sollen dann in einen Mainzer Konvent (Marienkloster Altenmünster, das die Schwester des Erzbischofs leitete) eingetreten sein, um das weltliche Treiben in dieser Stadt besser genießen zu können. Äbtissin Sophia sah dem allerdings nicht tatenlos zu, sondern erreichte 1027 nach einer Klage beim Kaiser, daß die Mädchen zurück geschafft wurden. Zunächst gab man sie in strenge Klausur, um ein neuerliches Entkommen zu verhindern. Doch ein paar Monate später wurden sie wohl von Verwandten wieder entführt und nach Mainz gebracht, wo sie mit Wissen des Erzbischofs blieben und entsprechend ihrem Rang leben konnten. Eines der Mädchen, Sophias Nichte Sophia soll in Mainz gestorben sein, die andere Nichte Ida wurde Äbtissin von St. Marien in Gandersheim, später sogar Äbtissin von St. Maria im Kapitol in Köln.

Der Wahrheitsgehalt dieses Berichtes ist schwer zu überprüfen, die Hintergründe der Affäre bleiben völlig im Dunkeln. Doch das hier geschilderte selbstbewußte Auftreten der Sanktimonialen ist durchaus glaubhaft, hatte sich doch Äbtissin Sophia I., gegen die sich die ‚Revolte' richtete, in ihrer Jugend kaum anders verhalten und ihrer Äbtissin ebenfalls den Gehorsam verweigert. Alle Töchter Ezzos und Mathildes, die ebenfalls aus dem Stift in Essen entführt worden sein soll, machten in der Reichskirche Karriere, Adelheid als Äbtissin von Nivelles, Theophanu als Äbtissin in Essen und Gerresheim, Heilwig als Äbtissin in Neuss (St. Quirin), Ida als Äbtissin in Köln (St. Maria im Kapitol), vielleicht auch in Meschede, Mathilde als Äbtissin von Dietkirchen und Vilich. Das in Wolfheres Bericht geschilderte Auftreten wäre ihnen durchaus zuzutrauen und auch in Essen denkbar gewesen. Für diese Zeit liegen uns jedoch keine Essener Quellen vor, die solche Fragen beantworten könnten.

Konflikte spielten sich jedoch nicht nur zwischen Äbtissin und Sanktimonialen ab, sondern auch zwischen einzelnen Stiftsdamen, deren Ziel es war, Karriere zu machen, wenn sie zeitlebens im Stift blieben. In der Regel war dazu neben langjähriger Stiftszugehörigkeit nur et-

was Glück erforderlich. Die einzelnen Ämter (Küsterin, Scholasterin, Dechantin, Pröpstin) waren nicht nur wegen der damit verbundenen Ehre begehrt, sondern auch wegen der steigenden
Einkünfte und besseren Häuser. Da man in das jeweilige Amt gewählt wurde, war eine Stiftsdame – wollte sie es zu etwas bringen – auf das Wohlwollen und den guten Willen der anderen
angewiesen.

Die bereits geschilderten Streitigkeiten bei den Äbtissinenwahlen im Spätmittelalter belegen die Animositäten, Intrigen und sogar Gewalttätigkeiten zur Genüge (s. o., S. 83 ff.). Andere (meist wirtschaftliche) Konflikte sind manchmal aus Urkunden zu erschließen, bedürfen
aber noch weiterer Forschung.

Für die Frühe Neuzeit, wo die Quellen reichlicher fließen, lassen sich anhand von Pri-
vatbriefen Spannungen ganz anderer Art innerhalb des Kapitels belegen, die wohl zum großen
Teil auf Rivalitäten von Adelsgruppen, Mentalitäts- und Sprachunterschiede zurückzuführen
waren. Die Frauen machten sich oft gegenseitig das Leben recht schwer. Über die Jahrhunderte
wird der Gegensatz zwischen den ‚Oberländischen‘ aus Süddeutschland und den *Hirländi-
schen*, womit Rheinländerinnen und Westfälinnen, zum Beispiel die Gräfinnen von Salm-Reifferscheidt, Manderscheid, Tecklenburg oder Rietberg, gemeint waren, deutlich. Die ‚Oberländischen‘ waren in Essen nicht zu beneiden, wenn man ihren Briefen Glauben schenkt.

Querulantin? – Imagina von Öttingen (vor 1532–1558)

Imagina von Öttingen war gemeinsam mit ihrer Schwester Maria Jakobe 1532 in Essen aufgenommen worden. Jakobe war damals sieben Jahre alt, Imagina war jünger. Daß die in Schwaben ansässige Familie sich so weit ab um Präbenden für ihre Töchter bemühte, ist wohl daraus
zu erklären, daß 19 Kinder (sieben Söhne und zwölf Töchter) standesgemäß versorgt werden
mußten. Die Verwandtschaft mit der damaligen Äbtissin aus dem Hause der Grafen von Beichlingen rückte sicher schnell auch das entfernte Essen ins Blickfeld der Eltern.

Imagina ging im Stift den üblichen Weg, war zunächst Stiftsdame, seit 1541 Scholasterin, seit 1556 auch Küsterin, hatte also die Karriereleiter bereits erklommen. Zusätzlich hatte
sie das Küchenamt und das Amt der Circularia inne; beide Ämter waren mit lukrativen Einkünften verbunden. Als 1553 die Wahl einer neuen Dechantin anstand, übergingen die Stiftsdamen Imagina, zumal sie sich bei ihren Eltern in Schwaben aufhielt. In Essen herrschten recht
unklare Verhältnisse, es grassierte die Pest und das Dekanat war deswegen lange vakant. Als
Äbtissin Katharina von Tecklenburg die Neubesetzung anmahnte, machten die beiden einzigen
anwesenden Stiftsdamen die „Wahl“ unter sich aus; Pröpstin Irmgard von Diepholz ernannte
ihre Nichte, Maria von Spiegelberg – sicher mit deren Einwilligung – zur neuen Dechantin,
ohne Imagina zu informieren.

Imagina, die (wohl eher unglaubwürdig) behauptete, bereits 1551 auf das Amt der Äbtissin, in das sie angeblich gewählt worden war, freiwillig verzichtet zu haben, sah sich nun erst
recht getäuscht. Sie akzeptierte die neue Dechantin keineswegs, sondern klagte in mehreren
Instanzen gegen Äbtissin und Stiftsdamen, ohne irgendwo Recht zu bekommen. Schließlich
wandte sie sich an den Herzog von Kleve als Schutz- und Schirmherrn des Stifts und an ihre
Brüder und bat diese, sich ihrer anzunehmen, da man sie aus dem Stift drängen wolle. Sie
empfahl ihren Verwandten, ihr die Abtei in Herford oder in Gerresheim zu verschaffen, da die
dortige Äbtissin – so Imagina – eine inzwischen alte und verlebte Prälatin sei. Bald tauchen
weitere gravierende Beschwerdepunkte auf: Der Diener der Äbtissin behandle sie nicht wie
eine geborene Gräfin, sondern wie eine Fischerstochter, die Pröpstin enthalte ihr seit 1537/38
Gebühren und Einkünfte vor, und der ‚Narr‘ der Pröpstin habe sie gar auf dem gräflichen Chor
mit einem Messer bedroht, so daß sie vor lauter Angst wiederholt ohnmächtig geworden sei
und seitdem dem Gottesdienst nicht mehr beiwohnen könne. Intern war der Konflikt nicht zu
lösen; er konnte aber auch durch die eingeschalteten Schlichter nur ansatzweise beigelegt werden. Unter Beteiligung eines Juristen aus Öttingen kam 1558 vor dem Herzog von Kleve ein
Vergleich zustande, demzufolge die Pröpstin allerhand Gebühren nachzahlen mußte. Sie versprach zwar auch, ihren Narren vom Chor fernzuhalten, sah aber in Imaginas Anschuldigun-

gen eher eine Ausrede, warum diese seit Jahren weder am Chordienst noch an den Prozessionen teilgenommen habe. In der Zwischenzeit hatte Imagina ihren Hof in Huckarde versetzen müssen und war wohl – auch in der Stadt – vielfach angefeindet worden.

Schröter, der die Akten zu diesem Fall bearbeitet hat, mochte nicht entscheiden, ob Imagina als Oberdeutsche tatsächlich im Stift benachteiligt und zurückgesetzt wurde oder ob sie eine etwas weltfremde Querulantin war. Betrachten wir deswegen einen ähnlichen Fall, der sich gut hundert Jahre später abspielte und vielleicht eher eine Einschätzung der Verhältnisse erlaubt.

Außenseiterin? – Maria Franziska Truchseß von Waldburg-Zeil (1630–1693)[229]

Maria Franziska von Waldburg-Zeil, geboren 1630, stammte aus der Nähe von Leutkirch im Allgäu. 1656 wurde sie gegen den Willen des Kapitels auf Drängen Kaiserin Eleonores aufgenommen. Sie machte zwar in Essen Karriere, war seit 1666 Dechantin, von 1690–1693 durch päpstliche Besetzung auch Pröpstin, doch wohlgefühlt hat sie sich hier im Norden nie. Seit 1648, lange vor ihrer Präbendierung in Essen, war sie bereits Stiftsdame in Buchau, seit 1666 auch in St. Ursula in Köln.

Folgt man ihren Briefen, dann war ihr Leben in Essen von Neid und Mißgunst bestimmt, denn die Oberländischen seien den ‚Hierländischen' ein Dorn im Auge. Der Gegensatz zwischen süd- und norddeutschen Adelshäusern klingt immer wieder an, und enttäuscht erklärt sie ihrem Bruder, der seine Töchter in Essen präbendiert sehen wollte: *[…] die hirländische practiciren auf alle Weiß, uns daraus zu halten; und wird auch nit bald hierlandt ein Dama gehewradt, der Frewele[in] gibts so viel, die wohl gern hewradt[en] thäten.* (Also waren auch die Heiratsaussichten für süddeutsche Mädchen hier oben nicht gut!) Er solle zwar ruhig die Fürstin um eine Präbende in Essen bitten, doch das Stift in Thorn sei auch nicht schlecht, denn *dort ist ein gar manierlichere Zucht, weit feinere Gräfinnen als hier.*

Es kam oft vor, daß man sich untereinander *eußerlich […] zwar schön* tat, aber *keine[n] verdrawliche[n] Grundt* miteinander hatte. Maria Franziska fürchtete sogar, ihre Korrespondenz werde abgefangen, denn die *Mießgunst ist groß hierlandt, unter denne Bluhtsverwandten, wie leichtlich dan* [erst recht] *gegen denne Fremde.* Sie hatte in Essen niemand, dem sie trauen konnte, denn auch Pater Senerus SJ hatte sie bei der Äbtissinwahl hintergangen und gegen sie *practicirt*; sie schreibt in diesem Zusammenhang: *Die Weldt ist voll Falschheit, in geistliche und weltliche.*

Noch nach mehr als dreißig Jahren, in denen sie fast ständig und nur mit wenigen kurzen Unterbrechungen in Essen residiert hatte, fühlte sie sich in fremd: Man müsse *vill harte Nuess aufbeißen und man hatt offt wenig Drost* [Trost], *sunderlich hierlandt. Es ist ein falsches Landt, wie ELb.* [Euer Liebden] *auch wohl erfahren in der Jugendt,* schrieb sie an ihren Bruder und riet ihm, gut zu überlegen, ob er seine Töchter in den Norden schicken wolle. Die beiden Gräfinnen von Salm-Reifferscheidt-Dick *seindt wie ein Lou gegen mir,* bedrohten oder belauerten sie also wie ein Wolf. Anlaß dazu waren die konkurrierenden Ansprüche auf das 1690 neu zu besetzende Amt der Pröpstin, das Maria Franziska schließlich mit Unterstützung ihres Bruders durch den Papst erlangte. Im Kapitel muß es deswegen solchen Streit gegeben haben, daß die Gräfin von Salm sie sehr beleidigend als Närrin titulierte. Maria Franziska überlegte, gegen sie zu klagen, nahm dann aber davon Abstand, denn *es köst mich nur viel Göldt* [Geld] *und ist Weiberwerckh.*

Offensichtlich gaben solche Wahlen wiederholt Anlaß zu größten Streitigkeiten, ging es doch nicht nur um das „symbolische Kapital der Ehre", sondern auch um bares Geld. Maria Franziska schrieb ihrem Bruder, es gebe bei Wahlen immer unbeschreiblichen Ärger: *Ein und andere verlangtt nach der Prelatur, gibt man einer die Stimm, hat man bei der andere ewig Verdruß.* In Buchau sei alles viel besser, weil es dort keine Prälaturen gebe. Dort bestehe nicht das Risiko, einzelne Frauen und die dynastischen Interessen ihrer Familien zu verletzen.

Die mehr als hundert Jahre auseinander liegenden Beispiele der hier vorgestellten beiden Frauen weisen Parallelen auf. Beide strebten nach höheren Würden, beide fühlten sich in

Essen ausgeschlossen. Doch nicht nur in Essen verhielt man sich so abweisend gegenüber ‚fremden‘ Frauen. In Buchau übte Maria Franziska von Waldburg-Zeil gemeinsam mit anderen Kapitularinnen ganz selbstverständlich die gleiche Praxis gegenüber Stiftsdamen aus Tirol. Ursula Katharina Colonna von Völs wurde 1669 und 1692 als Äbtissin verhindert, weil sie nicht aus Schwaben, sondern aus Tirol stammte. Maria Franziska spannte sie überdies noch für ihre Zwecke ein, als sie selbst zur Äbtissin gewählt werden wollte. 1689, als Maria Franziska vermutete, die Buchauer Äbtissin liege im Sterben, wandte sie sich an besagte Tirolerin, um ihr mitzuteilen, wie *sehr ungärn [ich] in disem Landt [Essen] bin, undt dausendtmahl lieber zu Buchaw wolldte sein, so ich einen Thütdul* [Titel, also Fürstäbtissin] *hette.* Sie bat die von Völs, die Stiftsdame Maria Theresia von Montfort zu veranlassen, ihr bei der Wahl den Vortritt zu lassen, da dies angesichts ihres fortgeschrittenen Alters letzte Chance sei, zur Reichsfürstin zu avancieren. Als Gegenleistung bot Maria Franziska ihre Präbende in St. Ursula in Köln an. In dieser Art ist der Handel wohl nicht zustande gekommen, doch Maria Franziskas Wunsch ging in Erfüllung: Bis zu ihrem Tode im darauffolgenden Jahr war sie 1692–1693 Fürstäbtissin von Buchau, ihre Nachfolgerin wurde die junge Maria Theresia von Montfort. Die Tirolerin aber blieb zeitlebens (gest. 1707) nur Seniorin des Kapitels und wurde vom einheimischen schwäbischen Adel ebenfalls ‚außen vor‘ gehalten. Vermutlich galt in Buchau und vielen anderen Stiften dasselbe, was Maria Franziska über Essen berichtete: *Das hierlendisch Volck haldt wie Ketten an ein[ander].*

Auch noch im 18. Jahrhundert ließ man Frauen oft spüren, daß sie nicht dazugehörten. Als die Prinzessin von Liechtenstein 1772 als erste Vertreterin ihres Hauses in Essen präbendiert wurde, war keine Kapitularin bereit, sie vorübergehend aufzunehmen, weil ihre Stiftsmäßigkeit, also ihre Abstammung aus dem altem Hochadel, umstritten war.

Abgeschoben ins Stift?

Ähnlich wie der eingangs schon erwähnte Historiker Fichtenau, der Damenstifte als Deponie für überzählige Töchter des Adels sah, beurteilten Historiker des 19. und frühen 20. Jahrhunderts diese Einrichtungen. Sie gingen davon aus, daß man – zumindest seit dem Spätmittelalter – Mädchen, die man nicht verheiraten konnte oder wollte, ins Stift schickte, wo sie mehr oder weniger glücklich ihr Leben zubringen mußten. In seiner „Geschichte des Fürstenthums und der Stadt Essen" meinte Philipp Funcke 1848, *die Töchter aus den ersten deutschen Kaiser- und andern regierenden Häusern* hätten in Essen um die Würde der Äbtissin *gebuhlt* und *in stiller Klostermauer* habe *so manche Braut Trost für eine unglückliche Liebe gefunden.*[230] Wenn es tatsächlich zutrifft, daß diese Mädchen und jungen Frauen ins Stift abgeschoben wurden, wie ertrugen sie dann ihr Schicksal? Welche Wünsche und Erwartungen hatten sie? Hätten sie lieber geheiratet? Oder konnte ein Leben als Stiftsdame reizvoll, vielleicht sogar attraktiver sein?

Solche Fragen sind für die frühe Stiftsgeschichte nicht zu beantworten, es ist ja nur ein Bruchteil der Sanktimonialen dem Namen nach bekannt. Nur selten erfahren wir, wenn sie geheiratet haben. Lediglich Testamente, in denen den Mit-Kapitularinnen großzügige Schenkungen gemacht werden, lassen vermuten, daß die Testatorin sich im Stift wohl fühlte. Auch die außergewöhnlichen Stiftungen der Äbtissinnen Theophanu (um 1058) und Svanhild (um 1085) sind sicher nur durch eine hohe Identifikation mit der Abtei zu erklären. Es ist jedoch gerade aufgrund verschiedener Beispiele aus der jüngeren Geschichte zu bedenken, daß das Leben als Stiftsdame sicher sehr unterschiedlich empfunden wurde. Einige Frauen waren froh, sich zurückziehen und einer Ehe, die früher nur selten eine Liebesheirat war, entgehen zu können; andere hätten gern geheiratet. Ähnliches mag für ältere Zeiten gelten. Immer wieder wird die von Caesarius von Heisterbach berichtete Geschichte von Ezzo und Mathilde nacherzählt: Pfalzgraf Ezzo soll die Sanktimoniale Mathilde, eine Schwester Kaiser Ottos II., im Würfel- oder Schachspiel mit ihrem Bruder gewonnen und gegen den Willen ihrer Tante, der Äbtissin Adelheid II., mit Heeresmacht und Waffengewalt aus dem Stift entführt und geheiratet haben. Der Pfalzgraf, der angeblich für eine Heirat mit einer Kaisertochter nicht ebenbürtig war, habe durch diese Verbindung an Ehre und Ansehen für sich und seine Nachkommen gewonnen. Wie der entführten Frau zumute war (wenn es sich denn überhaupt so oder ähnlich zugetragen haben sollte),[231] erfahren wir nicht. Wir können nur konstatieren: Über die Gefühlswelt der Essener Stiftsdamen im Mittelalter wissen wir nichts, wir müssen uns auf die wenigen, aber hochinteressanten Beispiele aus dem 17. und 18. Jahrhundert beschränken. Sie sollen im folgenden exemplarisch vorgestellt werden.

Unerfüllte Träume: Liebesbriefe der Äbtissin Elisabeth von Bergh[232]

Äbtissin Elisabeth von Bergh, die von 1605 bis 1614 das Stift regierte und auch Äbtissin in Freckenhorst (Münsterland) war, galt in der Literatur lange Zeit als Wiederherstellerin der katholischen Religion in Stift und Stadt Essen. Doch welch geringes Interesse sie tatsächlich an der Rekatholisierung hatte, belegen 14 eigenhändig von ihr geschriebene Briefe in niederdeutsch-niederländischer Sprache, die im Rijksarchief in Arnhem aufbewahrt werden. Sie sind weitgehend undatiert, lassen sich aber inhaltlich ihren letzten drei Regierungsjahren 1610–1614 zuordnen. Adressat war Floris von Culemborg, einer der Führer der niederländischen Protestanten, der zu den engsten Vertrauten des Prinzen Moritz von Nassau-Oranien zählte. Floris war nur vier Jahre älter als Elisabeth, hatte in Leiden Rechtswissenschaften studiert und war ein gebildeter Mann. Antwortbriefe von ihm gibt es nicht. Wahrscheinlich hat Elisabeth sie vernichtet, denn sie selbst ermahnte ihn mehrfach, ihre Briefe zu verbrennen. Elisabeths Briefe belegen, daß sie sich mit ihrer Rolle als Äbtissin kaum identifiziert hat. Westfalen war für sie *das plumpe Land* und Essen nichts anderes als ein *melancolis Ort*.

Floris und Elisabeth scheinen einen Teil ihrer Jugend gemeinsam verbracht zu haben, denn sie erwähnt insbesondere Schloß Vianen, Sitz der Grafen von Brederode, und Schloß Culemborg, beide südlich von Utrecht gelegen, wo sie wahrscheinlich in der Obhut des reformierten Grafen von Brederode aufwuchs. Es müssen sehr glückliche Jahre gewesen sein, an die sie sich wiederholt erinnert. Sie schwelgt in Erinnerungen. In allen Briefen klingt die Sehnsucht nach dem ausgelassenen Leben und Treiben vergangener Tage an, als man lachen, tanzen, springen, *up die Quast hauen* und zusammen *calvisiren* (herumkalbern) durfte.

1601, als Elisabeth 20 Jahre alt war, war diese Welt der Ausgelassenheit und Lebensfreude jäh beendet worden, denn Floris heiratete ihre ältere Schwester Katharina. Diese mit Pracht und Prunk gefeierte Hochzeit verletzte Elisabeth sehr. Alle ihre Hoffnungen waren zunichte gemacht, und sie spielt in ihren Briefen verschiedentlich darauf an, wenn sie schreibt, daß die schöne Turteltaube *(die schonne Turteldúf* = Bild für zärtliche Liebe) sie ganz für Floris eingenommen habe. Ihre Schwester, das *schöne, liebe, delikate Fräulein* habe sie, *die lange, plumpe lange Liese,* verdrängt. Man müsse solches Leid allein im Herzen tragen.

Es ist nicht auszuschließen, daß Floris mit seinem Einsatz für Elisabeths Wahl zur Essener Äbtissin Wiedergutmachung leisten wollte. Floris kannte beide Stifte und wußte um das Ansehen der Einrichtung in Essen. Elisabeth war der Auffassung, daß nur er ihr diese Positionen verschafft hatte. Er habe damals mit so großem Herzen und unendlicher Zuneigung für sie gesorgt, daß ein Vater es für seine Tochter nicht besser machen könne. Er habe Gut und Leben für sie eingesetzt, als er sie zur Einfahrt in Essen begleitet habe. Er war in ihren Augen beinahe omnipotent und hätte sogar – so glaubte sie – eine Königin aus ihr machen können.

Elisabeths Träume und Phantasien erscheinen sehr ambivalent. Einerseits wünschte sie die alten Zeiten zurück, als man gemeinsam ausgelassen toben konnte. Andererseits war ihr durchaus bewußt, daß beide – Floris und sie selbst – älter geworden waren. Doch von Prüderie und Zurückhaltung keine Spur. Mit einem der ersten Briefe schickte sie ihm ein *Snutteldock,* ein Schnupftuch. Das war nicht nur eine freundliche Geste, sondern implizierte eine erotische Dimension: Es war ein Liebespfand. Erstaunlich direkt versuchte Elisabeth, Floris wiederzugewinnen, nachdem es kurzfristig zu einem Zerwürfnis gekommen war, weil ihr Freckenhorster Personal ihn in ihrer Abwesenheit äußerst despektierlich behandelt hatte. Elisabeth sah sich deswegen immer wieder gezwungen, sich zu entschuldigen und um Verzeihung zu bitten, um die Beziehung ins reine zu bringen. Wenn er nur käme, würde sie ihre Hände zum Handkuß

▲ Abb. 55: Grabplatte der Äbtissin Elisabeth von Bergh, † 1614

reichen *(meyn Hendtgens wilt kusen),* ihre Knie beugen *(meyne Kneykens boegenst),* ihr Mündchen spitzen *(meyne Montgen foer aus stecken)* und ihn lieblich anblicken *(vnde wilt die Oskens* [Äuglein] *soe lifelich lassen blicken),* bis *der liebe Floris die lange Liß wieder liebh*ätte. Sie will ihm ergeben sein, so lange ihre Augen geöffnet sind und nur ein Tropfen Blut in ihrem Körper ist *(so langh mich die Ogen vp stan vnde ych ein Drupell Blott in meyn Lieft heb).* Sie fleht Floris, *mein lieben auserkoren Herz,* beinahe an, sie nicht zu vergessen, sondern ihr zu schreiben, daß sie ihm nach ihrer Schwester die Liebste sei, denn das pflege ein lieber Mann wohl zu sagen *(dat plecht den lieven Man wolt zu sechgen).*

Wie wenig ihr der katholische Glaube in dieser Zerrissenheit half, wie wenig Halt sie in der Religion und auch bei ihrem Beichtvater fand, zeigt ein Brief, in dem sie sich beklagt, daß man in dieser miserablen Welt *(up dieser miserabell Werrelt)* nichts habe als Mißtrauen und Treulosigkeit, daß man auf Gott seine Hoffnung und Trost setze, und dann feststellen müsse, daß man verlassen sei und kein allmächtiger Gott helfe. Es scheint, daß sie sogar mit dem Gedanken spielte, zum Protestantismus, in dem sie erzogen worden war, zurückzukehren *(latt ett wer up den alten credo gan).* Am Ende des Briefes bittet sie Floris schließlich, er möge sie wieder von Herzen liebhaben, denn was gebe es anderes auf der Welt, als daß man sich gegenseitig lieb und wert sei *(lif und werd).* Freundschaft mit Brüdern, Schwestern und Verwandten zu halten, sei das Wichtigste auf der Welt.

Daß die Pflichten und Aufgaben, die sie als Äbtissin von Essen und Freckenhorst – seit Oktober 1613 war sie auch Äbtissin des Stiftes Nottuln – hatte, an ihren Gefühlen gegenüber Floris nichts geändert hatten, belegt ihr letzter Brief vom 10. Dezember 1613, einen Monat vor ihrem Tode geschrieben. Sie versichert Floris, ihrem süßen Schatz, ihrem süßen Mann *(meynen eygen sutten Schatz, [...] meine liefe sutte Man),* sie liebe ihn auf ihre höchste Seeligkeit. Er werde sie niemals mehr wankelmütig, sondern getreu bis in den Tod finden.

Auch noch als Äbtissin dreier Damenstifte sehnte sich Elisabeth nach Floris von Culemborg, ihre großen Jugendliebe. Doch ihr Traum von einem hübschen, jungen Freier *(hupse yunghe Fryer)* und einem großen Brautschatz *(grote Bruttschats)* ging nicht in Erfüllung. Selbst zu dem geplanten Wiedersehen am 2. Februar 1614 kam es nicht mehr. Nachdem Elisabeth an Windpocken erkrankt war, starb sie plötzlich und vollkommen unerwartet am 12. Januar 1614 im Alter von 34 Jahren.

Entscheidungen für die Ehe

Jeannette von Manderscheid-Blankenheim war 1753 als zweite Tochter des Grafen Johann Wilhelm von Manderscheid-Blankenheim und seiner zweiten Ehefrau Luise Wilhelmine Franziska Prinzessin zu Salm-Salm geboren worden. Bereits seit 1762 hatten die Eltern Vorsorge getroffen und sie in St. Ursula in Köln (1762), in Elten (1763) und in Essen (1766) präbendieren lassen. 1772 betrieb der Vater mit großem Aufwand ihre Wahl zur Koadjutorin in Elten. Doch 1777 setzte Jeannette gegen den Widerstand der Tanten ihre Heirat mit Johann Franz Josef Graf zu Nesselrode-Reichenstein durch. Ihre umfangreiche Korrespondenz mit ihrer älteren Schwester Augusta, die 1762 nach Böhmen geheiratet hatte und dort als Gräfin von Sternberg lebte, gibt einen interessanten Einblick in die Gedankenwelt einer Reichsgräfin des 18. Jahrhunderts. Wie dachte sie über Stift und Ehe?

Aus einem Brief vom April des Jahres 1771 geht hervor, daß Jeannette trotz der Pfründenkumulation bis dahin in keinem der drei Stifte ihre Residenz geleistet hatte. Gleichwohl darf man unterstellen, daß sie das Stiftsleben kannte, denn sie besuchte regelmäßig ihre dort lebenden Tanten. Elten war quasi Sommerdomizil der Familie, von wo aus man Ausflüge zu Bekannten in den Niederlanden oder zur Familie der Mutter auf dem nahegelegenen Schloß Anholt bei Isselburg unternehmen konnte. Den Winter verbrachte die ganze Familie in Köln, da die Burg in der Eifel zu zugig war.

Die Vorgänge um ihre Wahl zur Koadjutorin in Elten bewegten sie allerdings sehr. Ihre Konkurrentin um diese Würde, eine Gräfin von Waldburg-Zeil, wolle – so schrieb Jeannette ihrer Schwester im April 1772 – alle nur möglichen Mittel anwenden, um sich selbst duchzuset-

zen und scheue nach eigener Aussage auch vor Gewalt nicht zurück. Doch die Äbtissin von Elten wolle sie zu ihrer Koadjutorin machen, und der päpstliche Altersdispens liege bereits vor.
Wenn alles gut gehe, werde man zu ihrer Wahl als Koadjutorin im Mai nach Elten reisen. Jeannette war zu diesem Zeitpunkt sehr stolz auf diese Aussichten. Sie berichtet ihrer Schwester,
sie habe lange darüber nachgedacht und sei zu dem Schluß gekommen, da sie weder reich
noch schön sei, könne sie sich keine Hoffnung auf eine gute Heiratspartie machen. Diese seien
ohnehin äußerst rar und deswegen sei es weitaus besser, Stiftsdame in Essen und Köln und Koadjutorin bzw. Fürstäbtissin in Elten zu sein als eine mittelmäßige Heirat mit dem Prinzen von
Hohenlohe, dem Grafen von Montfort oder dem Grafen von Oettingen, die ihr schon angetra-
gen worden seien, einzugehen. Man habe ihr die freie Wahl gelassen und sie habe sich nun entschieden, sehr vergnügt als Jungfrau und Märtyrerin zu leben und zu sterben *(je compte vivre
et mourrir tres gayement vierge et martire)*. Das klingt zu diesem Zeitpunkt ehrlich und glaubhaft, zumal sie am Schluß des Briefes ihrer Schwester noch erzählt, sie verzichte darauf, eine
grande d'Espagne zu werden, obwohl der Onkel Emanuel ihr einen seiner spanischen Freunde,
einen Grafen d'Arco habe vorstellen wollen. Doch sie sei begeistert von ihrer Koadjutorie,
denn es gebe nichts Angenehmeres als sein eigener Herr zu sein *(d'être sa propre maitresse)*.
Sie träumt, mit Schwester und Schwager im Schatten der von ihr gesäten Tannen in Elten, ihrem zukünftigen kleinen Reich, ihrem *Empire future*, zu flanieren.

Die Wahl zur Koajutorin in Elten verzögerte sich dann doch um einige Monate und
fand erst am 22. September statt. Doch bald scheint an die Stelle anfänglicher Euphorie rasch
eine Ernüchterung getreten zu sein, wenngleich Jeannettes Stolz über die errungene Position
deutlich wird, als sie sich ihrer Schwester als *Madame La Coadjutrice* vorstellt. Doch immer
wieder wünscht sie, daß die Fürstäbtissin von Elten, deren Nachfolgerin sie einst sein werde,
noch lange lebe. Die Wahl war – abgesehen von einem Dank für die Unterstützung – kein Thema mehr. Ironisch-mokierend äußerte Jeannette sich über den Stand ihrer verheirateten
Schwester: Diese verheirateten Frauen seien unerträglich. Sie könnten nicht reisen, ohne ihre
ganze Familie im Schlepp *(a leur troupe)* zu haben, und bis sie sich in Bewegung setzten, brau-
che es mindestens 15 oder 20 Jahre.

In den folgenden Monaten ließen harte Schicksalsschläge Jeannette zu einer erwachsenen Frau reifen. Im Herbst 1772 waren innerhalb eines Vierteljahres zuerst die Stiefmutter,
dann der Vater plötzlich gestorben. Die Briefe über den Verlust des Vaters sind von ergreifen-
der Betroffenheit und zeigen ihre existentielle Angst. Da er kein Testament hinterlassen hatte,
konnten alle – Kinder sowohl als Personal – innerhalb von sechs Wochen ins Nichts stürzen.
Der Onkel, Franz Josef Georg Graf von Manderscheid-Blankenheim, der die Regierung übernommen hatte, konnte sie irgendwohin abschieben. Obwohl sich in den folgenden Wochen alles weniger dramatisch gestaltete als es zunächst aussah, begann Jeannette im Herbst 1773 ihre
strikte Residenz in Essen, nachdem der Onkel geheiratet hatte. Die jüngeren Schwestern durften im Haus bleiben und wurden von der Tante liebevoll umsorgt. Jeannette war somit im Haus
mehr als entbehrlich und wollte von nun an häufig ihre Stifte aufsuchen. Stand vorher vorwiegend der Klatsch um Beziehungen der engeren und weiteren Verwandtschaft im Mittelpunkt
ihres Interesses, so tritt nun der Klatsch innerhalb der Kapitel über die anderen Stiftsdamen
hinzu. Insgesamt vermitteln ihre Briefe aus dieser Zeit als Stiftsdame einen Eindruck von
Ruhe, Zufriedenheit und Gelassenheit. Es ereignete sich nicht sehr viel in ihrem Leben, abgesehen davon, daß sie für die Kinder ihrer Schwester Präbendierungen in verschiedenen Stiften
betrieb, also auch in dieser Hinsicht Verantwortung für die Familie übernahm. Jeannette reiste
herum, feierte, tanzte, besuchte die Nachbarn in der näheren und weiteren Umgebung.

Bei einem dieser Besuche lernte sie ihren zukünftigen Ehemann kennen. Im März 1777
berichtete sie ihrer Schwester zum ersten Mal davon. Schon vor mehr als zehn Jahren habe sie
die Bekanntschaft des fast gleichaltrigen Grafen von Nesselrode und seiner Familie gemacht.
Seine Mutter sei eine geborene von Auersperg und auch Stiftsdame in Essen gewesen. Schon
zu Lebzeiten des Vaters habe man sich mehrfach gesehen. Nun habe die Familie durch den
Tod des letzten Grafen aus der Linie Nesselrode-Reichenstein eine beachtenswerte Erbschaft
zu erwarten: Alle Güter fielen dem Sohn des Grafen von Nesselrode zu, der sie schon voll ge-

nießen könne, denn der Vater habe zu seinen Gunsten verzichtet; er sei also eine gute und beachtenswerte Partie. Schon vor zwei Jahren habe ihr der Vater im Namen seines Sohnes eine
Liebeserklärung gemacht und die Heirat vorgeschlagen; damals habe sie diesen Vorschlag zurückgewiesen und auch nie davon erzählt, weil es ein Geheimnis bleiben sollte. Nun, da der
junge Graf von Nesselrode in den Besitz einer reichsfreien Grafschaft gekommen sei, könne
und wolle sie sich einer Heirat nicht länger entziehen. Obwohl sie wisse, daß sie der Fürstäbtissin von Elten erhebliche Probleme bereiten werde, denke sie, man müsse dem eigenen Willen folgen, wenn es um das eigene Lebensglück gehe. Jetzt erst wisse sie, was sie wolle. Sie werde ihre ‚liebe Abtei‘ (chere abbaye) verlassen, für die sie zu jung gewesen sei, als sie sie übernehmen sollte. Es sei letzten Endes reine Geschmackssache (une affaire du gout), ob sie als Äbtissin oder als Ehegattin lebe.

Obwohl der Onkel es lieber gesehen hätte, wenn sie die Abtei behalten hätte, hieß er ihre
Wahl gut. Die Tanten hatten einige Probleme mit dieser Heirat, weil sie eine von Jeannettes jüngeren Schwestern für diese Verbindung vorgesehen hatten. Doch Jeannette konnte sich durchsetzen. Im August 1777 schrieb sie ihrer Schwester, sie sei endlich verheiratet und sehr glücklich.
Eine Abtei sei zwar besser als 20 Ehemänner, aber der ihrige sei besser als 20 Abteien.

Ähnlich wie Jeannette von Manderscheid-Blankenheim hatte sich ein halbes Jahrhundert früher Anna Luise von Salm-Reifferscheidt verhalten. Sie gab zwar auch ihr Leben im Stift
auf und heiratete schließlich, doch erst, nachdem sie mehrere Anträge abgelehnt hatte. Als
Stiftsdame zu leben, muß also durchaus attraktiv gewesen sein.

Bevorzugung des Stiftslebens

Die folgenden Beispiele belegen, daß eine Ehe durchaus nicht immer der Traum junger Mädchen war. Zu Beginn des Jahres 1722 hatte man eine Verbindung der Häuser Manderscheid-
Blankenheim und Manderscheid-Kail-Falkenstein geplant: Wolfgang Graf von Manderscheid-
Kail-Falkenstein sollte eine der drei ältesten Töchter des Hauses Manderscheid-Blankenheim
heiraten.

Zunächst war die älteste Tochter Maria Franziska als zukünftige Braut ausersehen. Ein
erstes Zusammentreffen zwischen den Brautleuten sollte im Stift St. Ursula in Köln stattfinden,
wo eine Schwester des Bräutigams Äbtissin und eine Tante der Braut Stiftsdame war. Der
Briefwechsel der Tante, Eleonore von Manderscheid-Blankenheim, mit dem Vater der jungen
Mädchen beleuchtet die Probleme dieses Projekts.

In Gegenwart der Äbtissin fand am 7. März 1722 ein erstes kurzes Zusammentreffen
zwischen Maria Franziska und ihrem Galland Graf Wolfgang statt. Die Braut war entsetzt von
diesem Mann. Am nächsten Tag ließ sie den Tanten durch ihre Schwester Maria Luise ausrichten, es sei ihr unmöglich, ihn zu heiraten. Obwohl man ihr gut zuredete, sie solle den Graf
Wolfgang erst einmal näher kennenlernen, schrieb Maria Franziska am nächsten Tag selbst an
ihren Vater, sie habe eine solche Aversion gegen den Bräutigam, daß sie es gar nicht beschreiben könne. Sie könne sich kein größeres Unglück als diese Heirat vorstellen, jedes noch so
schlechte Stift erscheine ihr angenehmer.

In den folgenden Tagen brachten die Stiftsdamen wohl alle Überredungskünste auf, bis
die Braut in einem Brief vom 19. März 1722 endlich einwilligte: Wenn der Vater darauf bestehe, erkläre sie sich mit der Heirat einverstanden; aber ihre unvorstellbare Aversion (aversion
imaginable) bleibe bestehen; jedes andere Unglück wäre leichter zu ertragen. Die Tante bestätigte diese Entscheidung in einem Brief gleichen Datums, bemühte sich aber auch, dem Mädchen zu helfen, indem sie zu erkunden versuchte, ob sich nicht der Bruder des Bräutigams,
Maximilian von Manderscheid-Kail-Falkenstein, zur Heirat entschließen könne. Der lehnte
aber standhaft eine Heirat ab.

Vollends verfahren war die Sache schließlich, als auch der Bräutigam von seinem Hei-
ratsangebot zurücktrat, weil die Braut ihn – mit verheulten Augen – sehr frostig empfangen
hatte. Man versuchte ihn zu beruhigen, er solle einige Tage abwarten, es werde sich alles finden. Doch er weigerte sich, die Braut noch ein einziges Mal wiederzusehen, was die Tante der

Braut wiederum *extremement extraordinaire* fand. Er erklärte der Äbtissin sogar unter Tränen, er wolle lieber sterben oder Mönch werden als eine Frau zu heiraten, die ihn nicht liebe.

Vier Tage später berichtete die Tante der Brautmutter, die von diesem Projekt wohl von Anfang an nicht sehr begeistert war, alles sei *zerbrochen*. Sie sei froh darüber, denn obwohl niemand Maria Franziska habe zwingen wollen, habe diese ihr mehrfach gesagt, *sie wolt lieber in ein Closter gehen*. Die Tante tröstete das Mädchen, das sei gar nicht nötig, denn sie habe ja ihre Stifte, wo sie jederzeit hingehen könne, erklärte ihr aber auch, daß *man viele solche Heyraten hatt gesehen, die darnach sehr wohl gerahten sein*. Aus diesem letzten Brief der Tante wird auch die Aversion der Braut verständlich, denn über die Figur des Bräutigams wollte selbst diese sich nicht äußern: Man habe doch *noch viel schandlichere Leut gesehen*. Für die Tante allerdings war sein Verhalten viel schlimmer, wenngleich sie seine Gutherzigkeit durchaus anerkannte. Mit einem Wort könne man zwar alles von ihm haben, doch: *Sein einziger Fehler ist, das er keine Zucht hatt und sein Lebtag bey keine Leut gewesen ist*.

Für Maria Franziska war das Problem damit zwar ausgestanden, doch das Heiratsprojekt der beiden Häuser wurde keineswegs ad acta gelegt. Nun waren die beiden anderen Töchter im Gespräch. Doch sie zeigten eine ebenso große Abneigung gegenüber der Heirat wie ihre ältere Schwester. Der Vater verlangte, die beiden sollten sich den Bräutigam, den man für sie bestimmt habe (*qu'on luy destine*), erst einmal ansehen, bevor sie sich entschieden. Doch keine von beiden war zur Ehe zu überreden, und sie reisten schnell von Köln ab. – Graf Wolf heiratete im November des Jahres eine Gräfin von Waldburg-Zeil; die Ehe blieb kinderlos. Die drei Manderscheiderinnen blieben zeitlebens Stiftsdamen. – Die Beispiele belegen, daß das weitgehend freie Leben im Stift einer erzwungenen Heirat durchaus vorzuziehen war.

Die dargestellten Fallbeispiele mahnen zur Vorsicht im Hinblick auf allzu schnelle Verallgemeinerungen. Im Falle Elisabeths von Berg möchte man unterstellen, daß sie sich abgeschoben fühlte und zeitlebens der verflossenen Jugendliebe nachtrauerte. Andere Beispiele belegen, daß Frauen, wenn sie denn gefragt wurden, sehr genau Vor- und Nachteile des Stifts- und Ehelebens abwogen. Eine Reihe von Stiftsdamen entschied sich bewußt für diese Lebensform und gegen die Ehe. Das Leben im Stift bot größere Freiheit, mehr Unabhängigkeit und individuelle Gestaltungsmöglichkeit.

So erscheint es durchaus verständlich, daß Antonia von Salm-Reifferscheidt sich noch 1835 gern *an die schönen Stunden, die wir zusammen im Stieft verlebten*, erinnerte und für die Töchter ihres Bruders als *schwache[n] Ersatz für die verlorene Aussicht, Stiftsdamen zu werden* eine Stiftung fundierte.

Krankheit und Medizin:
„Elensklauen", „Krebsaugen" und der „Gebrauch der gebrandten Wasser"[233]

Mehr noch als heute mußten die Menschen früherer Zeiten Unfälle, Krankheiten, Seuchen und Gebrechen fürchten, denn es gab keine wirksamen Heilmittel. Gebet und Zuspruch, die geistliche Arznei, waren oft wichtiger als medizinische Versorgung, die ohnehin oft mehr Schaden als Nutzen anrichtete. Bis in die Neuzeit hinein (vielleicht auch heute noch) knüpften die Menschen Hoffnung an Gebete, heidnische Zauberformeln und Arzneimittel jeglicher Art. Half das eine nicht, dann vielleicht das andere.

Die erste Mitteilung, wie man in Essen Krankheiten zu behandeln versuchte, findet sich in einer Handschrift des 12. Jahrhunderts. Die Krankheit mußte besprochen werden: *Christus vincit, Christus regnat, Christus imperat. Pater*, (es folgte wahrscheinlich das Vaterunser). Dreimal mußte man dann über den schmerzenden Bauch des Menschen oder des Tieres streichen, ein kleines Messerchen an den Mund nehmen und mit den Worten besprechen: *Ignis alget, aqua sitit, triticum esurit*. (Das Feuer friert, das Wasser dürstet, die Speise (der Weizen) hungert.) Einem kranken Menschen konnte man die Formel in die Hand sprechen, und er konnte auch selbst seinen Bauch streicheln; ein krankes Tier sollte bei jedem Wort berührt werden. Gegen Podagra wird ein dem Weißdorn verwandtes pflanzliches Mittel, *herba marubium* (An-

dorn), empfohlen. Er sollte im März bei abnehmendem Mond gesammelt, in Weißwein eingelegt und dann dreimal getrunken werden.

    Mit derartigen und ähnlichen Mitteln half man sich bis in die Neuzeit. Der aufgeklärte
und weit über Essens Grenzen hinaus bekannte Arzt Dr. Brüning stellte Mitte des 18. Jahrhunderts verbittert fest, „daß das einfache Landvolk zunächst zu einer alten Frau oder einem
Scharlatan, dann zu einem Barbier ging. Wenn deren Hilfe versagte, ging man erst zu einem
Arzt."[234] Doch im Grunde konnte er kaum anderes erwarten, denn die Essener hatten sich fast
immer mit mehr oder weniger gut ausgebildeten Medizin-Handwerkern zufrieden geben müssen. Und Ärzte waren teuer.

    Ärzte, also Männer, die nach den damals bekannten Kriterien wissenschaftlich ausgebil-
det waren, tauchen in Essener Quellen des Mittelalters nur sehr vereinzelt auf. Bis ins 17. Jahrhundert wird nur hin und wieder einmal ein Arzt erwähnt, ohne daß man Genaueres erfährt.
Die medizinische Versorgung der Bevölkerung oblag einer Vielzahl handwerklicher Berufe in
diesem Bereich: Wundärzten oder Chirurgen, Barbieren, Bartscherern, Badern, Bademüttern
und Hebammen. Vielfach zogen Kurpfuscher und Quacksalber von Ort zu Ort und boten neben Steinschneidern, Starstechern, Zahnbrechern und Knochenflickern auf Jahrmärkten ihr
Gewerbe an. Man war in Essen lange Zeit auf diese Marktschreier angewiesen, denn erst 1701
wurde eine *Barbier- und Chirurgie-Zunft* gegründet. Um aufgenommen zu werden, mußten vor
einem Arzt wenigstens gewisse Kenntnisse nachgewiesen werden; in Bremen gab es eine solche
Zunft bereits 1499, in Lüneburg 1557. Wer in Essen in dieser Zunft Meister werden wollte,
mußte mindestens fünf verschiedene Arten von Pflastern und Salben herstellen können, die
aber auch keinen vertrauenerweckenden Eindruck machen. Ein *Emplastrum Opodeldoch* z. B.,
das der Baseler Wundarzt Felix Würtz entwickelt hatte, wurde nach folgender Rezeptur hergestellt:

Emplastrum Opodeldoch

*18 Unzen Bleiglätte und 24 Unzen Olivenöl wurden unter allmählichem Zusatz von 4 Un-
zen Weinessig und 4 Unzen Wasser bis zur schwach braunen Farbe gekocht, dann 6 Unzen
gelben Wachses und 4 Unzen Terpentin damit verschmolzen, hierauf 2 Unzen Ammoniak,
2 Unzen Bdellium [sic!], 1 Unze Galbanum und 1 Unze Opoponax, alles in Essig gelöst und
zur Honigkonsistenz verdunstet, zugemischt und endlich mit 1 1/2 Unzen Lorbeeröl sowie
Aristolochia, Galmei, Olibanum, Myrrhe und Mastix, von jedem 1 Unze, gepulvert, innigst
vermengt.*

Würtz zit. n. Statuten, 82 Anm. 2.

Bei Knochenbrüchen und Verstauchungen mag das Auflegen solcher Pflaster vielleicht schon
durch die dadurch bewirkte Ruhigstellung geholfen haben. Bei Krankheiten der inneren Orga-
ne oder gar bei Seuchen war man machtlos. Die einzige Möglichkeit, sich vor solchen Epidemien zu schützen, war, möglichst weit weg, aufs Land, in die Isolation zu flüchten. Stiftsdamen
und Kanoniker konnten sich solche Reisen leisten; die kleinen Kötter und Bauern mußten aus-
harren und hoffen, daß das Schlimmste an ihnen vorüber ging.

    Die gefürchtete Pest grassierte in Essen 1349, 1350, 1400, 1401, 1439, 1450, 1494, 1542,
1567, 1578, 1579, 1583, 1589, 1597, 1599, 1617, 1668. Unter der Bezeichnung Pest oder *Pestilentz*
sind viele Krankheiten zu verstehen, die heute meist nicht mehr zu unterscheiden sind. Später
rafften dann die *rothe Ruhr* (1702, 1727, 1728, 1741, 1748, 1757, 1758, 1761) und die Pocken, die
verheerendste Seuche des 18. Jahrhunderts, auch in Essen Hunderte von Menschen dahin.

    Eine Folge dieser Epidemien war in vielen Bereichen das völlige Erliegen des sozialen
Lebens. Als 1567 in Rellinghausen die Pest ausgebrochen war, verließen viele Kapitularinnen
ihr Stift. Die Dechantin und auch einige Stiftsdamen fielen der Seuche zum Opfer; lange Zeit
war die Wahl einer neuen Dechantin nicht möglich, weil die Kapitularinnen Angst vor der

Rückkehr hatten. 30 Jahre später war in Bochum die Pest ausgebrochen. Von dort kam der Richter, um in Essen einen Prozeß zu führen. Doch dies war nicht möglich, denn die Fürstäbtissin, die sich mit ihrem Hofstaat nach Borbeck zurückgezogen hatte, sah sich angesichts der gesundheitlichen Lage nicht im Stande, ihre Diener zum Verhör nach Essen zu schicken. Nachdem die spanischen Truppen im April 1599 Essen verlassen hatten, brach eine furchtbare Pest aus, von der ein Chronist sagt, *daß bei der damaligen betrübten Einsamkeit hin und wieder die Straßen der Stadt, gleich einem Kirchhof, mit grünem Gras oder Rasen bewachsen gewesen.*[235]

Da solche Epidemien meist erst absehbar waren, wenn es schon zu spät war, versuchte man sich auf andere Weise zu schützen. In Testamenten und Nachlaßverzeichnissen der Stiftsdamen und der Kanoniker werden die absonderlichsten Dinge genannt, die den Aberglauben der damaligen Zeit bestens belegen. Imagina von Öttingen, 1558 in Essen gestorben, besaß z. B. ein Armband aus Blutsteinen (*lapis haematites*), das zum Blutstillen dienlich sein sollte. Um den Hals trug sie *twe Wurtteln* (zwei Wurzeln) in Silber gefaßt und in einem kleinen Schrank lag eine *Alruyn* (Alraune), wie Schröter erklärt, „eine menschenähnliche Zauberwurzel".[236] Korallenarmbänder, die recht häufig genannt werden und / oder *een paar Elensclauwen* (Klauen vom Elch) *Armbanden*, die z. B. Maria Helena von Manderscheid-Blankenheim 1676 vererbte, sollten ebenfalls vor Krankheit schützen. [237] Anna Salome von Manderscheid-Blankenheim vermachte im selben Jahr die täglich getragenen *Elensclauwen Braseletten* (Armbänder) ihrer Kammerjungfer, die sie 23 Jahre lang treu versorgt hatte.[238] Diese Elchklauen, erklärt der berühmte Botaniker Lonicerus in seinem Kräuterbuch, sollten *der fallenden Sucht* (Epilepsie) vorbeugen und *das schmertzliche Aufsteigen der Mutter* (Frauenleiden) verhindern.

Doch sowohl die Äbtissinnen als auch die Stiftsdamen konnten sich neben diesen sicher recht kostspieligen ‚Hilfsmitteln' auch Ärzte leisten. Dr. Simon Leefmann, im späten 17. Jahrhundert der einzige in Essen nachweisbare Arzt, war Leibarzt der 1688 gestorbenen Fürstäbtissin Anna Salome von Salm-Reifferscheidt. Daß er Jude war, spielte offenbar keine Rolle. Ihre Nachfolgerin, Anna Salome von Manderscheid-Blankenheim (1688-1691), hatte gar sechs Ärzte, die ihr aber allesamt nicht helfen konnten. Namentlich bekannt sind Dr. Salmon aus Dortmund, Dr. Rasor, Dr. Limburg und Dr. Sanders.[239] Aus Rechnungen ist ersichtlich, daß Dr. Rasor zumindest in der Zeit von März bis Oktober 1690 (im März 1691 ist sie gestorben) ihr Leibarzt war, der gleichzeitig aber auch die Viehmagd, den Kutscher, den ‚Geck' und die Pferde behandelte. Fast täglich besuchte er seine Patientin und verschrieb allerlei Mixturen im Wert von 90 Rtlr, die die Witwe Iserlohe, *Apothekersche* am Markt, besorgte.[240] Offensichtlich waren gebrannte Wasser in jeglicher Form vonnöten. Als Arzneimittel werden genannt: Melissenwasser, Pomeranzenblumenwasser, Petersilie- und Salbeiwasser, Rheinischer Brandwein, Bitterwein, *spiritus vitrioli* (Kupferwasser), aber auch Pfirsichblumensaft und frisch ausgepreßtes Mandel- oder Muskatöl. Exotische Gewürze wie Süßholz, Kardamom, Muskatbalsam und Safrantinktur hielt der Arzt ebenso für angebracht wie Kräuter (Krebsaugen, Kamillenblumen), Mineralien (Grünspan, Alaun, *lapis calaminaris* (Galmei) und tierische Produkte (z. B. Gänseschmalz oder rote Korallen). *Brechpülverlein* und Klistiere, für die immer wieder *ein sonderlich Lattwerg* (Latwerg = Gemisch von Pulvern mit Sirup oder Pflanzenmus) verschrieben wurde, sollten den Körper reinigen und den Säftehaushalt wieder ins Gleichgewicht bringen. Äbtissin Anna Eleonora von Staufen, gestorben 1646, besaß sogar ein eigenes silbernes *Clistierpfeiffgen*.[241] Wiederholt erhielt Anna Salome von Manderscheid-Blankenheim *Magentinctur* und *Magenbalsam*, auch *Pein stillende Tinctur*, die möglicherweise auf Magenkrebs hinweisen. Eine Apothekerordnung, die 1739 für Westfalen erlassen wurde, nennt mehr als 1500 Medikamente, darunter so erstaunliche Dinge wie Hundefett, Wildkatzenfett, Menschenfett, menschliche Hirnschale pulverisiert, Wolfsleber, gereinigte lebendige Regenwürmer oder gebrannten pulverisierten Maulwurf. Im Vergleich dazu erscheinen die Verordnungen des Dr. Rasor durchaus modern und dem hohen Stand der Patientin angemessen.

Krebs war damals keine unbekannte Krankheit. Maria Franziska Truchseß von Waldburg-Zeil berichtet in ihren Briefen aus dieser Zeit, Anna Katharina von Rietberg, geb. Gräfin von Salm-Reifferscheidt, leide an Brustkrebs, ertrage aber ihre Schmerzen mit fürstlicher Contenance. Für die Magenkrankheit Anna Salomes von Manderscheid machte sie die Aufregung um deren Wahl (1689), wegen der in Rom ein Prozeß anhängig war, zumindest mitverantwortlich (s. o., 69 f.).

Die Konsultation von Ärzten war schon im 18. Jahrhundert mit erheblichen Kosten verbunden. Die Dechantin Gräfin von Fugger hinterließ bei ihrem Tode 1758 eine ihr Vermögen weit übersteigende Schuldenlast. Als Grund wird angeführt, daß sie in ihrer *langwierigen und beschwerlichen Krankheith mitt geringfügigen Ausgaben nicht jedesmahl zu inkommodieren* (belästigen) gewesen sei.[242] Die Arztrechnungen waren immens: Für 900 Visiten in der Zeit von 1752 bis 1757 verlangte der Essener Arzt Dr. Kielmann 112 Rtlr (7 1/2 stb. pro Visite), für 256 Verordnungen zusätzlich 155 Rtlr. Die Rechnung des Apothekers belief sich auf 124 Rtlr. Für das Begräbnis der Gräfin hatte der Kanoniker Bruns noch 312 Rtlr ausgelegt. Alles zusammen führte zum Konkurs der Gräfin, für den ihre Erben gerade zu stehen hatten.

Daß man auch in Adelskreisen ‚geistlicher Arznei‘ Vorrang vor ärztlicher Kunst einräumte, lassen die Ratschläge der Essener Stiftsdame und Vredener Äbtissin Maria Franziska von Manderscheid-Blankenheim an ihre hochschwangere Nichte vermuten. Im Januar 1702 schrieb sie dieser, *weiln ich glaube, daß die Zeit bald sein wird, daß Hänsgen im Keller wird müssen hervor komen*, solle sie kurz vor der Niederkunft drei Messen lesen lassen, eine zu Ehren der Geburt Christi, eine zu Ehren der Geburt der Mutter Gottes und eine zu Ehren St. Johannes des Täufers. Für eine glückliche Geburt rät sie zum Gebet. Das habe schon ihrer Mutter und vielen anderen Frauen am besten geholfen, und alle Neugeborenen hätten auch die Taufe empfangen.[243]

Offensichtlich hatten es aber auch die Ärzte mit ihren hochrangigen Patientinnen nicht immer leicht. Für Franziska Christine von Pfalz-Sulzbach bemühten sich gleich drei Ärzte, schmackhafte Medikamente herzustellen, da sie sich sonst *keinen regulieren Gebrauch von Medicinen einrathen* ließ. Manches deutet darauf hin, daß auch Gefälligkeitsatteste verlangt wurden, um sich ‚Arbeitsunfähigkeit‘ bescheinigen zu lassen. Ein solches Attest stellten Dr. Kindler und Dr. Vigelius 1792 der Gräfin von Auersberg aus, als diese nicht mehr zu den Kapitelsversammlungen erscheinen wollte.

‚Arbeitsunfähigkeits‘-Attest
der Ärzte Dr. Kindler und Dr. Vigelius für
Maria Eleonora Gräfin von Auersberg, 16. Juli 1792

Sie erklären, „*daß Ihro Excellenz Frau Gräfin von Auersperg sich in sehr schwächlichen Leibes Umständen befinden; denn Höchst dieselbe haben schon vor länger als 30 Jahren von Schrecken einen periodischen Schmertz in der rechten Seite bekommen, welcher aber aller hierzu angewandten dienlichen Mittel ohnerachtet dennoch nicht hat können fort geschafft werden, sondern immer tiefere Wurtzeln geschlagen, und zu allerlei bösartigen Infarcten im Unterleib Anlaß gegeben hat. Woraus dann wiederum verschiedene andere Symptome zum Vorschein kamen, als eine Ansammlung einer höchst verdorbenen, schwartzen Galle, heftige Krämpfe, verstopfter Leib, Catharre; wie auch zu vielen anderen hysterischen Zufallen mehr Anlaß gab, welche immer sehr mit einander abwechseln, bald wiederum etwas gelinder oder erträglicher, bald aber sehr bösartig sind. Alle diese angeführten und andere dergleichen Umstände mehr, welche alle zu erzehlen viel zu weitläufig seyn würden, haben höchstderoselben Cörper so sehr zerrüttet und außer Stand gesetzt, daß sie sich mehr in als außerhalb dem Bett aufhalten muß, welches gewiß kein vernünftiger und thätiger Mensch ohne Noth thun wird. [Es] kann also bis hiehin noch nicht geschehen, dero Geschäften weiter vorzustehen.*“

HStAD: EA 104, Bl. 108.

Das Mitleid mit der Patientin hält sich in Grenzen, wenn man erfährt, daß sie im Vorfeld angekündigt hatte, sie wolle überhaupt nicht mehr zu den Versammlungen kommen, wenn sie nicht zur Pröpstin gewählt werde. Um trotz ihrer Abwesenheit ihre Einkünfte zu erhalten, mußte sie das Attest vorlegen, das die anderen Stiftsdamen recht skeptisch aufnahmen, zumal nicht der Arzt des Kapitels, sondern zwei andere Ärzte konsultiert worden waren.

Erst in der Mitte des 18. Jahrhunderts setzte man in Essen auf fortschrittlichere Medizin. Maßgebend dafür war Dr. Georg Florenz Heinrich Brüning, der Sohn des seit 1753 als *Stadtphysikus* und bald auch als Hofrat und Leibarzt der Fürstäbtissin tätigen Dr. Georg Wilhelm Christoph Brüning. Vater und Sohn, obwohl Lutheraner, standen bei den Fürstäbtissinnen in hohem Ansehen. 1760 wurde der Sohn, der bei dem berühmten Boerhave in Leiden, in London und in Utrecht studiert hatte, neben seinem Vater zum *Hofmedicus* der Fürstin (1760) und zum *Capituls Medicus* des gräflichen Damenkapitels (1762) ernannt bei einem Salär von jeweils 50 Reichstaler. Als Stadtphysicus nahm er die Prüfungen der Hebammen und Chirurgen ab, denen er auch Anatomieunterricht erteilte, zum Beispiel 1758, als ihm aufgetragen wurde, *den im Gefängnis verstorbenen Born öffentlich zu seciren.*[244] Auch als Forscher machte Brüning sich über Essens Grenzen hinaus einen Namen. Sowohl über die 1769/70 in Essen grassierende Scharlachepidemie als auch über die *krampfigte Gelbsucht, die mit einem Keuchhusten verknüpft unter den Kindern* (*icterus spasmodicus infantium*) 1772 auftrat und an der seinen Angaben zufolge allein in Borbeck 300 schwache Kinder gestorben waren,[245] publizierte er umfangreiche Studien.

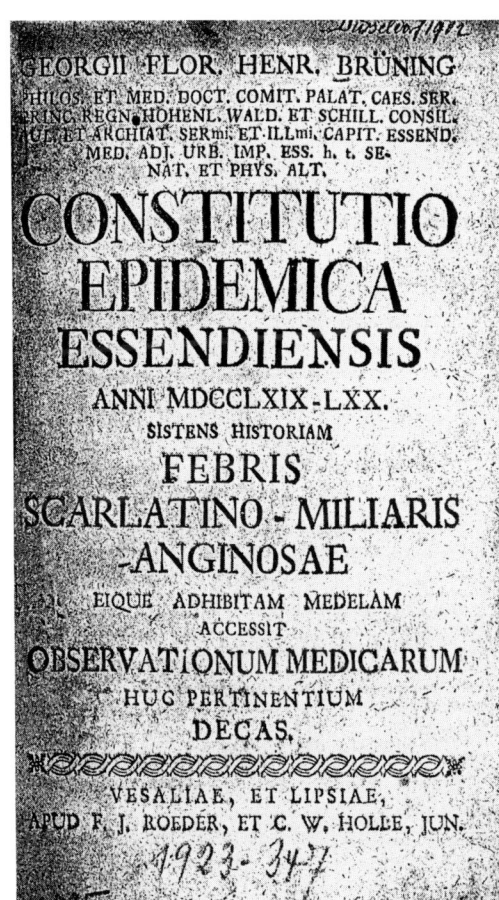
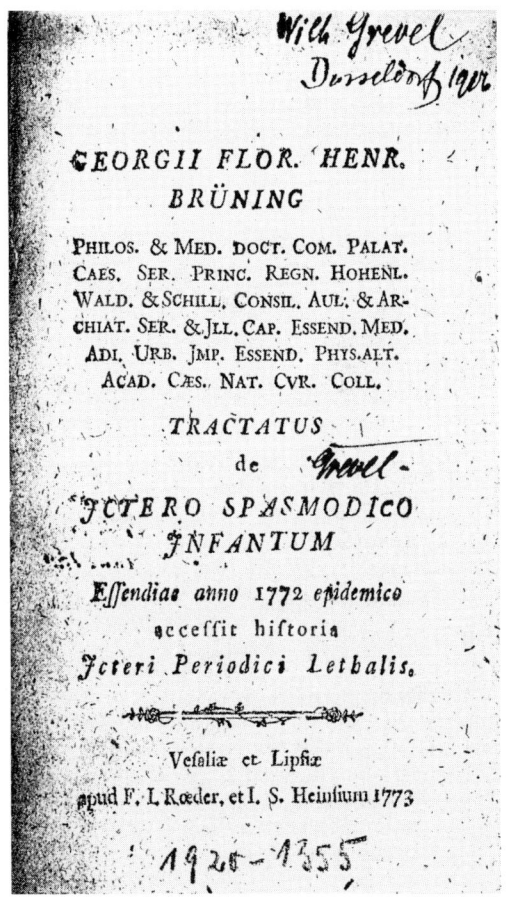

▲ Abb. 56 a und b: Medizinische Traktate des Leibarztes der Essener Fürstäbtissinnen Dr. Brüning

Krankheiten entstanden seiner Ansicht nach, wenn die „harmonische Übereinstimmung" in unserem Körper gestört sei; wie weit er sich hierin immer noch auf die Galensche Säftelehre stützte, soll hier nicht weiter interessieren. Seine Therapiemaßnahmen gingen darüber hinaus und betrafen auch die sozialen Verhältnisse. Er empfahl z. B. große Zimmer, die gelüftet werden konnten, eher kühle als zu warme Luft und häufiges Aufschütteln der Betten, um der Gefahr des Dekubitus vorzubeugen. Als Laxantien wollte er allenfalls Tamarinde und Rhabarber nutzen, auch Klistiere einsetzen, wandte sich aber energisch gegen den Aderlaß.[246] Auch die diätetische Seite hatte er im Blick: „Um die Kost nicht zu eintönig zu gestalten, eigne sich als Speise auch eine Zubereitung von gut fermentierten Brotkrusten in Rhein- oder Moselwein oder aber in Zitronensaft."[247] Krankheitsfördernd waren nach Brünings Ansicht u. a. der Kaffee (ohne den weder der Fürst noch das gemeine Volk leben könne), die scharfen exotischen Gewürze aus Indien und „mangelnde Hygiene in Westfalen".

Bei den Stiftsdamen hatte er mit seinen Therapieansätzen Erfolge, die seiner Karriere förderlich waren. Der Fürst von Hohenlohe-Waldenburg ernannte ihn 1760 zum Hofrat, 1767 zu seinem *Leibmedicus*. Weitere Auszeichnungen folgten. Auch Maria Kunigunde von Sachsen berief Brüning zu ihrem *Hofmedicus* (1777) und ließ ihn sogar im Oktober 1789 nach Thorn kommen, um sie dort zu kurieren. Als Brüning 1808 sein 50jähriges Jubiläum als Arzt feierte, schenkte sie ihm ein silbernes Kaffeeservice.

Die Wertschätzung beruhte auf Gegenseitigkeit: Auch Brüning hielt viel von der Fürstin, die ihn immer unterstützt hatte. In einem Bericht an das *Königlich-Preußische Provinzial-Collegium medici et sanitatis* in Hamm rühmt er ihre Aufgeschlossenheit gegenüber medizinischen Fragen. Sie habe Geldmittel zur Verfügung gestellt, damit man einen *kostbaren Satz mit chirurgischen und ‚accouchir' Instrumenten* in der Schweiz kaufen konnte.[248] Diese Instrumente wurden auf der Abtei aufbewahrt und konnten im Bedarfsfall von den Essener Chirurgen bei Dr. Brüning entliehen werden. Bei der Säkularisierung fielen sie der Fürstin zu, die aber zugunsten der Stadtbevölkerung darauf verzichtete.

Tod, Begräbnis und „memoria": Holzsarg, „Madensack" und „castrum doloris"[249]

Da in allen Kanonissenstiften das Gebetsgedenken besonders intensiv gepflegt wurde, nimmt es nicht wunder, daß auch in Essen Beisetzungsrituale zu allen Zeiten eine besondere Rolle spielten. Bei einem Todesfall galt es inne zu halten. Es mußten letzte Vorbereitungen für den Weg ins Jenseits getroffen werden. Der *Liber ordinarius* enthält genaue Beschreibungen dieser Übergangsrituale für die Beisetzungen von Äbtissinnen, Stiftsdamen, Kanonikern, Scholaren und Laien, die zum Teil bis zur Säkularisierung beibehalten wurden.

Für jede(n) Verstorbene(n) wurde in der Münsterkirche eine Totenmesse gehalten. Doch bereits die Einführung der Leichen in die Kirche war sehr differenziert geregelt. Äbtissinnen, Kanoniker, Kleriker und Scholaren trug man durch die *janua rubea* hinein, Stiftsdamen durch die nur zu diesem Zweck zu öffnende nordwestliche Tür zwischen Kreuzgang und Münsterkirche, Laien durch die *janua funerum*, die Leichenpforte (s. Abb. 57, S. 190).

Die Leiche einer Äbtissin blieb in der ersten Nacht in der Abtei und wurde dann von den Ministerialen in die Münsterkirche getragen, wo in der Regel am dritten Tag die Beisetzung erfolgte. Die Leiche einer vollberechtigten Kapitularin wurde von den Knechten des Back- und Schlachthauses von ihrem Haus in die Quintinskapelle gebracht, wo sie eine Nacht lang aufgebahrt wurde; am nächsten Tag trug man sie dann auch in die Münsterkirche, wo – ebenso wie für eine verstorbene Äbtissin – vier Messen und zusätzlich an jedem Altar noch eine Seelenmesse gelesen wurden. In der nördlichen Mauer des ‚Paradieses', also des Atriums zwischen Münster- und Johanniskirche, befand sich eine Tür, die immer verschlossen war und nur geöffnet wurde, um die Leiche einer Kanonisse von der Quintinskapelle in die Münsterkirche zu tragen. Die Küchenknechte brachten für die verstorbene Stiftsdame je eine Kerze in die Kirchen nach Rellinghausen, in die Kluse, nach Stoppenberg und Gelsenkirchen, nach Borbeck, Steele und eine siebente zusätzlich nach Werden, damit dort überall für die Verstorbene gebetet wurde. Die Beisetzung erfolgte im Spätmittelalter hinter dem gräflichen Chor an der östlichen Außenseite der Münsterkirche. Eine angehende Stiftsdame, die noch nicht emanzipiert war, wurde allerdings nicht in der Quintinskapelle aufgebahrt. Im 17. Jahrhundert sind nur noch Relikte dieses Rituals zu erkennen: Man verzichtete auf die Aufbahrung in der Quintinskapelle, jedoch mußte jedes Mädchen, das neu ins Stift kam, dort während des Aufnahmerituals das *Miserere* und *De Profundis* für die verstorbenen Stiftsdamen beten.

War ein Kanoniker gestorben, so hatten die Glöckner des Münsters die Leiche im Sterbhaus zunächst mit seinen normalen Sachen *(camisia, braca, tunica una, caligae et calcei)*, darüber mit den Meßgewändern (Amikt, Albe, Zingulum, Stola, Manipel und Kasel) zu bekleiden. Rektor und Scholaren sangen im Haus des Toten die Vigilien, bevor die Prozession am Abend vor dem Beisetzungstag mit dem Sarg zur Münsterkirche zog. Träger waren wiederum die Knechte des Back- und Schlachthauses. Nach der Totenmesse wurde im Haus des Verstorbenen eine leere Tumba geschmückt, die um das Münster und den mittleren allgemeinen Friedhof getragen wurde. Die Stiftsdamen kamen dann durch den Eingang *sub thronula* in die Kirche und sangen ihre Horen vor dem Grab des hl. Altfrid.

Bei diesen Begräbnisritualen wurden die ständischen Unterschiede noch einmal deutlich aufgezeigt. Die Leiche eines Laien wurde erst am Morgen des Beisetzungstages in die Münsterkirche gebracht. Bei Äbtissinnen und Stiftsdamen erfolgte die Abholung der Leiche immer in einer Prozession; bei der Überführung eines Kanonikers schlossen sich die Frauen nicht an, sondern warteten an der *janua rubea*.

Begräbnisplatz der Kanoniker und Scholaren war das Atrium, Ministerialen fanden ihre letzte Ruhestätte im ,Paradies' in den beiden Säulengängen, die zur Stiftskirche führten. Laien, zum Beispiel die Knechte im Back- Brau- und Schlachthaus beerdigte man an der Südseite der Münster- und St. Johanniskirche auf dem allgemeinen Begräbnisplatz. Hier befand sich noch bis 1817 eine Beinhauskapelle, in deren unterem Geschoß die ausgegrabenen Totengebeine aufbewahrt wurden, wenn die Gräber zur Wiederbenutzung geöffnet wurden.

Archäologische Grabungsbefunde bestätigen die Darstellung des *Liber ordinarius*. Zimmermann und Hopp konnten insgesamt 178 Gräber freilegen und zeigen, daß in manchen mehrere Bestattungen vorgenommen worden waren. Im Langhaus und in der Krypta konnte man zum Teil anhand schriftlicher Quellen, aber auch durch beigegebene Grabplatten, mehrere Grabstätten von Äbtissinnen und von Stiftsdamen identifizieren. (siehe Skizze) Auch einzelne Kindergräber wurden entdeckt. Stiftsdamen wurden anfangs wohl innerhalb der Kirche, bis ins späte 16. Jahrhundert dann aber auch auf ihrem eigenen Friedhof neben der Münsterkirche bestattet. Imagina von Öttingen (gest. 1558), die mit allen anderen Stiftsdamen zerstritten war, hatte in ihrem Testament verlangt, *yff den grossen Kirchoff* der Laien beigesetzt zu werden; doch die Äbtissin ordnete an, daß sie *auf der edeler Capitels Jungfern Kirchoff beerdigt werde*.[250] Magdalena von Manderscheid-Blankenheim, gestorben 1579, wünschte ein christliches Begräbnis *uff der Graffinnen Kirchhoff neben die von Öttingen*.[251] Doch wohl seit der Mitte des 17. Jahrhunderts wurde es wieder üblich, die Stiftsdamen innerhalb der Kirche beizusetzen.

Ein einziges Mal soll es sogar für eine Stiftsdame ein „unehrliches Begräbnis" gegeben haben, wenn man der Quelle Glauben schenken darf. Der Dortmunder Presbyter Reinold Kerkhoff berichtet in seiner Reimchronik, Elisabeth von Bronkhorst sei als Anstifterin des dritten Äbtissinnenstreites exkommuniziert worden. Deswegen habe man ihr ein ,ehrliches' Begräbnis verweigert und ihren Leichnam in ihrem *Krudhof* (Kräutergarten) verscharrt.[252]

Die Bestattungsarten waren sehr unterschiedlich und reichten von der bloßen Erdbestattung (ohne Sarg) über Beisetzungen in Baum- und Holzsärgen, in Steinsetzungen und Sarkophagen aus Rotsandstein bis zu Grabgewölben aus Ruhrsandstein. Erstaunlicherweise zeigt die Haltung der Skelette recht häufig nicht – wie zu erwarten – auf der Brust gefaltete Hände, sondern eine parallele Lagerung zum Körper. Interessante Schmuck- oder Kleidungsstücke wurden fast nie gefunden. Eine vage Vorstellung von solchen archäologischen Arbeiten vermittelt der Bericht über die Öffnung der Grabstätte der 1336 verstorbenen Äbtissin Kunigunde von Berg.

▶ Abb. 57: Äbtissinnengräber
in der Münsterkirche
(nach Zimmermann, Münster)

1) Elisabeth v. Nassau († 1413)
2) Hadwig (?)   († vor 971)
3) Elisabeth Stecke van Beeck
                       († 1445)
4) Beatrix v. Holte   († 1317)
5) Elisabeth v. Bergh-s'Heerenberg
                       († 1614)
6) Sibylla v. Montfort († 1551)
7) Anna Salome v. Salm-
   Reifferscheidt   († 1688)
8) Anna Eleonore v. Staufen
                       († 1646)
9) Adelheid   († 1216–24)
10) Kunigunde v. Berg († 1336)

in der Krypta (nicht eingezeichnet):
11) Svanhild   († nach 1085)
12) Theophanu   († 1058)

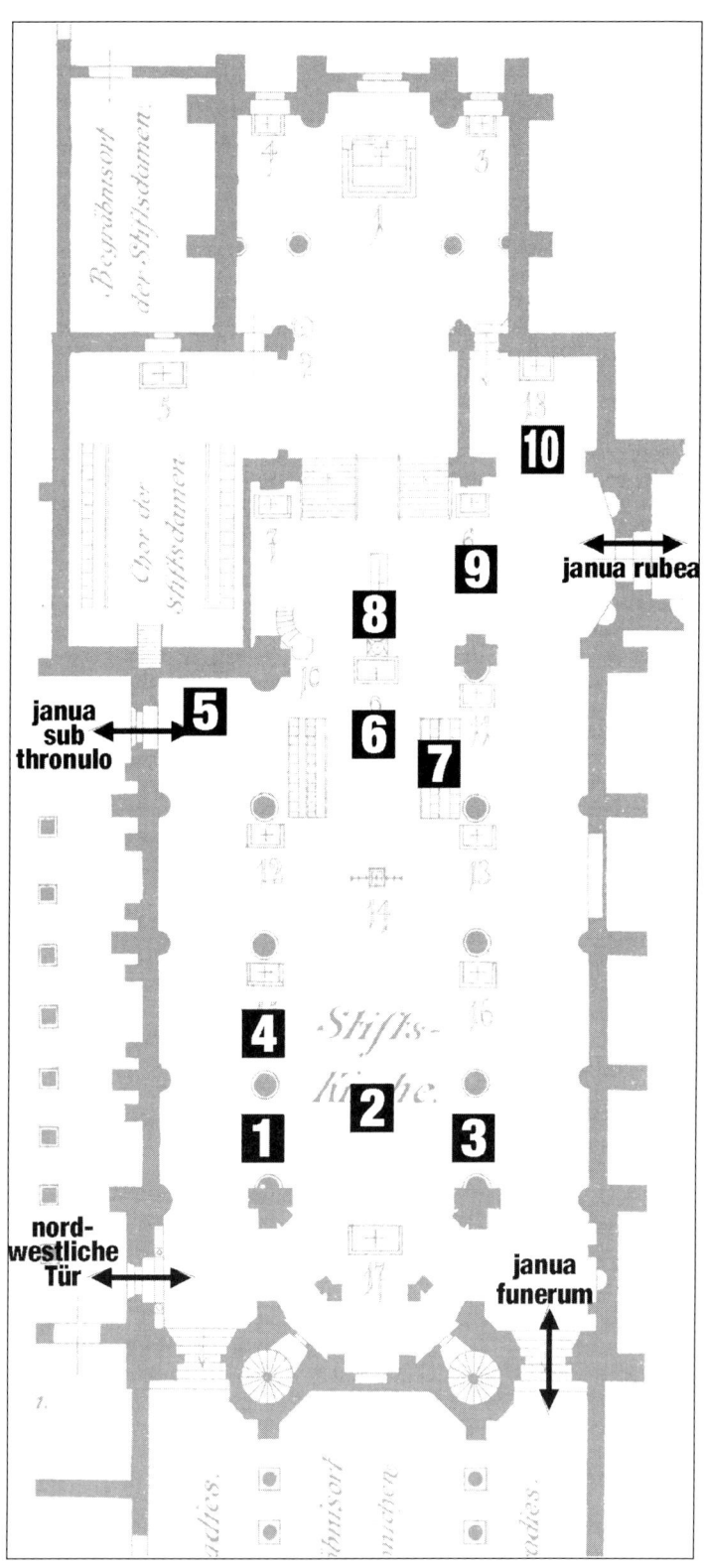

Bericht über die Öffnung der Grabstätte der Äbtissin Kunigunde von Berg, †1336

Bei den Ausschachtungsarbeiten für die neue Heizungsanlage in der Münsterkirche stieß man im südlichen Seitenchor auf einen Steinsarg, dessen Deckel 0,79 m unter dem Kirchenflur lag. [...] Da der Sarg nicht erhalten bleiben kann, so ist er heute im Beisein der Unterzeichneten geöffnet worden. Es fand sich in demselben ein vollständiges Gerippe, dessen Teile wohlerhalten in der ursprünglichen Ordnung aneinander lagen. Die Arme waren seitlich dem Körper entlang ausgestreckt. Der zur Besichtigung herbeigerufene Arzt Dr. Reploh erklärte es als ein unzweifelhaft weibliches Gerippe. Die Leiche war auf den Lehmboden gebettet, die etwa 0,30 m hohen Seitenwände des Sarges waren in Bruchsteinen in einer Stärke von durchschnittlich 0,25 m aufgemauert, darüber lag eine Steinplatte, deren einzige Verzierung in einem flach aus dem Grunde sich abhebenden Kreuz bestand. Der Sarg war im Lichten 1,88 m lang, am Kopfende 0,62, am Fußende 0,42 m breit. Das Gerippe maß von der Ferse bis zum Scheitel 1,60 m. Sonstige Gegenstände fanden sich im Grabe nicht. – Es kann keinem Zweifel unterliegen, daß der Sarg die Gebeine der im Jahre 1336 gestorbenen Äbtissin Kunigunde von Berg enthielt, von welcher bekannt ist, daß sie vor dem Stephanusaltar beigesetzt wurde. Die Gebeine sollen sorgfältig gesammelt, in eine Holzkiste gelegt und ein wenig mehr westlich, hinter der neu zu errichtenden Mauer des Heizungsraumes wieder beigesetzt werden.

Essen, Dienstag, den 3. October 1916
Prof. J. Prick o. Prill, Johannes Coppius [dabei Lageskizze]

Münsterarchiv Essen, B 267 alt = B 284 neu.

Von den ehemals recht zahlreichen Grabstätten und Epitaphien sind heute nur zwei noch in der Münsterkirche vorhanden. Relativ leicht kann man die prachtvolle, aus schwarzem und weißem Marmor bestehende Grabplatte der Äbtissin Elisabeth von Bergh-s'Heerenberg (gest. 1614) bewundern, die ihr Bruder Heinrich in Antwerpen anfertigen ließ. Sie zeigt die Verstorbene in Lebensgröße, über ihrem Haupt das Familienwappen, rechts und links zwei Reihen mit den Wappen der Ahnen; allerdings hat man die Wappen nicht standesgemäßer Vorfahren ausgelassen (s. o., S. 179).

Suchen muß man nach dem großen Epitaph der Äbtissin Anna Salome von Salm-Reifferscheidt († 1688), das sich sehr versteckt auf der nördlichen Empore über dem ehemaligen gräflichen Chor befindet. Es wurde vermutlich von Johann Mauritz Gröninger gestaltet, der auch für die Münsteraner Bischöfe arbeitete und auch das bekannte Epitaph der Maria Franziska von Manderscheid-Blankenheim († 1708) in der Vredener Stiftskirche schuf. Beide bestehen aus Baumberger Sandstein.

Bronzene Gedenkplatten für die Äbtissin Katharina von Tecklenburg († 1560) und für die Stiftsdame Agnes von Beichlingen († 1553) sind 1947 gestohlen worden; Franz Arens hat sie noch gesehen und in seiner Darstellung zum Liber ordinarius (S. 137) beschrieben.

Über Beisetzungsfeierlichkeiten liegen erst seit dem späten 17. Jahrhundert genauere Informationen vor.[253] Beim Eintritt des Todes der Fürstäbtissin Anna Salome von Salm-Reifferscheidt zum Beispiel wurden sofort alle Zimmer, insbesondere Archiv und Kanzlei, wo die Siegel aufbewahrt wurden, verschlossen. In allen Kirchen des Stifts – Rellinghausen, Stoppenberg, Steele, Borbeck, Huckarde und Breisig – wurde an den ersten drei Tagen nach dem Tode dreimal täglich eine Stunde lang geläutet. In den folgenden sechs Wochen genügte ein tägliches Geläut von einer Stunde. An die Stiftsdamen in Rellinghausen und Stoppenberg erging die Weisung, man möge sechs Wochen lang Trauer tragen und sich entsprechend verhalten. Die Bürgermeister der Stadt wurden aufgefordert, entsprechend dem hohen Stand der Verstorbenen die Glocken läuten zu lassen. Sechs Wochen lang war im gesamten Stift das Spielen untersagt.

Die Beginen im Dunkhaus waren verpflichtet, *daß in Gott verstorbene Tothe corpus auß zu kleiden, und selbige hin widerumb mitt ihrem Korall Kleidt [Chorkleid] undt -mantel zu*

▲ Abb. 58: Epitaph der Anna Salome von Salm-Reifferscheidt (gest. 1688)

bekleiden. Sie hielten die Totenwache und beteten für die Verstorbene. Auch bei anderen Sterbefällen übernahmen die Schwestern diese Aufgaben und erhielten für das *Ausleichen* und die Totenwache regelmäßig 4 Reichstaler.

Die Exequien für Anna Salome von Salm-Reifferscheidt gestalteten sich folgendermaßen: Am 26. Oktober 1688, dienstags morgens waren die Erbbeamten (Drost, Marschall, Kämmerer, Schenk und einige andere Herren) zur Abtei geladen worden. In Reih und Glied gingen sie von da aus zur Kirche, wo schon die beiden Kapitel und die eingeladenen Frauen versammelt waren. Am hohen Altar wurde *musicaliter* die Messe gefeiert.

Der Leichenschmaus war wohl schon immer üblich und verursachte nicht geringe Kosten. Anläßlich der Beisetzung Elisabeths von Berg wurden 50 Kannen Bier getrunken. Nach drastischen Verordnungen zur Einschränkung der übertriebenen Ausgaben ging es 1766 bei der Beerdigung der Pröpstin Anna Johanna von Hessen-Rheinfels sehr viel sparsamer zu, denn zur Bewirtung der Nachbarn brauchte man nur ein Pfund Kaffee, eineinhalb Pfund Zucker und wenige *Britzlen* und Plätzchen. Doch auf den schwarzen Stoff, mit dem die Räume und Spiegel des Sterbhauses behängt wurden, wollte man nicht verzichten. Diese Stoffe konnten bei einem Kaufmann in Wesel geliehen werden.

Hinweise auf die üblichen Zeremonien bei der Beisetzung einer Stiftsdame werden in dem Testament Maria Franziskas von Auersperg erkennbar. Sie bestimmte 1749, ihr Leichnam solle sofort nach ihrem Tode in der Kapelle des Beginenkonvents Zwölfling, wo sie wohnte, aufgebahrt werden. Tag und Nacht sollten zwölf 1/4-pfündige weiße Wachskerzen brennen; Kapelle und Altar müßten schwarz behängt werden. Sie verlangte ferner, ihre Leiche müsse drei Tage dort stehen bleiben, währenddessen so viele heilige Messen wie möglich zu lesen seien. Ein Beisetzungsort wurde von ihr nicht festgelegt.

In Testamenten der Stiftsdamen heißt es fast immer, die Beisetzung solle entsprechend ihrem hochadeligen Stand erfolgen. Zu diesem Zweck wurden große und kleine Wappen der eigenen Familie und der Vorfahren gezeigt. Trotz aller Einschränkungen blieb es bis zum Ende des Stifts dabei, daß für eine verstorbene Stiftsdame zwei große, mit schwarzem Samt bekleidete Wappen angefertigt wurden, von denen das eine beim Begräbnis vor der Leiche hergetragen und dann sechs Wochen in der Münsterkirche aufgehängt, das andere vor dem *Sterbhaus* aufgestellt wurde. Auch das Todten-Gerüst, das man auf dem gräflichen Chor errichtete, wurde mit dem Wappen der Verstorbenen und mindestens 16 kleineren Wappen ihrer Vorfahren dekoriert. Das alles war nicht billig. Für die Beisetzung Anna Johannas von Hessen-Rheinfels ließ man 1766 zwei große Wappen sowie 32 kleine Wappen aus Papier anfertigen; die Kosten dafür beliefen sich auf 20 Rtlr und entsprachen dem Jahreslohn ihres Kammerfräuleins. Auch Totenzettel wurden gedruckt, wofür der Essener Buchdrucker fünf Reichstaler und 40 Stb. verlangte.

Seit wann es üblich war, ein *castrum doloris*, ein Toten- oder Trauergerüst zu errichten, ist unbekannt. Wir wissen lediglich, daß Antonia Truchseß von Waldburg-Zeil 1744 die Summe von 100 Rtl aussetzte, um ein solches für den gräflichen Chor bauen zu lassen. So pompös wie das der Äbtissin Franziska Christine von Pfalz-Sulzbach, das anläßlich ihres Todes mitten in der Münsterkirche aufgebaut wurde, war das der Stiftsdamen sicher nicht. Der Freiherr von Duminique aus Trier war davon so beeindruckt, daß er eine Pastellzeichnung anfertigte und sie der neuen Äbtissin mitsamt einer Beschreibung zusandte.

Beschreibung des „*castrum doloris*", das zur Beisetzung der Fürstäbtissin Franziska Christine von Pfalz-Sulzbach 1775 errichtet wurde:

„*In der Mitte der Münster Kirche war nach Römischer Art ein auf vier Säulen rihendes und gut beleuchtetes Trauergerüst, unter welchem eine mit weißem Atlas und einem blauen Creutz behängte Todten Lade stund, auf welcher die Fürstl. Insigien [Fürstenhut, Schwert und abteilicher Krummstab] ruheten. Oben rund herum waren die Wappen deren hochfürstl. Ahnen zu sehen, und das große Haus- und Stiffts-Wappen wurde von dem Hof-Trompeter gehalten.*"

HStAD: EA 21, Bl. 53f.

Über die Trauergesellschaften ist wenig bekannt. Die Verwandtschaft reiste wohl selten zur Beisetzung an, sofern sie nicht an der Erbschaftsregelung interessiert war. Doch kann daraus keineswegs geschlossen werden, daß die Stiftsdamen gesellschaftlich ausgegrenzt lebten. Ein beredtes Zeugnis für das Gegenteil ist die Liste der Personen, die 1777 vom Tode der Essener Stiftsdame und Äbtissin von St. Ursula, Augusta von Manderscheid-Blankenheim, in Kenntnis gesetzt werden sollten. Diese Liste umfaßt 53 Adressen, unter anderem den Kurfürsten von Köln und mehrere regierende Fürsten und Reichsgrafen. Im Kölner Domkapitel sollten außerdem noch 13 Domgrafen benachrichtigt werden.

Die Sorge um das Seelenheil stand zu allen Zeiten im Mittelpunkt der Vermächtnisse und testamentarischen Verfügungen. Insbesondere bei großen Stiftungen zeigt sich eine erstaunlich große Kontinuität in der Feier dieser Jahrgedächtnisse, für die es keineswegs generell zutrifft, daß sie während der Reformationszeit verloren gingen. Bis zur Säkularisierung wurden die reich dotierten Anniversarien begangen. Solche bedeutenden Jahrgedächtnisse feierte man mit vier Messen am Todestag, wobei es den besonderen Brauch gab, am Vorabend auf dem Grab oder bei einer Tumba vier Kerzen aufzustellen, die die ganze Nacht bis zum Ende der Messe am nächsten Tag brannten. Die Memorien für Mathilde, Theophanu, Hadwig, Ida, Svanhild, Aleidis, Beatrix von Holte, Irmgard von Broich und Katharina von der Mark – und für König Rudolf I. – wurden auf diese Weise begangen.

Auch in späteren Jahrhunderten ordneten Äbtissinnen und Stiftsdamen je nach Vermögenslage oft einige hundert Messen und Spenden an die Beginenkonvente, Jesuiten Kapuziner, Kirchen an. In der Regel erhielten beide Kapitel Geld für Memorien, das gräfliche Kapitel zwei Drittel, das Kanonikerkapitel ein Drittel der ausgesetzten Beträge. Außerdem wurden die Armen des Stifts fast immer mit Brotspenden bedacht, damit sie ebenfalls für die Seele der Verstorbenen beteten.

1753 erließ Fürstin Franziska Christine eine Trauer-Ordnung, durch die der übertriebene Luxus bei Begräbnissen eingeschränkt werden sollte. Das Gesetz macht deutlich, daß auch noch im 18. Jahrhundert die gleichen ständischen Unterschiede beobachtet wurden wie zur Zeit der Abfassung des *Liber ordinarius*, denn sie gestattete den Kapitularinnen wichtige Ausnahmen. Grundsätzlich wurde es verboten, für das Gesinde Trauerkleidung anzuschaffen, doch sollte es beim Tode einer Stiftsdame erlaubt bleiben, *einen Laquais, welcher das Wappen tra-*

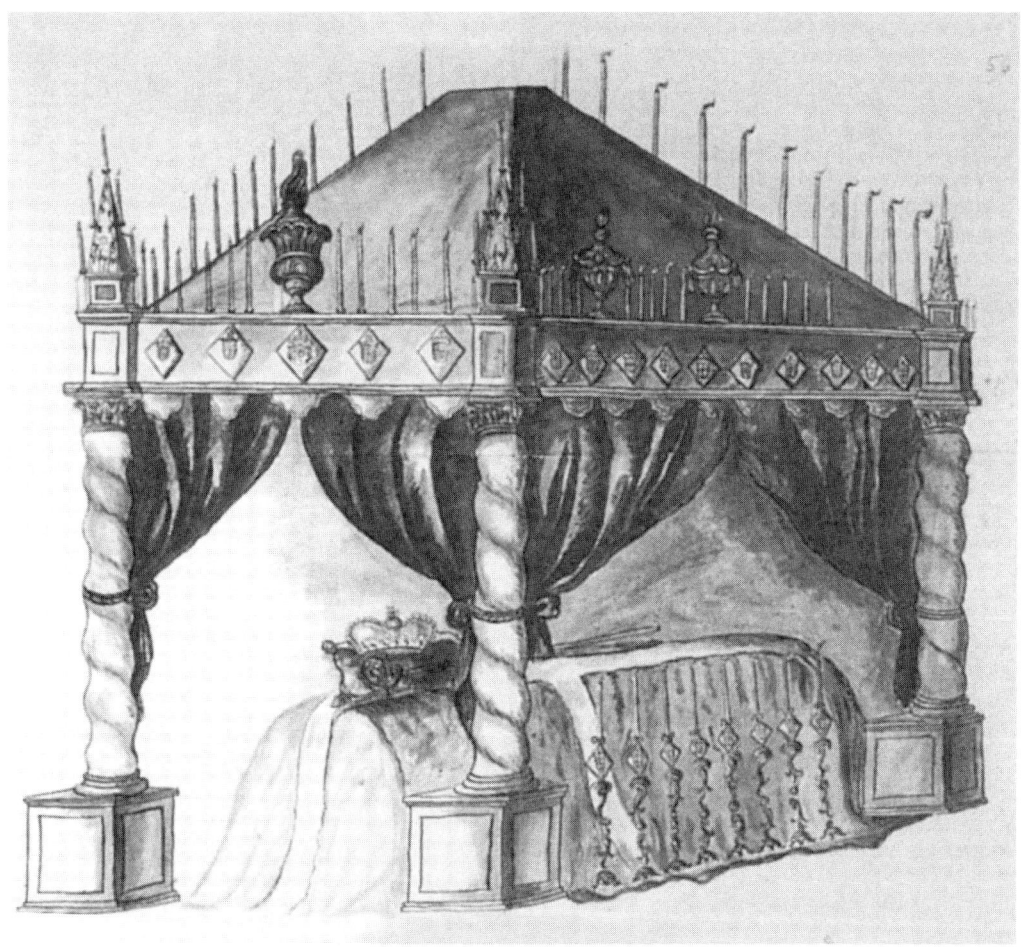

▲ Abb. 59: Trauergerüst der Fürstäbtissin Franziska Christine von Pfalz-Sulzbach, 1775

get, in Trauer zu kleiden. Weiße Fackeln wurden generell untersagt, man durfte nur noch die wohl billigeren gelben Kerzen abbrennen. Den Stiftsdamen wurden sechszehn einpfündige Kerzen *bey Tragung der Leichen* gestattet; Adelige durften zwölf Kerzen von einem Pfund verwenden, Kanoniker, Räte und Richter zehn dreiviertelpfündige, Leute *von Bürgerlichem Wesen* nur vier viertelpfündige. Für eine Stiftsdame sollte in der Münsterkirche täglich eine Stunde mit allen Glocken geläutet werden, *so lang die Leiche ohnbeerdiget seyn wird.* Für einen verstorbenen Kanoniker durfte nur während des Begräbnisses eine Stunde geläutet werden. Beim Begräbnis und bei den Exequien sollten für eine Stiftsdame auf dem hohen Altar nicht mehr als zehn einpfündige gelbe Kerzen angezündet werden, entsprechend weniger für Personen niedrigeren Standes; außerdem mußten *die Schilder mit gemahlten Todten-Köpffen nach der Kertzen-Zahl reguliret* werden. Die *Todten-Aembter* in der Münsterkirche sollten zwar mit *Figural-Music* zelebriert werden, durften aber nicht mehr als fünf Rtlr kosten; in den Pfarrkirchen des Stifts war solche Musik verboten. Der Leichenschmaus wurde grundsätzlich verboten, und auch die Grabsteine sollten ohne Wappen schlichter gestaltet werden: es sei *bey glatten Steinen ohne Ausnahm der Person* zu belassen. Diese Trauerordnung scheint weitgehend beachtet worden zu sein.

„Einen Rechtsbruch stellte die Säkularisation auf jeden Fall dar"

Das Ende des Fürstentums bzw. kaiserlich-freiweltlichen Damenstifts Essen[254]

Vor genau 200 Jahren war das Ende des Stiftes Essen gekommen. Am 23. Mai 1802 hatten Preußen und Frankreich nach dem Frieden von Lunéville in einem Geheimvertrag vereinbart, daß Preußen als Entschädigung für die Abtretung des linken Rheinufers die Stifter Essen, Werden und Elten erhalten sollte. Ohne die Bestätigung des Reiches abzuwarten, rückten am 3. August 1802 zwei preußische Kompanien in Essen ein. Weder der Magistrat noch die Fürstin konnten sich mit ihren 20 Essener Soldaten gegen die Okkupation durch den Schutz- und Schirmherrn, der sie in militärischen Dingen vertreten sollte, zur Wehr setzen. Die bisherigen landesherrlichen Insignien der Fürstäbtissin an öffentlichen Gebäuden und Plätzen wurden sofort entfernt und durch den preußischen Adler ersetzt.

Der territoriale Zuwachs war zwar an sich unbedeutend, doch das kleine, anderthalb Quadratmeilen große Fürstentum Essen mit seinen gut 13.000 Einwohnern, davon 3.519 in der Stadt Essen und 1.459 in der Stadt Steele, war von jeher das fehlende Bindeglied zwischen der Grafschaft Mark und dem rechtsrheinischen Kleve und hatte schon immer im Blickfeld der Vögte bzw. Schutz- und Schirmherrn gelegen. Die großen Steinkohlevorkommen machten zu Beginn des 19. Jahrhunderts den Besitz dieses Territoriums noch attraktiver, denn die Gruben in Essen und Werden förderten Kohle im Wert von ca. 200.000 Talern.

Mit der letzten Essener Fürstäbtissin, Maria Kunigunde von Sachsen, hatte man bereits im Vorfeld Vereinbarungen getroffen. Ihr war zugesichert worden, daß sie ihre Einkünfte aus der Abtei bis zum Lebensende genießen könne. Die Erträge waren nicht unerheblich. Die Abtei erbrachte jährlich 20.500 Talern. Davon entfielen 14.000 Taler auf Verwaltungs- und Staatskosten für Beamte und abteiliche Hofdiener, so daß ein reiner Überschuß von 6.500 Talern für die Fürstin blieb. Hinzu kamen die Einkünfte aus ihren Privatunternehmen, den Eisenhütten Neu-Essen und St. Antony. Die Chaussee von Steele nach Oberhausen erbrachte jährlich einen Gewinn von 1.700 Talern und wurde ihr in einem besonderen Abkommen (Vertrag vom 2. September 1803) für 45.000 Taler abgekauft. Bereits am 1. Januar 1804 übernahm das märkische Wegeamt die Aufsicht über diese wichtige Verkehrsverbindung. Die Fürstin war zwar bereit gewesen, ihre landesherrlichen Rechte aufzugeben, wollte aber ihre abteilichen Rechte gegenüber den Kapiteln behalten und weiterhin die Aufsicht über Kirchen und Schulen ausüben. Doch letzteres wurde ihr abgeschlagen, da diese Kontrollfunktion ein Ausfluß ihrer Landeshoheit gewesen sei.

Da es Preußen vor allem um die Beseitigung der staatlichen Selbständigkeit der Stifte Essen und Werden ging, war es zunächst keineswegs sicher, ob das gräfliche Kapitel aufgehoben werden sollte. Schließlich entschied man sich aus politischen und ökonomischen Gründen dafür und begründete dies mit dem Argument, die Damen brächten ohnehin kaum Geld nach Essen. Zudem besitze das Damenkapitel gemeinsam mit der Abtei einige Güter, deren Verwaltung bei einer nur teilweisen Aufhebung des Stifts zu größten Verwicklungen führen müßte. Ausschlaggebend für die Entscheidung war letzten Endes aber die Beseitigung der unerwünschten Landstände, denn mit der Auflösung der beiden Kapitel fielen die zwei wichtigsten Landstände weg.

Knapp ein Jahre nach Abschluß des Geheimvertrages wurden beide Kapitel am 18. April 1803 per Kabinettsordre aufgehoben.[255] Sämtliche einschlägigen Bestimmungen des Reichsdeputationshauptschlusses fanden nun Anwendung. Bis zu ihrem Tode hatte jede Stiftsdame Anspruch auf ihre Präbende, sofern sie jährlich mindestens neun Monate in preußischen Landen weilte. Andernfalls kamen ihre verfallenen Gelder den in Essen anwesenden zugute. Diese Regelung sollte die ehemaligen Kapitularinnen veranlassen, sich außerhalb Essens mit „einer den

Staatskassen vorteilhaften" Abfindung zufrieden zu geben. Man hoffte, die Kurien schnell für die preußischen Beamten übernehmen zu können. In der Tat ließen sich die meisten Stiftsdamen auf eine Abfindung ein; nur die beiden Gräfinnen von Salm-Reifferscheidt und die Gräfin von Auersperg behielten ihren Haushalt in Essen. Auguste von Salm-Reifferscheidt gründete wenige Jahre später (1815) gemeinsam mit Ferdinande von Asbeck und Julie Kopstadt den ersten ‚Essenschen Frauen-Verein' mit dem Ziel, die preussischen Soldaten, *unsere schon nach den Gränzen Frankreichs hineilenden Krieger,* im Kampf gegen die Franzosen durch Spenden zu unterstützen. [256] Die Gräfin von Harrach, die krank in Wien weilte, überließ ihre Einkünfte den Essener Armen. Gleichzeitig mit dem Damenkapitel wurde das Kanonikerkapitel aufgehoben bzw. „zum Aussterben bestimmt". Auch hier war die Abschaffung des zweiten Landstandes wohl das wichtigste Motiv.

In beiden Kapiteln waren die Einkünfte zur Zeit der Säkularisierung sehr gering, wenn auch kaum auszumachen ist, welche Einnahmen dem gesamten Stift oder auch den einzelnen Gremien tatsächlich zur Verfügung standen, da Tausch, Verpfändung, Leihe, Entfremdung usw. alle einschlägigen Akten durchziehen. Die Säkularisierungskommission sah sich außerstande, *eine generelle Übersicht über die verschiedenen [...] Verwaltungen der zum ehemaligen Damen- und Kanonichenkapitel gehörenden Gefälle und Güter zu geben, weil die verschiedenen Verwaltungen eine so mannigfaltige Verfassung, Bestimmung und Verwaltungsart besaßen, die Zahlungen von einem Fonds zum anderen zo häufig und verwickelt sind, daß sich dieselben [...] unmöglich in ein übersichtliches Ganzes bringen lassen.*[257]

Dem Damenkapitel, das durch den Ankauf der Rittergüter Berge und Münsterhausen sowie durch die Besetzung des linken Rheinufers durch die Franzosen schon große Einbußen erlitten und beträchtliche Schulden gemacht hatte, blieben nach Abzug aller Ausgaben 5.200 Taler, so daß jede Kapitularin außer den Naturalien gut 500 Taler jährlich erhielt. Das Kanonikerkapitel (20 Personen) hatte jährliche Einkünfte von 4.090 Taler, so daß jeder von ihnen gut 200 Taler erwarten konnte. Da ihre Einkünfte ohnehin sehr gering waren, beließ man sie ihnen ungeschmälert. 1807 berechnete die Säkularisierungskommission die Nettoeinnahme beider Kapitel auf 6.419 Reichstaler sowie 27 Malter Weizen, 890 Malter Roggen, 767 Malter Gerste, 2 1/4 Malter Erbsen, 1 1/4 Malter Rübsamen, 15 Schweine, 64 Gänse, 603 1/2 Hühner, 437 Eier, 34 Pfund Fleisch, 20 Spann- und sechs Handdienste.[258]

Die Verwaltung des Landes änderte man zunächst nicht, sondern beließ alles beim Alten. Die Abteigebäude fielen dem preußischen Staat zu, doch das Mobiliar außer den dem Lande zustehenden Gerätschaften wie Feuerspritze und chirurgische Instrumente behielt die Fürstin. Die Räume dienten später den Essener Einwohnern für Festlichkeiten, und in dem ehemaligen fürstlichen Palast feierten die Bürger bald Maskenbälle. Das Schloß in Borbeck, die alte Sommerresidenz der Fürstinnen, wurde verpachtet und brachte einen nennenswerten Zuwachs für die öffentlichen Kassen, denn Preußen hatte mit seinem ‚Entschädigungsland' Essen einen riesigen Schuldenberg übernommen. Der Haushalt der Stadt bot ein desolates Bild: Jährlichen Einnahmen von 5.000 Tlr. standen Schulden von 100.000 Tlr. gegenüber; seit 20 Jahren war keine Rechnungslegung mehr erfolgt. Die Stadt machte zu dieser Zeit auf fremde Besucher nur den Eindruck tiefen Verfalls. Ribbeck zitiert in seiner ‚Festschrift zur 100jährigen Jubelfeier am 3. August 1902' die Eindrücke des „stolzen Preußen" Justus Gruner: *Polizei jeder Art ist in Essen fremd. Die Gassen sind beinahe schlimmer als die Landstraßen; man wagt – bei dem gänzlichen Mangel an Erleuchtung – Abends oft im eigentlichsten Sinne des Wortes sein Leben bei einem Besuche, indem sich häufig gerade in der Mitte und an den Seiten des Weges grosse Pfähle finden, auf die man losrennen muß. [...] Auch allen Bequemlichkeiten des Lebens muss man in Essen entsagen. – Schmuzzigere Gasthöfe, schlechtere Bewirthung und gröbere Wirthe trift man in ganz Deutschland nicht an. [...] Da man hier gerne reichsstädtischer Bürger seyn mögte, so glaubt man dieses Prädikat durch unverschämten Stolz und Insolenz verdienen zu müssen. Die Stadt strebt in gleichem Grade durch ihr Aeusseres, sich zu einer alten Reichsstadt zu erheben. Schiefe, schlecht gepflasterte Gassen, altmodige, zum Theil verfallene Gebäude, Unreinlichkeit, Enge und Dunkelheit, sind ihre Alterthums-Dokumente.*[259]

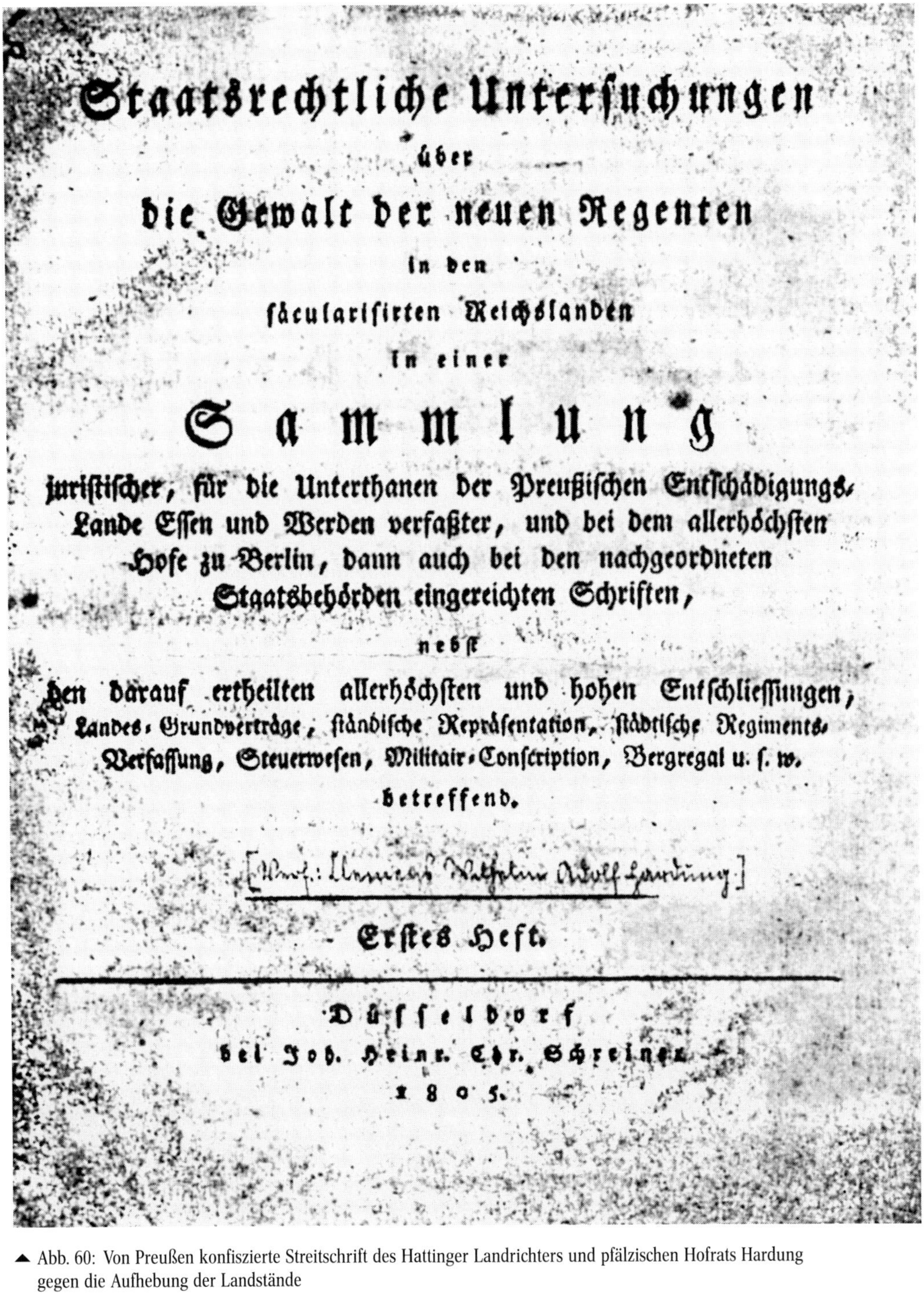

Staatsrechtliche Untersuchungen

über

die Gewalt der neuen Regenten

in den

säcularisirten Reichslanden

In einer

Sammlung

juristischer, für die Unterthanen der Preußischen Entschädigungs-
Lande Essen und Werden verfaßter, und bei dem allerhöchsten
Hofe zu Berlin, dann auch bei den nachgeordneten
Staatsbehörden eingereichten Schriften,

nebst

den darauf ertheilten allerhöchsten und hohen Entschliessungen,
Landes-Grundverträge, ständische Repräsentation, städtische Regiments-
Verfassung, Steuerwesen, Militair-Conscription, Bergregal u. f. w.

betreffend.

[Verf.: [Ammon] Walhelm Adolf Harding]

Erstes Heft.

Düsseldorf

bei Joh. Heinr. Chr. Schreiner

1805.

Abb. 60: Von Preußen konfiszierte Streitschrift des Hattinger Landrichters und pfälzischen Hofrats Hardung gegen die Aufhebung der Landstände

Abgesehen von einzelnen Kaufleuten war die Bevölkerung in Stadt und Stift Essen und Werden keineswegs begeistert von dem Ende der stiftischen Zeit. Man hatte unter dem Krummstab recht gut gelebt, frei von Wehrdienst und nur mit relativ geringen Steuern und Abgaben belastet. Mit dem Übergang an Preußen wuchsen die Sorgen und Ängste der Menschen. Der freie Handel mit Salz wurde eingeschränkt, für Bittschriften mußte teures Stempelpapier verwendet werden, und in den Gewerken des Bergbaus stiegen die Abgaben auf das Dreifache. Die Steuer auf Wein erhöhte sich beinahe um das Fünffache. All das erregte selbstverständlich den größten Unwillen der Bevölkerung. Man war nicht bereit, sich ohne weiteres dem preußischen Absolutismus zu unterwerfen, denn die Ideen der französischen Revolution waren inzwischen auch in Essen eingedrungen.

In dem Hattinger Landrichter Hardung, der zeitweise als Hofrat im Justizkollegium des pfälzisch-bayerischen Kurfürsten tätig gewesen war, hatte Essen einen exzellenten Vertreter. Er verstand es, für die herkömmlichen Rechte der Menschen zu kämpfen, bis seine Druckschriften konfisziert wurden. Als die preußischen Gerichte seine Klageschriften, die die ehemalige landständische Verfassung bzw. die Abschaffung der Landstände betrafen, nicht annehmen wollten, wandte man sich selbstbewußt an das Reichskammergericht in Wetzlar. Die dortigen Juristen gaben den Klagen weitgehend statt, so daß die Bevölkerung immer mehr außer Kontrolle der Behörden geriet. Anfang November des Jahres 1804 wurde sogar Militär angefordert, um die Ruhe aufrechtzuerhalten. Grenadiere aus Wesel und Blüchersche Husaren rückten ein, verbündeten sich aber zum Teil mit der Bevölkerung (so in Heisingen) und mußten deswegen ausgewechselt werden. Man verlangte die Beibehaltung der landständischen Verfassung und wies es entschieden zurück, daß Räte und Landesbehörden die Landstände ersetzen könnten. Schließlich fanden die zur Vorsicht mahnenden Ratschläge des Freiherrn vom Stein wenigstens zum Teil Gehör, und man fügte die Entschädigungsländer Essen und Werden in die klevische Kreisverfassung ein, wo der letzte landständische Vertreter Essens, der Freiherr von Schell, mit den klevischen Ständen zusammenarbeiten konnte.

Darüber hinaus unterstellte man gemäß der preußischen Trennung von Stadt und Land die Städte Essen, Werden und Steele mit ihren Magistraten dem Duisburger Steuerrat, während das übrige Stiftsgebiet dem Duisburger Landratsamt als Hauptorgan der Kreisverwaltung zugewiesen wurde. Als aufsichtführende Oberbehörde fungierte seit 1803 die Kriegs- und Domänenkammer in Hamm.
Für die Wirtschaftsstruktur und das soziale Gefüge hatte das alles nur geringe Auswirkungen, denn angesichts leerer Kassen fanden, abgesehen vom Bergbau, keine wesentlichen Verbesserungen statt. Katastrophal waren die Auswirkungen für das Schul- und Kirchenwesen, dessen Aufsicht der preußische Staat als Rechtsnachfolger der Landesherrin unbedingt hatte übernehmen wollen. Im Gegensatz zu anderen preußischen Landesteilen gab es in Essen aber keinen eigenen Schulfonds, denn bis dahin hatten die beiden Kapitel das Schulwesen regelmäßig unterstützt. Ihre Aufhebung machte sich daher in diesem Bereich besonders nachteilig bemerkbar.

Die kirchlichen Verhältnisse konnten erst sehr viel später geregelt werden. Nach vielen Streitigkeiten um die Jurisdiktionsgewalt wurde das Gebiet des früheren Hochstifts Essen 1812 zunächst provisorisch der geistlichen Gewalt des Erzbistums Köln unterstellt und der bisherige Essener Offizial interimsweise als erzbischöflicher Kommissar bestätigt. Bis 1825 blieb das ehemalige Hochstift Essen als selbständiges geistliches Gebilde bestehen und wurde erst nach dem Tode des Offizials Brockhoff ins Bistum Köln eingegliedert.

Bevor Preußen im ehemaligen Hochstift tiefgreifende Neuerungen durchführen konnte, war seine Herrschaft auch schon wieder zu Ende. Die Siege Napoleons brachten eine Umwälzung der Verhältnisse. Am 28. März 1806 rückten französische Truppen in Essen ein und besetzten die Hauptwache. Murat, der von seinem Schwager Napoleon Bonaparte als Herzog von Kleve und Berg eingesetzt worden war, teilte diesem mit, die Besetzung sei unumgänglich gewesen, da einerseits Essen und Werden seit der Verschmelzung der Landstände zu Kleve gehörten, und man andererseits die reichen Kohlevorkommen keinem fremden Souverän überlassen dürfe.

Die Bevölkerung in Essen war zunächst wohl nicht unzufrieden mit den neuen Machthabern. Allerdings fühlte sich der von Preußen eingesetzte Essener Magistrat an seinen Eid gegenüber dem König gebunden und verweigerte Murat die Huldigung. Erst nachdem Preußen im Art. 7 des Friedensvertrages von Tilsit am 9. Juli 1807 auf Essen und Werden verzichtet hatte, wurden beide Territorien dem Großherzogtum Berg einverleibt. Napoleon bestätigte dies in einer Schenkungsurkunde, die am 23. Januar 1808 für seine Schwester Caroline und ihren Gemahl Joachim Murat ausgestellt wurde. Dieses neue Großherzogtum Berg, zu dem neben den ehemaligen Stiften Essen, Elten und Werden auch das Herzogtum Münster, die Grafschaft Mark, Tecklenburg und Lingen gehörten, wurde in die vier Departements Rhein, Sieg, Ruhr und Ems eingeteilt und nach dem Muster des napoleonischen Frankreich verwaltet. Auch der Code civil wurde in Kraft gesetzt.

Nun änderte sich vieles. Keine einzige der bisherigen Einrichtungen blieb bestehen. Das Lehnsrecht, der Adel und alle Standesunterschiede wurden aufgehoben; die Hörigkeit der Bauern, ihre Dienstverpflichtungen und die feudalen Abgaben wurden abgeschafft. Gesetzgebung und Justizverfassung waren nun gerechter, und die Garantie der persönlichen Freiheit und des Gleichheitsprinzips entschädigten für den Entzug des landständischen politischen Mitspracherechts. Am 13. November 1809 verfügte der kaiserliche Regierungskommissar Graf Beugnot die Übertragung von Verwaltung und Vermögen der beiden ehemaligen Kapitel auf die großherzoglichen Domänen. Nun kam Geld in die Stadt und mit ihm der Fortschritt: 1810 wurde die erste Straßenbeleuchtung (30 Laternen) installiert, die allerdings wegen der zu hohen Unterhaltungskosten nur knapp drei Monate in Betrieb war. Als Begründung für die Notwendigkeit der Beleuchtung hatte die bergische Regierung angegeben, das Essener Straßenpflaster sei so gefährlich, „daß es wegen der darin befindlichen Hügel, Kloaken und Löcher selbst bei Tage [...] nicht ohne Gefahr passiert werden kann."[260] Die Essener Bevölkerung reagierte auf diese Modernisierung mit dem eingangs zitierten Spottlied.

Man hat den Eindruck, daß sowohl städtische Bürger als auch stiftische Untertanen den großen Umbrüchen kaum gewachsen waren. Mews meint, sie hätten sich gefallen „in diesem Glückstraum an die fürstabteiliche und reichsstädtische Zeit".[261]

Schließlich mußte man zehn Jahre später wieder umdenken: Am 1. Januar 1815 wurden die Länder Essen und Werden vom Großherzogtum Berg wieder abgetrennt und als zurückgewonnene Provinzen dem Staat Preußen einverleibt. Anstelle des Code civil galt nun das Allgemeine Landrecht der Preußischen Staaten. Man mußte sich arrangieren, obwohl Unzufriedenheit über preußische Bürokratie, bevormundende Gesetze und lästige Steuern mehr oder minder in allen Bevölkerungsschichten, insbesondere aber bei Honoratioren wie Dinnendahl, Krupp oder Flashoff, schwelte.

Die moderne Zeit, die mit der Aufhebung des geistlichen Fürstentums Essen und seinem Übergang an Preußen einsetzte, hat nicht nur Industrialisierung und wirtschaftlichen Aufschwung gebracht, sondern auch vieles – Einzigartiges – zerstört. „Essen sein Schatz", die goldene Madonna, mag als Beispiel für die Kunstwerke und Kostbarkeiten des ehemaligen Stifts stehen, von denen allerdings viele im Zuge der Säkularisierung verschleppt und zerstört wurden. Daß Werden einst eine großartige Bibliothek besessen hat, ist bekannt. Doch auch der Buchbesitz des Essener Stifts war beachtlich. Nikolaus Kindlinger, ein Kenner der Materie, geriet im späten 18. Jahrhundert ins Staunen, als er einmal einen kurzen Blick auf die Bücherschränke werfen konnte.[262] Er fand Handschriften in hebräischer, griechischer, altsächsischer und selbstverständlich lateinischer Sprache; ein genaueres Studium erlaubte man ihm nicht. Doch von diesen Büchern ist in Essen nicht viel übriggeblieben. Nach der Säkularisierung brachte man die ältesten Handschriften nach Düsseldorf; etwa dreißig Manuskripte befinden sich heute in der dortigen Universitäts- und Landesbibliothek. Ein anderer Teil ist schon damals verkauft worden. Wertvolle Bücher gelangten so unter anderem nach London, Manchester und München.

Neben der Essener Stiftsbibliothek sind auch mehrere Reliquienschreine verlorengegangen oder zerstört worden. Der kostbarste war der sogenannte ‚goldene Schrein' oder Marsus-Schrein. Zwölf Pfund Gold und sieben Pfund Silber sollen daran verarbeitet gewesen sein. Er ist bereits 1794 auf tragische Weise den Wirren der Revolutionszeit zum Opfer gefallen. Da der Schrein im Ganzen nicht zu transportieren war, hatten die Kirchmeister die acht Goldplatten abgenommen und wollten sie einzeln in Sicherheit bringen. Der Versuch mißlang. Der kostbare Schrein ist ebenso verloren wie der silberne Schrein der hl. Pinnosa oder ein kleines silbernes Marienbild, mit dem Opfergeld gesammelt wurde.

Doch nicht nur materielle Schätze sind zerstört worden. Einzigartig war im Heiligen Römischen Reich deutscher Nation auch die Stellung der Essener Äbtissinnen und Stiftsdamen, die trotz ihres Geschlechtes aufgrund ihres adligen Standes und ihrer Funktion innerhalb des Stiftes bereits im Mittelalter und in der Frühen Neuzeit politische Macht ausüben konnten. Wer weiß schon, daß die ältesten und bedeutendsten katholischen Häuser des deutschen Hochadels bis zum Ende des Alten Reiches ihre Töchter ausgerechnet nach Essen schickten? Zu Beginn des vorigen Jahrhunderts, als Frauen für Emanzipation und Gleichberechtigung kämpften, haben zumeist katholische Lehrerinnen(-vereine) versucht, diese Einzigartigkeit ins Bewußtsein der Öffentlichkeit zu rufen. Doch in einer damals überwiegend noch protestantischen Stadt, wo konservative Honoratioren eine proletarisch-kleinbürgerliche Bevölkerung regierten, konnten sie für katholische adlige Frauen selten Interesse wecken.

Heute ist die stiftische Frauenherrschaft schon seit 200 Jahren beendet. Auch die damals allmählich beginnende Industrialisierung, die Förderung und Produktion von Kohle und Stahl, ist inzwischen überholt. Für beide Epochen der Essener Geschichte stehen Symbole: die goldene Madonna und Zeche Zollverein. Wenn beides im Bewußtsein der Stadt als Teil ihrer Geschichte verankert werden kann, wird auf dieser Grundlage der erforderliche Wandel zu schaffen sein.

Anmerkungen

Anmerkungen zu:
Einleitung

1 Schilp, Überlegungen, 84.
2 Ribbeck, Essener Äbtissinnen, 29.
3 Küppers-Braun, Dynastisches Handeln, 223ff.
4 Moser, Staatsrecht, Bd. 13,1, 393.
5 Pufendorf, Verfassung, 106.
6 Gruner, Wallfahrt, 250.
7 Mews, Flashoff, 39.

Anmerkungen zu:
Umstrittene Hypothesen und ungelöste Fragen zur Gründung der Abtei Essen

8 Derks, Gerswid und Altfrid; Schilp, Gründung oder Anfänge; Ders., Altfrid und Gerswid; Ders., Gründungsurkunde; Wisplinghoff, Untersuchungen; Bettecken, „Coenobium Astnide", bes. 33ff.; Pothmann, Heiligen- und Reliquienverehrung.
9 Schilp, Gründungsurkunde, 148.
10 Schilp, Altfrid oder Gerswid, 42.
11 Bodarwé, Sanctimoniales Diss., Kap. II.2.2.
12 Derks, Gerswid und Altfrid, 157.
13 Ebd.
14 Schilp, Altfrid oder Gerswid, 41.
15 Schilp, Gründung und Anfänge, 62.
16 Bodarwé, Sanctimoniales litteratae; Bodarwé, Roman martyrs; Dickhoff, Quintinskapelle; Derks, Gerswid und Altfrid, bes. 19f.; Röckelein, Schutz der Heiligen; Geschichte des Erzbistums Köln, Bd. 1, 298.
17 Urkunden und Akten, 160 Nr. 291.
18 Patrozinien, 608.
19 Röckelein, Schutz der Heiligen, 95.
20 Arens, Liber ordinarius, 72.
21 Pothmann, Heiligen- und Reliquienverehrung, 20.
22 Schilp, Altfrid oder Gerswid, 29.
23 Theil, Buchau, 45–54, hier 49.
24 Pohl, Herford, 405.
25 Petry, Baugeschichte, 3.
26 Tiefenbach, Xanten – Essen – Köln, 113.

Anmerkungen zu:
Grundherrschaft und ökonomische Basis des stiftischen Lebens

27 Weigel, Gewalt Carnap; Ders., Studien; Ders., Aufbau; Rheinisches Urkundenbuch, 22–68 (mit der älteren Literatur); Hoederath, Landeshoheit; Tewes, Mittelalter; Goetting, Gandersheim; Krägeloh, Lehnkammer; Ders., Unterlagen; Vogteirollen.
28 Krägeloh, Lehnkammer, 157f. Anm. 140.
29 Krägeloh, Unterlagen, 8
30 Auch zum Folgenden Krägeloh, Lehnkammer, 155, Beispiele 158.
31 Krägeloh, Unterlagen, 9; Ders., Lehnkammer, 263.
32 Krägeloh, Lehnkammer, 264f.; vgl. Ders., Unterlagen, 9.

33 Krägeloh, Lehnkammer, 260.
34 Ebd., 265f.
35 Ebd., 271.
36 Ebd., 255.

Anmerkungen zu:
Von der Abtei zum Hochstift bzw. Fürstentum Essen: Verfassung und Verwaltung im Wandel

37 Küppers-Braun, Frauen, 396ff. (Edition des Textes).
38 Huth, Sakramentarhandschrift; Tiefenbach, Xanten – Essen – Köln; Althoff, Necrolog, bes. 223–245; Schilp, Norm und Wirklichkeit; Bodarwé, Spinnennetz, 31ff.; Urkunden und Akten, 302f.; Küppers-Braun, Frauen.
39 Schmithals, Stifter; Küppers-Braun, Frauen; Felten, Kanonissenstifte.
40 Braun, Hochadelige Frauen.
41 Felten, Kanonissenstifte, 56.
42 Braun, Hochadelige Frauen, 67.
43 Telgmann, Ahnenzahl, Cap. II, § VI, 69.
44 Küppers-Braun, Frauen, 281.
45 Zit. n. ebd., 55.
46 Ebd., 129.
47 Zum Folgenden alle Nachweise ebd., 52ff.
48 Schilp, Norm und Wirklichkeit, 89–95.
49 Arens, Liber ordinarius; Bodarwé, Sanctimoniales litteratae; Boewe-Koob, Antiphonar; Küppers-Braun, Frauen, 64ff.
50 Bischoff, Musik, 192.
51 Bordarwé, Sanctimoniales litteratae, 102 (Faksimile u. lat. Text 101f.).
52 Arens, Liber ordinarius, 94.
53 Zum Folgenden Belege in Küppers-Braun, Frauen, 200ff.
54 Schilp, Religiöse Frauengemeinschaften, 15.
55 Muschiol, Das „gebrechlichere Geschlecht"; Bärsch, Essener Münsterkirche.
56 Küppers-Braun, Frauen, 200ff.
57 Krägeloh, Lehnkammer, 155, 176.
58 Küppers-Braun, Frauen, 71–93.
59 Ebd., 68ff.
60 Ebd, 267–302.
61 Kohl, Typologie, 137.
62 Fichtenau, Lebensordnungen, 305f.
63 Liebertz-Grün, Rollenbilder; Bodarwé, Sanctimoniales litteratae; Küppers-Braun, Hochadelsstifte; Dies., Sozialgeschichte; Dies., Frauen.
64 SächsHStA: Loc. 766, Acta […] 1774, 1775, Bl. 49.
65 Schilp, Kanonikerkonvent; Derks, Gerswid und Altfrid, bes. 95–103; Erkens, Siegfried von Westerburg, bes. 146–156, 319–321; Brandt, Herrenkapitel; Holbeck, Verfassungs- und Wirtschaftsgeschichte; Küppers-Braun, Frauen, 27–38.
66 Zit. n. Geuer, Äbtissinnenstreit, 62–64.
67 Schilp, Kanonikerkapitel, 178.
68 Ebd., 181.
69 Brandt, Herrenkapitel; zur Verleihung von Kanonikaten an der Essener Stiftskirche vgl. Urkunden und Akten, 232ff. Nr. 470; Nekrologisches Verzeichnis; Petry, Stadtrat.
70 Brandt, Herrenkapitel, 43.
71 Ebd., 51.
72 Landesgrundvergleich Art. III § 4, zit. n. Küppers-Braun, Frauen, 402.
73 Zum Amt des Ehrenkaplans vgl. Hoederath, Geistliche Richter; Haas, Stiftsoffizial Brockhoff (mit der älteren Literatur).

74 Arens, Die beiden Kapitel, 116.
75 Urkunden und Akten, 292.
76 Hoederath, Landeshoheit; Ders., Wahlkapitulationen; Küppers-Braun, Frauen, 103–178.
77 Haas, Ausbildung; Hoederath, Geistliche Richter; Ders., Hoheitsrechte; Hartung, „Frauen sollen schweigen"; Weier, Ausübung.
78 Zit. n. Küppers-Braun: Frauen, 103.
79 Haas, Offizialatsakten; Ders., Ausbildung, 56ff.
80 Klueting, Elsey, 88, 178ff.; Küppers-Braun, Frauen, 103ff.
81 Hörger, Fürstäbtissinnen; Wegener, Regalien.
82 Urkundenbuch Niederrhein, 630f. Nr. 733.
83 Urkunden und Akten, 335.
84 Petry, Goldene Bulle, 10.
85 Hoederath, Landeshoheit, 183.
86 Grevel, Elsabetha; Zitate aus Papsturkunden nach: Urkunden und Regesten, Bd. 1 u. 2; Lohmann, Anna Salome von Salm-Reifferscheidt.
87 Rheinisches Urkundenbuch, Nr. 166, hier S. 45.
88 NMPA: St-M, K 201, Konvol. XXII (ohne Paginierung).
89 Zum Folgenden ZA Wu 512 (ohne Seitenzählung)
90 Küppers-Braun, Frauen, 144ff.
91 Ebd., 396ff. bes. Art. II, § 2ff.
92 Schulte, Adel, 185f.
93 Krägeloh, Unterlagen, 8 und Anlage 5.
94 Krägeloh, Lehnkammer, 139f.
95 Ebd., 146
96 Auch zum Folgenden ebd., 204f. Anm. 70.
97 Ebd., 147f.
98 Ebd., 160f. Anm. 153.
99 Urkunden und Akten, 339.
100 Krägeloh, Lehnkammer, 176ff.
101 Ebd., 247.
102 Urkunden und Akten, 335ff.
103 Ebd., 343.
104 Jahn, Geschichte, 130.
105 Grevel, Archiv, 132.
106 HStAD: EA 48, Bl. 406.
107 Geuer, Vogtei; Hoederath, Landeshoheit; Willoweit, Vogt, Vogtei; Wisplinghoff, Kampf; Reimann, Grafen von der Mark.
108 Wisplinghoff, Kampf, 328.
109 Zit. n. Jahn, Geschichte, 106.
110 Zit. n. Schroeder, Meina von Oberstein, 110.

Anmerkungen zu:
Herrschaft und Konflikt

111 van Houts, Women; Lange, Westbau; Fremer, Theophanu; Eger, Herrscherinnen; Hundhausen, Anfänge; Dies, Aebtissinnen; Ribbeck, Äbtissinnen; Schmidt, Wiederherstellerin; Braun, Frauentestamente; Küppers-Braun, Frauen.
112 Auch zum Folgenden Lange, Westbau, 80f.
113 Fremer, Theophanu, 59ff.
114 van Cauteren, St.-Salvator te Susteren, 11ff.
115 Brand / Hopp, Ausgrabungen, 118.
116 Müller, Geschichtsforschung, 76f. (lat.) u. 94 (Übers.).
117 SächsHStA: Loc. 776: Acta, Das zu Wien betriebene Vermählungs-Werk des Römischen

Königs Joseph II. Majtt. mit der Prinzessin Kunigunde von Sachsen betr. 1764, Nr. 71, Bl. 172.

118 Ribbeck, Geschichte, 116ff.; Jahn, Geschichte, 87ff.; Eger, Herrscherinnen; Schrohe, Bestrebungen.

119 Essener Stadtschreiberbuch, 92.

120 Vgl. dazu: Ribbeck, Geschichte, 173ff.; Geuer, Vogtei; Tenhagen, Reihenfolge; Korte, Herford, 13–15.

121 Ribbeck, Geschichte, 156.

122 Geuer, Äbtissinnenstreit; Ribbeck, Geschichte, 342ff.; Jahn, Geschichte, 99f.; van der Loo, Stecke.

123 van der Loo, Stecke, 48.

124 Geuer, Äbtissinnenstreit, 53.

125 Schroeder, Meina von Oberstein; Essener Stadtschreiberbuch; Jahn, Geschichte, 101ff.; Vollmer, Vogtei.

126 Essener Stadtschreiberbuch, 165.

127 Jahn, Geschichte, 102.

128 Essener Stadtschreiberbuch, 77.

129 Denkschrift der Fürstin gegen die Stadt, zit. n. Deibl, Auflösung, 93.

130 Tewes, Mittelalter, 352ff.; Hopp/Parakenings-Boskurt, Ausgrabungen; Hopp, Berichte; Brand/Hopp, Archäologie.

131 Schilp, Überlegungen, 86.

132 Ebd., 88.

133 Schilp, Städtische Autonomie; Hoederath, Landeshoheit.

134 Küppers-Braun, Reichsstadt; Jahn, Geschichte, 207ff., Funcke / Pfeiffer, Geschichte, 345–347.

135 Zum Folgenden HStAD: RKG, E 589 I / 1908–II; vgl. Hauptstaatsarchiv Düsseldorf: Reichskammergericht 9,3, 115f.

136 Deibl, Auflösung, 110.

137 Seemann, Bauernsturm; Küppers-Braun, Reichsstadt.

138 Funcke / Pfeiffer, Geschichte, XI.

139 Krägeloh, Lehnkammer, 252, vgl. 263f., 186 Anm. 75.

140 Matthias, Brockhausen, 51.

141 ZA WU, Brief v. 12. Juli 1691

142 Ribbeck, Geschichte, 371.

143 StA Essen, Rep. 100, 2256 Bd. 1, Bl. 11ff.

144 StA Essen, Rep. 100, 2256 Bd. 1, Bl. 22–80; Rep. 100, 2258, Bl. 1–56.

145 StA Essen, Rep. 100, 2256 Bd. 1, Bl. 14ff.

146 StA Essen, Rep. 100, 2256 Bd. 6, Bl. 20ff.

147 Gruner, Wallfahrt, 250.

148 Schröter, Juden; Samuel, Juden; Kirchner, Rechtswesen; Braun, Synagoge.

149 Druck bei Funcke/Pfeiffer, Geschichte, 280–282 Nr. 30.

150 Schutzbrief der Äbtissin Elisabeth von Nassau für Salemon [!] und Lewe. 1409. Aug. 2, zit. n. Samuel, Juden, 132f.

151 Samuel, Juden, 138.

152 Ebd., 76f.

153 Ebd., 139f.

154 Auch zum Folgenden ebd., 141ff.

155 Auch zum Folgenden ebd., 152ff.

156 Ebd., 75, 90

157 Ebd., 159f.

158 Gersmann, Opfer; Seemann, Hexenprozesse; Reichart, Alltagsleben; Karsch, Rellinghausen; Wilbertz, Scharfrichter.

159 Gersmann, Opfer, 261.

160 Seemann, Hexenprozesse, 118.
161 Karsch, Rellinghausen, 28f.
162 Ebd., 27.
163 Moser, Staatsrecht, Bd. 13,1, 392, 477.
164 de Vries, Landtage, 25.
165 Ebd., 85f. Anm. 39.
166 Ebd., 102.
167 Ebd., 114.
168 Ebd., 125.
169 Ebd., 151.
170 Ennen, Unternehmerinnen; Müller, Geschichtsforschung; Grevel, Gutehoffnungshütte; Ballestrem, Dreiländereck; Joest, Pionier im Ruhrgebiet; Herzog, Eberhard Pfandhöfer; Eversmann, Eisen- und Stahl-Erzeugung; Reif, Unternehmer; Herzog, Gottlob Jacobi.
171 Ennen, Unternehmerinnen, 23.
172 Sonnleitner, Sophie von Gandersheim, 375.
173 Herzog, Eberhard Pfandhöfer, 68 Anm. 23.

Anmerkungen zu:
Adliges Leben im Stift

174 Grevel, Abteigebäude, 55; Humann, Abteigebäude; Schröter, Abteigebäude; Zimmermann, Münster, 150ff.; Küppers-Braun, Frauen, 218ff.
175 Die Skizzen, die im Hauptstaatsarchiv Düsseldorf, Bestand „Regierung Düsseldorf, Hochbau, Karten XI, Nr. 857–859" aufbewahrt werden, waren zu Beginn dieses Jahres (2002) nicht zu finden.
176 Westphalia 3 (1826), 287f.
177 Karsch, Rellinghausen, 7.
178 Münsterarchiv Essen: A 644: betr. Dormitorium.
179 HStAD: Karten 1251 und 1252.
180 Urkunden und Akten, 14 Nr. 12.
181 Hopp/Parakenings-Bozkurt, Ausgrabungen, 51.
182 Schröter, Baugeschichte; Gerchow, Oberhof; Küppers-Braun, Schloss Borbeck.
183 Küppers-Braun, Fürstin-Äbtissin Franziska Christine (hier auch die ältere Literatur).
184 Meyer, Ansichten einer Reise, 5.
185 HistAK: Jesuiten 655/4, Bl. 532v-535v, 573r–574r; Jesuiten 656, fol. 46r. Eine Edition ist in Vorbereitung.
186 Ribbeck, Kultur- und Wirtschafts-Geschichte; Küppers-Braun, Frauen, 228ff.
187 Westphalia 3 (1826), 287f., 295f.
188 Ebd., 223ff.
189 Kahsnitz, Evangeliar; Humann, Kunstdenkmäler; Pothmann, Kirchenschatz; Küppers-Braun, Frauen, 181ff.; Crusius, Kanonissenstift; Warnke, St. Cyriakus; von Fürstenberg, „Monstrum Westphaliae"; Schäfer, Kanonissen; Königs, Schwarzrheindorf.
190 Auch zum Folgenden Kahsnitz, Evangeliar, 60.
191 Westphalia 3 (1826), 295f.
192 Ebd., 287f.
193 Ribbeck, Geschichte, 487f.
194 Katalog, Nr. 137.
195 Voltaire: Correspondence III (janvier 1749 – décembre 1753). Ed. Theodore Bestermann. Editions Gallimard 1975, S. 204f. Nr. 2619.
196 Urkunden und Akten, 33 0f.
197 Zum Folgenden Urkunden und Akten, 311–322.
198 HStAD: EA 21, Bl. 133.
199 HStAD: EA 21, Bl. 183ff. § 45.

200 Belege zum Folgenden in Hoffmann: Skriptorium; Bodarwé, Sanctimoniales litteratae; Küppers-Braun, Frauen, 235ff.
201 Bodarwé, Sanctimoniales litteratae, 116.
202 Belege zum Folgenden in Hoffmann: Skriptorium; Bodarwé, Sanctimoniales litteratae; Küppers-Braun, Frauen, 237 und 416ff.
203 Küppers-Braun, Frauen, 240f.; Schröter, Imagina; Kaiserin Maria Theresia.
204 Hoffmann, Skriptorium, 122.
205 Flemming, Bildteppich; Warnecke, Agnes von Limburg-Stirum; Küppers-Braun, Frauen 232ff.
206 Gerchow, Fromme Bürger; Genossenschaft der Barmherzigen Schwestern; Heidemann, Beguinenconvente; Köhle-Hezinger, Fromme Frauen; Braun, Frauentestamente; Bunte, Beginen; Schultheis, Fromme Frauen; Gatz, Beginen.
207 Molitor, Frömmigkeit, 16f.
208 Essener Stadtschreiberbuch, 77.
209 Schröter: Imagina, 127.
210 Ebd, 135.
211 Küppers-Braun, Sozialgeschichte, 371.
212 Küppers-Braun, Kammermohren.
213 Münch, Lebensformen, 42.
214 Haas, Offizialatsakten; Bärsch, Feier; Arens, Liber ordinarius; Liber ordnarius.
215 Bärsch, Feier, 199.
216 Zum Folgenden Bärsch, Feier, 210ff.
217 Jahn, Hoftag; Ribbeck, Geschichte, 426ff.
218 Goebel, Hoher Besuch.
219 Wittgen, Chronik, 151.
220 Jahn, Geschichte, 280.
221 Arens, Kapuzinerkloster, 97–99.
222 HStAD: EA 50, Bl. 53f.
223 HStAD: EA 48, Bl. 412R
224 Perst, Kaisertochter; von Fürstenberg, „Monstrum Westphaliae“; Küppers-Braun, Frauen, 246ff.
225 Perst, Kaisertochter, 6.
226 Ebd., 6, 20, 21.
227 Zit. n. Müller, Kindlinger, 125.
228 Fichtenau, Lebensordnungen, 306ff; Goetting, St. Marien, 142f.; Finger, Frau, 13f.; Schröter, Imagina.
229 Zum Folgenden: ZA WU 512 (ohne Paginierung; Briefe v. 1689 März 15; 1690 Aug. 2; 1691 Juni 7; 1691 Juli 10; mehrere ohne Datum).
230 Funcke/Pfeiffer, Geschichte, X.
231 Vgl. dazu Lundt, Geschlechtsidentität.
232 Zum Folgenden Küppers-Braun, Frauen, 255ff. – Die Zitate wurden hier der besseren Verständlichkeit halber ins Hochdeutsche übersetzt.
233 Arens, Kapuzinerkloster; Mews, Apothekenwesen; Mews, Flashoff; Meyer, Brüning; Ostheide, Medizinisches; Ribbeck, Essener Gymnasium; Statuten der früheren Gilden; Vogeler, Brüning; Wagner, Medizinalwesen; Karsch, Stift Rellinghausen.
234 Meyer, Brüning, 90.
235 Ribbeck, Essener Gymnasium, 45.
236 Schröter, Imagina, 143, 145, 149.
237 Archieven, 83ff. Nr. 180.
238 Ebd., 99ff. Nr. 206.
239 NMPA: St-M, K 15, Bl. 262, (22), (24)
240 NMPA: St-M, K 37, Bl. 337–342R)
241 Arens, Kapuzinerkloster, 85 (Anm).

242 AEK: Assindia 45, Bl. 478.

243 NMPA: St-M, K 57, Bl. 32.

244 Vogeler, Brüning, 125.

245 Meyer, Brüning, 82ff., 102ff.

246 Ebd., 92.

247 Auch zum Folgenden ebd., 93f.

248 Ebd., 80f.

249 Arens, Liber ordinarius, 71ff.; Zimmermann, 126ff.; Braun, Gräber; Küppers-Braun, Frauen, 249ff.

250 Schröter: Imagina, 119, vgl. 130f.

251 HStAD: EA 93, Bl. 6.

252 Karsch, Verzeichnis der Pröpstinnen, 37.

253 Zum Folgenden Küppers-Braun, Frauen, 250ff.

Anmerkungen zu:
„Einen Rechtsbruch stellte die Säkularisation auf jeden Fall dar"

254 Körholz, Säkularisation, bes. 25; Jahn, Geschichte, 387ff.; Brand, Übergangszeit; Karpp, Anfänge; Bodarwé, Sanctimoniales litteratae; Arens, Liber ordinarius.

255 Auch zum Folgenden Körholz, Säkularisation, 48–51.

256 Aufruf an die Frauen der Stadt Essen v. 24. April 1815 in: Draeger, Bilder, 27f.

257 Zit. n. Brand, Übergangszeit, 118.

258 Ebd., 119.

259 Ribbeck, Festschrift, 13f.; Gruner, Wallfahrt, 252 u. 247; vgl. Mews, Berichte, 270.

260 Brand, Übergangszeit, 92 Anm. 333.

261 Mews, Flashoff, 39.

262 Vgl. Müller, Kindlinger, 123.

Die (Fürst-)Äbtissinnen des kaiserlich-freiweltlichen Damenstifts Essen[1]

† = gestorben

Nr.	Name	Amtszeit	Amtszeit in Jahren ( ) = ca.	Beisetzungsort	andere Stifte
1	Gerswid I.	um 850			
2	Gerswid II.	um 880			
3	Adalwi	† 895 (?) Sept. 22			
4	Wicburg	um 896 – † 906 (?) Dez. 26			
5	Mathilde I.	907 – † 910 (?) Jan. 1		Münsterkirche	
6	Hadwig I.[2]	910 – † 951 (?), Jul. 18	(48)		
7	Agana	951 – † 965 (?), Nov. 17	(14)	Krypta	
8	Ida	966 – † 971 (?), Jul. 16	(6)		
9	Mathilde, Enkelin Otto I.	971 – † 1011, Nov. 11	40		
10	Sophia, Tochter Otto II.	1012 – † 1039, Jan. 27	27	Gandersheim	seit 1001 Äbtissin in Gandersheim
11	Theophanu[3], Enkelin Otto II.	1039 – † 1058, März 5	19	Krypta	
12	Svanhild	1058 – † nach 1085, Juli 30	(27)	Krypta	
13	Lutgardis	um 1088 – † 1118 (?)	(20)		
14	Oda (v. Calw?)	1119 – † um 1137, Aug. 31	(18)		

Nr.	Name	Amtszeit	Amtszeit in Jahren ( ) = ca.	Beisetzungsort	andere Stifte
15	Ermentrudis	um 1140, † nach 1154 Apr. 25	(14)		
16	Hadwig v. Wied	1154, † um 1172, Jul. 4	(18)		Äbtissin in Gerresheim
17	Elisabeth I.	1172, † vor 1216, Apr. 14	(44)	Münsterkirche	Äbtissin von Maria im Kapitol in Köln; Äbtissin in Vreden
18	Aleidis	1216, † 1237 Apr. 23	(21)	Münsterkirche	
19	Elisabeth II.	ca. 1237, † 1241, Sept. 23	(4)		
20	Berta v. Arnsberg	vor 1243, † 1292 an. 8	(49)	Münsterkirche	
21	Beatrix v. Holte	1292–1327 Dez. 4	35	Münsterkirche	
22	Kunigunde v. Berg[4]	1327–resign. 1337 † 1355	10	Münsterkirche	Äbtissin in Gerresheim
23	Katharina v. der Mark	1337–1360	33	Münsterkirche	
24	Irmgard v. Broich	1360–1370	10		
25	Elisabeth v. Nassau[5]	1370–resign., † 1412 Dez. 30	42	Münsterkirche	
26	Margarete v. der Mark-(Arensberg)	1413–resign. 1426 1429 Okt. 12	13	Köln	
27	Elisabeth Stecke v. Beeck	1426–1445	19	Münsterkirche	
28	Sophia v. Daun-Oberstein[6]	1445–1447	2		
29	Elisabeth v. Saffenberg	1447–1459	12		
30	Sophia v. Gleichen, Schwester des Abtes v. Werden	1459–1489	30		
31	Meina v. Daun-Oberstein	1489–resign. 1521 † 1525	32	Münsterkirche	
32	Margarete v. Beichlingen	1525–1534	9	Vreden	Äbtissin in Vreden
33	Sibylle v. Montfort	1534–1551	17	Münsterkirche	

Nr.	Name	Amtszeit	Amtszeit in Jahren ( ) = ca.	Beisetzungsort	andere Stifte
34	Katharina v. Tecklenburg	1551–1560	9	Münsterkirche	
35	Maria v. Spiegelberg	1560–1561	1		
36	Irmgard v. Diepholz	1561–1575	14		
37	Elisabeth v. Manderscheid-Blankenheim-Gerolstein	1575– resign.1578 Heirat	3		
38	Elisabeth v. Sayn	1578–1588	10	Münsterkirche	Äbtissin von Nottuln
39	Elisabeth v. Manderscheid-Blankenheim	1588–1598	10	Essen-Borbeck, S. Dionysius	
40	Margarete Elisabeth v. Manderscheid-Blankenheim	1598–1604	6	Arnheim, Grote Kerk	Äbtissin in Gerresheim; Äbtissin in Schwarzrheindorf; Äbtissin in Freckenhorst
41	Elisabeth v. Bergh-s'Heerenberg	1604–1614	10	Münsterkirche	Äbtissin in Freckenhorst
42	Maria Clara v. Spaur, Pflaum u. Valör	1614–1644	30	Köln, ehem. Kapuzinerkirche	Äbtissin in Nottuln Äbtissin in Metelen
43	Anna Eleonore v. Staufen	1644–1645	1	Münsterkirche	Äbtissin in Thorn
44	Anna Salome v. Salm-Reifferscheidt	1646–1688	42	Münsterkirche	
	Vakanz: Regentschaft des Generalkapitels	1688–1690			
45	Anna Salome v. Manderscheid-Blankenheim	1690–1691	1	Münsterkirche	Äbtissin in Thorn
46	Bernardine Sophia v. Ostfriesland u. Rietberg	1691–1726	35	Mülheim-Styrum, Katakombe im Schloß	

Nr.	Name	Amtszeit	Amtszeit in Jahren ( ) = ca.	Beisetzungsort	andere Stifte
47	Franziska Christine v. Pfalz-Sulzbach	1726–1776	50	Essen-Steele, Kapelle der Fürstin Franziska-Christine-Stiftung	Äbtissin in Thorn
48	Maria Kunigunde von Sachsen	1776–resign. 1802, † 1826	26	Dresden, Krypta der Hofkirche	Äbtissin in Thorn

Anmerkungen

1 Nach Pothmann, Äbtissinnen; Bodorwé, Sanctimoniales litteratae.
2 Vgl. Levison, Ursula-Legende, 80-84; Wisplinghoff, Untersuchungen; 67. Buhlmann, Hadwig.
3 Vgl. Dresen, Gerresheim, 166; Fremer, Theophanu.
4 Ebd. 166, auch Anm. 8.
5 Zum Todestag vgl. Ribbeck, Geschichte, 341.
6 Angeblich vom Kapitel abgesetzt, vgl. Ribbeck, Geschichte, 386.

Quellen- und Literaturverzeichnis

Die *Aebtissinnen* von Essen. Nach dem Brüsseler Katalog mit Varianten und Anmerkungen, hg. v. Otto Seemann. EB 5 (1883).

Althoff, Gerd: Das *Necrolog* von Borghorst. Edition und Untersuchung (Veröffentlichungen der Historischen Kommission für Westfalen XL). Münster 1978.

De *Archieven* van het Kapittel der vorstelijke Rijksabdij Thorn. 2. Deel: 1550–1794, uitgeg. v. Josef Habets / A. J. A. Flamment. o. O. 1899.

Arens, Franz: *Die beiden Kapitel* des Stiftes Essen, in: EB 14 (1892), 98–164.

– Der *Liber ordinarius* der Essener Stiftskirche und seine Bedeutung für die Liturgie, Geschichte und Topographie des ehemaligen Stiftes Essen. EB 21 (1901).

– Das Essener *Kapuzinerkloster*, in: EB 29 (1907), 75–125.

Ballestrem, Andreas-Marco Graf von: Es begann im *Dreiländereck*. Das Stammwerk der GHH – Die Wiege der Ruhrindustrie. Tübingen [1970].

Bärsch, Jürgen: Die *Feier* des Osterfestkreises im Stift Essen. Nach dem Zeugnis des Liber Ordinarius (zweite Hälfte 14. Jahrhundert). Ein Beitrag zur Liturgiegeschichte der deutschen Ortskirchen (Quellen und Studien. Veröffentlichungen des Instituts für kirchengeschichtliche Forschung des Bistums Essen, Bd. 6). Münster 1995.

– Die *Essener Münsterkirche* als Ort des Gottesdienstes. Zur Feier der Liturgie im mittelalterlichen Stift Essen, in: Herrschaft, Bildung und Gebet, 71–85.

Beese, Birgit: *Heilige Äbtissinnen*, liebeskranke Stiftsdamen und sächsische Jungfrauen. Die Rezeption Essener Äbtissinnen des Mittelalters in der Geschichts- und Heimatforschung, in: Vergessene Frauen, 273–322.

Bettecken, Winfried: Stift und Stadt Essen. „*Coenobium Astnide*" und Siedlungsentwicklung bis 1244 (Quellen und Studien. Veröffentlichungen des Instituts für kirchengeschichtliche Forschung des Bistums Essen, Bd. 2). Münster 1988.

Bischoff, Bernhard: Die liturgische *Musik* und das Bildungswesen im frühmittelalterlichen Stift Essen, in: AHVN 157 (1955), 191–194.

Bodarwé, Katrinette: *Roman martyrs* and their veneration in Ottonian Saxony: the case of the *sanctimoniales* of Essen, in: Early medieval Europe vol. 9 (2000), 345–365.

– Ein *Spinnennetz* von Frauenklöstern. Kommunikation und Filiation zwischen sächsischen Frauenklöstern im Frühmittelalter, in: Lesen, Schreiben, Sticken und Erinnern. Beiträge zur Kultur- und Sozialgeschichte mittelalterlicher Frauenklöster, hg. v. Gabriela Signori. Bielefeld 2000, 27–52.

– *Sanctimoniales litteratae*. Schriftlichkeit und Bildung im ottonischen Essen, in: Herrschaft, Bildung und Gebet, 101–117.

– *Sanctimoniales litteratae*. Bildung und Schriftlichkeit in den ottonischen Kommunitäten Gandersheim, Essen und Quedlinburg. Mskr. *Diss*. Bonn 2001.

Boewe-Koob, Edith: Das *Antiphonar* der Essener Handschrift D3. (Quellen und Studien. Veröffentlichungen des Instituts für kirchengeschichtliche Forschung des Bistums Essen, Bd. 7). Münster 1997.

Bonczek, Willi: Essen im Spiegel seiner Karten. Historische Karten und Stiche vom Mittelalter bis zur Neuzeit. Essen 1975.

Brand, Cordula u. *Hopp*, Detlef: *Archäologie* in der Essener City, in: Die Mauer der Stadt, 58–70.

– *Ausgrabungen* im Münster zu Essen, in: Archäologie im Rheinland 1996. Veröffentlichung des Landschaftsverbandes Rheinland, Rheinisches Amt für Bodendenkmalpflege, hg. v. Harald Koschik. Köln 1997, 117f.

Brand, Jürgen: Geschichte der ehemaligen Stifter Essen und Werden während der *Übergangszeit* von 1806–1813 unter besonderer Berücksichtigung der großherzoglich-bergischen Justiz und Verwaltung, in: EB 86 (1971), 5–155.

Brandt, Hans-Jürgen: Das *Herrenkapitel* am Damenstift Essen in seiner persönlichen Zusammensetzung und seinen Beziehungen zur Seelsorge (1292–1412), in: EB 87 (1972), 5–144.

Braun, Ute: Das Damenkapitel läßt eine neue *Synagoge* bauen (1685), in: MaH 44 (1991), 33–40.

– *Frauentestamente*: Stiftsdamen, Fürstinnen-Äbtissinnen und ihre Schwestern in Selbstzeugnissen (17./18. Jh.), in: EB 104 (1992), 11–99.

– *Hochadelige Frauen* des kaiserlich-freiweltlichen Damenstifts Essen. Neue Fragestellungen, in: Vergessene Frauen, 51–75.

– Über *Gräber* von Fürstinnen-Äbtissinnen und Stiftsdamen im Essener Münster, in: MaH 45 (1992), 42–51.

Buhlmann, Michael: Die Essener Äbtissin Hadwig von Wied, in: MaH (in Vorb.)

Bunte, Monika: Beginen: Selbständige Frauen sichern ihren Lebensunterhalt, in: Mystik, Minne, Macht, 67–88.

van Cauteren, John: De kerk en kerkschat van het kapittel van *St.-Salvator te Susteren*. Susteren 1993.

Crusius, Irene: *Sanctimoniales quae se canonicas vocant*. Das *Kanonissenstift* als Forschungsproblem, in: Studien zum Kanonissenstift, 9–38.

Deibl, Sandra: Die *Auflösung* des Beginenkonvents im Neuen Hagen und ihre Folgen – Ein Beitrag zur Geschichte von Stadt und Stift Essen am Ende des 18. Jahrhunderts, in: EB 108 (1996), 61–112.

Derks, Paul: *Gerswid und Altfrid*. Zur Überlieferung der Gründung des Stiftes Essen. EB 107 (1995).

Dickhoff, Erwin: Eine unbekannte Darstellung der *Quintinskapelle*, in: MaH 31 (1978), 131–138.

[Draeger, Friedrich]: *Bilder* aus dem alten Essen in der ersten Zeit nach der Vereinigung der Stadt Essen mit der Krone Preußen. Essen [um 1910].

Dresen, Arnold: *Memorien* des Stiftes Gerresheim, in: Düsseldorfer Jahrbuch 34 (1928), 155–179.

Eger, Anni: *Herrscherinnen* über Essen. 1. Gerswid (850–870); 2. Mathilde (973–1011); 3. Theophanu (1039–1056); 4. Suanhild (1073–1085); 5. Hadwig von Wied (1164–1170); 6. Bertha von Arnsberg (1243–1292); 7. Elisabeth von Nassau (1370–1412); 8. Meyna vom Oberstein (1489–1525), Irmgard von Diepholz (1489–1504), Margaretha von Beichlingen (1520–1534); 9. Irmgard von Diepholz (1561–1575); 10. Maria Clara von Spaur (1614–1644); 11. Anna Eleonora von Staufen (1645–1646); 12. Anna Salome von Salm-Reifferscheidt (1646–1688), in: MaH 7 (1954), 3–5, 18–21, 50–55, 66–70, 82–88, 98–103, 114–120, 128–135, 144–149, 162–169, 178–180, 195–199.

Ennen, Edith: Frauen geistlichen Standes als mittelalterliche *Unternehmerinnen*, in: Christliche Unternehmer. Büdinger Forschungen zur Sozialgeschichte 1992 und 1993 (Deutsche Führungsschichten in der Neuzeit, Bd. 19), hg. v. Francesca Schinzinger. Boppard am Rhein 1994, 23–38.

Erkens, Franz-Reiner: *Siegfried von Westerburg* (1274–1297). Die Reichs- und Territorialpolitik eines Kölner Erzbischofs im ausgehenden 13. Jahrhundert (Rheinisches Archiv 114). Bonn 1982.

Das *Essener Stadtschreiberbuch*, hg. v. Ferdinand Schroeder, in: EB 22 (1902), 29–201.

Eversmann, Friedrich August Alexander: Uebersicht der *Eisen- und Stahl-Erzeugung* auf Wasserwerken in den Ländern zwischen Lahn und Lippe. […] Dortmund 1804.

Ewald, Wilhelm / Meyer-Wurmbach, Edith: *Rheinische Siegel* IV. Siegel der Stifte, Klöster und geistlichen Dignitäre. Tafeln und Textbde. (Publikationen der Gesellschaft für rheinische Geschichtskunde XXVII). Köln/Bonn 1972ff.

Felten, Franz J.: Wie adelig waren *Kanonissenstifte* im Mittelalter? In: Studien zum Kanonissenstift, 39–128.

Fichtenau, Wilhelm: *Lebensordnungen* des 10. Jahrhunderts. Studien über Denkart und Existenz im einstigen Karolingerreich, München 1992, Erstauflage Stuttgart 1984.

Finger, Heinz: Die *Frau* in der Adelskirche des Mittelalter, in: Mystik, Macht und Minne, 11–45.

Flemming, Johanna: Der spätromanische *Bildteppich* der Quedlinburger Äbtissin Agnes, in: Sachsen und Anhalt. Festschrift für Ernst Schubert. Jahrbuch der Historischen Kommission für Sachsen-Anhalt 19 (1997), 517–553.

Fremer, Torsten: Äbtissin *Theophanu* (1039–1058) – Ottonischer Schlußakkord in Essen, in: Herrschaft, Bildung und Gebet, 59–70.

Funcke, F. Ph[ilipp] in Verbindung mit Bertram *Pfeiffer*: *Geschichte* des Fürstenthums und der Stadt Essen. Ein Beitrag zur Geschichte Rheinland-Westphalens. Mülheim a. d. Ruhr 1848.

von Fürstenberg, Michael Freiherr: „Ordinaria loci“ oder „*Monstrum Westphaliae*“? Zur kirchlichen Rechtsstellung der Äbtissin von Herford im europäischen Vergleich. (Studien und Quellen zur westfälischen Geschichte Bd. 29). Paderborn 1995.

Gatz, Erwin: Die letzten *Beginen* im deutschen Südwesten, in: EB 85 (1970), 81–98.

Die *Genossenschaft der Barmherzigen Schwestern* von der hl. Elisabeth zu Essen. Zusammengestellt von Schwestern der Genossenschaft. Siegburg 1957.

Gerchow, Jan: *Fromme Bürger* in einer geistlichen Herrschaft. Die Essener und die Kirche im späten Mittelalter, in: Die Mauer der Stadt, 167–181.

– Vom *Oberhof* zur Residenz der Essener Äbtissin: „Haus“ Borbeck im Mittelalter, in: Schloss Borbeck und sein Park, 13–22.

Gersmann, Gudrun: Auf den Spuren der *Opfer* – zur Rekonstruktion weiblichen Alltags unter dem Eindruck frühneuzeitlicher Hexenverfolgung, in: Vergessene Frauen, 243–272.

Geschichte der Mädchen- und Frauenbildung, Bd. 1: Vom Mittelalter bis zur Aufklärung, hg. v. Elke Kleinau u. Claudia Opitz. Frankfurt, New York 1996.

Geschichte des Erzbistums Köln, Bd. 1: Das Bistum Köln. Von den Anfängen bis zum Ende des 12. Jahrhunderts. Bearb. v. Friedrich Wilhelm Oediger. 2. Aufl. Köln 1972.

Geuer, Franz: Der Kampf um die essendische *Vogtei*, in: EB 13 (1889), 105–144.

– Ein *Äbtissinnenstreit* im Stift Essen, in: EB 14 (1892), 47–68.

Goebel, Franz: *Hoher Besuch* im Stift Essen, in: MaH 7 (1954), 200–202.

Goetting, Hans (Bearb.): Das Bistum Hildesheim 1. Das reichsunmittelbare Kanonissenstift *Gandersheim*. Germania Sacra N. F. 7. Die Bistümer der Kirchenprovinz Mainz: Berlin-New York 1973.

– (Bearb.): Das Bistum Hildesheim 2: [...] Das Benediktinerinnenkloster *St. Marien* vor Gandersheim [...]. Germania sacra N.F. 8. Berlin, New York 1974.

Grevel, Wilhelm: Geschichte der Gründung und ersten Entwicklung der *Gutehoffnungshütte* in Sterkrade, in: EB 2 (1881), 1–18.

– *Elsabetha*, geb. Gräfin von Manderscheidt und Blankenheim, Fürst-Äbtissin des Stifts Essen von 1575 bis 1578, in: EB 13 (1889), 3–96.

– Das *Abteigebäude* zu Essen und die Residenz der Fürst-Abtissinnen. In: EB 15 (1894), 53–74.

– Das *Archiv* der Familie von Düngelen, in: EB 34, 113–211.

Gruner, Justus: Meine *Wallfahrt* zur Ruhe und Hoffnung oder Schilderung des sittlichen und bürgerlichen Zustandes Westphalens am Ende des achtzehnten Jahrhunderts. Teil 2. Frankfurt a. M. 1803.

Haas, Reimund: Die *Ausbildung* des Essener Offizialates in der Neuzeit, in: MaH 38 (1985), 29–70.

– (Bearb.): Essener *Offizialatsakten* als personengeschichtliche Quelle. Veröffentlichungen der Westdeutschen Gesellschaft für Familienkunde, Neue Folge Nr. 47. Köln 1989.

– Der letzte Essener *Stiftsoffizial* Aloys Joseph Wilhelm *Brockhoff* (1739–1825), in: Christen an der Ruhr, Bd. 1, hg. v. Alfred Pothmann u. Reimund Haas. Bottrop/Essen 1998, 96–137.

Hartung, Iris: „Die *Frauen sollen schweigen* in den Gemeindeversammlungen“ – oder die vergessenen quasibischöflichen Rechte der Essener Äbtissin Maria Kunigunde von Sachsen (1776–1802), ausgeführt durch ihren Offizial Alois Joseph Brockhoff (1790–1802/21). Diplomarbeit (1997), vorgelegt an der Philosophisch-Theologischen Hochschule der Franziskaner und Kapuziner in Münster.

Das *Hauptstaatsarchiv Düsseldorf* und seine Bestände. 9,3: *Reichskammergericht* E-G. Bearb. v. Wolfgang Antweiler u. Brigitte Kasten unter Mitarbeit v. Paul Hoffmann. Siegburg 1989.

Heidemann, Julius: Die *Beguinenconvente* Essens. EB 9 (1886).

Herrschaft, Bildung und Gebet. Gründung und Anfänge des Frauenstifts Essen, hg. v. Günter Berghaus, Thomas Schilp und Michael Schlagheck. Essen 2000.

Herzog, Bodo: Eberhard *Pfandhöfer*. Zu seinem 225. Geburtstag am 15. September 1968, in: EB 83 (1968), 55–80.

– *Gottlob Jacobi* (1770–1823), in: Rheinische Vierteljahrsblätter 40 (1976), 176–198.

Hoederath, Hans Theodor: Die *Landeshoheit* der Fürstäbtissinnen von Essen, ihre Entstehung und Entwicklung bis zum Ende des 14. Jahrhunderts, in: EB 43 (1926), 145–183.

– Die *Wahlkapitulationen* der Fürstäbtissinnen von Essen, in: EB 44 (1927), 101–143.

– Die *geistlichen Richter* der Fürstäbtissinnen von Essen, in: EB 45 (1927), 129–151.

– Die geistlichen *Hoheitsrechte* der Fürstäbtissinnen im Mittelalter, in: Zeitschrift der Savigny-Stiftung für Rechtsgeschichte Bd. 69, Kanonistische Abteilung 38 (1952), 158–250.

Hoffmann, Hartmut: Das *Skriptorium* von Essen in ottonischer und frühsalischer Zeit, in: Kunst im Zeitalter der Kaiserin Theophanu. Akten des Internationalen Colloquiums, veranstaltet vom Schnütgen-Museum Köln, 13.–15. Juni 1991, hg. v. Anton von Euw. Köln 1993, 113–153.

Holbeck, Wilhelm: Zur mittelalterlichen *Verfassungs- und Wirtschaftsgeschichte* des Kanonichenkapitels am hochadligen Damenstift Essen bis 1600, in: EB 38, 117–178.

Hopp, Detlef u. *Parakenings-Boskurt*, Birgit: *Ausgrabungen* im historischen Kern Essens, in: EB 106 (1994), 41–73.

Hopp, Detlef: *Berichte* zu archäologischen Beobachtungen in Essen, in: EB 106 (1994), 76–117.

Hörger, Karl: Die reichsrechtliche Stellung der *Fürstäbtissinnen*, in: Archiv für Urkundenforschung 9 (1926), 195–270.

van Houts, Elisabeth: *Women* and the writing of history in the early Middle Ages: the case of Abbess Matilda of Essen and Aethelward, in: Early Medieval Europe 1992 1 (1), 53–68.

Humann, Georg: Die ehemaligen *Abteigebäude* zu Essen, in: EB 15 1894), 77–85.

– Die *Kunstwerke* der Münsterkirche zu Essen [Text- u. Bildband]. Düsseldorf 1904.

Hundhausen, Johanna: Aus den *Anfängen* des Essener Stiftes [Altfrid, Mathilde, Sophia, Theophanu, Swanhild], in: Die christliche Frau 32 (1934), 238–245.

– Mittelalterliche *Aebtissinnen* des Stiftes Essen [Hadwig von Wied, Berta von Arnsberg, Beatrix von Holte, Elisabeth von Nassau], in: Die christliche Frau 35 (1937), 108–114, 145–148, 178–183.

Huth, Volkhard: Die Düsseldorfer *Sakramentarhandschrift* D 1 als Memorialzeugnis. Mit einer Wiedergabe der Namen und Namengruppen, in: Frühmittelalterliche Studien 20 (1986), 213–298.

Jahn, Robert: Der *Hoftag* König Ottos I. bei Steele im Mai 938, in: EB 56 (1938), 7–90.

– Essener Geschichte. Die geschichtliche Entwicklung im Raum der Großstadt Essen. 2. Aufl. Essen 1957.

Joest, Hans-Josef: *Pionier im Ruhrgebiet*. Gutehoffnungshütte – Vom ältesten Montan-Unternehmen Deutschlands zum größten Maschinenbau-Konzern Europas. Stuttgart-Degerloch 1982.

Kahsnitz, Rainer: Die Essener Äbtissin Svanhild und ihr *Evangeliar* in Manchester, in: EB 85 (1970), 13–80.

Kaiserin Maria Theresia und Kurfürstin Maria Antonia von Sachsen. Briefwechsel 1747–1772, hg. v. Woldemar Lippert. Leipzig 1908.

Karpp, Gerhard: Die Anfänge einer Büchersammlung im Frauenstift Essen, in: Herrschaft, Bildung und Gebet, 119–134.

Karsch: Das Stift *Rellinghausen* in den letzten Jahrzehnten des 16. Jahrhunderts, in: EB 14 (1892), 3–35.

– *Verzeichnis der Pröpstinnen* und Dechantinnen des kaiserlich freiweltlichen Damenstifts Rellinghausen, in: EB 14 (1892), 35–46.

Katalog der ortsgeschichtlichen Ausstellung Essen 22. Sept. bis 15. Okt. 1901. Essen [1901].

Kirchner, Bernhard: *Rechtswesen* und Rechtsbräuche in der Stadt Essen während des 16. und 17. Jahrhunderts, in: EB 60 (1940), 143–237.

Klein, Käthe: Maler *Barthel Bruyn* in Essen und Werden. Jahresgabe Kunstring Folkwang. Essen 1954.

Klueting, Edeltraud: Das (freiweltliche) adlige Damenstift *Elsey*. Geschichte, Verfassung und Grundherrschaft in Spätmittelalter und Frühneuzeit (Altenaer Beiträge, Bd. 14). Altena 1980.

Kohl, Wilhelm: Bemerkungen zur *Typologie* der Frauenklöster des 9. Jahrhunderts im westlichen Sachsen, in: Untersuchungen zu Kloster und Stift (Veröffentlichungen des Max-Planck-Instituts für Geschichte 68, Studien zur Germania sacra 14). Göttingen 1980.

Köhle-Hezinger, Christel: *Fromme Frauen*, fromme Bilder, in: Weib und Seele. Frömmigkeit und Spiritualität evangelischer Frauen in Württemberg. Katalog zur Ausstellung im Landeskirchlichen Museum Ludwigsburg v. 16. Mai – 8. November 1998, Stuttgart 1998, 15–22.

Königs, Karl: St. Maria und St. Clemens *Schwarzrheindorf*. Ein Kirchenführer. Bonn 2001.

Körholz, Franz: Die *Säkularisation* und Organisation in den preussischen Entschädigungsländern Essen, Werden und Elten – 1802–1806. Münster 1907.

Korte, Friedrich: Die staatsrechtliche Stellung von Stift und Stadt *Herford* vom 14. bis zum 17. Jahrhundert. Jahresbericht des Historischen Vereins für die Grafschaft Ravensberg 58 (1956).

Krägeloh, Konrad: Die *Lehnkammer* des Frauenstifts Essen. Ein Beitrag zur Erforschung des Essener Kanzleiwesens, in: EB 48 (1930), 99–278.

– Urkundliche und statistische *Unterlagen* der Abhandlung: Die Lehnkammer des Frauenstifts Essen, in: EB 58 (1939), 5–171.

Kramer, Heinz Josef: Das Stift Essen. *Münzen* und Medaillen. Königliche und stiftische Prägungen in und für Essen (Quellen und Studien. Veröffentlichungen des Instituts für kirchengeschichtliche Forschung des Bistums Essen, Bd. 3). Münster 1993.

Küppers-Braun, Ute: *Reichsstadt*, Landstadt oder civitas mixta? Stadt und Stift in der Frühen Neuzeit, in: Die Mauer der Stadt, 102–111.

– Katholische *Hochadelsstifte* als Orte weiblicher Sozialisation im 17. und 18. Jahrhundert, in: Geschichte der Mädchen- und Frauenbildung, 207–217.

– *Frauen* des hohen Adels im kaiserlich-freiweltlichen Damenstift Essen (1605–1803). Eine verfassungs- und sozialgeschichtliche Studie. Zugleich ein Beitrag zur Geschichte der Stifte Thorn, Elten, Vreden und St. Ursula in Köln (Quellen und Studien. Veröffentlichungen des Instituts für kirchengeschichtliche Forschung des Bistums Essen, Bd. 8). Münster 1997.

– *Fürstin-Äbtissin Franziska Christine von Pfalz-Sulzbach* (1696–1776), in: Christen an der Ruhr, Bd. 1, hg. v. Alfred Pothmann u. Reimund Haas. Bottrop, Essen 1998, 61–82.

– „Haus" und *Schloss Borbeck* in der Frühen Neuzeit (16.–18. Jh.), in: Schloss Borbeck und sein Park, 23–40.

– Zur *Sozialgeschichte* katholischer Hochadelsstifte im Nordwesten des Altens Reiches im 17. und 18. Jahrhundert, in: Studien zum Kanonissenstift, 349–394.

– *Kammermohren*: Ignatius Fortuna am Essener Hof und andere farbige Hofdiener, in: MaH 54 (2001), 17–49.

– *Dynastisches Handeln* von Frauen in der Frühen Neuzeit, in: Dynastie und Herrschaftssicherung in der Frühen Neuzeit, hg. v. Heide Wunder. Zeitschrift für Historische Forschung, Beiheft. Berlin 2002, 221–238.

Lange, Klaus: Der *Westbau* des Essener Doms. Architektur und Herrschaft in ottonischer Zeit (Quellen und Studien. Veröffentlichungen des Instituts für kirchengeschichtliche Forschung des Bistums Essen, Bd. 9). Münster 2001.

Levison, Wilhelm: Das Werden der *Ursula-Legende*, in: Bonner Jahrbuch 132 (1927), 1–164.

Lexikon der christlichen Ikonographie, 8 Bde, hg. v. Wolfgang Braunfels. Rom u. a. 1976.

Der *Liber ordinarius* der Essener Stiftskirche. [Textausgabe] [Mit] Einleitung, Erläuterungen und einem Plan der Stiftskirche und ihrer Umgebung im 14. Jahrhundert, hg. v. Franz Arens. Paderborn 1908.

Liebertz-Grün, Ursula: *Rollenbilder* und weibliche Sozialisation im Adel, in: Geschichte der Mädchen- und Frauenbildung, 42–62.

Lohmann, F. W.: Äbtissin *Anna Salome von Salm-Reifferscheidt* und Stift und Stadt Essen zur Zeit ihrer Wahl (1646). Nach notariell beglaubigten Akten der Kölner Nuntiatur im Erzdiözesan-Archiv, in: EB 45 (1927), 275–287.

van der Loo, Joost / Pies, Eike: Die Herren *Stecke*, 1. Teil: Darstellung, Kreisarchiv Kleve 1985.

Lundt, Bea: *Geschlechtsidentität* im Spiegel von Märchen und Sagen im Ruhrgebiet am Beispiel von „Pfalzgraf und Kaisertochter" und Wundergeschichten des Caesarius von Heisterbach. Zur Liebe befreit: Die Märchenhochzeit zwischen Ezzo und Mathilde im 10. Jahrhundert, in: Vergessene Frauen, 213–242.

Lux, Thomas: Bau und Abriß der *Stadtmauer*. Die Geschichte einer Großbaustelle, in: Die Mauer der Stadt, 42–57.

Matthias, Ernst: Der Essener Oberhof *Brockhausen*. Ein Beitrag zur westfälischen Wirtschaftsgeschichte, in: EB 33 (1911), 3–75.

Die Mauer der Stadt. Essen vor der Industrie 1244 bis 1865, hg. v. Jan Gerchow. Katalog zur Ausstellung im Ruhrlandmuseum 1. Dez. 1995 – 14. April 1996. Bottrop, Essen 1995.

Mews, Karl: Stadt und Stift Essen in den *Berichte*n von Geographen und Reisenden vergangener Zeiten, in: EB 34 (1912), 257–284.

– Vier Jahrhunderte Essener *Apothekenwesens*, in: EB 74 (1958), 3–67.

– Dr. Franz Wilhelm *Flashoff*, Fürstlicher Hofapotheker und Königlich Preußischer Kommissionsrat, Essen 1771–1837, in: EB 77 (1961), 1–43.

Meyer, Christian Friedrich: *Ansichten einer Reise* durch das Clevische und einen Theil des Holländischen über Crefeld, Düsseldorf und Elberfeld, mit einigen dabei angestellten ökonomischen Betrachtungen im Jahre 1794. Nebst einer zweiten ökonomischen Bereisung der Rheingegenden von Wesel bis Coblenz im Juni 1794. Düsseldorf 1797.

Meyer, Heinz: Die Persönlichkeit und die Bedeutung des Essener Arztes Georg Florenz Heinrich *Brüning*, in: EB 74 (1958), 69–109.

Mischell, Alexia: Der *Haushalt* des Essener Damenkapitels von 1550–1648, in: EB 38 (1919), 1–115.

Molitor, Hansgeorg: *Frömmigkeit* in Spätmittelalter und früher Neuzeit, in: Festgabe für Ernst Walter Zeeden zum 60. Geburtstag, hg. v. H. Rabe, H. Molitor, H.-Chr. Rublack. Münster 1976, 1–20.

Moser, Johann Jacob: Neues teutsches *Staatsrecht*. 20 Bde. Neudruck der Ausgabe 1766–1782, Osnabrück 1967ff.

Müller, Helmut: Nikolaus *Kindlinger*, Archivar des Stiftes Essen. Nach seinen autobiographischen Aufzeichnungen, in: MaH 24 (1971), 117–138.

– Essener *Geschichtsforschung* und Forscher früherer Jahrhunderte. Neue Forschungsergebnisse. EB 82 (1966).

Münch, Paul: *Lebensformen* in der frühen Neuzeit. 1500–1800. Frankfurt, Berlin 1996.

Muschiol, Gisela: *Das „gebrechlichere Geschlecht"* und der Gottesdienst. Zum religiösen Alltag in Frauengemeinschaften des Mittelalters, in: Herrschaft, Bildung und Gebet, 19–27.

Mystik, Macht und Minne. Vorträge im Rahmen der Ausstellung „Die Frau im mittelalterlichen Rheinland" – Handschriften und Frühdrucke des 9. bis 16. Jahrhunderts aus den Sondersammlungen der Universitäts- und Landesbibliothek Düsseldorf (18. Mai bis 30. Juni 1995). Düsseldorf 1996.

Ein *nekrologisches* Verzeichnis von Essener Kanonichen, hg. v. Tönnissen, in: EB 33 (1911), 188–191.

Ordo horas canonicas recitandi et missas celebrandi juxta ritum romanum ad usum cleri principalis territorii Essendiensis. Essen 1784, 1785, 1791, 1802.

Ostheide, Albert: *Medizinisches* aus einer Handschrift in Essen a. d. Ruhr, in: EB 29 (1907), 129–135.

Die *Patrozinien* Westfalens von den Anfängen bis zum Ende des Alten Reiches, hg. v. Institut für religiöse Volkskunde Münster. Bearb. v. Peter Ilisch und Christoph Kösters. Münster 1992.

Perst, Otto: Die *Kaisertochter* Sophie, Äbtissin von Gandersheim und Essen (975–1039), in: Braunschweigisches Jahrbuch 38 (1957), 5–46.

Petry, Manfred: Zur Geschichte des Essener *Stadtrate*s im 14. Jahrhundert, in: MaH 30 (1977), 1–57.

– Zur älteren *Baugeschichte* des Essener Münsters, in: EB 98 (1983), 1–14.

– Zur *goldenen Bulle* Kaiser Karls IV. für das Stift Essen, in: EB 93 (1978), 7–19.

Pohl, Meinhard: *Herford*, Reichsabtei, in: Westfälisches Klosterbuch Bd. 1, 404–412.

Pothmann, Alfred: Die *Äbtissinnen* des Essener Stiftes, in: MaH 40 (1987), 5–10.

– *Heiligen- und Reliquienverehrung* im Stift Essen, in: MaH 38 (1985), 13–28.

– Der Essener *Kirchenschatz* aus der Frühzeit der Stiftsgeschichte, in: Herrschaft, Bildung und Gebet, 135–153.

Pufendorf, Samuel: Die *Verfassung* des deutschen Reiches. Übersetzung, Anmerkungen und Nachwort v. Horst Denzer. Durchges. u. bibliogr. erg. Aufl. Stuttgart 1994.

Reichart, Andrea: *Alltagsleben* im späten Mittelalter. Der Übergang zur frühen Neuzeit am Beispiel der Stadt Essen (1400–1700). Essen 1992.

Reif, Heinz: Der *Unternehmer*, die Äbtissin, das Wasser und der Staat. Zu den Anfängen der Eisenindustrie im Ruhrgebiet, in: Journal für Geschichte 2 (1986), 13–21.

Reimann, Norbert: Die *Grafen von der Mark* und die geistlichen Territorien der Kölner Kirchenprovinz (1313–1368). Dortmund 1973.

Rheinisches Urkundenbuch. Ältere Urkunden bis 1100, Bd. 2: Elten-Köln, S. Ursula, bearb. v. Erich Wisplinghoff. Düsseldorf 1994.

Ribbeck, Konrad: *Festschrift* zur 100jährigen Jubelfeier am 3. August 1902. Essen 1902.

– *Geschichte* der Stadt Essen. Erster Teil [mehr nicht erschienen]. Essen 1915.

– *Essener Äbtissinnen* aus neun Jahrhunderten, in: Zeitschrift des Rheinischen Vereins für Denkmalpflege und Heimatschutz 21 (1928), 29–48.

– Geschichte des *Essener Gymnasiums*, T. II: Die lutherische Stadtschule 1564–1611. EB 19 (1898), 3–73.

– Zur *Kultur- und Wirtschafts-Geschichte* des Stiftes Essen im Mittelalter, in: EB 48 (1930), 23–50.

Röckelein, Hedwig: Leben im *Schutz der Heiligen*. Reliquientranslationen nach Essen vom 9. bis 11. Jahrhundert, in: Herrschaft, Bildung und Gebet, 87–100.

Samuel, S.: Geschichte der *Juden* in Stadt und Stift bis zur Säkularisation des Stifts (1291–1802), in: EB 26 (1905), 53–163.

Urkunden und Regesten zur Geschichte der Rheinlande aus dem Vatikanischen Archiv, bearb. v. Heinrich Volbert Sauerland (Publikationen der Gesellschaft für Rheinische Geschichtskunde 23). Bd. 1ff. Bonn 1902ff.

Schäfer, Karl Heinrich: *Kanonissen* und Diakonissen, in: Römische Quartalschrift für christliche Altertumskunde und Kirchengeschichte 24 (1925), 49–90.

Schilp, Thomas: Der *Kanonikerkonvent* des (hochadligen) Damenstifts St. Cosmas und Damian in Essen während des Mittelalters, in: Studien zum weltlichen Kollegiatstift in Deutschland, hg. v. Irene Crusius (Veröffentlichungen des Max-Planck-Instituts für Geschichte 114, Studien zur Germania Sacra 18). Göttingen 1995, 169–231.

– *Überlegungen* zur Stadtwerdung. Vom locus des Frauenstifts zur civitas in der Mitte des 13. Jahrhunderts, in: Die Mauer der Stadt, 83–92.

– *Städtische Autonomie* unter der Äbtissin? Stadt und Stift im Spätmittelalter, in: Die Mauer der Stadt, 94–101.

– *Norm und Wirklichkeit* religiöser Frauengemeinschaften im Frühmittelalter. Die Institutio sanctimonialium Aquisgranensis des Jahres 816 und die Problematik der Verfassung von Frauenkommunitäten (Veröffentlichungen des Max-Planck-Instituts für Geschichte 137; Studien zur Germanis sacra 21). Göttingen 1998.

– *Gründung und Anfänge* der Frauengemeinschaft Essen, in: EB 112 (2000), 30–63.

– Die *Gründungsurkunde* der Frauenkommunität Essen – eine Fälschung aus der Zeit um 1090, in: Studien zum Kanonissenstift, 148–200.

– *Altfrid oder Gerswid*? Zur Gründung und den Anfängen des Frauenstifts Essen, in: Herrschaft, Bildung und Gebet, 29–42.

– *Religiöse Frauengemeinschaften* des Früh- und Hochmittelalters im Spannungsfeld von Glauben und Welt, in: Herrschaft, Bildung und Gebet, 9–17.

Schloss Borbeck und sein Park. Oberhof – Wasserburg – Lustschloss – Residenz und Bürgerzentrum im Wandel der Jahrhunderte, hg. v. Birthe Mafording im Auftrag v. Kultur-Historischer Verein Borbeck. Essen 1999.

Schmidt, Ferdinand: Elisabeth vom Berge, die *Wiederherstellerin* der katholischen Religion in Stadt und Stift Essen, in: Katholisches Kirchenblatt (1914), 19ff., 28f., 43f., 52f., 59f.

Schmithals, Otto: Drei freiherrliche *Stifter* am Niederrhein, in: AHVN 84 (1907), 103–180.

Schroeder, Ferdinand: Zur Geschichte *Meinas von Oberstein*, in: EB 15 (1895), 89–110.

Schrohe, H.: Die politischen *Bestrebungen* Erzbischof Siegfrieds von Köln. Ein Beitrag zur Geschichte des Reiches unter den Königen Rudolf von Habsburg und Adolf von Nassau, in: AHVN 67 (1899), 1–108.

Schröter, Hermann: Zur *Baugeschichte* des Schlosses Borbeck, in: MaH (1960), 105–115, 119–123.

– Die *Abteigebäude* in Essen zur Zeit der Säkularisation, in: MaH 21 (1968), 19–25.

– Stiftsdame *Imagina* von Öttingen, gestorben 1558 in Essen, in: MaH 35 (1982), 113–152.

– Geschichte der *Juden* in Stift und Stadt Essen im 17. und 18. Jahrhundert, in: MaH 41 (1988), 82–107.

Schulte, Aloys: Der *Adel* und die deutsche Kirche im Mittelalter. Studien zur Sozial-, Rechts- und Kirchengeschichte. Stuttgart 1910. Unveränd. Abdruck der zweiten, durch einen Nachtrag ergänzten Aufl. von 1922, Darmstadt [3]1958.

Schultheis, Norbert: *Fromme Frauen*, die Beginen genannt werden, in: Vergessene Zeiten, Bd. 2, 157–162.

Seemann, Otto: Der *Bauernsturm* von 1662, in: EB 1 (1881), 3–11.

– Noch einmal der *Bauernsturm* von 1662, in: EB 4 (1881), 44–52.

– Über einige *Hexenprozesse* im Stift Essen, in: EB 10 (1888), 113–131.

Sonnleitner, Käthe: *Sophie von Gandersheim* (975–1039). Ein Opfer der „männlichen" Geschichtsforschung?, in: Geschichtsforschung in Graz. Festschrift zum 125-Jahr-Jubiläum des Instituts für Geschichte der Karl-Franzens-Universität Graz, hg. v. Herwig Ebner u.a. Graz 1990, 371–379.

Die *Statuten* der früheren Gilden, Ämter und Zünfte binnen der Stadt Essen, hg. v. Franz Büscher. Nebst Anhang: Statuten der früheren Gilden und Ämter in Steele und im übrigen Hochstift Essen. EB 8 (1884).

Studien zum Kanonissenstift, hg. v. Ilse Crusius (Veröffentlichungen des Max-Planck-Instituts für Geschichte, 167; Studien zur Germania sacra 24) Göttingen 2001.

Telgmann, Rudolph Friedrich: Von der *Ahnenzahl*. Hannover 1733.

Tenhagen, Friedrich: *Reihenfolge* der Vredenschen Abtissinnen, in: Gesammelte Abhandlungen zur Vredener Geschichte. Vreden 1939. Nachdruck Beiträge des Heimatvereins Vreden zur Landes- und Volkskunde, Beiheft I (1975), 115–125.

Tewes, Ludger: *Mittelalter* im Ruhrgebiet. Siedlung am westfälischen Hellweg zwischen Essen und Dortmund (13. bis 16. Jahrhundert). Paderborn u.a. 1997.

Theil, Bernhard (Bearb.): Das (freiweltliche) Damenstift *Buchau* am Federsee (Germania Sacra N. F. 32; Das Bistum Konstanz 4) Berlin/New York 1994.

Tiefenbach, Heinrich: *Xanten – Essen – Köln*. Untersuchungen zur Nordgrenze des Althochdeutschen an niederrheinischen Personennamen des neunten bis elften Jahrhunderts (Studien zum Althochdeutschen, Bd. 3). Göttingen 1984.

Urkunden und Akten des Essener Münsterarchivs, hg. v. Karl Heinrich Schäfer u. Franz Arens. EB 28 (1906).

Urkundenbuch für die Geschichte des *Niederrhein*s, hg. v. Theodor Joseph Lacomblet, Bd. 3: 1301–1400. 2. Neudruck d. Ausg. Düsseldorf 1853, Aalen 1966.

Vergessene Frauen an der Ruhr. Von Herrscherinnen und Hörigen, Hausfrauen und Hexen. 800–1800, hg. v. Bea Lundt. Köln, Weimar, Wien [2]1992.

Vergessene Zeiten. Mittelalter im Ruhrgebiet, hg. v. Ferdinand Seibt u. a. Katalog zur Ausstellung im Ruhrlandmuseum. Essen v. 26. Sept. 1990 – 6. Jan. 1991. 2 Bde. Essen 1990.

Vogeler, Wilfried: Die Vorfahren und Nachkommen des Dr. Georg Florenz Heinrich *Brüning*, in: EB 74 (1958), 111–149.

Die *Vogteirollen* des Stiftes Essen, hg. v. Moritz Graf zu Bentheim-Tecklenburg-Rheda, in: Geschichte der Grafen und Herren von Limburg und Limburg-Styrum und ihrer Besitzungen 1200–1550, Assen/Münster 1962–1976, Bd. II,4, 16–58.

Vollmer, Bernhard: Die *Vogtei* Kleves und Brandenburg-Preußens über das Reichsstift Elten. In: AHVN 115 (1929), 255–282.

de Vries, Robert: Die *Landtage* des Stiftes Essen. Ein Beitrag zur Verfassungsgeschichte der geistlichen Territorien, in: EB 52 (1934), 1–168.

Wagner, Franz: Zur Geschichte des Essener *Medizinalwesen*s vom Mittelalter bis zur Neuzeit. EB 40 (1922).

Warnecke, Hans Jürgen: *Agnes von Limburg-Stirum*, Äbtissin in Elten, Vreden, Borghorst und Freckenhorst, in: Zur Geschichte von Stadt und Stift Vreden im 17. und 18. Jh. (Beiträge des Heimatvereins Vreden zur Landes- und Volkskunde, Heft 7), Vreden 1977, 7–46.

Warnke, Charlotte: Das Kanonissenstift *St. Cyriakus* zu Gernrode im Spannungsfeld zwischen Hochadel, Kaiser, Bischof und Papst, in: Studien zum Kanonissenstift, 201–274.

Wegener, W.: *Regalien*, in: Handwörterbuch zur deutschen Rechtsgeschichte, hg. v. Adalbert Erler und Ekkehard Kaufmann, Bd. 4, Berlin 1993, 472ff.

Weier, Joseph: Die *Ausübung* kirchlicher Jurisdiktion im Gebiet des Stiftes Essen 1803–1825, in: Theologia et ius canonicum. Festgabe für Heribert Heinemann, hg. v. Heinrich J. F. Reinhardt. Essen 1996, 569–580.

Weigel, Helmut: Die *Gewalt Carnap*. Das Problem der ritterlichen Grundherrschaft in Nordwestdeutschland, in: Rheinische Vierteljahrsblätter 19 (1954), 341–369.

– *Studien* zur Verfassung und Verwaltung des Grundbesitzes des Frauenstifts Essen (852–1803). Eine vergleichende sozial- und wirtschaftsgeschichtliche Untersuchung zum Problem der Grundherrschaft. EB 76 (1960).

– *Aufbau* und Wandel der Grundherrschaft des Frauenstifts Essen (852–1803), in: Das erste Jahrtausend. Kunst und Kultur im werdenden Abendland an Rhein und Ruhr. Textband 1. Düsseldorf 1962, 256–295.

Westfälisches Klosterbuch. Lexikon der vor 1815 errichteten Stifte und Klöster von ihrer Gründung bis zur Aufhebung, 2 Teile, bearb. v. Karl Hengst (Veröffentlichungen der Historischen Kommission für Westfalen). Münster 1992, 1994.

Westphalia. Zeitschrift für Geschichte und Alterthumskunde Westphalens und Rheinlands 3 (1826).

Wilbertz, Gisela: *Scharfrichter* in Essen. Zwischen Stadt und Landesherrin, in: Die Mauer der Stadt, 138–142.

Willoweit, Dietmar: Art. *Vogt, Vogtei*, in: Handwörterbuch zur deutschen Rechtsgeschichte, hg. v. Adalbert Erler und Ekkehard Kaufmann, Bd. 5 Berlin (1998), 932–946.

Wisplinghoff, Erich: Der *Kampf* um die Vogtei des Reichsstifts Essen im Rahmen der allgemeinen Vogteientwicklung des 10.–12. Jahrhunderts, in: Aus Geschichte und Landeskunde. Forschungen und Darstellungen. Franz Steinbach zum 65. Geburtstag gewidmet. Bonn 1960, 308–332

– *Untersuchungen* zur frühen Geschichte von Stift und Stadt Essen, in: EB 103 (1989/90), 53–67.

[*Wittgen*, Eberhard]: Eine Essener *Stadtchronik* von 1593–1622. Mitgeteilt v. W. Harleß, in: Zeitschrift des Bergischen Geschichtsvereins 11 (1876), 141–162.

Woeste, Fr.: Kerkhoerde's Dortmunder *Reimchronik*, in: Zeitschrift des Bergischen Geschichtsvereins 10 (1874), 1–26.

Zimmermann, Walther: Das *Münster* zu Essen (Die Kunstdenkmäler des Rheinlands, Beiheft 3). Essen 1956.

Abkürzungen

AEK	Archiv des Erzbistums Köln
AHVN	Annalen des Historischen Vereins für den Niederrhein
den.	Denar
EB	Essener Beiträge
HistAK	Historisches Archiv der Stadt Köln
HStAD	Hauptstaatsarchiv Düsseldorf
EA	Stift Essen, Akten
EU	Stift Essen, Urkunden
RKG	Reichskammergericht
MaH	Das Münster am Hellweg
Rtlr	Reichstaler
StA Essen	Stadtarchiv Essen
Bl.	Blatt
Rep.	Repertorium
stb.	Stüber
Tlr	Taler
ZA WU	Fürstl. Waldburg-Zeil'sches Gesamtarchiv Schloß Zeil, Bestand Wunibald 512, Leutkirch
SächsHStA	Sächsisches Hauptstaatsarchiv, Dresden
NMPA: St-M	Narodni-Museum, Prag, Archiv: Bestand Sternberg-Manderscheid (Verfilmung in der Archivberatungsstelle Brauweiler)

Nachweis der Abbildungen

Adel im Wandel: *Abb. 22*
Bonczek, Essen im Spiegel seiner Karten: *Abb. 1, 2, 3, 14*
Dickhoff, Quintinskapelle: *Abb. 7*
Essener Beiträge,   Bd. 15: *Abb. 41*
                Bd. 21: *Abb. 19, 42*
                Bd. 30: *Abb. 23*
                Bd. 56: *Abb. 10*
                Bd. 86: *Abb. 60*
                Bd. 104: *Abb. 39*
Eversmann, Eisen- u. Stahlerzeugung, S. 295f.: *Abb. 36*
Ewald, Rheinische Siegel: *Abb. 5, 24, 31*
Institut für kirchengeschichtliche Forschung des Bistums Essen: *Abb. 9, 17 a–d, 18, 21, 26, 32,*
    33, 38, 47, 48 a und b, 49, 50 a und b, 55, 58 (Fotos: Martin Engelbrecht)
Landschaftsverband Rheinland, Rheinisches Industriemuseum, Archiv St. Antony-Hütte:
    Abb. 34, 35, 37
Lexikon der christl. Ikonographie: *Abb. 6*
Narodni-Museum Prag, Archiv: *Abb. 51a (Fond Sternberg-Manderscheid, Kasten 113, fol. 447-449)*
Nordrhein-Westfälisches Hauptstaatsarchiv, Düsseldorf: *Abb. 13 (EU 830), 16 (E51), 20 (E33),*
    25 (Stift Essen 527), 29 (EU 15),   43 (Karten 1251), 44 (Regierung Düsseldorf, Nr. 5170);
    46 a–c (3940 a–c), 52 (Karten 1258), 54 (EA 48), 59 (EA 21)
Privatarchiv (Essen): *Abb. 4, 51 b*
Schloß Borbeck und sein Park: *Abb. 45*
Schroeter, Abteigebäude: *Abb. 40 a–c*
Stadtbibliothek Essen: *Abb. 30, Abb. 53, 56 a und b*
Weigel, Aufbau: *Abb. 8, 11, 12*
Zimmermann, Münster: *Abb. 57*